피스 크리에이션

한미동맹과 평화창출
ROK-US Alliance and Peace Creation

| 정경영 지음 |

한울
아카데미

이 도서의 국립중앙도서관 출판예정도서목록(CIP)은 서지정보유통지원시스템 홈페이지(http://seoji.nl.go.kr)와 국가자료종합목록 구축시스템(http://kolis-net.nl.go.kr)에서 이용하실 수 있습니다.
CIP제어번호: CIP2020026371

| 머리말 |

이 책은 한미동맹의 발자취를 재조명하고 현 실태를 진단하여 동맹의 비전을 제시하면서 한반도 평화창출을 위한 한미동맹의 역할을 제안한 것이다.

저자는 꿈 많던 육군사관학교 사관생도 시절에 리처드 스틸웰(Richard G. Stilwell) 유엔군사령관과 인터뷰를 한 이후 오늘에 이르기까지 수십 년에 걸쳐서 미군 및 미국인과 만남을 지속해 왔다. 이 책은 ① 미군과 함께한 연합작전 및 훈련의 현장에서 의기투합하면서 체득한, 싸워 승리하기 위한 작전술과 전술, ② 정책부서에서 근무하면서 부딪힌 한미 안보 이슈 및 군사외교를 통해 발굴한 안보정책과 군사협력, ③ 미국 유학을 통해 발전시킨 한미 군사지휘구조와 동북아 안보레짐, ④ 대학 캠퍼스에서 학생들과 그리고 워싱턴 D.C.에서 전문가들과 함께 한반도 미래와 동맹의 역할에 대해 고뇌한 연구 등 정책 경험과 연구 결과를 집대성한 산물이다.

미중 간 패권 경쟁이 심화되고 있다. 무역 분쟁과 기술 패권은 물론 체제, 이념, 가치의 대결이 격화되고 있다. 미국의 인도·태평양전략 및 경제번영네트워크전략과 중국의 일대일로전략 및 신형 국제관계전략이 충돌하고 있다. 한국은 과연 어디로 가야 할 것인가.

가치와 신뢰의 한미동맹이 도전받고 있다. 한미연합훈련 중단과 축소, 거래

동맹, 주한미군 철수론 부상, 남북 관계 발전에 걸림돌이라는 동맹 회의론 등으로 동맹이 흔들리고 있다. 또한 한미동맹이 북한의 9·19군사합의 파기 위협과 비핵화 협상 결렬 협박을 하면서 동시에 북핵미사일 능력을 증대하는 전방위 압박전략에 효과적으로 결연하게 대응하고 있는지 의문이다.

이와 같은 동맹이 되어서는 안 된다. 동맹이 주저앉을 수도 있다는 위기의식을 느낀다. 이런 상황일수록 긴 호흡을 하면서 국가의 비전과 철학을 밝히고, 미중 관계와 남북 관계의 전망을 통해 동맹의 비전을 정립하면서 도전에 창조적으로 응전해야 한다. 지난 70여 년에 걸쳐서 전쟁 억제를 통해 평화를 유지함으로써 경제성장과 정치발전을 동시에 성취한 동맹의 모델로 평가받는 한미동맹은 분단 관리에 멈춰서는 안 된다. 동맹에 과도하게 의존하는 안보, 한국군의 정체성 혼란, 외교·군사력 운용의 자율성 제한, 미국 무기에 편중된 전력 구조 등은 지혜롭게 발전시켜야 할 과제이다. 또한 우리의 염원인 한반도 평화체제를 구축하는 노력도 늦춰서는 안 된다. 평화체제 구축에 한미동맹의 역할은 절대적이다.

이러한 문제의식과 전략인식하에 집필한 이 책은 프롤로그, 제1부 한미동맹의 발자취와 비전, 제2부 한반도 평화체제 구축과 한미동맹의 역할, 에필로그로 구성되어 있다.

프롤로그에서는 한반도 중심축 국가 건설을 한미동맹의 최종 상태로 설정하고, 이를 구현하기 위해 분쟁과 대립의 진원지인 한반도에 비핵평화를 이루어 동북아 평화와 공동번영의 중심축 국가의 모습을 제시한다.

제1부 한미동맹의 발자취와 비전에서는 6·25전쟁으로 국가 운명이 풍전등화의 위기에 있을 때 미군 참전으로 대한민국의 조국 강토를 되찾고 자유민주주의를 지킨 토대 위에서 1953년 체결된 한미상호방위조약 이후 지난 70여 년의 발자취와 동맹이 나아갈 비전을 다룬다. 제1장 한미동맹의 변천 재조명에서는 동맹전략과 외교안보정책의 변천 과정을 고찰하고 한미연합연습과 훈련을 통한 평화 관리, 유엔사와 주한미군을 포함한 한미동맹의 발자취를 재조명한다.

제2장 북한 비핵화 시나리오와 한미 대응전략에서는 동맹의 최대 과제인 북한의 비핵화를 위해 북핵 시나리오를 ① 핵 협상을 통한 북핵 폐기, ② 사실상의 핵보유국(de facto nuclear state) 상황, ③ 핵 협상 결렬, 북핵미사일 대량생산·전력화로 상정하고, 각 시나리오별 한미 대응전략으로 ① 평화협정 체결, 북미 수교, ② 핵대량살상무기(WMD: Weapons of Mass Destruction)전략타격체계 조기 구축, 전술핵 재배치, ③ 핵전쟁 대비, 한국 핵무장을 제시한다.

제3장 새로운 시대로 진입하는 전작권 전환과 그 이후의 모습에서는 대한민국의 주인인 우리가 주도적으로 조국 강토를 지키고 자유민주주의를 수호하며 국방의 정체성 회복과 군사력 운용의 자율성을 복원하는 전시작전통제권 전환의 의미를 살펴본다. 또한 연합방위를 이끌 수 있는 핵심 전력과 북핵미사일 위협에 대처할 수 있는 필수 전력을 확보하고 안보 환경을 개선하는 전작권 전환 3대 조건을 충족하면서 전작권 전환 추진 전략을 논의한다. 이어서 국민·정부·군의 자주국방 실현, 한국이 주도하는 미래연합사의 출범, 새롭게 거듭나는 유엔사 등 전환 이후의 모습을 조망한다. 동시에 핫이슈인 방위비 분담금 협상과 관련하여 한미가 원원할 수 있는 협상 전략을 제시한다.

제4장 인도·태평양전략 참가 여부 판단에서는 인도·태평양전략 참가 여부를 미중 패권 경쟁, 국가이익, 위협 평가 차원에서 판단한 다음, 동북아 지역은 다자안보협력, 인도·동남아 지역은 신남방정책과 연계하여 참여하는 방안을 제안한다. 제5장 한미동맹의 비전에서는 한미동맹의 공과(功過) 평가와 현 실태를 진단하면서 탈냉전 이후 한미 간 동맹의 미래 발전에 대한 협의 변천을 재조명하며 동맹의 비전을 제시하고, 이를 한반도, 동북아, 글로벌 차원에서 어떻게 구현할 것인지를 논의한다.

제2부 한반도 평화체제 구축과 한미동맹의 역할에서는 남북 간 정치적·군사적·경제적 신뢰 구축과 관계국 간 적대 관계의 해소를 기반으로 한반도에서 전쟁 위험이 현저히 소멸하고 남북이 평화롭게 공존하는 평화체제를 한미동맹이 어떻게 이룩할 것인지를 다룬다.

제6장 평화체제 고찰과 평화협정 사례에서는 정전협정 이후 문재인 정부에 이르기까지 남북 간 평화체제와 구상의 발자취를 살펴보고, 베트남전쟁을 종결시킨 미국과 북베트남 간에 체결한 파리평화협정이 왜 북베트남의 공산화 무력통일로 무력화되었는지, 그 교훈을 알아본다. 또한 앙숙 관계였던 독일과 프랑스가 엘리제조약을 체결하여 양국의 화해협력은 물론 유럽연합을 이끈 사례를 통해서 남북 관계 발전을 위한 시사점을 도출한다. 제7장 9·19남북군사합의 이행 진단과 군비통제 추진전략에서는 유럽 평화를 이루어낸 군비통제로부터 그 함의와 9·19남북군사합의 이행을 진단하고, 비핵화의 실질적인 진전 시 자연재해 공동 대처, 사이버 테러 중단 및 장사정포의 후방 배치, 통일 이후의 안보를 고려한 남북한 군사통합 차원의 군비통제 추진전략을 논의한다.

제8장 동북아 다자안보협력 제도화 전략에서는 한반도 평화체제 구축에 유리하고 안정된 전략 환경을 조성하기 위해 동북아의 대립과 갈등의 냉전 질서를 상호존중과 공동번영의 협력 질서로 전환하기 위한 다자안보협력 전략을 모색한다. 전통적 군사위협과 초국가적 위협 등 포괄적 안보 평가를 한 다음, 재난과 전염성 질병에 공동 대처하기 위한 동북아 지역 신속대응태스크포스 창설을 포함한 다자안보협력기구의 제도화 전략을 제시한다.

제9장 평화협정 체결 이후 유엔사의 미래에서는 남·북·미·중으로 구성된 한반도 평화협정 체결 이후의 평화협정 감시기구로서 새로운 감시기구 창설, 유엔사 존속, 유엔사 재편안을 비교·분석한 후 유엔 안보리 상임이사국, 남북한, 유엔사 회원국으로 재편된 유엔사가 DMZ를 평화지대화하여 통일이 될 때까지 평화협정 감시 기능을 수행할 것을 제안한다. 제10장 평화협정 체결 이후 주한미군의 미래에서는 주한미군의 역할을 외세 개입 차단과 지역안정자로서 변경하고 기동여단이 포함된 사단사령부와 전투비행단과 정찰감시부대로 구성된 공군, 제한된 규모의 해군, 해병대, 특수전 부대를 유지하여 서울 이남에 주둔하게 하는 등 주한미군의 발전 방향을 제시한다.

에필로그에서는 동맹 비전과 평화창출을 위한 전략으로 비핵화 북핵 폐기,

전작권 전환, 군비통제, 동북아 안보레짐, 한반도 평화협정 체결, 유엔사 및 주한미군의 단기, 중·장기 추진 로드맵과 협업안보체제를 제안한다.

모쪼록 한반도의 전략적 변환기에 화두가 되고 있는 한미동맹과 평화체제에 대한 비전을 제시하고 이를 구현하기 위한 전략을 담은 이 책이 국가안보실과 외교부·국방부·통일부의 정책입안자, 국제정치와 북한 연구자, 조국 방위에 헌신하는 우리 군, 그리고 통일의 꿈을 이루기 위해 사명을 다하는 분들에게 도움이 되길 바란다.

2020년 7월 1일

정경영

차 례

/

제2부 한반도 평화체제 구축과 한미동맹의 역할

표·그림·사진 차례

그림

사진

| 프롤로그 |

한미동맹의 비전: 한반도 중심축 국가 건설

1953년 태동한 한미동맹은 그 짧은 70여 년 사이에 한국이 세계 12대 경제 강국과 6위의 수출국, 정치민주화, 격조 있는 문화생활, 국제적 위상 등 모든 부분에서 북한과 대비하여 압도적 우위를 달성할 수 있게 한 원동력이었다.

한미동맹은 경제성장과 정치발전, 안보역량에 지대한 공헌을 했지만, 과도하게 동맹에 의존하는 안보, 우리 군의 정체성 혼란, 외교와 군사의 자율성 제한, 미국 무기에 편중된 전력 구조는 바로잡아야 할 과제이다. 이 땅의 주인인 우리가 주도적으로 조국 강토와 자유민주주의를 지킨다는 전작권 전환을 통해 신연합방위체제를 구축하고, 민족혼과 얼에 바탕을 둔 국군의 정체성을 회복하며, 한미동맹과 다자안보를 병행 추진하고, 한반도 작전 지역의 특징과 한국군 전략과 교리와 전술에 부합된 무기체계의 발전이 이루어져야 한다.

굳건한 한미동맹이 한반도 평화 정착에 공헌해 왔다면 앞으로의 한미동맹은 평화를 관리하고 전쟁 억제 실패 시 군사작전에 승리하여 자유민주통일정부를 수립하는 소명을 다할 수 있는 준비를 하면서 동시에 평화창출을 통해 한반도 평화체제 구축에 기여하는 동맹으로 거듭나야 할 것이다. 여기에 대한민국이 지향할 비전으로 한반도 중심축 국가를 건설하는 데 동맹의 미래 역할을 탐구하고자 하는 이유가 있다.

우리는 한반도가 운명적으로 강대국에게 휘둘림을 당하는 희생양일 수밖에 없다는 지정학적 숙명론에 매몰되어 있었다. 그러나 세계 인류문명사를 보면 그리스반도에서 아테네 문명이, 이탈리아반도에서 로마 문명이, 이베리아반도에서 스페인 문명이 그리고 왜소한 국가였던 네덜란드와 영국이 인류문명을 이끌어왔다. 곧, 반도나 소국이었던 나라가 지정학적 강점을 살려서 비전과 전략을 추진했을 때 인류문명을 주도한 것이다.

우리는 이미 자학적인 숙명론에서 떨쳐 일어나 주변국의 도전에 응전하면서 부강한 문명국가를 만들어 가고 있다. 식민지배, 분단, 전쟁, 가난, 독재 등 온갖 도전과 시련을 겪어왔던 대한민국이 어떻게 해서 세계 10위권 경제 강국이자, 역동적 민주주의의 모델국가이며, 신바람 나는 문화와 의료 선진국으로 세계가 주목하는 나라가 되었을까. 자유민주주의와 시장경제라는 고귀한 가치를 바탕으로, 위대한 지도자들의 비전과 리더십 그리고 기술관료(Technocrat)의 헌신, 잘살아 보겠다는 국민적 의지와 기업인의 개척정신, 부모들의 뜨거운 교육열과 자녀들의 끊임없는 도전정신, 축복의 한미동맹 등이 복합적으로 작용했기 때문이다.

사실상 한국을 유럽 국가들과 GDP 측면에서 비교할 때 독일, 영국, 프랑스, 이탈리아에 이어 5위이고, 제조업 분야에서는 독일 다음이다. 심지어 2018년부터는 구매력평가지수(PPT: Purchasing Power Parity)에서 일본을 앞질렀다. 과거 동북아는 특정 세력이 번갈아 가며 패권을 장악했으나 현 상황은 미국이나 중국 등 어느 특정 국가가 배타적 영향력을 행사할 수 없는 상황이다. 지금이야말로 경제성장과 정치발전을 동시에 이룩하고 디지털 선도국가로서 문화선진국으로 명성을 떨치고 있는 대한민국이 지정학적·지경학적 축인 한반도를 중심으로 동북아는 물론 인류문명을 이끌어갈 수 있는 절호의 기회이다.

조상의 얼과 혼이 서려 있는 한반도가 온전히 우리 삶의 터전이 되고 한민족의 뜻을 펼칠 수 있는 활동무대가 될 것을 생각하니 가슴이 설렌다.

우리가 추구하는 통일 한반도의 비전은 주권과 영토를 수호하고 국민의 안전과 재산을 보호하며, 비핵 평화를 추구하고, 자유민주주의와 시장경제, 인권과 법치주의의 가치를 지향한다.

한반도는 동맹과 동북아 지역안보협력의 메카이며, 물류와 통상·금융의 허브이자 지식정보와 4차 산업혁명 네트워크의 센터이다. 또한 열린 문화공동체의 산실이다. 한반도는 동북아의 중심축 국가로서 세계 인류문명의 중심인 팍스 노스이스트 아시아나(Pax Northeast Asiana)를 선도할 것이다.

한반도 중심축 국가 건설 전략*

중심축이란 원운동에서 운동의 중심 방향으로 작용하여 물체의 경로를 바꾸는 구심력 역할을 하는 힘이다. 중심축은 축을 중심으로 움직이는 물체가 궤도에서 이탈하지 않도록 잡아주는 균형뿐만 아니라 평형(Equilibrium)을 유지한다. 이러한 중심축 역할을 하려면 리더십을 행사하겠다는 의지와 전략과 능력이 뒷받침되어야 한다.

한반도 중심축 국가 건설 전략은 갈등과 대립의 진원지였던 한반도에서 경제산업화, 정치민주화, 안보자립화, 문화글로벌화의 중심인 한국이 지정학·지경학적 중심이라는 한반도의 입지를 살려서 안정과 평화는 물론 공동번영의 산실이 되어 인류문명을 주도하는 팍스 노스이스트 아시아나의 주역이 되는 비전이다.[1]

---

* 이 절은 정경영, 「한반도 중심축 국가건설 전략」, 정경영 외, 『린치핀 코리아: 한반도 중심축 국가 건설을 위한 로드맵』(서울: 동북아공동체문화재단, 2020), 15~17쪽을 수정·보완했다.

1 팍스 노스이스트 아시아나 시대에 대해 중국이 중화주의로 미국의 패권에 도전하고 있고 한·중·일 3국이 배타적 민족주의와 과거사로 분열·대립하고 있는 상황에서 과연 동북아가 세계 인류문명을 이끌어갈 수 있겠는가 하고 비판할 수도 있을 것이다. 그러나 동북아의 지

한반도가 중심축 전략을 구사했던 사례로 통일신라 시대 당시 청해진은 군·산업·상업의 복합 허브로서 국제해상교역의 중심이었으며 문화가 교류하는 장이었다. 그리고 세종대왕 시대 때 훈민정음이 창제되고 국방력과 과학기술력을 중심축으로 국가가 융성할 당시 한반도는 동북아의 중심축으로서 명, 조선, 일본의 평화와 공동번영의 산파 역할을 담당했다. 중심축인 한반도가 강성할 때 동북아의 평화와 공동번영이 가능했으며, 내부가 분란하고 외교안보력이 약할 때 임진왜란, 청일전쟁, 6·25전쟁이 발발했다. 오늘날 600여만 명에 불과한 도시국가인 싱가포르가 외교·물류·금융·교육의 허브로서 위세를 떨치고 있는 것은 중심축 국가 건설 전략을 실현시킨 좋은 사례라고 할 수 있다.

안보, 나라를 지키는 힘: 한반도 전체를 한민족의 삶의 터전으로 만들기 위해서는 국가가 온전할 수 있도록 주권과 영토를 수호하고 국민의 안전과 재산을 스스로를 지킬 수 있는 자립안보 의지, 힘, 외교 역량이 있어야 한다.

그 힘은 굳건한 안보에서 나온다. 900여 회 이상의 외침(外侵)으로 수많은 백성이 고통을 당하고 급기야 일본 제국주의에 주권과 영토를 빼앗겼던 통한의 36년 역사가 우리의 의식 속에 지울 수 없는 상처로 남아 있다.

또한 민족의 의지와 의사와는 무관하게 해방과 함께 한반도는 분단되고, 국가로서 틀을 구축하기도 전에 같은 민족이 침략하는 6·25라는 민족상잔의 비극을 겪어야만 했다. 그 이유는 무엇이었는가. 결국 자신을 스스로 지킬 만한 힘과 의지가 없었기 때문에 당했던 비극이다.

온전한 나라는 외세에 의해서 운명이 결정되는 것이 아니라 독자적이고 배

정학적 중심축과 지경학적으로 해양과 대륙을 잇는 허브로서의 입지를 살리고, 디지털 선도, 세계가 환호하는 한국 문화, 홍익인간 정신의 이데아로 한·중·일을 통합하는 구심점 역할을 수행할 수 있다면 팍스 노스이스트 아시아나를 이루어낼 수 있을 것이다[정경영 외, 『린치핀 코리아: 한반도 중심축 국가 건설을 위한 로드맵』(서울: 동북아공동체문화재단, 2020), 15~24쪽].

타적으로 행사할 수 있는 주권과 인간다운 삶을 살아갈 수 있는 영토, 그리고 존귀한 구성원인 국민이 함께할 때 비로소 이루어질 수 있다.

이러한 온전한 나라가 되기 위해서는 외부의 침략으로부터 나라를 지키는 국방이 튼튼해야 한다. 아울러 테러, 사이버 공격, 대규모 재난 등 초국가적·비군사적 위협으로부터 국민의 안전과 재산이 보호될 수 있도록 강한 안보와 튼튼한 국방을 다져야 한다.

지킬 수 있는 힘은 무기나 장비 등 군사력 못지않게 선조들의 얼과 혼이 서려 있는 조국 강토를 우리 스스로 지킨다는 국토수호 의지가 있을 때 가능하다. 또한 이웃나라와 적대 관계가 아닌 우호협력 관계를 유지함으로써 주변국의 위협을 잠재울 수 있다.

또한 전쟁을 할 수 있는 나라를 만든다는 것을, 마치 전쟁을 일으키겠다는 것으로 손사래를 치며 반대할 수 있으나, 인류 역사는 평시 무장이 해제되어 평화만을 추구한다고 판단될 때 여지없이 외침이 일어난 데서 알 수 있듯이 나라가 강해야 한다.

우리의 민족사는 전통적으로 숭문천무(崇文賤武) 의식이 강해서 끊임없는 외침을 당하고도 국방을 소홀히 하고 강대국에 의존하는 사대주의 근성으로 인해 결국은 나라 잃은 민족이 되었고, 그 결과 우리 민족의 의지와 무관하게 강대국의 힘의 정치에 의해 한반도가 분단되는 비극을 겪었다. 이를 반복하지 않기 위해서는 온 국민이 내 나라는 내가 지켜야 한다는 마음가짐을 가져야 하며, 조국 산천의 야지를 누비면서 포효하고 용맹무쌍하며 신출귀몰하는 전략과 전술에 능통한 우리 군이 버티고 있어야 한다.

비핵 평화를 추구하다: 온 국민이 북한의 핵무장에 넋을 잃고 말았다. 동아시아 공영권을 부르짖으며 파죽지세로 태평양과 동아시아 대륙을 휩쓸던 일본이 원자폭탄에 수십만이 떼죽음을 당하고 무릎 꿇었던 그 공포와 위력을 알기에 북한의 핵무장에 전 국민이 불안해하고 있다. 모든 부분에서 북한에 비해 압도적 우위에 있는 한국이 왜 군사 분야만은 주눅이 들어 열등의식과 패배의식에 빠져들고 있는가. 북한이 핵으로 기습공격을 감행하면 일순간 번영된 자유 대한민국이 사라져버릴 수도 있는 가능성을 배제할 수 없는 상황이다.

과연 이러한 핵이 있는 통일 한반도의 출현을 어느 주변국이 환영하겠으며, 북핵 문제 해결 없이 한국이 주도하는 통일을 기대할 수 있을까.

따라서 협상을 통해 북핵을 폐기시켜 한반도 평화체제가 구축되도록 해야 한다. 만에 하나 북한이 핵을 포기하지 않는 상황이 온다면 재앙적 핵전쟁으로부터 국민을 안전하게 보호하기 위해 군사적 옵션을 불사하겠다는 결기가 요구된다. 이때 핵을 제거한 상태에서 자유민주통일을 이룩할 수 있을 것이다.

한편, 나폴레옹의 프러시아 침공, 프로이센·프랑스전쟁, 1, 2차 세계대전 등 서로 수없는 전쟁을 벌였던 프랑스와 독일은 전쟁의 참담함을 알기에 1963년 드골 대통령과 아데나워 총리가 엘리제조약을 체결하여 화합함으로써 양국의 평화를 이룸은 물론 유럽연합을 탄생시켰다. 우리 남북한도 하나가 되지 말라는 법이 없다.

한민족사에서 당하기만 했지 한 번도 침략해 본 적 없는 평화애호 백의민족이 아닌가. 900회 이상의 끊임없는 외침으로 전쟁이 그칠 날 없었던 한반도가 평화의 땅으로 회복될 때 동북아 역내 전체의 평화를 일궈내는 새로운 산실이 될 것이다.

어떤 가치를 추구할 것인가: 쓰레기장에서 장미꽃이 피어나기를 기대할 수 없는 것처럼 6·25전쟁의 폐허 속에서 한국의 민주주의는 불가능하다고 했지만, 대한민국은 민의에 반하는 정치지도자에 대해 시민혁명을 통해 정권을 내려놓게 할 정도로 성숙한 자유민주주의 국가가 되었다.

또한 한국은 자유민주주의와 사유재산권, 시장경제를 통해 번영을 누리고 있다. 경직된 불평등 신분사회에서, 인간은 누구나 존엄하며 양도할 수 없는 천부의 인권이 보장되는 사회, 법 앞에 대통령도 일반 시민도 평등한 사회가

[표 프롤로그-1] 남북한 국력 비교

구분	한국	북한	비율
GDP	1조 6556억 달러	400억 달러	1/41
GNI	3만 2046달러	1800달러	1/18
무역	1조 1405억 달러	25억 9000만 달러	1/146
인구	5181만 명	2572만 명	1/2
군병력	58만 명	128만 명	2/1
국방비	430억 달러	35억 1000만 달러	1/12

주: 2020년 한국의 국방비 1조 1259억 원.
자료: Central Intelligence Agency, *The CIA World Factbook 2019~2020*(Washington, D.C.: Skyhorse Publishing, 2019), p.464.

되었다.

반면, 북한은 세습 권력으로 사회가 역동성을 잃어버리고, 계획경제로 생산 활동이 멈춰 가난에 찌들게 되었으며, 생존권을 포함한 기본권이 유린되고, 평등사회라고 주장하나 평양과 지방, 당원과 비당원 사이에 오히려 차별이 극심한 사회가 되었다.

같은 민족이었던 남과 북이지만 **표 프롤로그-1**에서 보는 바와 같이 대한민국이 북한에 비해서 병력 규모를 제외하고 압도적 우위를 보이고 있다.

무엇이 이처럼 현격한 국력 차이를 만들었을까. 서로 다른 가치를 추구해 왔던 데서 기인한다. 앞에서 논의했듯이 남과 북은 자유민주주의 대 세습독재체제, 시장경제 대 통제경제, 인간의 존엄성 중시 대 당에 종속된 존재, 법치주의 대 신격화로 대비되는 사회이기 때문이다. 또 다른 이유는 국내총생산(GDP)의 2.5%를 국방비로 운용하는 한국에 비해 북한은 23.3%를 국방비에 쏟을 정도로 군사중시 정책을 펴는 데서 기인한다. 이는 남북 체제 경쟁에서 대한민국이 압승했음을 입증한다.

숭고한 자유민주주의, 시장경제, 인권, 법치주의는 통일 한반도에서도 추구해야 할 가치이다.

동맹과 지역안보협력의 메카로: 대한민국은 한미동맹을 통해서 한반도의 전쟁을 억제하고 경제산업화와 정치민주화를 달성할 수 있었다. 북한 위협이 사라지지 않는 한 한미동맹은 지속되어야 한다. 동시에 동북아 안정과 평화를 구축하기 위해서는 안보협력을 통해 새로운 평화공존 질서로 전환해야 한다. 다자안보협력을 중시하다 보면 동맹이 약화되는 것으로 인식하는 측면이 있으나, 유럽의 안정과 평화를 위해 나토(NATO: North Atlantic Treaty Organization)와 유럽안보협력기구(OSCE: Organization for Security and Cooperation in Europe)가 공존하는 데서 알 수 있듯이 한미동맹과 동북아 디지안보협력은 상호 보완 기능을 수행한다. 한국이 동북아 역내 국가 간 상호존중과 협력의 산파역을 담당하면 지역 평화와 공동번영이 가능할 것이다.

유럽과 달리 동북아는 이데올로기와 배타적 민족주의로 인해 여전히 분열과 대립의 냉전 체제가 존재한다. 한반도는 남북 간 갈등뿐만 아니라 동북아의 진영 논리에 휘둘리다 보니 자국의 안보는 물론 지역의 평화가 보장될 수 없는 구조적 한계가 있다.

이념적 갈등과 군사적 대립에 종지부를 찍고 한반도가 하나 될 때 지역안보협력의 메카로서 등장할 수가 있다. 동북아 안보레짐(regime)을 구축하는 데 우리가 리더십을 발휘해야 하는 이유이다.

동북아의 갈등과 대립 구도를 상호존중과 공동번영의 협력 질서로 전환하기 위해서는 역내 국가들을 묶어주는 제도적 기구가 필요하다. 마침 한국은 2011년 서울에 설립한 한중일 3국 협력사무국(TCS: Trilateral Cooperation Secretariat)을 모체로 동북아 안보협력기구를 제도화하고, 지역에서 발생하는 초국가적 위협에 공동 대처할 수 있는 신속대응체제 구축에도 주도적인 역할을 할 수 있을 것이다.

지경학과 문화의 허브: 과거 한반도는 해양 문명과 대륙 문명을 잇는 징검다리 역할을 했지만, 휴전선으로 가로막혀 혈맥이 통하지 않게 되었다. 철도·도

로가 연결되어 분단된 한반도가 하나 될 때 한반도종단철도(TKR)-시베리아횡
단철도(TSR), 한반도종단철도-중국횡단철도(TCR)로 교류가 확대되고 수많은
물동량이 통과할 것이다.

그리고 한국은 가히 IT로 연결되는 지식정보와 4차 산업혁명 네트워크의 센
터로 자리 잡아가고 있다. 정보통신기술(ICT)의 융합으로 이루어낸 4차 산업혁
명 시대에 빅데이터, 인공지능, 로봇공학, 사물인터넷(IoT), 무인 운송수단(무인
항공기, 무인 자동차), 3D프린터, 나노기술 분야에서 새로운 기술혁신을 주도할
수 있을 것이다. 만일 북한이 최첨단 과학 기술자를 총동원해 개발한 핵과 탄
도미사일을 내려놓는다면, 그래서 여기에 참여했던 수만 명의 과학 기술자들
이 한국의 IT와 융합하게 된다면 한반도는 동북아의 실리콘밸리가 될 것이다.

또한 열린 문화를 지향하는 한반도는 인류가 격조 높고 품격 있는 삶을 누릴
수 있는 문화의 산실이 될 것이다. 싸이의 〈강남스타일〉과 방탄소년단(BTS),
영화 〈기생충〉이 세계를 매료시키고, 〈대장금〉 등 한류 드라마가 전 세계인에
게 희망과 환희를 안겨주고 있다. 또 수많은 골프의 신예들이 세계를 놀라게
하고 있다. 이러한 힘은 어디서 나오는 것일까. 우리는 과학기술력과 문화력을
통해 동북아의 중심축 국가로 역량을 발휘할 수 있을 것이다.

팍스 노스이스트 아시아나의 원천: 한·중·일 3국은 역사적으로 유교 문화라는
정체성을 공유해 왔다. 3국인을 서양 사람이 보면 거의 분간할 수 없다는 면에
서 한·중·일 3국은 인종적으로도 유사성이 있다. 3국을 결속시킬 수 있는 대륙
과 해양을 끼고 있는 한국이 유교 문화적인 동질성을 회복할 수 있는 지리적인
중심에 위치하고 있다.

교육 교류 차원에서 보면 한국으로 유학 온 외국인 학생, 미·중·일에 유학하
고 있는 한국인 유학생은 향후 동북아 역내 국가를 함께 모을 수 있는 휴먼 네
트워크가 될 것이다. 2018년 말 기준으로 한국에는 중국, 베트남, 몽골, 일본,
미국인 학생들이 12만 명에 달한다. 미국에서 공부하는 한국 유학생 수는 중

국, 인도에 이어 5만 4000여 명으로 3위로 많고, 중국에는 24만여 명으로 1위로 많으며, 일본에는 1만 5000명으로 4위이다. 35만 명의 한국인 해외 유학생은 인구 대비 학생 비율로 볼 때 단연 세계 1위이다.

한·중·일 3국의 인터넷 보급률은 전 세계 평균 인터넷 보급률 대비 거의 두 배이다. 이제는 카카오톡과 같은 소셜 네트워킹 서비스(SNS)를 이용해 미국은 물론 세계와 무료로 통화할 수 있다. 2018년 한 해 한국을 찾은 외국인 관광객은 1534만 명, 한국의 해외관광객 수는 2870만 명에 달했다. 한국인이 얼마나 해외 지향적인 국민인지를 알 수 있다.

한국은 급속도로 다문화 사회로 변화하고 있다. 한국에 외국인이 2019년 말 기준 252만 5000여 명이나 체류하고 있어 타 문화를 포용하는 다문화 시대로 전환되고 있다. 이러한 열린 문화의 한국은 이웃과 교류하고 소통하면서 화합하는 중심축이 되고 있다. 한국은 불교, 천주교, 개신교 등 다양한 종교가 어우러져 함께 공존한다.

그리스 문명에서 시작한 인류문명은 팍스 로마나(Pax Romana), 팍스 브리타니카(Pax Britannica), 팍스 아메리카나(Pax Americana), 팍스 노스이스트 아시아나로 이전되고 있음을 본다.

세계 문명을 선도하는 중심에 통일 한반도가 있다. 이러한 한반도 중심축 통일국가가 되기 위해서 과연 우리는 무슨 준비를 어떻게 해야 할까. 이는 역사적 분기점에 서 있는 우리 모두의 사명이자 한미동맹이 이룩해야 할 과제가 아닐 수 없다.

제1부

한미동맹의 발자취와 비전

한미동맹의 근원은 1882년 5월 22일 조미수호통상조약을 체결한 것에서부터 시작된다. 한국의 근대화에 기여했고, 동아시아-태평양전쟁에서 미국이 승리하여 일본 식민통치에서 해방을 맞이하게 되었으며, 공산주의 세력이 침략했을 때 미국이 참전하여 조국의 강토와 민주주의를 지켜주었다. 전후 복구 지원을 포함하여 한국이 경제 강국으로 우뚝 서는 데 직간접적으로 기여를 해왔다.

한미동맹의 발자취와 비전을 제시하고 있는 제1부는 한미동맹의 변천 재조명, 북핵 시나리오와 한미 대응전략, 전시작전통제권 전환 추진, 인도·태평양전략 참가 여부 판단, 동맹의 비전 등 5개 장으로 엮어 있다.

먼저 제1장 한미동맹의 변천 재조명에서는 동맹의 비전을 발전시키기 위한 기초 작업으로 동맹전략과 외교안보정책의 추이를 고찰하고, 한미연합연습 및 훈련을 통한 평화 관리를 되돌아보며, 유엔사 창설과 주한미군의 주둔에서부터 오늘에 이르기까지 발전 과정을 논의한다.

제2장 북한 비핵화 시나리오와 한미 대응전략에서는 하노이 정상회담을 평가하면서 비핵화 협상 복원 조건을 제시하고 남·북·미·중 4자 정상회담을 제안한다. 북한 비핵화 시나리오는 ① 협상을 통한 북핵 완전 폐기, ② 핵동결·핵비확산, 사실상 핵보유국 상황, ③ 핵 협상 완전 결렬, 핵미사일 대량생산·전력화로 상정해서 각 시나리오별 한미 대응전략으로 ① 제재 완전 해제, 평화협정 체결 및 북미 수교, ② 핵WMD타격체계 조기 구축, 전술핵무기 재배치, 군사옵션, ③ 핵무장을 제안한다.

제3장 새로운 시대로 진입하는 전작권 전환과 그 이후의 모습에서는 전작권 전환 의의와 배경을 고찰하고, 전작권 전환 추진전략과 로드맵을 제시하면서 국민, 정부, 군 차원에서 추진과제를 고찰한 후, 동맹국과 전략적 소통을 통한 단계적 전작권 전환, 전작권 전환 이후의 모습을 조망한다. 한국은 전작권 전환으로 명실상부한 자립 군대로서 정상 국가로 출범하게 되며, 이에 따른 한국 주도 연합사의 출범, 유엔사의 거듭난 모습을 다룬다.

제4장 인도·태평양전략 참가 여부 판단에서는 미국과 중국의 상대국에 대한 시각과 미중 관계를 전망하면서 미국 국가안보전략과 인도·태평양전략, 중국의 국가안보전략, 일대일로전략을 분석하고, 이를 바탕으로 가치·안보·번영의 국가이익과 위협 판단을 토대로 동북아 지역은 다자안보협력으로, 인도·동남아 지역은 신남방정책과 조화를 이루면서 인도·태평양전략에 참여하는 전략적 선택을 제시한다.

제5장 한미동맹의 비전에서는 동맹의 이론적 고찰과 한미동맹의 공과(功過)를 평가하고 현 실태를 진단한 후 한반도, 아태 지역, 글로벌 차원의 동맹의 미래 비전을 제안한다. 이어서 이를 구현하기 위한 안보군사 분야 이행 방향을 논의한 후 마지막으로 거래동맹의 상징적 이슈인 한미 방위비 분담금 협상전략을 제안한다.

제1장
한미동맹의 변천 재조명

2020년은 1953년 10월 1일 한미상호방위조약이 체결되어 결성된 한미동맹 67주년을 맞는 해이다. 한미군사동맹은 한국 안보의 기본 축이다. 한미동맹은 6·25전쟁의 폐허 위에서 경제 발전과 정치민주화를 동시에 달성함으로써 국제사회로부터 동맹의 모델로 평가받고 있다.[1]

한미동맹은 전쟁 억제를 통해서 한국의 평화와 안정에 기여해 왔다. 정치·경제·안보 차원에서 한미동맹의 전략적 가치는 한미 양국의 공히 소중한 자산이 아닐 수 없다. 첫째, 한미동맹을 통해서 한국은 자유민주주의와 시장경제, 인권, 법의 지배 등 보편적 가치를 공유하고 있다. 한국은 민주화와 산업화에 동시에 성공한 모델형 동맹국이다. 둘째, 경제 측면에서 주한미군이 주둔함으로써 한국 경제에 미치는 전략적 가치는 안보비용 절감 효과와 대북 억제력 제공을 통해 국제사회에서 한국의 국가위험도를 줄여 국가신인도를 제고해 왔다. 한미동맹은 한국이 세계 10위권 경제 강국이자 세계 6위의 수출국이 되는 데 결정적인 기여를 했다. 미국도 미군 2만 8500여 명을 주둔시키고 있지만, 한국

---

1   정경영, 「한미동맹 60년사: 동맹정신」(국방부 군사편찬연구소 정책연구보고서, 2013).

이 미국 무기의 최대 수입국이자 7대 교역국이며, 미국 내 한국 유학생이 5만여 명이고 매년 한국 관광객 80만여 명이 미국을 방문해 경제적 실익이 크다. 셋째, 군사적인 측면에서 한미연합방위체제에 따른 전쟁 억제는 물론, 만약 억제가 실패할 경우 군사작전에 승리하여 자유민주주의 통일을 완성하는 데 기여할 것이다. 미국의 입장에서 주한미군은 중국과 러시아의 수정주의 세력을 견제하고 동북아 역내 국가 간 안정자 역할을 수행해 왔다.

1. 한미의 동맹전략과 외교안보정책의 변천

동맹전략의 변천

한미동맹은 주한미군, 연합사, 한미협의체를 통해서 전쟁 억제 기능을 수행해 왔다. 주한미군이 주둔함으로써 북한의 무력 남침을 미국과의 전쟁으로 간주하게 하여 감히 전쟁을 감행하지 못하게 함으로써 전쟁 억제에 기여해 왔다. 한미연합사는 전시 대비 작전계획을 발전시키고, 다양한 한미연합연습을 실시해 왔다. 유사시 미 증원전력의 한반도 전개 능력을 과시함으로써 평화를 관리해 왔다. 또한 한미협의체로서 한미 국방부 장관 간 안보협의회의(SCM: Security Consultative Meeting)와 양국 합참의장 간 군사위원회(MC: Military Committee)를 연례적으로 개최하여, 한반도 안보 평가와 위협 관리를 통해 한반도의 전쟁을 억제하는 데 기여해 왔다.

한미동맹은 **표 1-1**에서 보는 바와 같이 냉전기, 구소련과 동유럽 공산권 국가가 해체되는 탈냉전기, 2001년 9·11테러 이후 동맹의 목적, 성격, 동맹국의 전략과 역할이 변천되어 왔다.

한미동맹의 목적, 성격, 동맹국의 전략과 역할을 시기별로 살펴보면 다음과 같다. 한미동맹의 목적은, 냉전기에는 소련, 중공, 북한 공산주의 세력으로부

[표 1-1] 동맹전략 변화와 한미동맹

구분	냉전기	탈냉전기 I (구소련·동유럽 해체)	탈냉전기 II (9·11테러 이후)
한미동맹의 목적	소련, 중공, 북한 공산주의 세력으로부터 한국과 일본 방위 및 전쟁 발발 억제	북한의 침략 방어 및 억제, 동북아 평화 유지 및 지역적 갈등 요소 해결	한반도와 동북아 평화 유지 및 남북한 관계 개선, 궁극적·평화적 통일
한미동맹의 성격	냉전의 효과적 수행을 위한 비대칭적 동맹으로 자유민주주의라는 이념적 정체성으로 연결됨	한국의 정치·경제적 발전으로 대등한 관계로의 발전을 탐색하며 이념보다는 이익에 기반한 관계 모색	대등한 관계로 진입하고 동북아에서의 이익 공유, 한미 관계 심화
미국의 동맹전략	세계 각 지역에서 공산권의 확장을 봉쇄하고 미국의 자유민주주의 지역의 확산을 추구	선별적·효과적 개입, 미국과 동맹국의 이익 극대화. 이를 위해 지역 강대국들과의 우호 관계 모색, 지역 갈등 요소 해결 모색	동맹국과 테러 및 테러 지원 세력 등을 포함하는 위협 요소를 제거. 필요시 선제공격 및 정권 교체
한국의 동맹전략	북한의 위협을 차단하면서 경제 발전과 정치민주화 달성	북방정책과 남북 관계 개선 및 한반도 비핵화	북핵 및 미사일 위협을 포함하여 증대된 무력 도발에 대응한 한미 맞춤형 억제전략 발전, 글로벌 파트너십 확대
한미동맹과 미국의 역할	북한을 중심으로 한 구 공산권 세력 봉쇄 역할	한반도 전쟁 방지 및 북핵 문제 해결, 중국 견제, 일본과의 적절한 균형을 통해 지역안정자 역할	남북한 갈등 요소의 해결 및 평화체제 정착을 위한 동맹중재자
한미동맹과 한국의 역할	북한의 도발 억제, 자유 수호를 위한 베트남전 참전	한국 방위의 한국화, 평시 작전통제권 환수, 방위력 개선	한국 주도·미국 지원의 신연합방위체제 구축, 글로벌 파트너십 확대

자료: 조윤영, 「미래의 한미동맹과 미국의 역할 변화」, 이수훈 엮음, 『조정기의 한미동맹: 2003~2008』(서울: 경남대학교 극동문제연구소, 2009), 115쪽을 참조하여 보완했다.

터 한국과 일본 방위 및 전쟁 발발 억제에 주안을 두었으나, 구소련과 동유럽이 해체되는 탈냉전 1기에는 북한의 침략 방어 및 억제, 동북아 평화 유지 및 지역적 갈등 요소 해결로 그 목적이 바뀌고, 9·11테러 이후 탈냉전 2기에는 한반도와 동북아 평화 유지와 남북 관계 개선을 통한 궁극적·평화적 통일을 추구하는 것으로 발전했다.

한미동맹의 성격 측면에서 냉전기는 냉전의 효과적 수행을 위한 비대칭적 동맹으로서 자유민주주의라는 이념적 정체성으로 연결되었으며, 탈냉전 1기에는 한국의 정치·경제적 발전으로 대등한 관계로의 발전을 탐색하며 이념보다는 이익에 기반한 관계를 모색하게 되었다. 탈냉전 2기에는 대등한 관계로 진입하고 동북아에서의 이익 공유와 한미 관계를 심화하는 방향으로 변모했다.

또한 한미동맹을 전략 측면에서 고찰할 때 미국의 동맹전략은 냉전기에는 세계 각 지역에서 공산권의 확장 봉쇄와 미국의 자유민주주의의 확산을 추구하는 것에서, 탈냉전 1기에는 선별적·효과적 개입을 통한 미국과 동맹국의 이익 극대화에 주안을 두었으며, 이를 위해 지역 강대국들과의 우호 관계와 지역 갈등 요소 해결 모색으로 전환되었다. 9·11테러 이후에는 동맹국과 테러 및 테러 지원 세력 등을 포함하는 위협 요소를 제거하는 데 주안을 두었으며 아프간과 이라크에 선제공격을 감행하여 정권 교체를 추진했다.

한국의 동맹전략은 냉전기 북한의 위협을 차단하면서 경제 발전과 정치민주화를 달성하려는 것에서, 탈냉전 1기에는 북방정책과 남북 관계 개선 및 한반도 비핵화에 주안을 두었다. 9·11테러 이후에는 북핵 및 미사일 위협을 포함하여 증대된 무력 도발에 대해 한미 맞춤형 억제전략(TDS: Tailored Deterrence Strategy)을 발전시키고 테러와의 전쟁을 위해 글로벌 파트너십을 확대했다.

마지막으로 한미동맹에서 미국의 역할은 냉전기에 북한을 중심으로 한 구 공산권 세력 봉쇄에서, 탈냉전 1기에는 한반도 전쟁 방지와 북핵 문제 해결, 중국 견제와 일본에 대한 적절한 균형을 통해 지역안정자 역할을 추진했으며, 9·11 이후에는 남북한 갈등 요소의 해결 및 평화체제 정착을 위한 동맹중재자로 발전했다.

한미동맹에서 한국의 역할은 냉전기 북한의 도발을 억제하면서 자유 수호를 위한 베트남전 참전에서, 탈냉전 1기에는 한국 방위의 한국화, 평시작전통제권 환수, 방위력 개선에 주안을 두었고, 9·11 이후에는 한국이 주도하고 미국이 지원하는 신연합방위체제의 구축과 함께 글로벌 파트너십의 확대를 추진했다.

한미동맹은 전시작전통제권의 전환을 앞두고 있으며, 양국은 다양한 형태의 전통적·비전통적 안보 위협에 동시에 대응해야 하는 과제에 직면해 있다. 이러한 상황에서 동맹 67주년을 맞아 한미동맹은 한국의 안보에 가장 중요한 초석이 된다는 인식을 기반으로 21세기 국제정치 발전에 부합한 포괄적 한미동맹으로 발전시켜 나가야 한다. 미국과의 정기적인 통합적 전략 대화를 제도화하고 상호 전략적인 소통과 이해를 바탕으로 신뢰를 강화할 필요가 있다. 포괄적인 한미동맹 발전을 위한 한반도, 아태 지역, 글로벌 차원에서 비전 및 발전 방향을 보다 구체화해야 한다. 한미동맹은 한반도 차원에서 핵WMD 대응, 사이버·우주 협력 등을 통한 전쟁 억제는 물론 평화체제 구축에 기여하고, 아태 차원에서 자연재해, 해양 안보, 국제범죄 등 초국가적 위협에 공동 대처하기 위한 다자안보협력체 구축에 공동의 리더십을 발휘하며, 글로벌 차원에서 테러, 기후변화·에너지·해양 안보는 물론 평화·인권·발전을 위한 글로벌 파트너십을 발휘할 때 한국이 글로벌 국가로서 위상을 제고해 나갈 수 있을 것이다.[2]

동맹외교정책의 변천

한국의 대미 외교는 기존의 군사안보 위주에서 이제는 사회경제적 차원으로 확대·발전하는 추세이다. 이를 상징하는 것이 바로 FTA 체결 및 발효이다. 동맹의 외연 확대와 함께 한미 관계는 이제 자연스럽게 과거의 일방적 지원을 받던 관계에서 좀 더 호혜적이고 평등한 동반자 관계로 발전하고 있다.

한미동맹은 한반도에서 전쟁 억제와 평화 유지에 결정적으로 기여해 왔다. 대한민국은 한미동맹을 기반으로 시장경제와 사유재산 보호의 자본주의 경제 발전과 자유민주주의와 법치주의를 통한 정치발전을 이룩할 수 있었다.

대한민국이 북한의 수령 통치와 사회주의 통제경제보다 우월하다는 것은 북한과 대비할 때 남한이 인권이 보장되면서 문명 생활을 영위한다는 점과 북한 대비 GDP 41배, 1인당 국민소득 18배, 무역 규모 146배 등 압도적인 우위의 국력이 입증한다.[3]

---

2   정경영, 「한미동맹의 비전」(국가안보회의사무처 정책연구보고서, 2004).

[표 1-2] 미국의 대한 정책과 한국의 대미 정책의 변천

구분	미국의 대한 외교안보정책	한국의 대미 외교안보정책
한미동맹 태동기	대량보복전략을 통한 대소봉쇄정책과 한국군의 지상군과 미 해공군의 결합을 통한 억제전략으로 북한 위험 관리	한미상호방위조약과 주한미군 지속 주둔을 통한 전쟁 억제 및 반공정책 추진
한미동맹 정립기	유연대응전략을 통한 동아시아 동맹분업체계 추구 정책과 반공 우방국가로서 미국의 직접적인 개입과 비용 감소 정책	한일 국교 정상화와 베트남 파병을 통한 경제 발전과 안보를 위한 대미협력 정책
한미동맹 발전기	상호확증파괴전략을 통한 미중 관계 개선과 미·중·소 간 전략적 우위 유지, 일본의 보다 큰 지역방위 역할 및 한국 방위의 한국화 정책	연합사 창설을 통한 한미연합방위체제, 북방정책 및 남북기본합의서, 한반도 비핵화 정책
한미동맹 조정기	9·11테러 발생, 대량살상무기의 확산, 중국의 급부상으로 인한 해외 주둔 미군 재배치 계획 추진으로 주한미군 재조정 및 한미동맹 조정	전작권 전환, FTA 발효 등 군사안보 위주의 관계에서 사회경제적 차원으로 확대·발전하는 포괄적 전략동맹

동맹외교를 주축으로 국제사회와 협력외교를 전개할 수 있었다. 한미동맹을 태동기, 정립기, 발전기, 조정기로 구분하여 미국의 대한 정책과 한국의 대미 정책을 살펴보면 **표 1-2**와 같다.

먼저 미국의 대한 정책은 한미동맹 태동기에 대량보복(Massive Retaliation)전략을 통한 대소봉쇄정책과 한국군의 지상군과 미 해공군의 결합을 통한 억제전략으로 북한 위협 관리에 주안을 두었으며, 한미동맹 정립기에는 유연대응(Flexible Response)전략을 통한 동아시아 동맹분업체계 추구 정책과 반공 우방국가로서 미국의 직접적인 개입과 비용 감소 정책을 거쳐서, 한미동맹 발전기에는 상호확증파괴(MAD: Mutual Assurance Destruction)전략을 통한 미중 관계 개선과 미·중·소 간 전략적 우위 유지, 일본의 보다 큰 지역방위 역할 및 한국 방위의 한국화 정책에 주력했다. 한미동맹 조정기에는 9·11테러 발생, 대량살상무기의 확산과 중국의 급부상으로 글로벌방위태세검토(GPR: Global Posture

---

3   정경영·오홍국·장삼열·정지웅·최용호, 『자립안보와 평화체제 추진전략: 한미동맹과 베트남통일 교훈을 중심으로』(서울: 도서출판KCP7·27, 2018), 2~14쪽.

Review)를 통한 해외 주둔 미군 재배치 계획을 추진하여 주한미군 재조정 및 한미동맹 조정으로 변화했다.

한편, 한국의 대미 외교안보정책은 동맹 태동기에는 한미상호방위조약과 주한미군 지속 주둔을 통한 전쟁 억제 및 반공정책 추진에, 동맹 정립기에는 한일 국교 정상화와 베트남 파병을 통한 경제 발전과 안보를 위한 대미협력 정책에 주안을 두었다. 동맹 발전기에는 연합사 창설을 통한 한미연합방위체제와 북방정책 추진 및 남북기본합의서, 한반도 비핵화 정책에 역점을 두었으며, 동맹 조정기에는 전작권 전환 추진, FTA 체결 발효를 통해 군사안보 위주의 동맹 관계에서 사회경제적 차원으로 확대·발전하는 포괄적 전략동맹을 추진했다.

2. 한미연합방위 및 연합연습의 변천 재조명

한미연합방위의 변천

한미연합방위 발전사는 중요한 변곡점을 기준으로 태동기, 정립기, 발전기, 조정기로 구분할 수 있다.

태동기

태동기는 1950년 6·25전쟁 발발 시부터 1950년대 말까지이다. 1950년 6월 25일 6·25전쟁이 발발하자 유엔 안보리는 6월 27일 북한군 무력공격 격퇴와 평화와 안전 회복을 위한 회원국의 파병 권고안인 결의문 제83호를 채택했다.

7월 7일에는 효과적인 군사작전을 위해 미군 지휘 아래 통합사령부(a unified command) 창설을 권고하는 결의문 제84호를 채택했으며, 이 결의안에 따라 7월 25일 유엔사를 창설했다.

한국군은 1950년 7월 14일 작전지휘권을 유엔군사령관에게 이양하면서 유엔군사령관 작전 통제하의 연합작전체제에 편입되었다. 1950년 9월 유엔군의 인천상륙작전이 성공을 거두자 낙동강 방어선에서도 반격을 시작했다. 그때 미 제1군단에 배속된 국군 제1사단이 주공부대인 미 제1기병사단, 예비인 미 제24사단과 함께 조공부대로 평양탈환작전에 참가했다.

제1사단은 그 후에도 정전협정이 체결될 때까지 미 제1군단과 함께했다. 사실상의 한미연합군단인 셈이다. 다만 그때의 미 제1군단 지휘부에는 연락장교 외에는 참모 조직에 한국군 장교가 단 1명도 편성되지 않았다는 점이 후일의 연합참모 편성과 다르다.

1953년 7월 정전협정이 체결된 이후에도 미 제2·7사단은 파주·연천 일대의 휴전선 방어를 계속 담당했다. 북한의 침략에 대비하여 대량보복전략을 구사했던 시기이다.

한미 정부는 1953년 10월 1일 한미상호방위조약을 체결했다. 유엔사가 한국 방위를 책임지는 한 한국군에 대한 작전통제권을 유엔사가 계속 행사한다는 한미합의의사록(The ROK-U.S. Agreed Minutes)에 1954년 11월 14일 서명했다. 1953년 12월 15일 창설된 제1야전군사령부가 동부 지역을 방어하고, 미 제1군단이 중·서부 지역을 담당했다.

육군본부는 6·25전쟁 시부터 유엔군사령관의 작전 통제하에 있는 전투부대와 별도로 후방 지역에서 현재의 향토사단과 유사한 기능을 수행하는 관구(管區)사령부를 편성해 운용했다. 1954년 10월 31일 제2야전군사령부를 창설해 충청도·전라도·경상도에 대한 후방 지역 방어 임무를 수행했다. 육군본부는 1955년 1월 15일 서울 용산에서 제6관구사령부를 편성해 서울·경기 지역을 관장하는 지역사령부 역할을 담당하도록 했다.

정립기: 한미 제1군단 창설
정립기는 북한이 무장공비를 남파하며 남침 위협을 노골화하던 1960년대부터 한미연합군사령부가 창설되던 1977년까지이다. 1960년대 말은 1968년에 일어난 청와대 기습을 노린 1·21무장공비 사태, 푸에블로호 피랍, 울진·삼척 지역 무장공비 사태 등으로 한반도의 긴장이 고조되던 시기이다.

1961년 5·16군사정변 때 투입되었던 해병여단, 제6군단 포병과 특전여단 등에 대해 1961년 5월 26일 유엔사와 혁명정부는 공산주의 외부 침략에 대응하기 위해 대한민국 방위를 위한 작전통제권을 유엔군사령관이 행사하며, 혁명군으로 투입되었던 모든 부대는 유엔사 작전계획하에 있는 한국의 방어 임무 수행을 위해 복귀하고 추후 창설될 수도경비사령부는 한국 정부의 지휘하에 둔다는 데 합의했다. 이에 따라 수도경비사령부는 유엔사의 작전 통제를 받지 않는 예외부대가 되었다.

한국군은 1965년부터 1973년까지 연인원 32만 5517명을 베트남에 파병하여 미군과 함께 싸웠다. 주베트남 한국군은 유엔군사령관 작전통제권에서 해제되어 독자적인 지휘체제하에 베트남전쟁을 수행했다.

북한군 무장간첩의 청와대 기습사건인 1968년 1·21사태 당시 대응 조치가 지연된 데 대한 교훈으로, 1969년 한미합의각서에 의해 평시 대침투작전에 한해 한국군이 작전통제권을 행사하게 되었다.

한편, 베트남전쟁이 장기화하자 군비축소를 결정한 미국은 1969년 9월 "아시아 방위는 아시아인에게"라는 내용의 닉슨독트린(Nixon Doctrine)을 발표했다. 이어 1971년 3월 미 제7보병사단이 본국으로 철수했다. 주한미군은 2개 사단 중 1개 사단만 남게 되었다. 따라서 상급 부대인 미 제1군단의 철수도 불가피했다. 그렇게 되면 미 제8군-군단-사단으로 이어지는 지휘계선이 무너지기 때문에 한미동맹의 유지·발전을 위해 별도의 대책이 필요했다.

미국의 정치권과 달리 한미동맹의 실태를 잘 이해하고 있던 미국의 군부는 한국 정부와 함께 대책 마련을 서둘렀다. 그 대안이 한미연합군단의 창설이었다. 북한의 군사적 위협이 증대되고 있던 당시 상황을 고려해 미 제1군단을 한미연합군단으로 개편해 유지하기로 한 것이다.

양국의 합의에 따라, 1971년 3월 주한 미 지상군 2개 사단 중 미 제7사단이 철수하면서 그해 7월 1일에 한미 제1군단[I Corps (ROK/US) Group]이 창설되었다. 초대 군단장에는 미 제1군단장인 에드워드 라우니(Edward L. Rowny) 중장이, 부군단장에는 이재전 육군소장이 취임했다. 일반 참모 중 정보·작전·민사 참모에는 한국군 대령이, 인사·군수 참모에는 미군 대령이 임명되었다. 타 주요 직위에는 한국군과 미군을 반반씩 임명해 균형을 맞추었다.

한미 제1군단은 유엔군사령부의 지휘를 받아 종전 미 제1군단의 책임 지역을 그대로 인수해 군사분계선 서부 지역 방어를 담당했다. 이를 위해 한미 제1군단은 미 제2사단과 함께 한국군 제6군단과 전방 보병사단, 제2해병여단을 작전 통제했다.

1973년 7월 1일에는 수도권 이남 지역에 제3야전군사령부가 창설되었다. 그에 앞서 가평에 주둔하고 있던 제1군단이 1973년 3월 1일부로 경기도 전방 지역으로 이동함에 따라 한미 제1군단이 제1군단까지 작전 통제하게 되었다.

한미 제1군단은 1973년 7월 1일 제3군이 제1군에서 제5군단의 지휘권을 이양받음에 따라 제5군단까지 작전 통제하게 되었다. 따라서 한미 제1군단은 미 제2사단과 함께 개성-문산, 시변리, 철원축선을 담당하는 한국군 제1·5·6군단 등 3개 군단과 김포축선의 제2해병여단, 군단 예하의 11개 사단을 작전 통제하는 야전군의 기능을 수행하게 되었다.

제3야전군사령부와 한미 제1군단사령부: 1973년 7월 1일부로 제3야전군사령부가 창설되면서 중·서부 지역에 두 개의 야전군사령부가 존재하는 형태가 되었다. 제3군은 육군본부 지휘하에, 한미 제1군단은 유엔군사령부 지휘하에 각각 중서부전선의 부대들을 지휘 또는 작전 통제하고 있었기 때문이다. 따라서 제3군은 창설과 함께 기존의 한미 제1군단과 역할 분담이 필요했다.

두 개의 사령부는 각각의 기능 조정을 통해 상호협조체제를 유지하기로 했다. 보다 구체적으로 제3군은 제1·5·6군단 3개 군단과 제2해병여단을 지휘·통제해 평시 대침투작전을 담당하되 전·평시 작전 통제와 함께 정규전에 대한 작전은 한미 제1군단이 계속 담당하기로 했다.

한미 제1군단과 유엔군사령부는 한미연합군의 대북작전 개념을 방어에서 공세로 전환했다. 6·25전쟁 이후 유엔군의 대북작전계획은 기본적으로 방어적이었다. 북한이 남침할 경우 한미연합군은 30~50km에 불과한 수도권의 종심을 고려하여 북한군의 초기 공격을 최대한 지연하면서 후퇴하다가 이를 저지한 후 휴전선을 다시 회복한다는 제한적 목표를 지닌 방어전략이었다. 그러나 1970년대 서울과 수도권에 인구와 각종 생산시설이 집중되면서 수도권을 포기할 경우 전쟁 지속력을 상실하게 된다는 문제점이 대두되었다.

작전 환경 변화에 따라 한미연합군은 1974년부터 공세적 전진방어(Offensive Forward Defense)전략을 채택했다. 대규모 포병부대를 비무장지대 남쪽 최전방까지 추진 전개하여 언제든지 북한 지역을 공격할 수 있는 태세를 갖추었다. 미 제2사단 소속의 2개 여단은 북한이 공격할 경우 개성을 장악하는 임무를 담당하게 되었다.[4]

발전기: 한미연합사 창설

발전기는 한미연합사가 창설되던 1978년부터 2000년 이전까지이다. 이 시기는 국제적 여건의 변화 때문에 한미군사협력 관계에 중요한 변화가 일어났다.

1975년 제30차 유엔총회에서 유엔군사령부 해체 결의안이 통과되는 일이 발생했다. 미국은 유엔사를 대체하는 한미연합사 창설을 제의했고, 한국은 작전계획 작성 및 작전통제권 행사 과정에서 한국군의 적극 참여가 가능한 통합된 지휘구조를 제안했다.

양국의 합의에 따라 한미연합사 창설 관련 약정(TOR: Term of Reference)과 연합사의 임무와 지휘 관계를 규정한 전략지시 1호에 의거하여 1978년 11월 7일

---

4   Don Overdorfer, *Two Koreas: A Contemporary History*, revised edition (Indianapolis: Basic Books, 2001), pp.61~62.

[표 1-3] 유엔사와 연합사 비교

구분	유엔사	연합사
창설 근거	· 유엔 안보리 결의 83 및 84호	· 관련 약정(TOR) · 전략지시 1호
임무	· 정전협정 관리	· 한미연합군 작전통제권 행사 · 전쟁 억제, 억제 실패 시 전쟁에서 승리
지휘계선	· 유엔 안보리-미 합참	· 한미 안보협의회의-군사위원회

한미연합군사령부가 서울 용산에서 창설되었다.

한미연합군사령부 창설로 유엔사는 정전협정 관리 임무를 수행하고, 유엔군
사령관이 행사해 오던 작전통제권을 연합사령관에게 이양했으며, 전쟁 억제와
억제 실패 시 전쟁에서 승리하는 임무를 한미연합군사령부로 이양했다.

한미연합군사령부 창설 이후 유엔사는 유엔 안보리로부터 미 합참을 경유해
임무를 수행하게 되었으며, 연합사는 한미 양국 국방장관으로 구성된 안보협
의회의(SCM)와 양국 합참의장으로 구성된 군사위원회(MC)로부터 전략지시 및
작전지침을 받아 임무를 수행하게 되었다.

1981년 3월 14일부로 한미 제1군단이 한미연합야전군사령부(ROK-U.S. Com-
bined Field Army)로 재편되면서 중부 지역을 담당하고, 제3야전군이 김포축선
과 서부축선을 담당했다. 그 후 1993년 7월 1일부로 한미야전사가 해체되면서
제3야전군이 책임 지역을 인수하여 중·서부 지역 전체를 담당하게 되었다.

한편, 1994년 12월 1일 한미연합사에서 대한민국 합동참모본부로 평시작전
통제권이 이양되었으며 연합사령관은 전쟁 억제와 방어를 위한 위기관리, 조기
경보를 위한 정보 관리, 전시작전계획 수립과 연합연습 계획 및 실시, 연합교리
발전, C4I 상호운용성 등 연합권한위임사항(CODA: Combined Delegated Author-
ity) 행사를 하게 되었다.

조정기: 전작권 전환 추진

마지막으로 조정기는 2001년부터 현재까지이다. 한국의 국력 신장, 국제적

위상 격상, 드높아진 자존감, 국제적 수준의 한국군과 주한미군의 전략적 유연성에 따라 한국이 주도하는 신연합방위체제로의 전환이 진행 중이다. 2007년 11월 1일부로 제2야전군사령부를 제2작전사령부로 개칭했고, 2008년 9월 30일부로 적 포병을 무력화시키는 대화력전(Counter-fire Operations) 수행본부 지휘 및 통제, 근접항공지원(CAS: Close Air Support) 통제, 해상 대특수작전부대 작전(Maritime Counter-Special Operations), 신속 지뢰 설치, 주보급로 통제, 후방지역 제독작전, 공동경비구역(JSA) 경비 및 지원, 공대지 사격장 관리, 기상예보, 주야간 탐색구조(Search & Rescue) 등 주한미군의 10대 임무 전환이 이루어졌다.

2014년 10월 30일 제45차 SCM에서 신 연합방위를 주도할 수 있는 핵심 전력 확보, 북핵미사일 위협에 대응할 수 있는 필수 전력 확보, 한반도 안보 환경 개선 등 조건에 기초한 전작권 전환에 합의했다. 2017년 6월 29일 한미 정상은 조건에 기초한 전작권 전환을 조속히 추진하는 데 합의했다.

2018년 6월 29일 주한미군사령부가 평택의 캠프 험프리스(Camp Humphreys)로 재배치되고, 2019년 1월 1일부로 제1·3군을 통합한 지상군작전사령부가 창설되어 전 전선 지역을 담당하고 있다. 한미동맹은 주한미군의 전략적 유연성과 전시작전통제권 전환을 추진 중이다(표 1-4 참조).

연합연습 및 훈련의 변천

한미 양국 군은 평화를 관리하고 연합작전 수행 능력을 제고하기 위해 한미 연합연습 및 훈련을 지속적으로 발전시켜 왔다.

지휘소 연습과 기동훈련의 변천 과정으로 분류해서 기술하면 다음과 같다. 을지포커스렌즈연습은 한국 방위를 위한 전쟁지도 및 전쟁수행 능력을 숙달하기 위한 종합지휘소 연습으로, 1954년부터 유엔군사령부가 실시해 온 포커스렌즈연습과 1968년 1·21사태 이후 정부 주관으로 실시해 온 을지연습을 한미 간 협의를 거쳐 1976년부터 통합하여 실시해 온 연습이다. 민간 분야 연습은

[표 1-4] 한미연합방위 변천 과정

일자	내용	비고
1950.7.14	한국군 지휘권을 유엔군사령관에게 이양	이승만 대통령이 맥아더 유엔군사령관에게 보낸 서한
1953.12.15	제1야전군사령부 창설	• 제1군: 동부전선 방어 • 미 제1군단: 중서부전선 방어
1954.10.31	제2야전군사령부 창설	충청도·전라도·경상도 후방 지역 방어
1954.11.14	한미합의의사록 체결	유엔사가 한국 방어를 계속하는 한 한국군에 대한 작전통제권 지속 행사
1961.6.26	유엔사와 국가재건최고회의 간 합의	군사정변에 투입된 부대를 복귀시키고 제33·35경비대대는 유엔사 작전통제부대에서 제외하기로 합의
1968.5.27	제1차 한미국방장관회의	연례 안보협의회의로 정례화
1971.7.1	한미 제1군단 창설	• 한미 제1군단: 서부전선 방어 • 제1야전군: 동부전선 방어
1973.7.1	제3야전군사령부 창설	• 한미 제1군단: 김포축선, 서부·중부전선 방어 • 제3야전군: 제1·5·6군단 작전 통제를 결(缺)한 작전지휘 • 제1야전군: 동부전선 방어
1975.8.1	수도군단 창설	수도 핵심을 제외한 수도권 방어 전담
1981.3.14	한미 제1군단을 한미연합야전군사령부로 개편	• 제3야전군: 서부전선 방어 • 한미야전사: 중부전선 방어
1984.1.1	수경사를 수도방위사령부로 개편	수도의 범위를 수도권으로 확대해 방어를 전담
1992.7.1	한미연합야전군사령부 해체	• 제3야전군: 서부·중부전선 방어 • 제1야전군: 동부전선 방어
1994.12.1	평시작전통제권, 한국군으로 전환	연합권한위임사항(CODA), 연합사령관이 행사
2007.11.1	제2야전군사령부를 제2작전사령부로 개칭	제9·11군단 해체
2014.10.30	조건에 기초한 전작권 전환 합의	제45차 안보협의회의
2017.6.30	전작권의 조속한 전환에 합의	문재인 대통령과 트럼프 대통령 정상회담
2018.6.29	주한미군사령부 이전	평택 캠프 험프리스
2019.1.1	지상작전사령부 창설	제1·3야전군 통합 DMZ 전선 방어

자료: 국방부 군사편찬연구소, 『한미동맹 60년사』(서울: 국방부 군사편찬연구소, 2013), 394~404쪽을 참조하여 작성했다.

정부(비상기획위원회. 현재는 행정안전부 산하 재난안전본부)가 주관하여 실시하고 군사 분야 연습은 한미연합사가 주관했다. 2008년부터 을지프리덤가디언(UFG)

[표 1-5] 한미연합연습 및 훈련 변천 과정

1950~1960년대	1970~1990년대	2000년대~현재
· 1954년: 유엔사 포커스렌즈 연습 · 1968년: 정부 주관 을지연습	· 1976~2007년: 을지포커스렌즈 연습(정부 연습 + 연합사 주관 군사연습)	· 2008~2018년: 을지프리덤가디언(UFG) 연습 · 2019년: 2019-2 연합지휘소훈련 · 2020년: 2020-2 연합지휘소훈련
	· 1976~1993년: 팀스피리트연습 · 1994~2007년: 연합전시증원연습(RSOI)	· 2008~2018년: 키리졸브(KR)/폴이글(FE) 연습 · 2019년: 동맹연습 · 2020년: 축소된 연합훈련
	· 1976~1978년: 한미 제1군단 위게임 최초 실시	· 1990년대 중반, 교육사에서 창조대 연습 모델을 개발하여 한국형 BCTP로 발전·정착

자료: 국방부 군사편찬연구소, 『한미동맹 60년사』(서울: 국방부 군사편찬연구소, 2013), 170쪽을 참조하여 작성했다.

연습으로 바꾸어 실시해 오다가 2019년 후반기에 연합지휘소훈련(CCPT: Combined Command Post Training)으로 개칭하여 실시하고 있다.

한편, 기동훈련으로 한미 간 최초 기동훈련인 팀스피리트연습을 1976년부터 1993년까지 실시했으며, 1994년부터는 팀스피리트의 축소판인 연합전시증원연습을 실시했다. 연합전시증원연습은 전시 한반도에 증원될 미 증원군의 수용, 대기, 전방 이동 및 전장으로 통합(RSOI: Reception, Staging, Onward Movement, Integration)되는 일련의 절차와 동원 및 한국군의 전투력 복원 절차 등을 숙달하는 훈련이다. 2008년부터 후방 지역 적 특작부대 침투 대비를 위해 폴이글(Foal Eagle) 기동훈련을 추가하여 키리졸브(Key Resolve)/폴이글연습으로 연습 명칭을 바꾸고, 한국군 주도, 미 측 지원 개념으로 전환하여 시행해 오다가, 2019년에 동맹연습으로 명칭을 개칭하여 실시했다. 같은 해 후반기부터는 2019-2 연합지휘소훈련(2019-2 CCPT: Combined Command Post Training)으로 훈련 명칭을 바꿔 실시하고 있다. 1976년부터 한미 제1군단장 존 쿠시먼(John H. Cushman) 장군은 한미연합군에 최초로 전투 시뮬레이션 연습인 위게임을 실시했으며, 우리 군은 1990년 중반 교육사에서 창조대 위게임 연습모델을 개발하

[사진 1-1] 유엔 안보리의 '침략행위 정지 요청' 결의 장면(1950.6.27)

여 한국형 전투지휘훈련프로그램(BCTP: Battle Command Training Program)을 실시해 오고 있다.

이러한 연합연습 및 훈련을 통해서 한미연합군은 강력한 전비 태세를 갖추고 전후방 경계작전을 통해서 평화를 유지해 오고 있다.

3. 유엔사의 변천

1950년 6·25전쟁이 발발하자 유엔 안보리는 6월 25일 14시(한국 시각 6월 26일 02시)에 북한 적대행위의 즉각 중지를 요구했고 38선 이북으로 철수를 촉구하는 결의문을 채택했다.

북한 당국이 전쟁을 중지하지 않자 1950년 6월 27일 유엔 안보리는 국제 평화와 안전을 회복하기 위해 유엔 회원국의 원조를 제공하는 83호 결의문을 채택했다.[5]

---

5   6·25전쟁 지원국가는 전투병 파병 16개국, 의료 지원 5개국, 물자 지원 39개국, 물자 지원
     의사 표명 3개국 등 총 63개국이었다. 이는 당시 유엔 회원국 93개국의 3분의 2가 참여한

1950년 7월 6일 유엔 안보리는 유엔군 설치 결의안을 의결하여 미국의 책임하에 통합군사령부를 창설하고, 사령관을 미국 정부가 임명토록 하는 결의 84호를 채택했다. 이에 트루먼 정부는 극동군사령관인 더글러스 맥아더(Douglas MacArthur) 원수를 유엔군 사령관으로 임명했다. 1950년 7월 24일에는 도쿄에 유엔군사령부를 창설했고, 제8군사령부를 대구에 설치했으며 월턴 워커(Walton A. Walker) 사령관을 보직시켜 지상작전을 지휘토록 했다.[6]

[사진 1-2] 유엔사 창설(1950.7.24)

1950년 7월 14일 이승만 대통령은 "현 적대행위가 지속되는 동안, 대한민국 육해공군의 일체의 지휘권(Command Authority)을 유엔군사령관에게 이양한다"라는 공한[7]을 발송했다. 이에 7월 16일

것이다. ▲ 전투병 파병국(16개국): 미국, 영국, 호주, 네덜란드, 캐나다, 뉴질랜드, 프랑스, 필리핀, 터키, 태국, 그리스, 남아공, 벨기에, 룩셈부르크, 콜롬비아, 에티오피아, ▲ 의료지원국(5개국): 스웨덴, 인도, 덴마크, 노르웨이, 이탈리아, ▲ 물자지원국(39개국): 과테말라, 도미니카, 서독, 라이베리아, 리히텐슈타인, 레바논, 모나코, 멕시코, 미얀마, 베네수엘라, 베트남, 사우디아라비아, 시리아, 스위스, 아르헨티나, 아이슬란드, 이스라엘, 이란, 이집트, 인도네시아, 일본, 아이티, 에콰도르, 오스트리아, 우루과이, 온두라스, 엘살바도르, 자메이카, 대만, 칠레, 쿠바, 캄보디아, 코스타리카, 파나마, 파라과이, 파키스탄, 페루, 헝가리, 교황청, ▲ 물자 지원 의사 표명국(3개국): 니카라과, 브라질, 볼리비아 등이다. 한편, 북한을 지원한 공산권 국가는 전투병 파병으로 중공, 전투기를 투입한 소련, 제한된 물자 지원을 한 동유럽 공산권 국가였다[국방부 군사편찬연구소, 『통계로 본 6·25전쟁』(서울: 국방부 군사편찬연구소, 2014)].

6 Choi Yong-ho, *A History of the United Kingdom's Participation in the Korean War*, Chung Kyung-young, trans. (Sejong: Ministry of Patriots and Veterans Affairs, 2017).

7 월간조선편집부, 『조약 협정: 한국의 대외 관계 주요 문서들: 강화도 조약에서 한미 FTA까지』(서울: 조선뉴스프레스, 2017), 173~175쪽.

[그림 1-1] 1951년 7월 유엔사 지휘체제

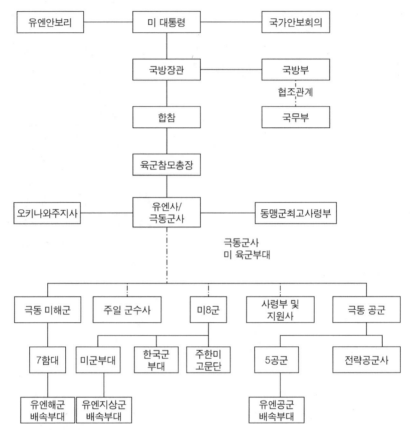

자료: Chung Kyung-young, "An Analysis of ROK-U.S. Military Command Relationship from the Korean War to the Present"(Thesis, Master of Military Art & Science, U.S. Army Command and General Staff College, 1989), p.47.

맥아더 유엔군사령관은 "한국군을 유엔군사령관 지휘하에 두게 된 것을 영광으로 생각한다"라고 회신했다.

그림 1-1에서 보는 바와 같이 유엔사는 국군과 미8군, 미 극동 공군 및 7함대, 유엔군을 지휘하는 단일 지휘체제를 구축했다.

유엔 안보리는 유엔사와 직접적인 지휘 관계는 없었으나 유엔군사령관으로부터 격주마다 전황(戰況)을 보고받았다. 육군참모총장은 미 합참의장을 대리해서 미8군에 대한 지휘권을 행사했다. 유엔사 및 극동군사령부는 휘하의 해공군 부대에 한해서 작전통제권을 행사했다. 극동군사 미 육군사령부는 해체되지는 않았으며 1952년 10월 1일까지 운용되었다. 주한미군사 고문단은 미8군 사령부에 배속되었다.

유엔사 겸 극동군사는 1950년 9월 15일 인천상륙작전 성공 이후 주력부대를 차출하여 서해, 남해를 거쳐 원산 상륙전을 실시, 동부 지역 작전을 수행하는 미 제10군단을 직접 통제했다. 미8군사령관의 단일 지휘체제로 지상작전을 실시하지 않고 유엔군사령관의 작전 통제하에 미8군과 미 제10군단을 직접 지휘했다. 이는 결국 한반도의 서부·동부 지역이 협조된 작전을 실시하지 못하는 결과를 초래했다. 이러한 지상군의 지휘체제의 이원화는 1950년 4월 유엔군사령관이 맥아더에서 매슈 리지웨이(Matthew B. Ridgeway)로 교체된 이후에도 **그림 1-2**에서 보는 바와 같이 계속되었다.

리지웨이 유엔군사령관은 미 제8군사령관과 미 제14군단장을 직접 지휘했고, 미 제8군사령관은 미 제1·9·10군단과 한국군 제1군단을 작전 통제했다. 미 제1군단은 미군을 주력부대로 하고 한국군 부대와 영연방 국가 전투부대를 작전 통제했으며, 미 제9군단은 한미 각각 2개 사단을 지휘했고, 미 제10군단은 한국군 사단과 미해병사단에 한국군 해병부대를 편조했으며, 미 제2보병사단에는 한국군 제8사단, 프랑스 및 네덜란드 부대를 편조하여 작전을 실시했다. 8군사령관 작전 통제하에 백선엽 장군이 지휘하는 한국 제1군단은 수도, 제3·11사단을 지휘했다.

유엔사는 지금도 미 합참을 경유하여 유엔 안보리에 한반도 정전협정에 대한 이행 여부 등에 관해 매년 보고하고 있다.

야코프 말리크(Jacob Malik) 유엔 주재 소련 대사는 미 측과 비밀 접촉을 통해 휴전협상을 제안했으며, 유엔사와 공산 측인 북한과 중국 3자 간 휴전협상을 1951년 6월 23일부터 개시했다. 1953년 7월 27일 정전협정 체결까지 2년여

[그림 1-2] 1951년 7월 유엔사/극동군사 예하 주요 지상군부대

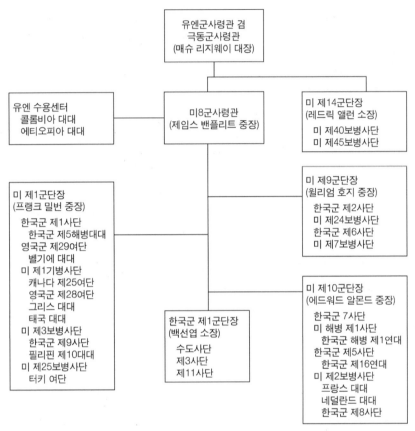

자료: Walter G. Hermes, *Truce Tent and Fighting Front* (Washington, D.C.: Office of the Military History, U.S. Army, 1966), p.57.

동안 지루한 협상과 혈전이 계속되었다. 협상 시 어젠다는 포로 송환 문제, 비무장지대 설치를 위한 군사분계선 설정 문제, 휴전 실시를 위한 감시기구 구성 문제가 핵심이었다.

1953년 7월 27일 유엔군사령관 마크 클라크(Mark W. Clark) 대장과 조선인민군최고사령관 김일성 원수, 중국인민지원군 사령원 펑더화이(彭德懷)는 6·25전

[사진 1-3] 유엔군 및 공산 측 휴전협상 대표(1952년)

쟁 정전협정에 서명했다(표 1-6 참조).

1953년 7월 27일 유엔 16개국은 정전협정 파기로 인한 전쟁 재발 시 유엔군 재참전을 결의한 「한국에 관한 참전 16개국 선언문」을 발표했다. 한편, 유엔사와 일본 정부는 1954년 2월 19일 주둔군지위협정(SOFA: Status of Forces Agreement), 일명 행정협정을 체결했다. 한미 양국 정부는 1954년 11월 17일 "유엔사가 한반도에서 방어 임무를 수행하는 한 한국군에 대한 작전통제권을 유엔군사령관에 둔다"라는 합의의사록(Agreed Minutes)에 서명했다. 유엔군사령부는 1957년 7월 1일 도쿄에서 서울로 이전했다.

주한미군사령관은 태평양사령관의 지시에 의거하여 지휘권을 행사했으며, 유엔군사령관은 8군사령관에게 한국군에 대한 작전통제권을 위임했다.

한미 정부는 1965년 9월 6일 한국군 파월부대에 대해서 유엔군사령관의 작전통제권을 해제하는 「한미군사실무약정서」에 서명했다. 1968년 4월 17일 한미 정상은 대침투작전 수행 권한을 한국군 단독으로 행사하기로 합의했다. 한미 양국은 1968년부터 국방부 장관급 수준에서 주요 안보 문제를 협의하고 해결하기 위해 한미 안보협의회의를 개최해 왔다. 최초의 한미 안보협의회의는 미 정보함 푸에블로호 피랍 사건으로 인한 협의를 위해 1968년 2월 12일 사이러스 밴스(Cyrus R. Vance) 국무부 장관이 미 대통령 특사로 방한했을 때 양국의 안전보장 문제를 협의하기 위해 국방각료급 회의를 개최하기로 합의함에 따라

[표 1-6] 군사정전협정 주요 내용

조(條)	항(項)
제1조 군사분계선과 비무장지대	· 1항: 비무장지대 설정 및 유지(쌍방 2km) · 2항: 군사분계선 위치 표시 · 4항: 군사분계선 표식물 설치·감독 · 5항: 한강 하구의 민간 선박 통행 · 6항: 비무장지대 내 적대행위 금지 · 7항: 군사정전위원회 허가 없이 군사분계선 통과 금지 · 8항: 비무장지대 내 상대 지역 출입 시 해당 지역 사령관 허가 · 9항: 군정위 허가하에 비무장지대 출입 · 10항: 비무장지대 내의 군사분계선 이남 민사행정 및 구제사업은 국제연합군 총 사령관이, 군사분계선 이북은 조선인민군 최고사령관과 중국인민지원군 사령원 이 공동으로 책임 · 11항: 정전협정 감시·감독 관련 인원 비무장지대 내 이동 보장
제2조 정화 및 정전의 구체적 조치	· 12항: 한반도 내 적대행위 완전 중지·보장 · 13항: 서해 5개 도서 통제, 군정위 및 중감위 활동에 필요한 통신·교통편 제공, 군 정위 본부 부근 쌍방 비행장 건설·관리, 중감위 인원에 대한 특권 및 면제 부여 · 14~16항: 지상, 해상, 공중 군사력의 경계선 존중, 해상 봉쇄 금지, 영공 존중 · 17항: 정전협정 집행 책임 ⇒ 조인자와 후임사령관 · 18항: 군정위·중감위 활동 비용 쌍방 부담
제3조 군정위 구성, 책임과 권한	· 19~22항: 군정위 설치, 구성, 보조 인원 운영, 비서처 · 25항: 군정위 본부 구역 위치(판문점 부근), 세부 임무 규정 · 34항: 군정위 보고 및 회의기록의 문건철 보관 · 35항: 군정위, 쌍방 사령관에게 정전협정 수정·증보에 대한 건의 제출
제4조 중감위 구성, 책임과 권한	· 36~39항: 중감위 설치, 구성, 비서처 운용 · 42항: 중감위 본부 설치 위치(판문점 부근) · 44~48항: 중감위 개최·기록·보고 · 49항: 중감위, 군정위에 정전협정 수정·증보에 대한 건의 제출 · 50항: 중감위 및 군정위에 통신 대책 지원·보장
쌍방 관계 정부들에게 건의	· 61항: 쌍방 사령관 합의하에 수정과 증보 · 62항: 정전협정 수정·증보 또는 정치적 수준에서의 평화적 해결을 위한 협정에 의한 교체 시까지 유지

자료: 신상범(편저), 『한반도 정전에서 평화로』(서울: 한누리미디어, 2019), 215쪽.

이루어졌다.[8]

    1978년 11월 7일 한미전략지시 제1호(1978.7.28)에 의거하여 한미연합군사
령부를 창설했으며, 유엔군사령관이 행사해 오던 한국군에 대한 작전통제권을

---

8   국방부 군사편찬연구소, 『한미동맹 60년사』(서울: 국방부 군사편찬연구소, 2013), 114쪽.

[그림 1-3] 1957년 7월 유엔사 도쿄로부터 서울 이전 시 지휘체계

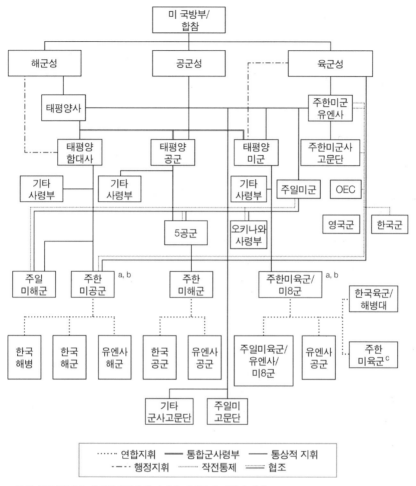

a. 주한미군사령관은 태평양사령관의 지시에 의거하여 지휘권 행사.
b. 유엔군사령관은 8군사령관에게 한국군에 대한 작전통제권을 위임.
c. 주한미육군만 작전 통제.

자료: James P. Finley, *The US Military Experience in Korea, 1871~1982* (Seoul: Command Historian's Office, Secretary Joint Staff, HQ USFK/EUSA, 1983), p.107.

연합사령관에게 이양했다.

한국 정부는 1994년 12월 1일 한미전략지시 제2호(1994.10.6)에 의거하여 연

합사로부터 한국 합참으로 평시 작전통제권을 전환했다. 한편, 연합사령관은 평시에도 연합권한위임사항(CODA)을 통해 위기관리, 정보 감시, 전시 작계발전 및 연합연습, 연합합동교리 발전, 상호운용성 등 주요 권한을 행사했다.

한미 양국은 2000년 10월 3일 DMZ 통과 남북 철도·도로 연결 관련 유엔사가 관할권(Jurisdiction Authority)을 지속 행사하되 한국군이 관리권(Administrative Authority)을 행사하는 데 합의했다.

남북 철도·도로 연결 공사는 유엔사 협력하에 추진되었다.[9] 남북 철도·도로 연결사업은 DMZ를 통과하는 사업으로 DMZ에 대한 관할권을 행사하는 유엔사와의 협의가 필수적이었다. 비무장지대 통과에 관한 모든 문제는 군사정전협정에 입각하여 해결해야 하며, 정전협정에 따르면 비무장지대 통과는 유엔군사령관의 승인 사항이기 때문이다.

2000년 6월에 이루어진 남북정상회담에서는 남북한의 문제가 군사적인 긴장 완화와 신뢰 구축, 경제사회적인 협력이라는 두 가지 축으로 실행되어야 함을 분명히 했다. 국방부에서는 북한군과 대화하기 전에 어젠다의 선정, 협상전략에 이르기까지 유엔사와 긴밀히 협조했으며, 군비통제관은 회담 후 그 결과를 유엔사에 설명해 주었다. 8월 26일 국방부 장관에게 보낸 서한에서 리언 라포트(Leon J. LaPorte) 유엔군사령관은 남북 국방장관회담에 있어 미국은 필요한 협조를 하고 특히 "미국이 남북 대화에 방해물(hindrance)로 비쳐지는 것을 바라지 않는다"라는 입장을 표명했다.

남북 철도·도로 연결을 위한 실무 협의 시 북측으로서는 철도·도로 연결, 개성공단 건설을 외화 획득 차원에서 추진했으며, 1차 남북군사실무회담의 주의제는 경의선 철도·도로 연결을 위한 군사보장 문제였다.

경의선 철도·도로를 연결하는 문제는 DMZ와 군사분계선(MDL: Military Demarcation Line)을 통과하는 문제였으며 이는 바로 DMZ와 MDL의 관할권을 행

---

9   김국헌 전 국방부 군비통제관과의 인터뷰, "한국군의 DMZ관리권", 2018년 6월 10일.

사하는 유엔군사령관과 조선인민군사령관 두 사람의 협의를 거쳐 이루어져야 할 사안이었다. 라포트 사령관의 서한, 즉 "남북 간의 군사회담에서 정전협정에 관한 논의는 유엔군사령관을 대신하여 한국 국방부 장관에게 위임한다"라는 구절이 적힌 서한이 있었기에 남북 간 협의가 가능했다. 국방부를 대표하여 군비통제관이, 유엔사를 대표하여 부참모장이 메모랜덤(Memorandum)에 서명하여 합의했으며, 남북 간의 문제를 "정전협정에 의거하여 처리한다"라는 합의에 의거하여 처리했다.

유엔사의 기능과 편성

유엔사의 기능

유엔사의 기능은 북한의 무력공격을 격퇴하고, 정전협정의 이행 감독과 위반 시 이를 조사·시정하며, 주일 유엔사 후방기지를 유지·활용하고, 유사시 파견되는 유엔 회원국 군대에 대한 통제 및 지원을 수행하는 데 있다.

유엔사의 편성

유엔군사령관은 주한미군사령관이 겸직하고 있으며, 부사령관, 참모장, 부참모장, 군사정전위원회, 일본에 위치하고 있는 후방지휘소, 연락장교단으로 구성되어 있다. 군사정전위원회에는 유엔군 측 수석대표와 비서장이 있으며, 공동경비구역인 판문점에 경비대대가 배치되어 있고, 한미연합으로 구성된 의장대를 보유하고 있다. 유엔사 후방지휘소는 자마 기지에서 주일미공군사령부가 주둔하고 있는 요코다 기지로 이전했으며, 유엔사와 일본 정부 간 주둔군지위협정(SOFA)을 체결하여 7개의 해공군 기지를 운영하고 있다. 연락장교단은 6·25전쟁 참전 유엔사 회원국으로 구성되어 있으며 통상 서울 주재 대사관 국방무관으로 편성되어 있다.

[그림 1-4] 유엔군사령부 편성

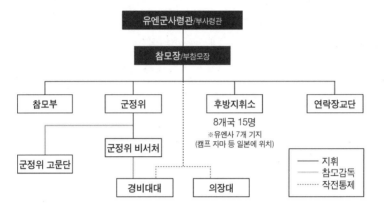

지휘소

유엔사 주지휘소(CP Oscar)는 회원국 전력의 접수, 대기, 전방으로 이동(RSO: Reception, Staging, and Onward Movement) 등 유엔사 회원국에 대한 지휘 및 통제를 제공하며, 유엔사 회원국 전력 제공 임무를 수행한다. 다국적협조본부(MNCC: Multi-Nations Coordination Center)장 예하에 작전, 기획, 작전 지속, 전문 통제 담당으로 구성되어 있다.

유엔사 전방지휘소(CP Tango)는 전구작전에 제공된 유엔사 회원국 전력의 통합 및 운용 협조 임무를 수행한다.

유엔사 후방지휘소(UNC Rear Command)는 일본 요코다에 위치하고 있으며, 일본 내에서의 유엔사 작전을 지원하며 일본을 통해 유엔사 회원국 전력의 이동을 촉진한다.

요코스카 기지는 한반도 유사시 출동하는 항공모함과 이지스함을 비롯한 미 7함대 소속 함정들의 모항으로, 함정 10여 척이 한반도 유사시 48시간 내 출동 태세를 유지한다. 아시아 최대 미 공군기지인 가데나 기지에는 F-15 전투기, E-3 공중조기경보통제기, KC-135 급유기, RC-135 전략정찰기 등 한반도 위기

[그림 1-5] 군사정전위원회 편성

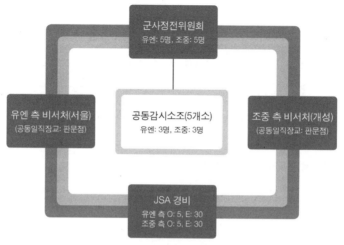

[그림 1-5] 군사정전위원회 편성

자료: 통일부 남북회담본부, "군사정전위원회 기구표", https://dialogue.unikorea.go.kr/views/cms/ukd/dba.jsp#tab-cont1 (검색일: 2019.3.18).

때마다 등장하는 항공기 120여 대가 배치되어 있다. 오키나와 기지에는 한반도 위기 때 가장 먼저 출동해 전쟁을 억제하거나 북한의 공격을 저지하는 미제3해병기동군이 배치되어 있다. 사세보 기지에는 한반도 유사시에 사용할 수 있는 100만 톤에 이르는 탄약이 저장되어 있다.

군사정전위원회

군사정전위원회(MAC: Military Armistice Committee, 군정위)는 정전협정의 이행 감독, 위반사건을 협의·처리하는 기능을 수행하며, 유엔사와 공산 측 각각 5명씩 10명으로 구성되었다. 북한은 1994년 4월 28일 군정위 철수 이후 같은 해 5월 24일 판문점 대표부를 설치하여 운영하고 있다. 군정위 중국군 대표단은 1994년 12월 15일 완전 철수했다.

군정위는 본회의, 비서장회의, 공동일직장교회의, 공동감시소조 활동으로 구성되어 있다. 본회의는 1950년 7월 28일부터 1991년 5월 29일까지 460회 개

최했으나, 1991년 3월 25일 유엔사 측이 군정위 수석대표를 한국군 황원탁 소
장으로 임명하자 북한은 제461차 회의부터 불참했다.

비서장회의는 경미한 정전협정 위반행위 협의와 유해 송환 업무를 수행했으
며, 1953년 7월 27일부터 1994년 6월 6일까지 510회 개최했으나 제511차 회의
부터 북측이 불참했다. 공동일직장교회의는 행정 사항 전달 및 토의를 하고 있
으며, 수석대표 교체 후 필요시 개최하고 있다. 공동감시소조 활동은 DMZ 및
한강 하구 위반사건 공동조사 임무를 수행하나 현재 유엔사 측 요원만으로 편
성히여 북측의 위반사항에 대해 군정위 특별조사반으로서 조사 기능을 수행하
고 있다.

유엔사-북한군 장성급 대화

1998년 6월부터 유엔사와 북한군 간 장성급 회담을 유지하고 있으며, 유엔사
-북한군 장성급 대화 채널을 구축하고 있다. 국방부 정책실장과 유엔사 부참모
장 간 협상에 의해 타결하여, 정전협정에 따라(in accordance with the Armistice
Agreement) 미 측과 북한군 대화가 아닌 유엔사-북한군 간 대화를 하고 있다.

유엔사 대표는 유엔사 참모장인 미 육군소장, 주한 영국 국방무관 육군준장,
그리고 태국·필리핀 등 유엔 참전 14개국이 돌아가면서 참가하는 대표, 한국 합
참에서 유엔사에 파견한 한국군 해군준장, 군정위비서장 등 5명으로 구성된 대
표들이 동등한 발언권을 보유하고 있으며, 미군 장성이 선임장교(senior officer)
로서의 역할을 수행하고 있다. 군정위비서장은 북한군 판문점 대표부와 연락
관회의 및 접촉을 유지하고 있다.

중립국감독위원회

중립국감독위원회(NNSC: Neutral Nations Supervisory Commission, 중감위)는
스위스, 스웨덴, 폴란드, 체코슬로바키아로 구성되어 있었다.

남과 북의 정전협정 이행 여부를 확인·감독하고 분쟁을 예방하며, 국외로부

[그림 1-6] 중립국감독위원회 편성

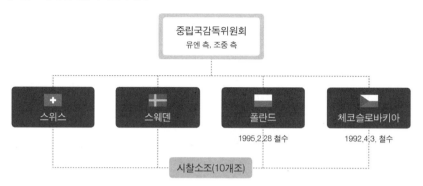

자료: 통일부 남북회담본부, "중립국 감독위원회 기구표", https://dialogue.unikorea.go.kr/views/cms/ukd/dba.jsp#tab-cont2 (검색일: 2019.3.18).

[표 1-7] 중립국감독위원회 회의 및 활동

구분	내용
본회의 (주 1회)	체코슬로바키아 대표단이 1992년 4월, 폴란드 대표단이 1995년 2월에 본국으로 추방된 이후 유엔사 측 중립국감독위원인 스위스, 스웨덴 대표단만 주 1회 회의 ※ 폴란드 대표단은 본국에서 중감위 기능 수행, 분기 1회 판문점 회의에 참석
중립국 시찰소조 활동	지정된 5개 출입항에 파견, 작전 장비 등 반입 및 교체 감독 ・유엔사 측: 인천, 강릉, 군산, 부산, 대구 ・북중 측: 신의주, 청진, 흥남, 남포, 신안주 ※ 1956년 6월 9일, 유엔사 측의 시찰소조 기능 중지 선언 후 활동 중지

터 군사 인원, 작전 장비, 무기, 탄약 등의 반입 및 교체에 대한 감독 결과를 군정위에 보고하고, 군정위 요청 시 DMZ 이외 지역에서의 정전협정 위반사건을 조사하는 것이 중립국감독위원회의 역할이다.

중립국감독위원회는 매주 실시하는 본회의와 중립국 시찰소조 활동을 주 임무로 하고 있다. 본회의는 1956년 5월 31일 제70차 본회의 시 공산 측 시찰소조의 간첩행위 이유로 유엔사 측이 시찰소조 기능 중지를 선언함에 따라 현재 상징적으로 존재하며, 체코슬로바키아 대표단은 1992년 4월, 폴란드 대표단은 1995년 2월에 본국으로 추방되었다. 폴란드 대표단은 본국에서 중감위 기능을 수행하고 있으며, 분기 1회 판문점 회의에 참석한다.

중립국 시찰소조 활동은 북측 군정위 철수 후 불참하고 있으며, 유엔사 측은 인천, 강릉, 군산, 부산, 대구 등 5개 항구에, 그리고 북중 측은 신의주, 청진, 흥남, 남포, 신안주 등 5개 출입항에 대한 감독 활동과 작전 장비 등 반입 및 교체 감독 활동을 실시했었다.

북한의 군정위 철수, 중감위 공산권 국가 퇴출 등 유엔사 무실화로 정전협정 관리 기능이 기형적으로 운영되고 있다. 즉, 유엔사 측은 정전협정 위반 시 중감위가 조사를 하는 등 정전체제 관리의 주체로서 기능을 수행하고 있고, 북한 측은 군정위를 대체하는 판문점 대표부를 운영해 유엔사와 대화 채널을 유지하고 있다.

정전 시 전쟁 억제 기능은 물론 한반도 전쟁 재발 시 전력 제공 등의 역할을 고려한다면 유엔사는 한반도 평화 유지와 유사시를 대비하기 위해 필요한 기구이다.

유엔사의 역할 확대 동향과 함의

1983년 1월 19일 미 합참은 한반도 전쟁 재발 시 유엔사 및 연합사는 별개의 법적·군사적 체제를 유지하며, 유엔사 부대를 운용한다는 유엔군사령관을 위한 관련 약정을 유엔사에 지시했고, 1998년 2월 27일에 유엔사 일반명령 제1호로 하달했다.

2003년 1월 도널드 럼스펠드(Donald Rumsfeld) 미 국방장관은 라포트 유엔군사령관에게 유엔사를 회원국뿐만 아니라 더 많은 국가가 참여하는 전력제공자(Force Provider)의 기능을 보강토록 지시했으며, 2004년 9월 유엔사는 성명을 통해 "만일 정전협정이 깨지고 적대행위 재개 시 16개 회원국은 연합을 위해 재편성될 것"이라는 성명서를 발표하는 등 유엔사 강화 의지를 표명했다.

2009년 3월 8일 유엔사는 미 중부사의 다국적협조본부(MNCC)를 참조하여 유엔사 다국적협조본부를 편성·운용했다. 다국적협조본부는 유엔사 지휘소와 전력제공국 간 연락 및 협조 업무와 다국적군 전력의 전략적 전개, 수용, 대기, 전방 이동을 통한 군수 지원 조정, 통제 및 협조 임무를 수행했다.

2010년 10월 제43차 한미 안보협의회의 시 양국 국방장관은 유엔사 전력제공국의 연합연습의 참여와 관련하여, 한미국방협력지침에 서명했다. 2011년 을지프리덤가디언(UFG)연습부터 유엔사 파견국이 연습에 참관했으며, 2014년 UFG연습 시에는 미군 3만 명, 한국군 5만 명 외에 호주, 프랑스 군이 참관했고 2015 키리졸브훈련에도 추가 참가했다. 유엔사의 더 많은 회원국가가 UFG연습에 참가하는 등 확대되는 추세이다. 유엔사 참전국 전력은 소요를 제기(General Requirement)하여 지원합의서(Formal Support Agreement)를 체결하고, 유엔사 전력이 한반도로 전개하여(Off-Peninsula Movement of UNC forces) 수용·대기하며, 전방으로 이동(RSO)하여 전술집결지에서 통합 운용(Integration and Employment)하게 된다.

2004년 이후에는 한국군을 대상으로 유엔사의 중요성을 부각하기 위해 유엔사 후방기지 방문을 추진해 왔다.

오바마 행정부 때부터 유엔사 주요 참모 보직을 유엔사 회원국으로 충원 및 확대하는 정책을 추진해 왔다. 2014년 커티스 스캐퍼로티(Curtis M. Scaparrotti) 유엔군사령관은 유엔사 재활성화(Revitalization) 프로그램 시행 의지를 공식적으로 표명했다. 실제로 2016년 3월부터 2018년 10월까지 재직한 빈센트 브룩스(Vincent K. Brooks) 한미연합사령관은 유엔군사령관으로서 연합사와 유엔사의 보직 겸직을 줄이는 조치를 단행했다. 또한 웨인 에어(Wayne D. Eyre) 캐나다 출신 육군중장을 유엔사 부사령관으로 임명했다. 유엔사 창설 이후 부사령관에 미군이 아닌 제3국 장성이 취임한 것은 처음이다. 또 브룩스 사령관은 유엔사 운영 원칙으로 정전협정 이행 감독, 북한과의 대화, 한미연합사 및 주한미군으로부터 독립적인 유엔사 운영을 위한 제3국 장교의 유엔사 보직 확대 등을 제시했다. 유엔사의 독자적 역할 강화가 본격적으로 시작된 것이다. 또한 유엔군사령관은 매달 유엔사 회원국 서울 주재 대사와 국방무관을 초청하여 정세

브리핑 회의를 한다. 호주, 프랑스 등 8개국이 유엔사에 참모 요원을 파견하는 등 유엔사 근무 요원이 30여 명으로 증가하여 유엔사 기능을 보강·확대하고 있다.

특히 한반도에 긴장이 고조되던 2018년 1월 16일, 미국과 유엔참전국 16개국 등이 참여한 밴쿠버 20개국 외교부 장관회의에서 남북대화를 지지하며 한반도 유사시 대비책을 강구하는 데 합의했던 것은 유사시 유엔사의 역할 차원에서 의미하는 바가 크다. 2018년 제50차 SCM에서 한미 국방장관은 전작권 전환 시 한국군 4성 장군을 사령관, 미군 4성 장군을 부사령관으로 하는 미래연합사의 새로운 지휘구조에 합의했다. 전작권 전환 이후에도 유엔사와 주한미군이 지속 주둔하는 것을 재확인했다.

2018년 11월 8일 로버트 에이브럼스(Robert B. Abrams) 대장이 유엔군사령관에 취임했으며, 2019년 7월 27일 호주의 스튜어트 메이어(Stuart Mayer) 해군중장이 캐나다 에어 부사령관에 이어 두 번째 유엔사 부사령관으로 부임했다. 2019년 10월 17일 에이브럼스 유엔군사령관은 육군본부와 한국국가전략연구원이 공동 주최한 제5회 미래 지상군 발전 국제심포지엄 기조연설을 통해 유엔사 재활성화는 미국의 인도·태평양전략과 무관하며, 연합사가 창설된 1978년부터 지속된 정전협정 이행 및 유사시 전력제공국들의 전력 지원 협력이라는 두 가지 임무를 수행할 것임을 분명히 했다.

전작권 전환 이후 유엔사와 연합사의 지휘 관계

정전협정은 지난 70여 년에 걸쳐서 한반도의 안정을 뒷받침해 왔으며, 유엔사는 정전협정 집행과 남북대화 촉진, 한국 평화와 안정을 위한 본연의 임무를 수행하는 데 최적화된 사령부로 진화하고 있다. 유엔사는 가장 핵심 임무인 일상적인 정전협정 집행 임무를 수행하고 있다. 특히 9·19남북군사합의의 성공적 이행을 위한 대화의 촉진자로서 유엔사의 지속적인 참여를 통해 한반도 신뢰 구축 조치에 대한 국제적 정당성 강화에 기여할 수 있을 것이다. 무엇보다도 유엔사는 전시 및 유사시 유엔사 회원국가들이 다국적군을 구성할 수 있도록 전력제공자로서의 기능을 보강하는 등 한반도의 모든 위기 상황에 신속하게 대응할 수 있는 준비 태세를 유지해야 한다.

유엔사를 보강·재활성화하는 배경에는 한반도 전쟁 시 한미연합사보다 이미 유엔 안보리 결의를 통해 창설·운용되고 있는 유엔사 주도 다국적군 작전이 보다 효과적이라는 판단에서 유엔사의 역할이 확대·추진되어 온 것으로 판단된다. 유엔 안보리 결의 없이 이라크전쟁을 감행하여 제한된 동맹군의 참전으로 어려운 전쟁을 수행했던 교훈을 고려하여 정전 시 유엔사의 역할을 분명히 하고, 유사시 유엔사의 역할에 대비하며, 남북 관계 진전에 따른 유엔사의 정전 관리 기능 강화와 평화협정 체결 시 감시 기능 수행 가능성을 전망할 수 있다.

한편, 한국 정부가 유사시 유엔사에 전작권을 재전환하거나 또는 미 합참을 통해 유엔사에 전쟁수행사령부 임무를 부여할 경우에 전시 유엔사의 역할은 예측하기 어려운 혼란이 예상된다. 유엔사 및 연합사는 별개의 법적·군사적 체제를 유지하며 미 증원전력을 포함하여 유엔사 부대를 운용한다는 유엔군사령관을 위한 관련 약정과 유엔사 일반명령에 의거하여 유엔사가 전투작전을 지휘하는 사령부 임무를 수행하게 될 경우이다. 이러한 상황이 벌어진다면 미래연합사가 한반도 전구작전의 유일한 전쟁지휘사령부가 되어야 한다는 한국의 입장과 대립하게 된다. 만에 하나 이러한 기우가 현실로 나타날 때는 전쟁수행에 감당할 수 없는 혼란이 예상된다.

6·25전쟁 중 지상작전 지휘체제의 이원화 교훈은 엄중하다. 도쿄에서 맥아더 유엔군사령관은 38선 이북 서부 지역의 월턴 워커 8군사령관과 동부 지역의 에드워드 알몬드(Edward M. Almond) 미 제10군단장을 직접 지휘했다. 이러한 지상군의 이원화된 지휘는 아군의 지상군 간 협조된 작전을 어렵게 했고, 중국군이 취약한 전투지경선을 돌파하여 유엔군을 역포위하게 했고, 전과확대하여 서울이 다시 뺏기는 화근이 되었다. 전쟁의 원칙인 지휘의 일원화를 정면으로 저버린 어이없는 작전은 다시는 반복되어서는 안 된다.[10]

따라서 한반도 유사시 미래연합사령관이 유일한 한반도 전구사령관이며, 유엔사는 전력 제공의 역할을 수행하고, 유엔사의 일원으로 참전하는 전투부대는 미래연합사로 전술통제(Tactical Control)를 전환하여 지휘체제를 일원화한다는 데 합의하여 이를 전략지시에 반영해야 한다.

북한 지역 우발사태 시, 예컨대 백두산 화산 폭발을 포함한 재해재난 발생으로 유엔 안보리 결의 또는 북한 당국의 요청에 따라 북한 지역에서 인도적 지원/재난구조작전(HA/DR OPNs: Humanitarian Assistance and Disaster Relief Operations)을 수행할 경우, 미래연합사령관이 작전통제권을 행사해야 할 것이다. 북한 지역이 외국이 아니며, 민족자결주의 원칙과 남북 관계가 통상적인 나라와 나라의 관계가 아닌 통일로 가는 특수한 관계라는 남북기본합의서, "대한민국 영토는 한반도와 그 부속도서로 한다"라는 헌법 제3조, 북한군, 작전 지역, 언어 등에 앞서 있는 미래연합사령관 단일 지휘체제하에서 HA/DR작전이나 평화강제작전을 수행해야 한다. 예외적으로 대량살상무기(WMD) 대응작전을 수행할 경우, 유엔군사령관이 지명하는 미군사령관이 작전을 지휘하고, 한국군은 경비를 제공하는 등 협조된 작전을 수행할 수 있을 것이다.

남북 협력사업 및 군비통제 추진 시 유엔사의 역할

남북협력사업에 대한 유엔사의 역할은 2000년 유엔사와 한국 국방부 간에 체결한 "DMZ 통과 남북 철도·도로 연결 관련 대한민국 국방부와 유엔사 간 합의각서"에 따라 유엔사는 관할권을 지속적으로 행사하고 한국군이 관리권을 행사한다는 합의에 따라 추진하면 될 것이다.

통일부는 동서회랑의 남북을 잇는 DMZ 진입구에 출입사무실(CIQ: Customs, Immigration and Quarantine)을 운용해 오고 있다. 이곳에서 세관, 출입국 관리,

---

10   Matthew B. Ridgway, *The Korean War* (New York: Doubleday & Company, INC., 1967), pp.47~78.

검역을 실시하며, 군은 상황실과 경비대를 운용하는 등 남북 통행을 군사적으로 보장해 왔다. 남북 교류협력을 유엔사 차원에서 지원하기 위해 유엔사 군정위비서장은 공동경비구역과 캠프 보니파스(Camp Bonifas)에 군정위 요원 20여 명과 함께 상주했으며, 경의선·동해선 연결 지점에 군정위 요원을 배치하여 운영했다.

9·19남북군사합의는 유엔사 측과 긴밀히 협의하여 이루어졌으며, DMZ 비무장화 등 정전협정의 기본 정신에 충실한 합의였다. 남·북·유엔사 3자 협의체를 운용하여 판문점 비무장화 합의를 이행하기 위해 관련 협의를 통해 비무장화를 실현한 것은 유엔사의 역할에서 유의미하다. 장차 군정위의 유엔사 측과 북중 군정위를 복원하고 폴란드·체코 대표단도 중립국감독위원회로 복귀해야 한다. 스위스·스웨덴 중감위 위원과 함께 남북군사합의서 이행 감시 역할을 수행하면, 향후 군정위와 중감위는 남북 간 군비통제 이행을 감시하는 기능을 수행할 수 있을 것이다.[11]

4. 주한미군의 변천

주한미군 철수 및 감축의 역사를 개관해 보면, 동북아와 한반도 지역의 위협 및 도전 요인, 미국의 정책 요인, 또한 이들 요인의 상호작용 등의 변화에 따라 주둔 전력의 증감이 진행된 사실을 알 수 있다.

---

11 Chung Kyung-young, "A Peace Regime on the Korean Peninsula and ROK-U.S. Alliance," in Kim Dong-shin, Chung Kyung-young, Ronald W. Wilson, and Park Sang-jung, "Lessons Learned: the Inter-Korean Dialogue and Path Forward"(Lecture, University of Maryland, October 18, 2019); Chung Kyung-young, "The Trend of Strengthened UNC and its Role After the Transition of Wartime," Global NK Commentary (East Asia Institute, 2019).

주한미군 규모 변천

최초 미군이 한국에 주둔하게 된 것은 1882년 5월 22일, 조선의 전권위원 신헌, 김홍집과 미국의 전권위원 로버트 슈펠트(Robert W. Shufeldt) 해군준장 간에 제물포에서 체결한 조미우호통상항해조약(Treaty of Peace, Amity, Commerce and Navigation)에 근거하고 있다. 1883년 10월 19일 "우리 군을 지도하고 훈련시키는 데 미군 장교의 도움을 받고 싶다"라는 고종의 요청에 따라 윌리엄 다이(William M. Dye) 준장이 미군 세 명으로 이루어진 고문단을 이끌고 1888년 4월 7일 한국에 도착한 데서 시작한다. 이들은 1888년 2월 6일에 설치된 우리나라 최초의 사관학교인 연무공원(鍊武公院)에서 곧바로 훈련에 착수하여, 1889년 5월 5일 미국으로 귀국할 때까지 군사활동을 한다.[12]

주한미군 병력 규모 변화 추이를 그래프로 표시하면 **그림 1-7**과 같다. 태평양전쟁이 종전된 1945년 8월 15일 오키나와를 점령했던 존 하지(John H. Hodge) 중장이 지휘한 제24군단이 서울에 9월 7일 미군정사령부 포고 제1호를 발표한 데 이어, 연락파견대가 선발대로 도착한 9월 9일부터 제7, 40, 6사단이 전개되어 1945년 11월 주한미군은 7만 6000명 수준이었다.

이후 점차 감축되면서 1948년 초에는 1만 6000명 수준이었다. 1949년 6월 30일 주한미군은 500여 명의 군사고문단을 남겨놓고 철수했다. 이것은 사실상 주한미군의 완전 철수였다고 볼 수 있다.[13]

1950년 6·25전쟁이 발발하자 트루먼 미 대통령이 맥아더 극동군사령관에게 하달한 지상군 투입 명령에 따라 7월 1일 미8군 예하 제24사단의 스미스 특수임무부대(Charles B. Smith Task Force)가 부산에 상륙하여 7월 5일 오산 죽미령

---

12   국방부 군사편찬연구소, 『한미 군사관계사 1871~2002』(서울: 국방부 군사편찬연구소, 2002), 55~85쪽.

13   국방부 군사편찬연구소, 『한미 군사관계사 1871~2002』(서울: 국방부 군사편찬연구소, 2002), 55~85쪽.

[그림 1-7] 주한미군 병력 규모 추이

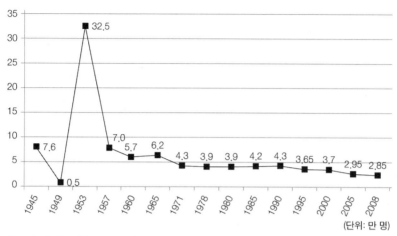

자료: 외교통상부, 『미국 개황』(서울: 외교통상부, 2009).

전투에 투입된다. 전쟁 중 최대 32만 5000여 명이었던 병력은 전쟁이 끝난 후 1955년에는 8만 5000여 명으로 감축되었고, 1957년에는 미 제2사단과 7사단 병력을 중심으로 7만 명이 유지되었다.

1971년에는 미 제7사단의 철수로 약 6500명이 감축되었다. 그 후 3만 9000명에서, 1978년 한미연합사령부 창설과 한미연합군 지휘체계의 변화, 1989년 넌-워너(Nunn-Warner) 수정안, 1990년 동아시아안보구상(EASI: East Asia Security Initiative), 1995년 동아시아전략보고(EASR: East Asia Strategy Report) 등을 근거로 다소간의 증감을 거듭하다가 2000년에 3만 7000명으로 증가하다가 2004년 이라크전쟁으로 일부 병력이 재전개되어 3만 2500명이 주둔했다.

2004년 한미 양국은 주한미군 1만 2500명을 3단계에 걸쳐 감축하기로 합의했으나, 북핵 위기 등으로 2008년 2만 8500명 수준을 유지하기로 조정·합의하여 현재에 이르고 있다.

[표 1-8] 주한미군 병력 규모 변화 추이

연도	병력 규모	변화	연도	병력 규모	변화	연도	병력 규모	변화
1945	76,000	·	1967	56,000	+4,000	1989	44,000	-2,000
1946	42,000	-34,000	1968	67,000	+11,000	1990	43,000	-1,000
1947	40,000	-2,000	1969	61,000	-6,000	1991	43,000	·
1948	16,000	-24,000	1970	54,000	-7,000	1992	36,500	-6,500
1949	500	-15,500	1971	43,000	-11,000	1993	36,500	·
1950	214,000	+213,500	1972	41,000	-2,000	1994	36,500	·
1951	253,000	+39,000	1973	42,000	+1,000	1995	36,500	·
1952	266,000	+13,000	1974	38,000	-4,000	1996	36,500	·
1953	325,000	+59,000	1975	42,000	+4,000	1997	36,000	-500
1954	223,000	-102,000	1976	39,000	-3,000	1998	36,500	+500
1955	85,500	-137,500	1977	42,000	+3,000	1999	36,500	·
1956	75,000	-10,500	1978	39,000	-3,000	2000	37,000	+500
1957	70,000	-5,000	1979	39,000	·	2001	36,500	-500
1958	52,000	-18,000	1980	39,000	·	2002	37,000	+500
1959	50,000	-2,000	1981	38,000	-1,000	2003	37,500	+500
1960	56,000	+6,000	1982	39,000	+1,000	2004	32,500	-5,000
1961	58,000	+2,000	1983	39,000	·	2005	29,500	-3,000
1962	57,000	-1,000	1984	41,000	+2,000	2006	28,500	-1,000
1963	57,000	·	1985	42,000	+1,000	2007	28,500	·
1964	63,000	+6,000	1986	43,000	+1,000	2008	28,500	·
1965	62,000	-1,000	1987	45,000	+2,000	2009	28,500	·
1966	52,000	-10,000	1988	46,000	+1,000	2010	28,500	·

자료: 황인락, 「주한미군 병력변화 요인 연구」(북한대학원 대학교 박사학위논문, 2011); 국방부 군사편찬연구소, 『한미 군사관계사 1871~2002』(서울: 국방부 군사편찬연구소, 2002), 677쪽; 김일영·조성렬, 『주한 미군: 역사, 쟁점, 전망』(서울: 한울, 2003), 90~91쪽; IISS, *1997~2007 Military Balance*(London: Routledge Taylor & Francis Group, 1996~2006); 기타 주한미군 관련 자료를 참조하여 재구성했다. 각 문헌과 자료마다 병력 수가 상이하여 병력 규모 변화 추이를 비교해 볼 수 있도록 500명 단위로 조정하여 구성했으며 여섯 차례의 철군 시기를 음영으로 표시했다.

주한미군 기지의 변천

1951년 6월 개성에서 개최된 휴전회담이 진행되면서 미군 수뇌부는 종전 이

후의 계획을 실천에 옮기기 시작했다. 미8군사령부를 용산기지14에 주둔시키

14 서울 용산구에 있는 총 80여만 평의 주한미군 기
지는 해방 후 미 제7사단 병력이 일본군의 병영
을 접수해 지금의 용산 미군 기지로 발전했다. 용
산 일대에 외국군이 처음 들어온 것은 13세기로
고려 말 한반도를 침략한 몽고군이 당시 용산 지
역을 병참기지로 활용한 데서 시작된다. 1882년
임오군란 때 청나라 병력 3000명이 주둔한 데 이
어 러일전쟁을 앞둔 1904년 일본은 용산 일대에
수만 명의 일본군이 주둔할 수 있는 병영을 지었
다. 용산 지역에 부지를 확보한 일본군은 이곳에
조선주둔일본군사령부와 조선총독부 관저, 20사
단사령부를 설치하고 2만 명의 병력을 주둔시키
면서 만주 침공의 후방기지로 삼았다.

청일전쟁 당시 용산 일대에 주둔한 일본
군 전경

1945년 해방 후 용산기지는 미군 손에 넘어갔다.
미 제7사단 병력 1만 5000명이 용산에 진주해 일
본군의 병영을 모두 접수하면서 용산기지를 차
지했다. 6·25전쟁에 참전한 미군이 1953년 7월
휴전 후 용산기지를 다시 사용하면서 한국이 미
군에 제공하는 공여지 형태로 정리되었다.

일제강점기 일본군이 주둔한 용산기지 전경

그 후 1957년 7월 유엔군사령부가 도쿄에서 용산
기지로 이전했고, 그해 주한미군사령부와 1978년
에 한미연합사령부를 창설하면서 용산기지는 변
화를 거듭했다. 삼각지 사거리와 이태원을 잇는
2차선 도로를 중심으로 남북으로 나뉘어 있는 용
산기지는 1만 명의 주한미군과 군속이 생활하는
데 필요한 모든 업무 및 지원시설이 마련된 타운

해방 이후 용산기지 미 제7사단사령부 전경
자료: 국방부 주한미군기지이전사업단, 『주
한미군기지 역사』(서울: 주한미군기지사업
단, 2015).

이 되었다. 북쪽 지역은 메인포스트(Main Post)로, 주한미군사령부와 8군사령부, 한미연합
사령부 등 지휘부가 있었다. 남쪽 지역은 사우스포스트(South Post)로, 주거시설과 드래곤
힐 호텔, 초중고교, 병원 등이 있었다.
2018년 6월 29일부로 유엔사, 주한미군사, 미8군사령부가 평택 캠프 험프리스로 이전했다.
2019년 6월 3일 한미 국방장관회담에서 전작권 전환 시에 연합사를 국방부 청사 지역으로
이전하고자 했던 계획을 캠프 험프리스로 변경 이전키로 합의했으며, 2020년 6월 현재 용
산기지에는 연합사(메인포스트)와 드래곤힐 호텔(사우스포스트) 등이 남아 있다[국방부 주
한미군기지이전사업단, 『주한미군기지 역사』(서울: 주한미군기지사업단, 2015)].

고, 북한 공산주의자들의 침략의 1차 목표가 서울이었음을 고려하여 북으로부터 서울을 지킬 수 있는 요지에 미군 기지를 건설하기 시작했다. 1953년 휴전 이후에 대부분의 미 군단사령부와 사단들이 해체되거나 미국과 일본의 원래 기지로 돌아갈 예정이었으나 미 제1군단사령부는 계속 주둔키로 결정했기 때문이다. 6·25전쟁 말, 미8군은 문산, 의정부축선에 미 제1군단을, 철원 지역에 미 제9군단을 그리고 인제·양구 지역에 미 제10군단을 배치하여 임무를 수행해 오다가 휴전이 발효된 1953년 7월 27일부터 1954년 봄까지 미 제1군단만을 남기고 대부분 철수시켰다.[15]

미국은 북한의 도발을 억제할 수 있는 개성-문산축선과 동두천-의정부축선 일대를 중심으로 문산, 파주, 동두천, 의정부 등 중서부전선에 미 제7사단과 2사단의 예하부대 기지를 세워나갔다. 오산과 수원, 대구, 군산과 광주에 공군기지를, 부산 제3부두와 대구와 왜관에 군수기지를, 진해에 해군기지를 건설했다.[16]

미 제1군단사령부는 미 제1기병사단과 제7사단을 지휘하는 기능 외에 새로이 탄생한 한국군 제1·2·3·5·6군단의 작전, 교육, 훈련 및 운용을 지도하는 감독 기능도 하고 있었다. 미 제1군단은 이후 예하 전투부대로 편성된 유엔사 회원국 부대들이 모국으로 귀환하고 미군 예하부대들이 철수하자 1955년 6월 28일 미 제1혼성군단(I Corps Group)으로 재편되어 1971년 7월 3일 미 제1군단의 편성 기능을 완전히 해체하고 철수할 때까지 지휘 기능을 수행했다. 1953년 12월 원주에 제1야전군사령부가 창설되어 미 제1혼성군단의 동부전선 작전 책임을 전환하여 2·3군단의 작전과 교육 책임을 분담할 때까지 미 제1혼성군단은 대한민국 육군의 감독자 기능을 수행했다.

미 제1군단이 의정부 가능동에 캠프 레드클라우드(Camp Red Cloud)로 자리

---

15 국방부 주한미군기지이전사업단, 『주한미군기지 역사』(서울: 주한미군기지사업단, 2015).
16 의정부시, 『市政 40년사』(의정부: 의정부시청, 2005), 794~841쪽.

[사진 1-4] 용산기지

용산기지 내 한미연합사 전경   캠프 험프리스로 이전하기 전 사용된 미8군사령부 전경
자료: 국방부 주한미군기지이전사업단, 『주한미군기지 역사』(서울: 주한미군기지사업단, 2015).

를 잡자 주변에 미군 예배속 부대들이 건설되고 장기 주둔이 가능하도록 캠프 건설이 활발하게 진행되었다. 모진 6·25전쟁 후에 폐허가 된 인구 6만의 의정부시 도처에서, 캠프 건설을 위한 미 제36건설공병단의 불도저와 덤프트럭들이 투입되어 미 제1군단사령부와 예하부대들이 속속 자리를 잡아가자 중서부 전선의 문산 및 파주 일대와 동두천과 운천, 의정부 일대는 평화롭고 조용한 시골 마을의 모습에서 미군의 주둔지에 주민이 얹혀사는 모습으로 바뀌었다. 또한 경기 북부 지역의 도로 건설과 교량복구사업은 거의 미 제1군단 공병이 추진했다.

1971년은 대한민국과 주한미군에게 획기적인 변화가 있었던 해였다. 닉슨 독트린에 따라 미 제1군단과 미 제7사단의 철수가 결정되었고, 남은 미 제2사단은 용산의 미8군사령부 지휘하에 운용이 전환되었다. 미 제7사단이 주둔했던 동두천, 운천 일대의 미군 캠프들이 한국군에게 반환되고 DMZ 전방 임무가 한국군에게 전환되었으며, 미 제2사단사령부가 동두천 캠프 케이시(Camp Casey)에 사령부를 두고 예하부대들이 책임 지역이 넓어진 문산 및 파주, 의정부 일대에 재배치되었다. 본토로 철수한 미 제1군단은 10년 후인 1981년에 한반도 전쟁 재발 시 증원 군단으로 임무를 수행하기 위해 워싱턴주 포트 루이스(Fort Louis)에서 동원 군단으로 재창설되어 임무 수행을 계속하고 있다.

미 제1군단사령부가 1971년 7월 3일 미 제1군단의 편성 기능을 완전히 해체하고 귀국하자 한미 양국은 한반도 안보의 신뢰성을 높이기 위해 미 제1군단의 철수 이후에도 캠프 레드클라우드에 한미 제1군단사령부[I Corps (ROK/US) Group]를 창설하기로 합의했다. 한미 제1군단은 한국군 제1·5·6군단, 수도군단 그리고 미 제2사단을 작전 통제하여 서부 지역 방어 임무를 수행했고, 1980년 3월 14일 한미연합야전군사령부(ROK/US Combined Field Army, 약칭 한미야전사)로 재편되어 제1군단에 대한 작전통제권을 제3군으로 전환했으며, 한국군 제5·6군단과 미 제2사단에 대한 작전통제권을 행사했다. 한미야전사가 한국군 군단의 훈련과 작전수행 능력을 지도하여 경험을 전수하던 20년간은 한국군이 대부대 운용 능력과 현대전의 개념을 숙지하고 혁신적으로 발전하고 성숙할 수 있었던 시기였다. 전선을 지키는 한국군의 전술교리 운용 방법을 가르치고 통합전투 기술을 전수했으며 한국군의 취약 분야를 미 제2사단 전투력을 차용하여 보강시켰다.

동아시아전략구상(EASI: East Asia Security Initiative)이 변하고 한국군의 현대화가 지속되었으며 한국 내에서 자주국방의 필요성과 요구의 목소리가 커졌다. 1992년 7월 한미연합야전군사령부가 해체되면서 캠프 레드클라우드에는 미 제2사단사령부가 주둔하게 되었으며, 동부전선을 맡아왔던 1군과 함께 3군이 중서부전선 전체를 맡게 되었다.

미 제2사단이 미 제1군단이나 한미연합야전군사령부와 성격과 구조, 임무가 전혀 다른 부대임을 알지 못했던 지역주민들과 미 제2사단 간에 많은 오해와 갈등이 발생했다. 미 제2사단은 미 제1군단사령부와는 달리 전투 임무 수행이 전부인 전투사단이었다.

한국군은 주둔부대의 최고 지휘관이 주둔부대의 훈련, 전투, 주둔지 관리 책임과 지역주민과의 조화에 관해 전반적인 책임이 있지만, 미군 전투부대는 주어진 전투 임무를 위한 훈련과 전투 임무 수행에만 전념하며, 주둔하고 있는 캠프에 대한 관리 책임이 없다. 전투부대인 미 제2사단은 훈련장과 주둔지를

[그림 1-8] 주한미군 재배치 이전 미군 기지

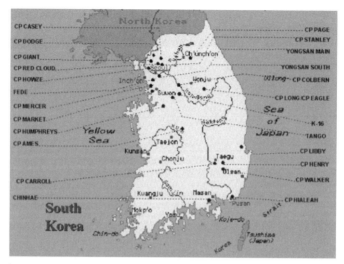

자료: Global Security, "US Camp in South Korea," https://www.globalsecurity.org/jht
ml/jframe.html#https://www.globalsecurity.org/military/facility/images/korea2.jpg | | |
(검색일: 2019.3.18).

오가며 전투, 훈련, 휴식, 전투 준비만을 수행한다. 지원부대가 전투부대에 필
요한, 주둔지에서의 쾌적한 숙소·식당·오락시설을 통한 휴식을 제공하고, 안
전하고 편안한 기지를 운영하는 임무를 수행한다. 다양한 전투부대의 지휘관
과 이들을 지원하는 지원부대 지휘관이 한 주둔지에 편성 운용된다.

이러한 전투 훈련에 매진하던 미2사단이 2002년 6월 13일 훈련 진지에서 훈
련을 마치고 자대로 이동하던 중 이들의 장갑차에 의해 효순·미순 여중생이 숨
진 사건이 발생했다.

주한미군 권역별 배치

주한미군은 **그림 1-9**에서 보는 바와 같이 한국을 4개 권역으로 나눠서 부대
를 관리한다. Area I에는 이미 캠프 험프리스로 이전한 의정부 캠프 레드클라

우드를 포함하여, 대부분 평택으로 재배치되어 유일하게 동두천에 남은 캠프 케이시에 미 제2보병사단 210화력여단이 북한의 장사정포병 등의 위협에 대비한 대화력전 임무를 수행하기 위해 전방에 추진 배치되어 있다. 지상작전사령부(지작사)에는 제2501연락단이 파견되어 있다. Area II 용산기지에는 한미연합사와 주한미군사업무단 등이 주둔하고 있다. Area III 캠프 험프리스에는 유엔사, 주한미군사령부, 미8군사령부, 주한미해병대사령부와 주한미특전사령부, 미210화력여단을 제외한 미 제2사단, 제501정보여단이 주둔하고 있다. Area VI 오산 공군기지에는 미7공군과 제51전투비행단과 제35방공여단이 주둔하고 있다. 그리고 군산 미공군기지에 제8전투비행단이, 해군작전사령부에 주한미해군사령부가, 대구 캠프 헨리(Camp Henry)에 제19원정지원사령부가, 왜관 캠프 캐럴(Camp Carroll)에 물류기지가 있다. 제주 서귀포의 캠프 맥내프(Camp MacNapp)에는 미군의 휴양지가 있다.

주한미군 재배치

미군이 진지하게 도심 한복판의 기지들의 재조정을 검토하여 발표된 것이 기지통합계획(LPP: Land Partnership Plan)이다. 기지통합계획의 목적은 도심 속에 분산되어 있는 소규모 캠프를 폐쇄하고 큰 기지 몇 개소에 통합함으로써 도심 속 교통 체증과 교통사고 유발 요인을 최소화하고 캠프의 운영 경비를 절약하며, 무엇보다 타 지역의 복지시설을 대폭 확장함으로써 주한미군이 안정적으로 주둔하는 데 있었다.

미국은 한국에서 발생한 여러 가지 부정적인 현상들을 고려하여 용산기지와 한강 이북의 지역에 오랫동안 주둔해 왔던 미군 기지와 시설들을 후방 지역으로 이전하거나 대폭 축소하여 철수시키는 방안에 대해 한국 정부와 협의하기 시작했고, DMZ와 수도권 사이에 주둔하면서 북한의 침략을 억제하는 기능을 수행해 왔던 미 제2사단의 평택으로의 재배치를 둘러싸고 한국 내 보수와 진보

[그림 1-9] 주한미군 관리 4개 권역과 부대 배치

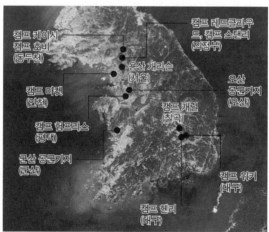

자료: 위) USFK Area Weatehr Watches and Tropical Cyclone Pro-
cedure for the Republic of Korea, *United States Forces Korean
Regulation 115-1* (2014), https://8tharmy.korea.army.mil/g1/assets
/regulations/usfk/USFK-Reg-115-1-USFK-Area-Weather-Watches-an
d-Tropical-Cyclone-Procedures-for-the-Republic-of-Korea.PDF (검
색일: 2020.5.30). 아래) "U.S. Military Reinforcements Target North
Korea, China," *The Korea Herald,* January 14, 2014.

간에 격심한 충돌이 일어났다.

2000년대 아태 지역의 테러와 중국의 군사적 위협에 대비하기 위한 미국의 해외주둔재배치검토(GPR)와 우리 정부의 용산기지 이전 요구로 인해 주한미군의 재배치 계획이 추진되어 평택 캠프 험프리스를 확장하여 용산기지의 미8군 사령부가 2017년 7월 11일에, 유엔사와 주한미군사령부가 2018년 6월 29일에, 미 제2사단사령부가 2018년 11월에 각각 이전했다.

2020년 3월 현재 북한군의 장사정포의 위협에 대비해서 동두천 캠프 케이시에 제210화력여단이, 용산기지에 한미연합사가, 평택 캠프 험프리스에 유엔사, 주한미군사령부, 8군사령부, 미2사단, 제501정보여단이, 오산과 군산에 미공군기지가, 대구 캠프 헨리에 미 제19전구지원사가, 왜관 캠프 캐럴에 병참기지와 주한미해군사령부가 우리 해군작전사령부와 함께 주둔하고 있다.

주한미군의 기능과 편성 및 전력

주한미군의 기능

주한미군의 기능은 대한민국을 위협하는 외부 침략을 억제하고, 한국 방어 임무를 수행하며, 억제 실패 시 군사작전에서 승리하는 데 있다.

주한미군은 정전 시 강도 높은 연합 및 합동훈련을 통해 고도의 전투 준비 태세를 유지하며, 한반도 위기 고조 시 연합사의 작전 통제하에 한국군과 군사작전을 수행한다. 또한 한국 주도, 미군 지원의 신연합방위체제로의 전환을 추진한다. 그리고 주한미군은 아태 지역에서 우발사태가 발생할 경우 명령에 따라(依命, On Order) 재전개하여 임무 수행 후 복귀한다.

주한미군의 편성과 전력

주한미군은 미8군사령부, 주한미공군사령부, 주한미해군사령부, 주한미해병대사령부, 주한미특전사령부로 구성되어 있다. 미8군은 미 제2보병사단, 제35방

[그림 1-10] 주한미군사령부 편성 및 전력

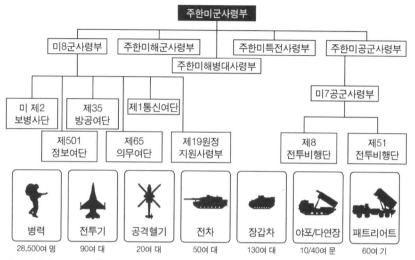

자료: 대한민국 국방부, 『2018 국방백서』(서울: 대한민국 국방부, 2018), 46쪽.

공여단, 제1통신여단, 제501정보여단, 제65의무여단, 제19원정지원사령부로 구성되어 있으며, 미7공군은 제8, 51전투비행단으로 편성되어 있다.

주한미군의 병력은 2만 8500명으로 미 제2사단이 주력부대로서 2만여 명이며, 7공군이 4000여 명으로 구성되어 있다. 주요 전력은 OA-10C 대전차 전투기와 F-14 폭격기 등 90여 대, AH64 아파치공격헬기 20여 대, M1A1 에이브럼스 전차 50여 대, 장갑차 130여 대, 155mm 야포 10문과 육군전술미사일(ATACMS: Army Tactical Missile Systems)로 무장한 다연장(MLRS: Multiple Launcher Rocket Systems) 40여 문, 기지 방호를 위한 패트리어트 PAC-3 60여 기, 미사일 방어 임무를 수행하는 1개 사드포대 6기 발사대 등의 편제 장비를 보유하고 있다.

미8군의 편성 부대와 주둔지 그리고 예하 주요 부대는 **표 1-9**와 같다.

2015년 1월 15일 창설된 미 제2보병사단/한미연합사단(U.S 2nd Infantry Division/ROK-U.S. Combined Division)은 한국군 30명이 사단사령부 연합참모부에 편성되었고, 유사시 한국군 1개 여단이 한미연합사단에 작전 통제로 전환되며,

[표 1-9] 미8군 편성 부대 주둔지 및 주요 부대

미8군 편성 부대	주둔지/주요 부대
미 제2보병사단	평택 캠프 험프리스/1개 기동여단, 항공여단, 화력여단(동두천 캠프 케이시 주둔), 지원여단
제19원정지원사령부	대구 캠프 헨리/한국의 4개 권역에 대한 전투 근무 지원
제1통신여단	캠프 험프리스/주한미군과 연합사 구성군사령부 간 전략 및 전술 통신
제35방공여단	오산 공군기지/오산·군산·광주 공군기지 및 캠프 케이시 방호, 패트리어트 PAC-3·어벤저, 경북 성산기지 사드 포대
제65의무여단	캠프 험프리스/주한미군 의료 지원, 제106의무파견대/후송헬기
제501정보여단	캠프 험프리스/전투정보 지원, 4개 정보대대
제2501디지털연락난	지작사/1·3군 통합된 지상직전사령부와 미8군 간 연락 업무
제3전투협조실	오산 공군기지/연합사 공군사와 지작사 간 화력 협조
한국노무단	주한미군 17개 중대 9000여 명으로 구성, 주둔지 및 미군 훈련장 경비
공동경비구역(JSA)	판문점/공동경비지역 경비, 대성동 민정 업무
4-58항공기지운용대대	항공 통제 및 관리
한국전선지원센터	범죄 수사, 군사 안보, 대테러, 마약 단속, 부대 방호 임무
주한미합동군사업무단	용산기지/한국군에 대한 관리, 군수, 조직 지원
극동미육군공병단	주한미군 설계 건설 지원
미8군부사관학교	미8군 부사관 및 KATUSA 교육

자료: Eighth Army, "USFK," https://8tharmy.korea.army.mil/site/about/organization.asp (검색일: 2019.3.16)를 토대로 정리했다.

미 제2보병사단장이 연합사단장을, 지상작전사령부의 한미연합협조단장이 연합사단 부사단장을 맡는다.

제19원정지원사령부가 대구 캠프 헨리에 주둔하면서 주한미군에 대한 통합된 작전 지속 지원 임무를 수행하고 있고, 왜관 캠프 캐럴은 물류기지이다. 제1통신여단은 캠프 험프리스에서 주한미군과 연합사 구성군사령부 간 전략 및 전술통신 임무를 수행하고 있다. 제35방공여단은 오산에 여단본부가 주둔해 있고 예하 패트리어트 PAC-3 포대가 오산·군산·광주 공군기지에서 방호 임무를 수행하고 있으며, 패트리어트 PAC-3와 어벤저(Avenger)로 주한미군 기지 방호 임무를 수행 중이다. 그리고 경북 성산기지에 사드 포대가 전개되어 미사일 방어 임무를 수행하고 있다. 제501정보여단은 캠프 험프리스에서 정보감시자산

[표 1-10] 미 제2보병사단/한미연합사단

참모부 및 예하부대	편제부대
사단사령부 참모부	한미연합 참모부(인사, 정보, 작전, 군수, 기획, 정보 관리, 정보 작전, 자원 관리, 민군)
제3전투여단	2-9보병대대, 1-72전차대대, 1-12기병대대, 4-7기갑수색대대
제2전투항공여단	제2-2강습항공대대(UH-60), 제2-4공격수색대대(AH-64D), 제2-3일반지원항공대대(GSAB), 제6-1기갑수색대대(순환 배치), 22공병대대
제210화력여단 (동두천 캠프 케이시)	1-15야전포병대대(155mm), 1-38야전포병대대(MLRS), 6-37야전포병대대(MLRS), 2-18야전포병대대(순환 배치 MLRS), 70여단지원대대 표적획득포대
사단지원여단	특수병력대대, 302여단지원대대, 23화학대대
사단직할부대	6-52방공포대대, 사단공병대대, 헌병대, 사단 군악대, 본부·본부대대

자료: U.S. 2nd Inf Division, "Our Organization," https://www.2id.korea.army.mil/about/organization.asp (검색일: 2019.3.16)를 토대로 정리했다.

을 운용하여 북한군 군사 동향을 추적하고 있다.

앞서 말한 미 제2보병사단의 기동여단은 9개월 단위로 순환 배치된다. 2020년 1월 11일 미 캔자스주의 미 육군 제1보병사단 예하 2전투여단이 한반도 순환 배치 절차에 들어갔다. 이 부대는 최신예 M1A2 에이브럼스 전차와 팔라딘 자주포, 브래들리 장갑차 등을 열차로 수송하는 장면을 공개하면서 한반도 순환 배치 작업에 착수했다고 밝혔다. 이들 무기와 장비는 선박 편으로, 병력 5000여 명은 항공편으로 한국에 도착하여 2020년 3월 2일 미 1기갑사단 예하 3전투여단과 교대식을 개최했으며 9개월간 대북 방어 임무를 수행한다.[17]

제2501디지털연락단이 2019년 1월 1일부로 한국군의 전방 1·3군야전군을 통합하여 창설된 지상작전사령부에 파견·운영되고 있다. 한미연합으로 편성된 제3전투협조실[18]은 오산 공군기지에 위치하면서 연합사의 공군구성군사령

---

17 "美 2전투여단 '순환배치' 위해 한국으로", ≪동아일보≫, 2020년 1월 13일 자.

18 제3전투협조실(3rd Battle Coordination Detachment)은 미군이 운용하고 있는 4개의 BCD 중 유일하게 한미연합으로 편성되어 있다.

[표 1-11] 미7공군 주요 부대

주요 부대	편제부대	비고
직할부대(오산기지)	· 제607항공작전전대: 제607항공통제대대 · 제607항공지원작전단 · 제694정보·감시·정찰단	
제51전투비행여단 (오산기지)	· 제51작전단: 제36전투비행대대(F-16), 제25전투비행대대(A-10), 제51작전지원대대 · 제51임무지원단: 공병·전투지원·병참·통신·경비대대 · 제51정비단 · 제51의무단	제51전투비행여단 편제부대는 아니나 오산 공군기지 주둔부대 · 제731항공기동대대 · 제5정찰대대(U-2) · 제33구조대대 제1파견대(UH-60) · 제3전투협조단 연락반
제8전투비행여단 (군산기지)	· 제8작전단: 제35·80전투비행대대(F-16), 제8작전지원대대 · 제8임무지원단: 공병·전투지원·병참·통신·경비대대 · 제8정비단 · 제8의무단	

자료: Wikipedia, "7th Air Force," https://upload.wikimedia.org/wikipedia/commons/e/e3/7th_Air_Force%2C_Current.png (검색일: 2020.5.30)를 토대로 정리했다.

부와 지상작전사령부 간의 화력 협조 임무를 수행하고 있다.

한편, 미7공군은 사령부를 오산기지에 두고 항공작전전대, 항공지원작전단, 정보·감시·정찰단으로 편성되어 있으며, 오산기지에 주둔하고 있는 제51전투비행여단은 F-16 전투기로 편제되어 있는 제36전투비행대대와 대전차 폭격기인 A-10기로 무장된 제25전투비행대대, 편제부대는 아니나 오산기지에 정찰대대(U-2)와 구조작전 임무를 수행하는 파견대(UH-60)가 주둔하고 있다. 또한 군산에 주둔하고 있는 제8전투비행여단은 F-16을 보유하고 있는 제35전투비행대대와 제80전투비행대대로 구성되어 있다.

9000여 명으로 편성된 한국노무단(KSC: Korean Service Corps)은 미군 주둔지 경비와 사격 훈련장 경비 임무를 수행하고 있다.

용산기지의 메인포스트에 잔류하고 있는 주한미군사지원단의 후신인 주한미합동군사업무단은 한국군에 대한 군사장비, 용역, 보급품 및 교육과정 업무

를 지원하고 있으며, 국방부 및 계룡대 육해공군 본부에 파견되어 협조 업무를 수행한다.[19]

---

19 U.S. Embassy & Consulate in the Republic of Korea, "Joint U.S. Military Affairs Group-Korea," https://kr.usembassy.gov/ko/embassy-consulate-ko/seoul-ko/sections-offices-ko/ (검색일: 2020.5.30).

제2장

북한 비핵화 시나리오와 한미 대응전략

한미동맹이 직면하고 있는 최대의 과제는 북핵 폐기이다. 남·북·미·중 4자 정상이 북한의 비핵화를 위해 회담을 개최해야 한다. 북한의 비핵화와 병행하여 한반도 평화체제를 구축하는 것은 대한민국이 성취해야 할 국가적 과제이다. 비핵화의 정의와 최종 상태 그리고 북한의 실질적인 비핵화에 상응하는 한미의 대응 조치를 반영한 포괄적 합의가 협상을 통한 북한의 핵 문제에 대처하는 데 핵심이다.

대한민국은 북한과 대비하여 모든 국력에서 압도적 우위에 있다. 무엇이 작용했기에 남과 북이 이처럼 극명하게 국력의 격차가 났을까. 자유민주주의 정치체제와 시장경제체제하에서 잘살아 보자는 국민의 단합된 힘, 지칠 줄 모르는 교육열, 끊임없는 도전정신 등이 함께 어우러진 결실이었다. 그럼에도 유독 군사 분야만은 북한에 끌려가는 참담한 모습이 계속되고 있다. 급기야 북한은 세계에서 9번째로, 사실상의 핵보유국이 되었다. 한국이 핵무장한 북한과의 대결에서 패배하게 되면 일순간 일궈놓은 번영된 자유 대한민국을 잃게 된다. 대한민국이 직면하고 있는 최대의 도전에 한국과 미국이 비상한 전략과 국민 의지와 군의 결기로 응전해야 하는 절박한 이유이다.

2019년 2월 27~28일 베트남 하노이에서 개최된 북미정상회담은 북핵의 당사자인 한국의 존재감이 없는 비핵화 협상이었다. 어떻게 북핵 문제가 북한과 미국만의 문제인가. 북핵 문제는 한국의 사활이 걸린 중대사이다. 하노이 회담의 결렬은 협상을 통한 북핵 폐기의 여정이 길고도 험난할 것임을 예고해 주고 있다. 북핵 도전이 어느 모습으로 전개될지를 예측하여 시나리오에 따른 우리의 대응전략을 수립하는 것이 절실하다.

이러한 문제의식과 전략인식하에, 이 장에서는 하노이 북미정상회담의 결렬 원인을 분석하고 교훈을 도출하고자 한다. 이어서 고위급 비핵화 협상 복원 조건에 대해 논의한 후, 마지막으로 북핵 시나리오를 ① 협상을 통한 북핵 완전 폐기, ② 북핵 동결·핵 비확산에 따른 사실상 핵보유국 상황, ③ 핵 협상 완전 결렬 후 북핵미사일 대량생산·전력화로 상정하여 각각에 따른 한미의 대응전략을 모색하고자 한다.

1. 하노이 북미정상회담 평가와 고위급 비핵화 협상 복원 조건

하노이 북미정상회담 평가

하노이 북미정상회담은 북핵의 직접 당사자인 한국이 제외된 비핵화 협상이었다. 하노이 북미정상회담은 미국이 대화의 파트너로 싱가포르 정상회담에 이어 상대 정상을 두 차례 만났고, 북한은 초강대국 지도자와 대좌했다는 데 의미를 찾을 수 있다. 또한 상호 비핵화의 실체를 확인하고 초기 단계의 신뢰를 구축하여, 2019년 6월 30일 판문점에서 개최된 전격적인 북미정상회담이 가능했다.[1]

---

1   정경영, 「제2차 북미정상회담 평가와 한국의 역할」(동북아공동체연구재단 제8회 동북아미

그러나 비핵화와 관련하여 미국과 북한은 현격한 차이가 있었다. 미국은 핵시설, 핵무기, 투발 수단인 장거리탄도미사일, 생화학무기 등 대량살상무기(WMD: Weapons of Mass Destruction) 일체를 비핵화 범주로 보는 데 비해, 북한은 영변 핵시설 폐기, 핵실험·미사일 발사 영구 중단이라는 제한적 비핵화를 추구한다는 의구심을 갖게 했다. 이러한 상황에서 미국이 하노이 북미정상회담에서 무엇인가 합의했을 경우 북한을 사실상의 핵보유국으로 인정하는 결과를 초래할 수도 있었는데 불행 중 다행이었다. 험난한 비핵화 협상은 물론 북한의 안보 담보와 관련하여 향후 협상 시 주한미군과 유엔사 문제를 예고하고 있다.

제재 해제와 관련하여 미국은 영변 핵시설 플러스알파 시 해제를 완화할 수 있고 핵 완전 폐기 시 제재를 전면 해제할 수 있다는 입장인 데 비해 북한은 영변 핵시설 폐기만으로 경협 및 민생 제재 해제를 요구했다. 북한은 제재에 대한 남다른 압박을 받고 있는 것으로 판단되며, 현재 수준의 제재를 지속할 경우 북한 경제가 궁핍화되어 체제 생존에도 위협을 줄 수 있을 것이다.

협상전략과 관련하여 트럼프 대통령은 특유의 최대 압박을 가하면 상대방이 상당 부분 수용할 수밖에 없으리라고 판단했으나 북한은 여기에 호락호락 응하지 않았고, 북한 역시 미국의 탄핵 소추 압박 등 국내 정치를 고려할 때 북한 측의 요구 중에서 상당 부분을 수용할 것이라고 생각했으나 미국 역시 이를 수용하지 않았다. 북미 양측 모두 공히 협상의 한계를 드러낸 회담이었다.

마지막으로 톱다운 회담을 통해서 트럼프 리스크가 존재한다는 것을 확인했고, 김정은 역시 협상 결렬로 인해 최고지도자의 무오류성에 흠집을 낸 회담이었다. 미국은 의회, 싱크탱크, 정보기관 등의 의사결정체계를 무시할 수 없었고 협상 교과서인 아래로부터 합의가 이루어지지 않은 상태에서 위로부터 결

래기획포럼, 2019.3.13); Chung Kyung-young, "A Peace Regime on the Korean Peninsula and ROK-U.S. Alliance," in Kim Dong-shin, Chung Kyung-young, Ronald W. Wilson, and Park Sang-jung, "Lessons Learned: the Inter-Korean Dialogue and Path Forward" (Lecture, University of Maryland, October 18, 2019).

[표 2-1] 하노이 북미정상회담 평가

구분	미국	북한	평가
의의	상대방 존중	초강대국 지도자와 대좌	상호 비핵화 실체 확인, 신뢰 구축, 차기 정상회담 기대
비핵화	핵시설, 핵무기, 투발 수단, 생화학무기 등 WMD 모두 비핵화	핵시설 폐기, 핵실험·미사일 발사 영구 중단, 제한적 비핵화	합의 시 사실상 핵보유국 인정/험난한 비핵화 예고, 안보 담보 관련 향후 협상 시 주한미군·유엔사 문제 예고
제재 해제	영변 핵시설 플러스알파 시 부분 해제, 완전 핵 폐기 시 전면 해제	영변 핵시설 폐기만으로 경협·민생 제재 해제 기대	현재 수준 강도 제재 시 향후 2년 이상 견디기 어려운 북한
협상전략	트럼프 협상전략 한계	미국의 국내 정치 변수	쌍방 공히 한계
톱다운 회담	트럼프 리스크	최고지도자 무오류성 도전	미국 의사결정체계: 의회, 싱크탱크, 정보기관 협상 교과서: 보텀업

정이 이루어질 수 없었다. 지금까지 논의한 것을 정리하면 **표 2-1**과 같다.

2019년 10월 2일 스웨덴 스톡홀름에서 개최된 스티븐 비건(Stephen Biegun) 미 국무부 대북특별대표와 김명길 북한 외무성 순회대사 간 실무회담도 대북 안전보장 및 제재 해제를 둘러싼 현격한 의견 차로 결렬되었다.

고위급 비핵화 협상 복원 조건

새로운 고위급 회담이 개최되기 위해서는 비핵화 정의 및 최종 상태에 대한 합의가 선결되어야 한다. 이른바 북한의 비핵화인가, 한반도 비핵화인가에 대한 비핵화 정의와 북핵 폐기 시 평화협정 체결 및 북미 수교 등 최종 상태에 대한 합의가 있어야 한다. 북핵의 실질적인 진전에 따라 단계별 동시 상응 조치가 이루어지는 전반적인 로드맵에 대한 합의가 필요하다. 시간이 미국에 유리할 수만은 없는 상황에서 보다 전략적인 판단을 하여 북한의 비핵화의 진전에 따라 북한의 안전과 발전을 보장할 수 있는 상응 조치를 취해야 한다. 북한도

2020년 25년 만에 개최되는 핵확산금지조약(NPT: Treaty on the Non-Proliferation of Nuclear Weapons) 연장회의에서 핵무기 확산에 대한 보다 무거운 제재가 예상되므로 협상에 적극 임할 필요가 있다.[2]

또한 비핵화의 조건으로서, 북한의 체제 보장과 군사위협 제거인가, 대북 적대시 정책 포기 및 한미연합훈련 중단인가에 대한 인식을 공유해야 한다. 그뿐 아니라 비핵화와 제재 완화 틀인가, 비핵화와 북한 안보 담보 틀인가에 대한 개념의 일치가 필요하다. 북한 비핵화 진전에 따른 상응하는 제재 완화를 수반하는지에 대한 평가이다. 또한 북한 비핵화의 전제 조건이 전략자산 진개 금지에 국한하는가, 주한미군 및 유엔사 문제까지를 포함하는가 하는 문제이다.

또한 고려해야 할 것은 북한의 지속되는 단거리탄도미사일 시험 발사에 대한 평가 문제와 추가 도발 시 대응에 대한 문제이다. 북한은 국제 제재를 정면 돌파하겠으며, 새로운 전략 무기를 조만간 선보일 것이고, 자력갱생으로 대처하겠다는 것이다. 또한 핵탄두 탑재가 가능한 ICBM이나 SLBM도 포함한 "핵전쟁 억제력 한층 강화"와 기존 신종무기 4종 실전 배치가 예상되는 가운데 북한이 핵미사일 능력을 고도화하는 것은 대남 적화를 위한 전략인가, 미국의 적대시 정책으로부터 체제를 보장하기 위한 수단인가, 또는 북미 협상의 압박 수단인가. 유엔 안보리의 대부분의 국가는 지속되는 미사일 발사는 유엔 안보리의 대북 결의를 위반한 것으로 보다 강력한 제재가 따라야 한다고 생각하나, 트럼프 행정부는 미사일 시험 발사를 대부분의 나라가 통상적으로 할 수 있는 것으로 치부한다.

---

2 조성렬 국가안보전략연구원 자문위원과의 인터뷰, "한반도 비핵화", 2019년 10월 4일.

2. 북핵 시나리오

북한 핵 문제가 어느 방향으로 전개될지에 대한 대비책 강구가 절실하다. 협상을 통해 북핵을 폐기할 것으로 판단하여 여기에만 모든 것을 집중하다가 전혀 예상치 못한 상황이 발생할 때는 이미 수습할 수 없는 사태에 직면할 수도 있기 때문이다.

북한의 비핵화 시나리오를 ① 협상을 통한 북핵 완전 폐기, ② 핵 동결 및 핵 비확산으로 사실상 핵보유국 상황, ③ 핵 협상 완전 결렬 선언, 핵미사일 대량 생산 및 전력화 시나리오로 상정하여 각각에 따른 한미의 대응전략을 강구하고자 하는 이유가 여기에 있다.

협상을 통한 북핵 폐기

북핵 시나리오 1은 협상을 통해 북한이 핵을 완전 폐기하면 상응하는 조치로서 제재를 전면 해제하고 평화협정을 체결하는 시나리오로, 가능성은 낮지만 이 경우 비핵화와 함께 한반도 평화체제를 추진할 수 있다.

한편, 김정은 스스로 한미 지도자는 물론 중러 지도자, 북한 주민들에게까지도 한반도의 온전한 비핵화를 약속한 상태에서 핵 폐기 시 얻는 이익이 핵을 보유하는 데서 오는 이익보다 크다는 확신을 갖게 되었을 때 핵을 포기할 수 있을 것이다. 경제적 혜택, 미북 국교 정상화, 평화협정 체결 등이 이루어진다면 그 가능성은 열려 있다.

핵 동결·핵 비확산: 사실상 핵보유국

시나리오 2는 북한이 더 이상 핵실험과 탄도미사일 발사를 하지 않으며, 핵을 동결하고 핵기술과 핵무기를 제3국에 이전하지 않겠다는 약속하에 미국

[표 2-2] 북핵 시나리오와 한미의 대응책

시나리오	북한 핵	상응 조치	가능성
1	협상을 통한 북핵 폐기	제재 전면 해제 평화협정 체결	가능성 2
2	핵 동결·핵 비확산: 사실상 핵보유국	핵WMD전략타격체계 조기 구축 전술핵 재배치	가능성 1
3	협상 무산: 핵 대량생산·전력화	핵전쟁 대비 한국 핵무장 불가피	가능성 3

은 제재를 해제하고 미북 간 수교를 하는 시나리오이다. 특히 3대에 걸쳐서 핵 개발을 하는 데 국가의 역량을 집중해 온 북한이 핵을 내려놓는다는 생각 자체가 희망적 사고(Wishful Thinking)에 그칠 수 있어 가능성이 높은 시나리오이다.[3]

이는 북한이 체제를 유지하기 위해 핵무기를 보유한다고 했을 때 미국과 한국, 미국 또는 한국이 북한을 핵보유국으로 수용할 것이라고 보는지에 대한 문제이다. 어느 국가도 북한을 핵보유국으로 공식화하지 않을 것이나, 미국에게 직접적인 위협을 가하는 ICBM 개발을 포기하고 핵무기를 국제 테러리스트에게 이전하지 않는다는 보장이 있다면 미국은 묵시적으로 용인할 것이며, 이는 북한을 사실상의 핵보유국으로 묵인하는 결과가 된다. 북한을 사실상의 핵보유국으로 인정하는 순간, 한국은 북한에 끌려가는 상황이 될 것이다.

북핵 협상 완전 결렬: 핵 대량생산·전력화

시나리오 3은 북한이 비핵화 협상에 대해 완전 결렬을 선언하고 핵미사일을 대량생산 및 전력화하는 시나리오로서, 가능성은 낮다.

---

3   2019년 6월 12~17일 한국리서치 여론조사에 따르면 우리 국민도 절대 다수인 77%가 북한은 핵을 폐기하지 않을 것이라고 보고 있다("'北 핵포기 안 할 것' 77%", ≪매일경제≫, 2019년 6월 24일 자).

예측 불허의 호전적인 김정은이 통치하는 북한이 대량 핵무기와 탄도미사일로 무장되는 상황을 상정할 수 있을 것이다. 최악의 경우, 이른바 '온 사회의 김일성·김정일주의화'를 위해 중장거리탄도미사일로 미 증원전력 발진기지를 공격함과 동시에 한국의 특정 도시에 전술핵무기를 투하하고, 단거리 다중미사일로 고가치 표적을 타격한 후 항복하지 않으면 수도권을 전략핵무기로 쓸어 버릴 것이라고 협박했을 때 과연 어떻게 될까.

3. 시나리오별 한미의 대응전략

시나리오 1: 평화협정 체결과 북미 수교

상기 시나리오별 한미의 대응전략에 대해 논의하고자 한다. 북한의 비핵화 진전에 따른 한미의 상응하는 조치는 한반도 평화체제 구축에 불가분의 관계에 있다.

표 2-3에서 보는 바와 같이 1단계는 비핵화 정의와 최종 상태에 대한 포괄적인 합의 단계로, 북한은 모든 핵미사일 활동을 동결하고, 영변 핵시설, 대륙간탄도미사일(ICBM: Intercontinental Ballistic Missile) 및 중거리탄도미사일(IRBM: Intermediate Range Ballistic Missile), 잠수함발사탄도미사일(SLBM: Submarine-Launched Ballistic Missile) 등 핵심 WMD를 신고하고, 남·북·미는 평화 선언을 하며 개성공단 및 금강산 관광을 재개하는 등 부분적인 제재 완화를 하고 평양과 서울, 워싱턴에 연락사무소를 각각 개설하는 단계이다.

2단계 핵심 위협 제거 단계는 북한이 핵무기를 제거하고 영변 핵시설을 불능화하며 IAEA 요원이 입북하여 사찰과 검증을 하는 단계로, 이때 한미는 상응 조치로 북한의 석탄 및 철광석 수출, 북한 근로자 해외 파견 허용 등 추가 경제 제재를 해제하며 남·북·미·중 간 평화협상과 미북 수교회담을 개최하고 북한

[표 2-3] 북한 비핵화와 한미 상응 조치 로드맵

	단계	북한 조치	한미 상응 조치	기간
1단계	최초 포괄적 합의	· 모든 핵미사일 활동 동결 · 핵심 WMD 신고: 영변 핵시설, ICBM 및 IRBM, SLBM	· 평화 선언 · 부분적 제재 완화: 개성공단 재개 · 연락사무소 상호 개설	단기
2단계	핵심 위협 제거	· 핵무기 제거, 영변 핵시설 불능화 · IAEA 사찰	· 추가 경제제재 해제, 석탄 및 철광석 수출, 근로자 해외 파견 허용 · 평화협상 및 미북 수교회담	중기
3단계	완전 핵 폐기	· 중거리탄도미사일 이상 모든 미사일 및 모든 핵 폐기 · 핵미사일 과학자 전환	· 모든 대북제재 해제 · 평화협정 체결 · 유엔사 재편 및 주한미군 역할 변경 · 북미 수교	장기

철도를 현대화하는 조치를 하는 단계이다.

3단계는 완전 핵 폐기 시 중거리탄도미사일 이상 모든 미사일과 모든 핵 폐기와 함께 핵미사일 과학자를 민간으로 전환할 때 대북제재를 전면 해제하고 평화협정 및 북미 수교를 맺어 한반도 평화체제가 완성되는 단계이다. 이때 평화협정 감시통제기구로서 유엔사를 재편하고 주한미군의 역할을 전쟁 억제에서 평화창출 및 동북아 지역안정자로 변경한다.

평화협정 체결

평화협정은 분쟁 당사자 간 무력분쟁을 종결하고 화해와 공존을 제도화하며 향후 관련된 모든 당사자들이 평화를 보장하도록 하는 법적·정치적 장치의 포괄적인 합의문을 뜻한다.[4] 고전적 의미에서의 정전협정은 전쟁의 종료를 의미하는 것이 아니라 교전자 간에 전쟁 행위를 임시로 중단하기 위해 체결하는 군사협정이며, 법적으로 한국은 여전히 전쟁 상태에 있다. 공식적으로 6·25전쟁을 종식시킬 제도적 장치가 필요하며, 이와 같은 의미에서 거론되는 것이 평화

---

4   김덕주, 「한반도 평화협정의 특수성과 주요 쟁점」, ≪IFANS 주요국제문제분석≫, 제2018-19호(2018).

협정이다.[5]

그러나 평화협정의 대전제는 북핵의 완전한 폐기이다. 북한은 신뢰할 수 없는 호전적인 국가이다. 종전 선언이나 평화협정을 체결한 이후 핵미사일 실험을 재개할 가능성이 있을 뿐만 아니라, 한국을 핵 볼모로 삼을 수 있으며, 심지어 핵미사일 선제공격으로 한국을 무력으로 적화시킬 수도 있다. 완전한 핵미사일 폐기를 사찰·검증하지 않은 상황에서 평화협정을 맺게 될 때 그 가능성을 배제할 수 없다.

비핵화 진전에 따라 남·북·미·중 간 평화협정 체결을 위한 평화협상을 추진할 수 있을 것이다. 평화협정에 서명한 후 유엔 사무국에 기탁(Deposit)하고 추인한다.[6] 평화협정 체결 추진은 남북 평화협정＋미중 보장 방식과 한반도 평화 기본협정＋남북 부속의정서＋미북 부속의정서 방식이 있을 수 있다.

먼저 남북 평화협정 체결 이후 미중이 보장하는 방식이다. 한반도 평화체제를 법적·제도적으로 확립하기 위해 문서화된 형태인 평화협정의 체결이 필요하다. 남북한과 미국, 중국 등의 국제법적·국제정치적 지위가 일치하지 않기 때문에 평화협정의 체결은 크게 두 방향에서 추진되어야 하는바, 첫째, 종전 선언 이후 남북 평화협정과 북미 수교 선언 방식, 둘째, 한반도 평화 회복을 위한 기본협정과 부속협정의 패키지 방식일 것이다.

한반도 평화 기본협정은 남·북·미·중을 당사자로 하는 하나의 기본협정(UA: Umbrella Agreement)과 남북, 미북 양자협정의 2개 부속협정(SA: Subsidiary Agreements)으로 구성하는 방안이다. 기본협정과 부속협정의 법적 성격을 보

---

5   한명섭, 「한반도 평화협정 체결에 대한 법적 검토」, ≪통일과 법률≫, 제37호(2019).

6   정경영, 『통일한국을 향한 안보의 도전과 결기』(서울: 지성과감성, 2017), 310~312쪽; Article 102 of the Charter of the United Nations: "Every treaty and every international agreement entered into by any Member of the United Nations …… shall as soon as possible be registered with the Secretariat and published by it"(유엔 회원국이 체결하는 모든 조약과 국제 협정은 …… 유엔 사무국에 등록하고 가능한 한 조기에 발간한다)[United Nations Treaty Collection, "Article 102, UN Charter," https://treaties.un.org/ (검색일: 2019.11.3)].

면, 「한반도 평화 기본협정」은 전쟁 종결과 공고한 평화보장관리 기능을 규정하는 평화조약으로, 중동 평화협정이 대표적인 사례이다. 「부속협정」은 양자 간의 관계 정립 및 관계 발전의 방향에 따른 정치적 합의를 담는 것으로, 「동서독 기본조약」이 대표적인 사례이다.

기본협정과 부속협정에 담길 주요 내용을 보면, 「한반도 평화 기본협정」은 ① 6·25전쟁의 법적 종식, ② 상호불가침 및 무력행사 포기, ③ 경계선 획정, 경계선의 상호존중, ④ 분쟁의 평화적 해결 원칙과 그와 관련된 절차, 그리고 ⑤ 평화보장관리기구 구성 등을 포함할 수 있을 것이다. 「남북한 부속협정」은 평화적이고 점진적인 통일에 대한 지향성, 과도적인 남북 관계 정립, 남북한 병력 상한선 설정, 장사정포병 후방 재배치 및 갱도포병 폐쇄, 기계화 및 기갑전력 후방 재배치 등 남북 군비통제, 연락대표부, 남북 군사공동위, 교류공동위 등의 내용을 포함할 수 있으며, 「북미 부속협정」은 양자 간 안전보장 문제, 관계 개선의 기본 방향 및 상호 관계 개선 조치의 내용을 규정할 수 있다.[7]

통일로 가는 길목에서 비핵화와 한반도 평화협정, 국교 정상화를 담은 북미협정은 한반도의 평화와 번영을 담보하는 협정이다. 베트남전쟁을 매듭짓는 파리평화협정 사례에서 교훈[8]은 한반도 평화협정 체결 시 중요한 시사점이 된

---

7   정경영·하정열·이표구·한관수, 「한반도 평화체제 추진전략」(국회 국방위 정책연구보고서, 2018).

8   UN, *United Nations Treaties Series 1974*, Vol. 935, No. 13295(1977), pp. 6~17; "베트남에서 종전과 평화 회복을 위한 합의(An Agreement on Ending the War and Restoring a Peace in Vietnam", 일명 파리평화협정(Paris Peace Accords)은 다음과 같은 내용을 포함한다. "남베트남공화국의 임시 혁명 정부(베트콩)의 동의하에 그리고 베트남민주공화국 정부(북베트남, 월맹)와 베트남공화국 정부(남베트남, 월남)의 동의하에 미합중국 정부는 베트남 인민의 민족적 기본권과 남베트남 국민의 자결권을 존중한다는 기반 위에, 아시아와 세계의 평화를 공고히 하는 데 기여하기 위해 베트남에서 전쟁을 종결하고 평화를 회복하기 위해 다음 사항에 합의하고 이를 이행한다. ① 미국과 모든 관련국은 베트남의 독립, 주권과 영토를 존중한다. ② 1973년 1월 27일 24:00시를 기해 현 위치에서 휴전을 하고, 미국은 군사 개입을 중단하며, 평화협정 체결 이후 50일 이내에 외국군을 철수한다. ③ 남베트남은 국제 감독하에 진정으로 자유롭고 민주적인 총선거를 통해 남베트남의 정치적 미래를 스스로 결

다. 첫째, 평화협정의 주체가 미국과 북베트남이었고 남베트남과 베트콩은 2차 주체였다는 것으로, 남·북·미·중이 동등한 평화협상 및 협정 체결 당사자가 되어야 한다는 것이다. 둘째, 협정 체결 시 의회 또는 국회의 비준을 받아야 한다는 것이다.[9] 그래야 구속력이 있다. 셋째는 파리평화협정에서 모든 외국군이 협정 체결일 기준 50일 이내에 철수함으로써 협정을 파기하고 사이공을 함락한 북베트남을 제지할 수 없었다는 차원에서, 주한미군 철수가 한반도 평화협정에 포함되어서는 안 된다는 것이다. 마지막으로 평화협정이 제대로 이행되는지를 감시하는 신뢰할 만한 기구가 있어야 한다는 점이다.[10] 유엔사의 기능을 정전협정 관리 기능에서 평화협정 감시 기능으로 전환하는 것을 적극 검토해야 할 것이다.

정한다. ④ 평화적 수단에 의한 통일 원칙에 합의하고 북위 17도선을 잠재적인 영토 및 정치 분계선으로 획정한다. ⑤ 평화협정의 국제적 보장을 위해 군사공동위원회, 국제감시통제위원회를 설치하고, 이와 관련한 국제회의를 개최한다"[Peter Braestrup, *Vietnam as History: Ten Years after Paris Peace Accord* (Washington, D.C.: The University Press of America, 1983)].

9   1973년 6월 인사청문회에서, 만일 북베트남이 파리평화협정을 어기고 무력으로 남베트남을 침공해 온다면 미국은 어떻게 할 것인가라는 미 의회의 질문에 제임스 슐레진저(James Schlesinger) 국방장관 내정자는 당연히 군사 개입을 통해 저지해야 한다고 발언했으며 미 상원의원들은 이를 질타했다. 1973년 6월 미 하원에서는 미국의 베트남에서의 향후 군사활동을 금지하는 수정안을 통과시켰다[Wikipedia, "Paris Peace Accords," https://en.wikipedia.org/wiki/Paris_Peace_Accords (검색일: 2019.11.17)].

10   워터게이트 스캔들로 닉슨 대통령이 1974년 8월 8일 사임한 이후 그 자리를 승계한 포드 대통령은 1975년 초 북베트남군의 총공세가 있을 때 남베트남의 군사 지원 요청을 거부했다. 또한 공산월맹 무력 침공 시 미국은 즉각적인 공군력 지원을 약속했으나 1975년 4월 30일 북베트남군 탱크가 사이공을 침공했을 때도 수수방관했다. 결국 북베트남군이 대통령 관저인 독립궁 철문을 돌파하여 북베트남 깃발을 걸면서 남베트남은 지구상에서 소멸된다. 남베트남 대통령은 미국에 배신을 당했다는 TV 연설을 하고 사라져버린다[Wikipedia, "Watergate Scandal," https://en.wikipedia.org/wiki/Watergate_scandal (검색일: 2019.11.17)].

시나리오 2: 핵WMD 전략적 타격체계 조기 구축, 플랜 B 및 전술핵 재배치

북한이 핵과 탄도미사일을 동결하고 핵기술 및 핵무기 등을 제3국에 이전하지 않겠다는 동의하에 북미 간에 수교가 이루어지는 상황은 사실상 북한을 핵보유국으로 인정하는 셈이 된다.

여전히 핵미사일 위협에 노출된 상황에서 우리가 취할 수 있는 방안은 핵WMD대응체계 조기 구축과 군사 옵션을 포함한 플랜 B를 시행하는 것이다. 또한 원자력 추진 핵잠수함 건조와 고체연료 미사일을 개발하고 미국과 협소하여 전술핵무기 재배치와 나토형 핵 공유를 추진해야 한다. 이를 보다 구체적으로 논의하면 다음과 같다.

핵WMD대응체계 조기 구축 및 플랜 B

우리 군은 북한의 핵미사일 위협에 능동적으로 대처할 수 있도록 전략적 타격체계와 한국형 미사일 방어체계로 구성된 핵WMD대응체계를 발전시켜 나가고 있다. 전략적 타격은 미사일 발사 전후 억제 및 대응 개념으로, 핵미사일 관련 시설과 이동식 발사대 등 주요 핵심 표적을 실시간 탐지·식별·직접 타격하여 공격 능력을 사전에 무력화하는 것이다. 한국형 미사일 방어는 원거리 탐지 및 다층 방어 능력으로 발사된 미사일을 공중에서 요격하는 방어체계로, 장거리지대공미사일, 중거리미사일, 패트리어트로 타격하는 것이다. 우리 군은 이러한 능력을 구비하기 위해 그동안 꾸준히 전력 증강을 해왔으며, 특히 2019년에 정부는 전년 대비 16.2% 증가한 5조 691억 원(50억 달러)을 전력 증강 예산으로 편성했고, 2019~2023년 국방중기계획에 전년 대비 31.1% 증가한 32조 2000억 원(270억 달러)을 편성하여 전방위 위협에 대비한 정보, 감시, 정찰, 타격, 요격 능력을 확충하고 있다. 또한 북한의 핵미사일 위협에 대응하기 위한 전략 개념으로 한미연합군 간 맞춤형 억제전략(TDS: Tailored Deterrence Strategy)과 4D(Detect, Disrupt, Destroy and Defend. 탐지, 교란, 파괴, 방어)체계를 통해 연합 전비 태세를 강화하고 있다.[11] 우리의 미사일 대응 능력은 북한이 2017년 11월 27일 ICBM급 화성 15호를 발사한 6분 뒤, 한국 육군 탄도미사일 현무-2, 해군 함대지 미사일 이지스 해성-2, 공군 공대지 미사일 스파이스로 동해상의 가상 표적에 통합정밀타격을 함으로써 그 위력을 발휘한 바 있다.[12]

북한이 사실상의 핵보유국이 되는 시나리오에 대비하여 플랜 B를 추진할 필요가 있다. 진행 중인 북한 비핵화 협상을 촉진하며 협상을 통해 비핵화하려는 노력이 실패할 경우, 플랜 B는 핵 압박을 제거하고 핵전쟁을 예방하기 위해 적극 검토되어야 할 것이다. 대북 추가 경제제재, 북한 정권 생존에 직접 영향을 주는 정치·외교·인권·군사 등 전방위 압박과 한미와 국제사회의 엄청난 압박 정책에도 북한이 체제 붕괴의 위험을 인식하여 완전한 핵 폐기의 길로 나오지 않는다면 중국 등 국제사회에 이해를 구하는 노력을 병행하면서 군사적 옵션을 사용하는 것이 불가피할 것이다.[13]

한편, 미군은 3개 항모전투단·전략폭격기를 전개하고, 2019년 실전 배치한 신형 저위력 핵탄두(W76-2) 트라이던트 II SLBM, 실험 성공한 F-15E 스트라이크 이글 전투기의 B61-12 핵폭탄, 핵탄두 장착 토마호크 순항(크루즈) 미사일로 적의 중심을 파괴하여 확전을 통제하고 피해를 최소화하여, 북한의 핵무기를 마비·제거시킬 수 있을 것이다.[14] 대전제는 북한의 핵미사일 공격 징후가 분명할 때 한미 국가통수기구의 승인에 따라 이루어져야 한다는 것이다.

---

11   대한민국 국방부, 『2018 국방백서』(서울: 국방부, 2018), 51~54쪽.

12   "軍, 北도발 6분 뒤 '현무-2·해성-2·스파이스'로 대응훈련", ≪연합뉴스≫, 2017년 11월 29일 자.

13   류제승, 「불확실한 한반도 안보상황과 한미군사관계」(한국군사문제연구원 주관 정책포럼, 2019.3.6).

14   Department of Defense, *2018 Nuclear Posture Review* (Washington, D.C.: U.S. DOD, 2018).

원자력 추진 잠수함 건조

북한이 2019년 10월 2일 발사한 신형 SLBM은 북극성-3형이며 이를 탑재할 3000톤급 신형 잠수함의 진수도 임박한 상황이다. 이에 맞설 대책으로 원자력 추진 잠수함이 유력한 대안으로 거론된다. 재래식 잠수함으로는 장기 수중 작전이 어려워 수개월간 잠항(潛航)이 가능한 원자력 잠수함이 가장 효과적인 수단이다. 미국으로부터 핵잠용 원자로 제작 기술과 잠수함에 원자로를 싣는 함정 최적화 기술, 핵잠수함 시운전 기술 지원 등을 받아 국산 원자력 잠수함을 좀 더 신속하고 안전하게 건조할 수 있어야 한다.

원자력 잠수함 독자 건조를 위해서는 핵연료, 즉 농축우라늄을 확보해야 한다. 2015년 개정된 한미 원자력협정은 미국산 우라늄을 20% 미만으로만 농축할 수 있고 군사적 목적으로 사용할 수 없도록 규정하고 있다. 미 대통령 행정명령으로 군사력 저농축우라늄을 사용할 수 있도록 미 측과 협력하는 방안을 강구할 필요가 있다.[15]

한미 미사일 지침 개정

급속도로 발전하는 북한과 일본 등의 미사일, 로켓 능력에 맞서 800km로 묶인 사거리와 선진국 고체연료 로켓의 10분의 1 수준인 총 추력 100만 파운드·초(lb·sec) 이상의 고체연료 로켓을 만들지 못하도록 되어 있는 규정을 개정해야 한다. 1970년대에 한국이 비밀리에 핵무기 개발을 추진하고 탄도미사일 개발에 적극 나서자 미국은 우리 군이 개발·보유할 수 있는 미사일의 최대 사거리를 180km, 탄두 중량을 500kg으로 묶었다. 2017년 수차례 개정을 통해 우리 군의 탄도미사일 탄두 중량 제한은 해제되었지만 사거리는 여전히 800km로 제한하고 있고 고체연료 로켓 개발도 허용하지 않고 있다.

북한은 SLBM인 북극성 계열의 미사일을 고체연료로 완성했거나 개발 중이

---

15 "軍 핵연료 금지 조항에 발목잡힌 잠수함", ≪조선일보≫, 2019년 11월 19일 자.

며, 북극성-2형의 사거리는 2000km로 추정된다. 현재 우리가 개발 중인 현무-2C의 기대 사거리 800km의 2~3배 수준이다. 또한 신형 4종 세트인 북한판 이스칸데르·에이태킴스(ATACMS: Army Tactical Missile System, 육군전술미사일체계) 등 탄도미사일 2종과 400mm급 대구경·500~600mm급 초대형 방사포 등 신형 방사포 2종은 모두 북한이 발전된 고체연료 기술로 개발한 것이다. 고체연료는 액체연료 로켓에 비해 추진력은 약하지만 구조가 간단하고 연료 주입 과정이 없기 때문에 신속한 이동과 발사가 가능하다.

800km로 묶인 미사일 사거리 규정을 바꾸는 문제는, 미국이 2019년 8월 2일 러시아와의 중거리핵전력(INF: Intermediate Range Nuclear Forces) 조약 탈퇴 이후 동맹국을 동원해서 중거리미사일 문제에 대처해야 하기 때문에 미국이 중거리미사일을 한반도에 직접 들여올 경우 중국의 반발을 고려해 미군의 미사일을 한반도에 배치하기보다는 우리 군의 미사일 사거리 제한을 푸는 방향으로 가는 방안이 바람직하다.[16]

전술핵무기 재배치와 나토형 핵 공유

동시에 1990년 철수한 전술핵무기를 재배치해야 한다. 미국은 전술핵무기 재전개는 한반도 비핵화를 더욱 어렵게 하여 반대하는 입장이며 핵우산하에 확장억제전략을 구현하면 핵 위협에 대처할 수 있다고 본다.[17] 미국은 러시아(핵무기 6490개), 중국(290개), 북한(30개) 등 핵보유국이 공격하지 못하게 미국이 핵무기와 재래식 전력, 미사일 방어 등을 총동원해 보호해 줄 것이기 때문에 핵무기를 개발하지 말도록 설득해 왔다. 미국은 한반도 위기 때마다, B-1B, B-2, B-52 등의 전략폭격기, 일본 요코스카에 모항을 두고 있는 레이건 등의 핵

---

16 "우린 인공위성 로켓도 '고체연료' 못쓰는데 … 日은 무제한", ≪조선일보≫, 2019년 11월 21일 자.

17 John H. Tilelli, Jr., "U.S.-North Korea Relations: The Post-Hanoi Summit"(Panel Discussion hosted by The Institute of World Politics, October 16, 2019, Washington, D.C.).

추진 항모, 미시간함 등의 핵추진 잠수함을 보내왔다.

그러나 한반도 영토 밖에서 제공되는 핵우산은 북한의 핵공격을 억제하는 데 한계가 있다. 고도화된 북한의 핵 능력을 실질적으로 억제하려면 핵공유협정을 미국과 체결해야 한다. 바로 한반도에 전술핵무기 재배치와 NATO형 핵공유를 추진할 필요성이 제기되는 이유이다.

미국은 유럽에서 B61 전술핵폭탄을 나토(NATO) 회원국인 독일에 10~20기, 네덜란드에 10~20기, 벨기에에 10~20기, 이탈리아에 70~90기, 터키에 50기 배치해 놓고, 유사시 적국을 폭격할 수 있도록 함께 훈련히며 대비하고 있다. 이와 같이 한·미·일 3국도 핵계획그룹(NPG: Nuclear Planning Group)을 구성해 핵무기 정보와 관리·운용·사용에 관한 전략을 공유하고, 운반 및 투하 훈련도 함께 실시하며 최종적인 사용 권한은 미국이 행사하도록 하는 대안을 강구해야 할 것이다.

전술핵 재배치나 나토형 핵 공유를 추진하는 데 따른 사전 협의와 절차를 병행하면서 데프콘3 적 도발 징후 포착 시 위기 상황에서 미국 전술핵을 전개하기로 약속하고, 평시에는 우리 F-15K나 F-35 전투기가 미 본토에 가서 핵무기 탑재 훈련을 하면서 핵을 공유하는 대안도 강구할 필요가 있다. 핵·재래식 전력을 통합한 공동의 작전계획을 발전시켜야 하며, 이를 위해서는 핵무기 배치·사용 계획의 공유가 필수적이다.

시나리오 3: 한국의 핵무장

한국의 핵무장 조건

한국이 핵무장을 할 수밖에 없는 조건은 북한이 핵 협상에 대해 완전 결렬을 선언하고 핵무기와 탄도미사일을 대량생산하여 전략화시켜 겁박하는 차원을 뛰어넘어, 핵미사일로 한반도를 무력 적화하는 훈련을 하고 있는 것을 우리 측이 식별하는 가운데에서도 전술핵무기 재배치와 나토형 핵 공유가 이루어지지 않는 상황이다.

최악의 시나리오를 상정하여 대비책을 강구할 수밖에 없을 것이다. 다음을 상상해 보자. 북한이 대규모 핵무기와 IRBM, ICBM, SLBM으로 무장하고, 또 앞에서 논의한 신형 4종 세트[18]로 무장한 북한이 로스앤젤레스에 핵탑재 ICBM 과 SLBM으로 공격하고 중장거리탄도미사일로 한반도에 증원전력의 발진기지 를 차단하면서 신형 4종 세트를 한국 내 고가치 표적에 대해 섞어 쏘기로 동시 타격을 가하는 동시에, 강원도 특정 도시에 전술핵무기로 핵공격을 감행한 데 이어 전략핵무기로 수도권을 쓸어버리겠다고 위협한다면 미국은 한국을 포기 할 것이고, 한국은 북한에 항복하여 순식간에 적화될 것이다.

이러한 상황은 단순히 소설 속의 픽션에 불과할까. 고모부 장성택을 기관총 으로 처형하고 이복형을 독살시킨 김정은이 동포인 남쪽에 핵무기를 감히 사용 하지 않을 것이라고 단정할 수 있을까. 이러한 상황을 수수방관하다 재앙적 핵 전쟁에서 당할 수만은 없다. 우리 국민이 그동안 분골쇄신하며 이룩해 낸 번영 된 자유 조국 대한민국을 결단코 그들에게 짓밟히게 할 수는 없는 일이 아닌가.

이러한 상황에서 한국의 핵무장은 생존 전략이고 최후 수단이다. 미국도 6·25 전쟁 시 3만 7000여 명의 전사자를 포함한 10만 명 이상이 희생했고 지금도 2만 8500명의 주한미군이 자유 수호를 위해 헌신하고 있다. 6·25전쟁 참전기념비 의 비문에 새겨진 "Freedom is not free"의 메시지는 자유의 소중함을 우리에

---

18 ① 북한판 이스칸데르(KN-23): 요격 회피 기동을 하는 사거리 600km의 미사일로, 하강 단 계에서 활강하며 수직 상승을 하다가 최종 단계에서 80~90도에 가까운 진입 각도로 목표물 을 향해 초고속 낙하한다. ② 북한판 에이태킴스(ATACMS: Army Tactical Missile System): 2개의 사격형(박스형) 발사관을 탑재한 무한궤도형 이동식 발사대(TEL: Transporter Erector Launchers)로, 사거리 300km, 속도 3mach, 길이 4m, 직경 600mm이며, 수백 개의 자탄이 들어 있어 단 한 발로 축구장 3~4개 크기의 지역을 초토화할 수 있다. ③ 400mm 대구경방 사포: 250km 거리를 최대 고도 25~30km, 최대 속도 6.9mach로 발사하는 다연장포이다. ④ 600mm형 초대형 방사포: 구경이 600mm급으로 추정되며, TEL은 4개의 발사관을 탑재 한 차량형과 무한궤도형으로서 사거리 400km로 요격 회피 기동과 비슷한 변칙 기동을 하 는 것으로 판단된다.

게 끊임없이 일깨워 주고 있다. 한국을 핵전쟁을 통해 적화되도록 내버려 둘 수 없지 않은가.

물론 한국이 핵무장을 추진할 경우 유엔 안보리는 물론 미국이 대대적인 제재를 가할 수도 있을 것이다. 북한보다 대외 의존도가 훨씬 높은 한국에 대해 경제제재가 내려진다면 한국 경제에 미치는 영향은 치명적일 것이다.[19] 핵 확산을 강력히 통제하고 있는 미국은 핵우산 및 확장된 억제전략으로 한국을 지원해 줄 것이기 때문에 한국의 핵무장은 어떠한 경우에도 허용할 수 없다는 것이 공식 입장이다.[20] 그러나 1970년대 박정희 대통령 시절 핵 개발 시도 때와는 전혀 다른 상황이다. 나라 전체가 소멸되는 상황을 직시하지 않으면 안 된다. 북한의 핵미사일 위협으로 한국의 사활이 걸려 있는 상황이다.

일본과 한국의 동반 핵무장에 대해서도 부정적인 시각이 존재하는 것도 사실이다. 특히 일본은 원폭 트라우마로 결코 핵무장을 하지 않을 것이고 못 할 것이라는 시각[21]이 있으나, 한국이 핵무장을 한다면 일본 역시 핵무장을 하지 않을 경우 자국의 안전보장에 치명적인 위협이 초래되어 핵무장을 할 수밖에 없을 것이다.

한미 원자력협정 개정
한국이 핵 개발을 하기 위해서는 한미 원자력협정의 족쇄가 풀려야 한다. 미국이 일본과 맺은 원자력협정과는 차별된다. 두 협정을 비교해 보면 핵 주권과 직결된 것으로 사용후 핵연료의 재처리와 우라늄 농축 분야에서 한국은 일본

---

19 미국 한반도 안보전문가들과의 인터뷰, "한미동맹과 한반도 평화체제", 2019년 10월 14~19일, 워싱턴 D.C.

20 John H. Tilelli, Jr., "U.S.-North Korea Relations: The Post-Hanoi Summit"(Panel Discussion hosted by The Institute of World Politics, October 16, 2019, Washington, D.C.).

21 William Scales, "South Korea Nuclear Armament Issue"(Panel Discussion hosted by Former ROK Defense Minister Kim Dong-shin at University Club, October 16, 2019, Washington, D.C.).

에 비해 일방적인 차별을 받고 있다. 원자력 발전에 사용하는 우라늄 핵연료는 4년 주기로 교체해야 하며, 이때 높은 열과 방사능을 내뿜는 사용후 핵연료가 발생한다. 현재 한국은 원자력발전소마다 마련된 임시 저장시설에서 열을 식히며 이를 보관 중인데, 2021년부터 차례로 포화 상태가 된다. 사용후 핵연료를 재처리하면 부피는 20분의 1, 발열량은 100분의 1, 방사성 독성은 1000분의 1로 줄어든다. 그러나 플루토늄이 핵무기로 전용될 수 있다는 우려 때문에 미국은 한국의 재처리 허용 요구를 거부해 왔다. 파이로-프로세싱(Pyro-processing)인 원자력 발전에서 완전히 연소되지 않은 사용후 핵연료에는 다량의 핵물질이 포함되어 있어 이를 처리하는 데 논란이 있다.[22]

2015년 개정된 한미 원자력협정에서 미국은 우라늄의 20% 미만 저농축을 원칙적으로 허용하고 고위급 위원회의 협의를 거쳐서 합의한다는 단서 조항을 달았는데, 일본이 1988년 미일 원자력협정에 따라 우라늄의 20% 미만 농축을 전면 허용받고, 당사자 합의 시 20% 이상의 고농축도 가능하도록 한다는 것과 차원이 달라 우리 역시 일본 수준[23]으로 개정해야 한다.

---

22 원자로 사용후 핵연료를 섭씨 500도 이상 고온에서 용융염 상태로 만든 다음, 전기분해해 우라늄 등 핵물질을 분리하여 다시 핵연료로 이용할 수 있도록 하는 기술을 말한다.

23 2015년 개정된 한미 원자력협정에서 재처리는 인정받지 못했고, 핵무기로 전용이 불가능한 파이로-프로세싱인 재활용 기술의 연구만 일부 허용받았다. 반면, 일본은 30년 전부터 미국의 재처리 금지 방침에서 예외로 인정받아 비핵보유국 중 유일하게 플루토늄을 쌓아놓고 있다. 일본은 1968년에 체결된 미일 원자력협정을 통해 일본 내 시설에서 사용후 핵연료를 재처리할 수 있는 권리를 얻었다. 1988년 개정된 협정에서 일본 내에 재처리시설, 플루토늄 전환시설, 플루토늄 핵연료 제작공장 등을 두고 그곳에 플루토늄을 보관할 수 있는 포괄적 사전 동의를 얻었다. 일본은 영국과 프랑스 등에서 위탁 재처리한 후 나온 플루토늄을 재반입해서 현재 약 46톤의 플루토늄을 보유하고 있으며 일본 내에 짓고 있는 재처리시설이 완공되는 2021년부터는 매년 8톤의 플루토늄을 자체 생산할 수 있다("일본은 핵연료 재처리, 한국은 금지", ≪조선일보≫, 2019년 11월 20일 자).

한국 핵 개발 절차와 핵무장 시 기대되는 효과

이후에 한국은 핵 개발의 족쇄인 한미 원자력협정 개정을 통해서 사용후 핵연료의 재처리와 우라늄 농축 분야 제한을 풀고, 적대국가의 핵으로부터 자국의 안보가 초유의 위협사태를 맞을 때 NPT 탈퇴를 할 수 있다는 제10조[24]를 근거로 탈퇴를 선언하면서, 북한이 핵을 포기하면 한국도 핵 개발을 즉시 중단한다는 전제하에 핵 생산을 선포할 수 있다. 기술적으로 세계 최고의 원자력 기술을 보유하고 있는 한국은 6개월이면 핵실험 없이 핵무기 제조가 가능할 것이다. 북한보다 원자력 기술이 월등한 한국은 단기간 내에 북한 핵 능력을 초월할 것이다.

한국이 핵무장을 할 때 남북한의 상호확증파괴(MAD: Mutual Assurance Destruction)에 따른 핵균형[25]으로 한반도는 안정을 이룰 것이다. 또한 인도–파키스탄 공동 핵 보유에서 입증되듯이 미국이 한반도에 전략자산을 전개하지 않고도 북핵 억제가 가능하고, 그 결과 미국에게는 국방비 절약 효과가 있을 것이다. 또한 동북아에 핵을 보유한 북·중·러 북방 3국과 핵을 보유하지 않았던 한일이 동반 핵보유국이 되면 동북아 지역도 핵 균형으로 안정을 되찾을 것이다. 핵무장한 한국과 일본이 중국과 러시아의 핵 위협을 억제할 때, 미국은 인도·태평양전략을 용이하게 수행할 수 있다.

---

24 NPT 조약 제10조 제1항: "비상사태가 자국의 지상이익을 위태롭게 하고 있음을 결정하는 경우에는 본 조약으로부터 탈퇴할 수 있는 권리를 가진다"[국가법령정보센터, "핵무기의 비확산에 관한 조약(NPT: Treaty on the Non-Proliferation of Nuclear Weapons)", http://www.law.go.kr/%EC%A1%B0%EC%95%BD/(533,19750423) (검색일: 2019.11.23)].

25 만약 국가가 보복 핵공격에 취약하다면 그 국가는 보복의 두려움 때문에 핵 1차 공격을 감행하지 않을 것이며, 만약 두 국가가 서로 동등하게 보복 공격에 취약하다면 양자는 핵교전을 시도하지 않을 것이다[앤드루 퍼터(Andrew Futter), 『핵무기의 정치』, 고봉준 옮김(서울: 명인문화사, 2016), 115쪽].

4. 정책 제안

북한 비핵화를 위한 남·북·미·중 4자 정상회담을 통해서 북한의 핵 폐기가 이루어지도록 해야 한다. 북한의 비핵화와 함께 한반도 평화체제 구축이 국가의 최대 시대적 과제인데 어떻게 우리가 뒷전에 물러서 있을 수 있단 말인가.

비핵화 협상을 통한 북핵 폐기를 위해서는 먼저 비핵화 전략 로드맵 발전을 위한 한미 간 외교·국방·통일·경제정책 입안자와 핵 전문가 그룹으로 구성된 공동위원회를 운영하여 비핵화 로드맵을 발전시켜야 한다. 비핵화 정의와 최종 상태에 대한 포괄적인 합의와 실질적인 비핵화 진전에 따라 단계별 동시 상응 조치가 이루어지는 전반적인 로드맵에 합의하여 북핵 폐기를 추진해야 한다. 또한 북한의 최룡해 국무위원회 제1부위원장을 특사로 미국에게 워싱턴 D.C.에 초청하는 안을 제안한다. 클린턴 행정부 때 국방위부원장이던 조명록 차수를 초청했던 것처럼, 총정치국장으로 군 개혁을 단행했고 지금의 김수길 총정치국장을 통제할 수 있는 위치에 있는 최룡해를 초청하여 국무부 장관 및 국방부 장관은 물론 트럼프 대통령과 회동을 주선한다면, 무게 있는 비핵화 방안을 조율할 수 있을 것이다.[26] 실질적인 북한의 비핵화가 진행될 때 한국은 남북경제협력을 가시화하고 한반도 평화협정 체결을 위해 북·미·중과 평화협상을 추진하고, 북미 간에는 수교를 위한 협상이 동시에 이루어지며, 한미 모두 군사적 충돌이나 전쟁이 일어나지 않도록 운용적·구조적 군비통제를 추진하는 것이다. 또한 유엔 안보리와 협력하여 유엔 안보리 상임이사국, 남북한, 유엔사 회원국으로 유엔사를 재편하여 비무장지대를 평화지대로 전환하고 평화협정을 감시하는 기능을 수행토록 할 수 있다. 또한 주한미군은 기본적으로 한반도에서 전쟁을 억제하고 평화협정 체결 이후에는 역할을 변경하여 평화창출 기능을 수행하며 주변국의 군사 개입을 차단하고, 통일 이후에는 지역안보의

---

26 정성장 세종연구소 연구본부장과의 인터뷰, "한반도 비핵화," 2019년 10월 4일.

균형자(Balancer)로 진화할 수 있을 것이다.

두 번째 시나리오인, 북핵 동결과 핵비확산 시 제재를 해제하여 북한을 사실상의 핵보유국으로 묵시적으로 인정하는 상황이 발생할 경우, 전술핵무기 재배치와 나토형 핵 공유 시스템을 구축해야 할 것이다. 그리고 협상을 통한 비핵화가 실패할 경우 핵 압박을 제거하고 핵전쟁을 예방하기 위해서 플랜 B가 필요하다. 한미와 국제사회가 북한 정권 생존에 직접 영향을 주는 정치·외교·인권·군사 등 전방위 압박정책에도 북한이 체제 붕괴의 위험을 인식하여 완전한 핵 폐기의 길로 나오지 않는다면, 중국 등 국제사회의 이해를 구하는 노력을 병행하면서 재앙적 핵전쟁의 위험을 근원적으로 제거하기 위해 군사적 옵션을 사용하는 것이 불가피하다. 한미 간에는 핵·재래식 전력을 통합한 공동의 작전계획을 발전시켜야 하며 이를 위해서도 핵무기 배치, 사용계획의 공유가 필수적이다. 우리 군은 핵WMD전략타격체계를 조기에 구축해야 할 것이다.

마지막으로 북한이 비핵화 협상 완전 결렬을 선언하고 핵미사일을 대량생산 및 전력화할 경우, 한국은 NPT를 탈퇴하여 북한이 완전 핵 폐기를 하는 순간 핵 생산을 중단한다는 전제하에 핵무장을 추진해야 할 것이다. 한국은 핵실험 없이도 6개월 이내 핵무장이 가능하며 단기간 내 북한 핵 능력을 초월할 수 있다. 한국이 우라늄 농축과 사용후 핵연료를 재처리할 수 있도록 한미 원자력협정을 개정해야 할 것이다. 한국이 핵무장을 할 경우 인도-파키스탄 공동 핵 보유에서 입증된 것처럼 남북한의 상호확증파괴(MAD)에 따른 핵 균형으로 한반도 안정이 가능하며, 미국은 한반도에 전략자산 전개 없이도 북핵 억제가 가능할 것이다. 일본과 동반 핵무장으로 한·미·일이 핵을 보유하면 동북아의 핵 균형을 이루어 지역 안정에도 기여할 것이다.

북핵 문제는 미북 문제만이 아닌 대한민국이 해결해야 할 최대 도전이자 과제가 아닐 수 없다. 협상을 통해 북한 핵을 완전히 폐기해야 하며, 만약 북한이 핵을 내려놓지 않고 우리를 겁박했을 때 핵을 무력화시키지 않으면 재앙적 핵전쟁이 일어날 가능성을 배제할 수 없다. 어떠한 경우든 우리 정부의 비상한 전략과 결집된 국민 의지, 우리 군의 결연한 결기 그리고 미국 등 국제사회와의 긴밀한 협력을 통해 도전에 응전해야 할 것이다.

제3장
새로운 시대로 진입하는 전작권 전환과 그 이후의 모습

·

전시작전통제권(전작권) 전환은 1970년대 초부터 자주국방이 주창되고 한국 방위의 한국화가 진화·발전되어 온 상징이다. 1994년 12월 1일 평시작전통제 권이 이양된 이후 21세기에 진입하면서 북한과 대비할 때 압도적 우위의 국력 과 격상된 국제적 위상, 드높은 국민적 자존감, 국제적 수준의 한국군으로 성장 한 대한민국이 한미연합방위를 주도할 수 있게 되었다. 또한 미국은 중국의 잠 재적 위협과 테러에 대처하기 위해 글로벌방위태세검토(GPR: Global Posture Re-view)에 따라 해외 주둔 재배치를 추진했으며, 북한 위협은 물론 아태 지역의 위협에 동시 대처한다는 주한미군의 전략적 유연성에 따라 한국이 주도하고 미국이 지원하는 신연합방위체제를 추진하기에 이른다. 신연합방위체제는 전 작권의 전환을 통해 이루어진다.

2017년 5월 10일 출범한 문재인 정부는 2017년 6월 30일 워싱턴에서 개최된 트럼프 대통령과의 한미정상회담을 통해 "조건에 기초한 한국군으로의 전작 권 전환이 조속히 가능하도록 동맹 차원의 협력을 지속"해 나가기로 합의했 고, 7월 19일 발표한 100대 국정 과제의 하나로 굳건한 한미동맹 기반 위에 전 작권 조기 전환을 추진하기로 했다. 2018년 국군의 날 기념사를 통해 "우리 군은 어떤 위협으로부터도 국민의 생명과 안전을 지켜낼 것이며, 우리의 땅, 하늘, 바다에서 우리의 주도하에 작전 통제를 할 수 있는 역량을 갖춰낼 것"을 강조했다.

이 장에서는 대한민국의 안보의 기본 틀이 바뀌는 전작권 전환의 의의를 알아보고, 전작권 전환의 기조와 국민, 정부, 군 차원에서의 전작권 전환 추진 로드맵에 대해 논의하고자 한다. 이어서 전작권 전환을 위한 전략적 소통과 단계적 전환을 고찰할 것이다. 또한 전작권 전환 이후, 주권국가로서 자주국방을 실현하게 되며, 한국이 주도하는 미래연합사가 출범하게 되고, 유엔사가 새롭게 거듭나는 계기가 됨을 살펴볼 것이다. 정책 제안으로 글을 맺으려 한다.

1. 전작권 전환의 의의

합참에서 정의하고 있는 작전통제권(Operational Control)이란 **그림 3-1**에서 보는 바와 같이 특정 임무나 과업을 수행하기 위해 지휘관이 행사하는 비교적 제한적이고 일시적인 권한을 말한다. 국적을 달리하는 다국적군이나 지휘계선을 달리하는 부대가 전투작전을 수행할 때 작전 지역을 할당하고 전투 편성을 하는 권한을 행사하는 것으로 볼 수 있다.

실제로 전시에 한미연합사령관이 한미연합군에 대한 작전통제권을 행사하는 상황에서 작전통제권의 의미는 보다 확대된다. 1994년 평시작전통제권이 합참으로 이양되었음에도 연합권한위임사항(CODA: Combined Delegated Authority)에 따라 여전히 연합사령관은 ▲ 전쟁 억제와 방어를 위한 위기관리, ▲ 조기경보를 위한 정보 관리, ▲ 전시작전계획 수립, ▲ 연합 교리 발전, ▲ 연합합동훈련과 연습 계획·실시, ▲ C4I 상호운용성 등을 행사한다. 어떻게 싸워 이길 것인지를 통해 한국군의 훈련과 작전에 영향을 미치기도 하고 상호운용성에 의거하여 전력 소요를 제기하기도 한다. 한미 통수기구와 안보협의회의 및 군사위

[그림 3-1] 작전통제권이란?

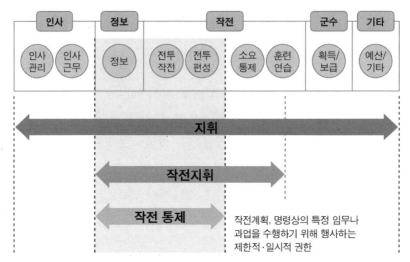

자료: 합동참모본부, "'전시작전통제권'이란?", http://www.jcs.mil.kr/mbshome/mbs/jcs2/subview.j sp?id=jcs2_020401010000 (검색일: 2020.2.17).

원회회의는 연합사에 전략지시와 작전지침을 하달하나, 사실상 연합사령관은 한반도 전쟁지휘 사령관으로 전쟁의 승리에 결정적인 역할을 수행한다. 군은 전쟁이 일어나지 않도록 전비 태세를 유지하면서 유사시 싸워 이기는 것을 목적으로 하는 존재이다. 전시작전통제권은 국가 안위는 물론, 국방정책과 군사전략, 무기체계, 군 조직, 편성에까지 영향을 미친다.

이러한 미국 주도 한미연합방위체제에서 한국 주도 연합체제로의 전환을 상징하는 전시작전통제권 전환은 대한민국 국가안보의 기본 틀이 바뀌는 것으로 다음의 중대한 목표와 의의가 있다.

첫째, 전작권 전환은 자주국방의 상징으로 독립된 국가라면 마땅히 이뤄야 할 목표이다.[1] 이 땅의 주인인 대한민국이 동맹에 과도하게 의존하지 않고[2] 스

---

1   2019년 7월 19일 문재인 대통령은 예비역 군 주요 인사와의 대화에서 "정부는 굳건한 한미

스로의 의지와 능력, 전략으로 민족혼과 얼, 조국 강토와 민주주의를 수호하겠다는 결기를 나타낸다.[3] 저자가 육군사관학교 사관생도 시절 리처드 스틸웰(Richard G. Stilwell) 유엔군사령관과 한 인터뷰에서 유엔군사령관의 작전통제권 메시지는 시사하는 바가 크다. "작전통제권은 국적을 달리하는 다국적군 간의 편조(編造, Cross Attachment)인 전투 편성을 하거나 작전 목표를 달성하기 위해 책임 지역을 부여하는 권한을 의미하는 교리 이상의 전쟁 수행 전반을 주도하는 것이다. 한국이 작전통제권을 행사하는 것이 맞다. 유엔군의 전투부대들은 전술통제권(TACON: Tactical Control)을 한국군에 전환하여 도와주는 것이 바람직하다. 조국을 지키는 국가 혼으로 무장되어야 전쟁에서 승리할 수 있다(We can win the war by the nation's soul to defend our country)."[4]

동맹을 기반으로 전시작전통제권 조기 전환을 추진하고 있다"라면서 "자주국방은 독립된 국가라면 이뤄야 할 목표이다. 전시작전통제권 전환은 연합방위력을 더 강화시켜서 한미동맹을 더욱더 발전시켜 나가게 될 것"이라는 의지를 밝혔다[청와대, "예비역 군 주요인사 초청 간담회", https://www1.president.go.kr/c/briefings?page=5 (검색일: 2019.8.23)].

2 베트남전쟁에서 월남의 패전, 공산 베트남의 무력통일이 주는 교훈은 엄중하다. 최고 병력 53만의 미군과 연인원 32만 5517명의 한국군 참전 등 우방국 군대의 지원이 있었음에도 남베트남의 패인은 정부의 무능한 전쟁지도, 군의 군사전략 부재와 부패, 국민들의 스스로 지킬 의지 부족에 기인한다. 북베트남의 무력통일은 호찌민의 전쟁지도와 보응우옌잡의 군사작전이 어우러져 전 국민이 전사가 된 총력전, 호찌민 루트를 활용한 간접접근전략, 미군 철수를 노린 일관된 평화협상 등으로 반면교사 차원에서 유의미한 교훈이다[최용호, 「베트남전쟁 승패요인」, 정경영·오홍국·장삼열·정지웅·최용호, 『자립안보와 평화체제 추진전략: 한미동맹과 베트남통일 교훈을 중심으로』(서울: 도서출판KCP7·27, 2018), 157~205쪽].

3 "우리 땅은 우리 스스로 힘으로 지키고, 침략자에게는 힘으로 응징하고야 만다는 투철한 자주국방의 결의와 태세를 갖춰야 한다"[심융택, 『자립에의 의지: 박정희 대통령 어록』(서울: 한림출판사, 1972), 386쪽]; 한미 제1군단장이었던 존 쿠시먼(John H. Cushman) 장군은 미발간 회고록에서 1978년 1월 육군사관학교 사관생도 대상 특강 중 "여러분 앞에 놓인 최대 과제는 자주국방입니다"라고 설파했다[John H. Cushman, *Korea, 1976-1978: A Memoir* (unpublished, 1998)]; Chung Kyung-young, "An Analysis of ROK-U.S. Military Command Relations from the Korean War to the Seoul Olympic Games"(Master of Military Art and Science Thesis, U.S. Army Command & General Staff College, 1989).

4 정경영, "주한미지휘관 탐방을 통해 본 리더십", 《육사신보》, 1976년 10월 15일 자.

둘째, 국군에 대한 전작권 행사는 국방의 정체성을 회복하고 군사력 운용의 자율권을 복원한다는 의미가 있다. 국가의 주권과 국민의 생명과 재산, 영토를 지키는 힘은 군사력을 운용할 수 있는 권한에 의해 발휘된다.

셋째, 무력적화통일을 위한 전략적 수단으로서 북한의 핵전략을 직시할 때, 재앙적 핵전쟁에 대비하는 것은 절박하다. 주한미군이 인도·태평양 지역의 우발사태 지역에 재전개되는 취약 상황에서 북한이 전면 남침을 감행하거나, 다양한 중장거리탄도미사일로 미 증원전력의 발진기지를 타격하여 동시다발적으로 핵 위협하에 선제공격을 감행하는 등 최악의 상황에 대비하기 위한 것이 전작권 전환이다. 전작권 전환의 목적은 전쟁을 주도할 수 있는 나라를 건설하는 데 있다.[5]

넷째, 전작권 전환은 우리 군의 기를 세워주고 국민의 자존감을 드높이는 계기가 될 것이며, 군에 대한 국민의 신뢰를 회복시킬 것이다. 한국이 주도하는 신연합방위체제로의 전환을 통해 군의 사기와 자긍심을 제고시키고, 국민에게도 이제 자주국방을 이룩한 나라가 되었다는 데서 오는 자존감을 드높이는 계기가 될 것이다. 또한 싸워 이기는 군대로 전환하여 군 본연의 임무에 충실함으로써 국민의 신뢰를 받는 군대로 거듭날 것이다.

다섯째, 전작권 행사는 전·평시 통일전략을 추진하는 데 필수적이다. 전작권 전환이 이루어질 때 제대로 된 평화창출 기능을 수행할 수 있다. 또한 한반도 유사시 미군이 군사작전을 주도하는 한, 중국이 개입하여 지역분쟁으로 비화될 가능성을 배제할 수 없다. 한국이 군사작전을 주도할 때 중국의 개입 명분을 차단하여 통일의 성업을 달성할 수 있다.

여섯째, 전작권의 전환은 탈냉전 이후 한미동맹이 추구해 왔던 한국 방위의 한국화가 이루어진다는 역사적 의미가 있다. 1970년대부터 줄기차게 주창해

---

5   정경영, 「북한 핵·미사일 위협에 대한 무력화 전략」, 《한국군사》, 제1권 제1호(창간호, 2017), 92쪽.

온 자주국방과 탈냉전 직후 동맹국 미국의 동아시아전략구상(EASI)과 넌-워너 계획에 따라 추진된 한국 방위의 한국화가 전작권 전환을 통해서 완성된다는 것을 뜻한다.

일곱째, 북한군은 전작권 전환을 행사하는 한국군을 두려워할 것이다. 북한 도발 시 비례성의 원칙이 적용되는 정전 시 교전규칙과 위기 고조 시 방어 태세인 데프콘이 격상되면 합참의장에서 한미연합사령관으로 한국군에 대한 작전통제권이 전환되는 위기관리체제에 따라, 실제 북한의 도발이 일어났을 때 미군과 협의할 수밖에 없고 실기하여 제대로 된 응징보복을 할 수 없었다.[6] 북한은 그동안 한미지휘체제의 취약성을 간파하여 끊임없이 도발과 테러를 자행해 왔다.[7] 그러나 전작권이 전환되면 우리 군으로 전·평시 지휘체제가 일원화되어 북한군은 응징보복할 수 있는 권한을 행사하는 한국군을 의식할 수밖에 없고, 도발 시 한국군이 즉각적으로 대응해 올 것이 분명하기 때문에 감히 도전하지 못할 것이다. 우리 군은 북한이 무력 도발을 한다 하더라도 즉각적이고 과감하게 도발원점은 물론 지휘 및 지원세력까지 응징보복으로 맞설 것이다.

여덟째, 전작권 전환으로 대한민국 정부는 한미동맹에 힘입어 경제성장과 정치발전에 이어 자립안보까지 이루어낸 동맹의 모델로 평가·칭송받게 될 것이다. 미국과 동맹을 맺으면 시장경제와 산업화를 통해 부유한 나라가 되고,

---

6   로버트 게이츠(Robert M. Gates) 미 국방부 장관은 회고록에서, 2010년 11월 23일 연평도 포격 도발 시 과도하게(disproportionally) 전투기와 포병으로 응징하려는 한국에 대해 "버락 오바마(Barack Obama) 대통령, 힐러리 클린턴(Hillary R. Clinton) 국무장관, 본인, 마이클 멀린(Michael G. Mullen) 합참의장까지 수일에 걸쳐서 비례성의 원칙에 의거하여 포로만 대응을 하고 일체 전투기로 보복·폭격하지 못하도록 한국의 카운터파트들에게 전화를 했다"라고 증언하고 있다[Robert M. Gates, *Duty: Memoirs of a Secretary at War* (New York: Alfred A. Knopp, 2014), p.497]. 전쟁으로 비화되는 데 대한 우려 때문이라고 하나 백주에 대한민국 영토를 유린한 북한군에 대해 단호하면서도 과감한 응징을 했어야 했다.

7   1953년 휴전 이후 2018년 말 현재까지 북한은 총 3119차례 대남 침투 도발(침투 2002회, 국지 도발 1117회)을 했다[대한민국 국방부, 『2018 국방백서』(서울: 국방부, 2018), 267~268쪽].

자유민주주의와 인권, 법치주의에 의해 민주화를 이루어낼 수 있으며, 자주국방을 통해 안보의 자립까지 완성함으로써 동맹의 전략적 목적을 구현하게 된다는 차원에서 동맹의 모델이 된다는 의미가 있다.

아홉째, 전작권 전환은 외교의 자율성을 행사함으로써 국제무대에서 지평을 확장시킬 수 있는 계기를 마련할 것이다. 진화된 굳건한 한미동맹과 작전통제권을 회복하여, 자존감을 바탕으로 중국과 러시아 등 국가들과도 외교의 지평을 넓혀 미중 간, 중일 간 협력의 가교 역할과 동북아 역내 국가 간 다자안보협력에서 견인차 역할을 수행하면서 동북아 안보레짐을 제도화하는 데에도 기여할 수 있다.

마지막으로 전작권 전환은 한반도의 작전 지역과 군사전략에 부합하는 교리를 발전시키고, 무기를 개발하여 싸워 이기는 군대를 육성함은 물론, 방위산업을 진흥시켜 수많은 일자리를 만들고 방산 수출에 활력을 더해 국익 증진에도 기여할 것이다.[8]

이렇듯 대한민국은 전작권을 전환받아 자국을 주도적으로 지키는 정상적인 국가로 보다 우뚝 서게 될 것이다.

2. 전작권 전환 추진전략과 단계적 전작권 전환

전작권 전환 추진전략

전작권 전환을 추진하는 데 있어서 방향타 역할을 하는 전략기조가 요구된다. 첫째, 나라를 지키는 국가안보의 기본 틀이 바뀌는 전작권 전환은 범정부,

---

8   정경영, 「전작권 조기전환: 핵심쟁점과 해결방향」(김진표·김종대 의원실 공동주최 전작권 전환 세미나, 2017.9.5).

범국민, 전군 차원에서 추진한다. 전작권 전환은 국민, 정부, 군이 삼위일체[9]가 되어 함께 준비해야 할 국가적 과제이다.

둘째, 전작권 전환에 대한 공감대 확산을 위한 전략적 소통(SC: Strategic Communication)을 활성화해야 한다. 왜 전작권을 전환해야 하는가에 대한 필요성과 당위성, 절박성에 대해 국회의원, 정부 유관부서, 언론, 재향군인회와 성우회, 안보전문가는 물론 미국의 국방부를 포함한 유관부서와 미 의회, 그리고 미국 내 한반도 전문가의 공감과 지지가 필요하다.

셋째, 동맹의 정신을 존중하면서 전작권 전환을 추진한다. 혈맹으로 맺어진 동맹, 가치동맹의 정신을 존중하면서 전작권 전환은 동맹의 훼손이 아닌 동맹의 진화임을 인식한다. 마지막으로 조건에 기초한 전작권 전환 추진과 함께 잠정 목표 연도를 설정하여 전작권 전환을 추진한다. 목표 연도 없이 전작권 전환을 추진할 때 추동력이 상실될 가능성이 있기 때문이다.

전작권 전환 분야별 추진 로드맵

전작권 전환을 추진하기 위해서는 **표 3-1**에서 보는 바와 같이 국민, 정부, 군 차원에서 로드맵에 의거하여 체계적이고 총체적으로 준비해야 한다. 또한 전작권 전환의 3대 조건인 ① 한국군이 연합방위를 주도할 수 있는 핵심군사능력 확보, ② 북한의 핵미사일 위협에 대응할 수 있는 필수 능력 구비, ③ 한반도 및 지역안보 환경 개선 등을 충족시켜 나가야 한다.

---

9   클라우제비츠는 전쟁에서 승리하기 위해서 국민의 전쟁에 대한 열정, 정부의 정치적 의지, 군의 용기와 지략 등 국민·정부·군의 삼위일체론(Trinity)을 강조하고 있다[Carl von Clausewitz, *On War*, Michael Howard and Peter Paret, eds. and trans.(New Jersey: Princeton University Press, 1984), p.89].

[표 3-1] 전시작전통제권 전환 추진전략 로드맵

구분	추진 분야	내용	문재인 정부	
			전반기	후반기
국민 차원	국민의 자주국방 캠페인 전개	압도적 우위의 국력을 바탕으로 자유민주주의와 조국 강토를 우리가 지킨다는 캠페인 전개	——————	——————
정부 차원	NSC 기능 강화 및 국가급 차원 전쟁지도체제 확립	NSC 기능 강화	——————	——————
		국가안보실에 핵대응 TF	——————	——————
		전쟁지도체제 확립	——————	——————
	국방비 증액	현 GDP 대비 2.4%에서 매년 0.1%씩 집권기간 내 2.9% 증액	——————	——————
	한반도 안보 환경 개선	북한의 실질적 비핵화 진전	——————	——————
		교류협력을 통한 남북 관계 개선	——————	——————
		남북군사합의·운용적 군비통제	——————	——————
	동북아 안보 환경 개선	대미·중 중첩외교, 한·미·일 군사공조, 한·미·중 전략대화	——————	——————
		동북아 안보협력 아키텍처 제도화	——————	——————
		지역 신속대응군 창설 추진	——————	——————
군 차원	북핵미사일 위협 대응	전략적 타격체계 조기 구축	——————	——————
		전략사령부 창설 추진	——————	——————
	전쟁수행 능력 제고	군사전략·작전기획·작계 발전, 전략정보·전쟁지휘 능력 제고	——————	——————
	상부 지휘구조 개편	각 군 참모총장, 합참의장 지휘체계로 일원화하는 상부 지휘구조 개편		——————
	통수권자 주관 전작권 전환 추진회의	국방·외교·행정안전·기획재정부 장관, 국회 국방위·외교통일위원장, 합참의장, 각 군 총장, 재향군인회·성우회장, 안보전문가 등 참석하에 반기별 회의, 전작권 전환 분야별 추진실태 점검		○○○○.1.1. —————— 전작권 전환

자료: 정경영, 『통일한국을 향한 안보의 도전과 결기』(서울: 지성과감성, 2017), 99쪽과 정경영, 「전작권 조기전환: 핵심쟁점과 해결방향」(김진표·김종대 의원실 공동주최 전작권 전환 세미나, 2017.9.5)을 참고로 작성했다.

국민 차원

전작권 전환을 조기에 추진하기 위해서는 국민적 지지와 공감대가 필수적이다. 무엇보다 우리나라는 우리가 지킨다는 자주국방 의식이 국가안보의 최대 힘이다.

한국군이 주도한 작전을 통해 우리 군의 위용을 발휘한 2007 UFG연습 2부 시 연합사 부사령관의 연합사령관 임무 수행,[10] 아덴만 여명작전[11]과 8·20완전작전[12] 사례를 보더라도 충분히 적과 싸워 승리할 수 있다.

자주국방 의식은 북한과 대비할 때 압도적 우위의 국력을 바탕으로 대한민국이 군사 분야에서도 우위를 달성할 수 있는 원천이 된다. 세계 12위의 경제력, BTS 등 K-pop, 드라마, 영화, 골프 등 문화·스포츠는 세계 정상급이다. 이러한 막강한 국력과 그 도전정신을 바탕으로 군사안보 분야에서 전략과 의지가 있다면 북한을 압도하지 못할 이유가 없다.

정부 차원

국가안보회의 기능 강화 및 국가급 차원 전쟁지도체제 확립

국가안보회의(NSC: National Security Council) 기능을 대폭 강화해야 한다. 이

---

10   버웰 벨(Burwell B. Bell) 연합사령관이 2007 UFG연습 2부 시 부사령관에게 한미연합사를 지휘할 수 있는 권한을 위임하여 연습을 실시한 결과 미군사령관 못지않은 역량을 발휘한 것으로 평가되었다(김병관 전 연합사 부사령관과의 인터뷰, "UFG연습 시 연합사령관 역할 대행 소회", 2007년 10월 7일).

11   2011년 1월 21일 아덴만 여명작전은 그동안 동맹에 의해서 쌓아 올린 한미 간의 긴밀한 협력에 의해 승전보를 올린 자랑스러운 작전이 아닐 수 없다. 컨트롤타워로서의 합참의 지휘 및 통제, 연합사를 통한 미5함대와의 정보유통체제 구축, 이를 연동시키는 최첨단 C4I시스템, 그리고 고강도 훈련을 해온 작전지휘관과 전사들의 투혼이 어우러진 기념비적인 작전이었다(이성호 전 합참 군사지원본부장과의 인터뷰, "아덴만 여명작전", 2018년 6월 26일).

12   2015년 8월 4일 목함지뢰 사건으로 2명의 우리 병사가 중상을 당하고, 이에 우리 군은 확성기 방송을 재개했으며, 8월 20일 중서부전선에서 북한군이 2발의 기습포격 도발을 감행하자 사거리연장탄 29발로 과감히 응징포격했다. 남북 고위급회담을 통해 북한의 유감과 준전시상태 해제, 이산가족 상봉 등의 합의를 이끌어낸 계기가 되었다(박종진 중서부전선 군단장/전 제1야전군사령관과의 인터뷰, "8·20완전작전", 2015년 9월 6일).

를 위해서는 국가 안위와 국민 안전에 심대한 위기가 발생할 때 즉각적으로 실시하는 회의는 대통령이 직접 주관하고, 국내외 안보 정세에 대한 지속적 평가와 대응을 위해 대통령이 주관하는 국가안전보장회의를 격월제로, 국가안보실장이 주관하는 상임위원회회의를 매월 정례화하고, 사안별로 유관부서 장관과 전문가를 참석시켜 국가 안전보장에 관련되는 대외정책과 군사정책을 내실 있게 추진할 수 있도록 해야 한다.[13]

또한 싸워 이길 수 있는 전쟁지도체제를 구축하는 것이다. "평화를 원하거든 전쟁에 대비하라"라는 로마의 로베티우스(Publius Flavius Vegetius Renatus) 장군의 메시지는 전쟁할 수 있는 태세가 되어 있을 때 감히 적이 침략을 감행할 수 없다는 역설이다. 전쟁을 할 수 없는 국가라고 판단할 때 외부의 적은 무력으로 점령할 수 있다는 유혹을 갖게 되기 때문이다.

전쟁지도란 평화 시 전쟁을 억제하고 유사시 승리하기 위해 통수권을 행사하는 것으로 국가전략과 군사전략을 통합·조정·통제하여 국가 총역량을 조직화하는 지도 역량과 기술을 지칭한다.[14] 국가통수기구는 대통령이 주관하며, 국방부 장관의 보좌를 받아 평시에는 합참의장에게, 전시에는 한미 안보협의회의와 군사위원회를 통해서 전작권 전환 시 미래연합군사령관에게 전략지시와 작전지침을 하달하여 군사작전을 지도한다. 또한 민간방위 책임기구로서 국무총리를 중심으로 행정안전부 등 국가행정기관을 통합하여 전시 국민을 통제한다. 산업동원책임기구는 경제부총리를 중심으로 경제 관련 부처를 총괄하여 전쟁에 대한 경제적 지원을 한다.

전쟁 수행 시기별로 개전기, 전쟁 수행기, 전쟁 종결기로 분류하여 살펴보면 먼저 개전기 전쟁지도기구를 설치·운용하고 전쟁 목적 및 목표를 설정하며 국

---

13   정경영 외, 「새 정부의 국가 안보 컨트롤타워 설계 제안」(민주연구원 정책연구보고서, 2017).

14   하정열, 「대통령의 전쟁지도 개념 검토」(한국전략문제연구소 정책연구보고서, 2010).

민의 지지를 확득한다. 전쟁 자원을 확보하며 군사 목표를 선정하고 미 증원전력을 협조하며 국제 지원과 지지를 이끌어낸다. 전쟁 수행기에는 적의 전략 및 작전적 중심을 무력화하고, 제3국 개입을 차단하며, 국경선을 확보한다. 전쟁 종결기에는 종전 방법과 종전 시기를 결정하고 전후 처리, 자유민주통일정부를 완성하는 것을 목표로 전쟁을 지도한다.[15]

국방비 GDP 대비 2.9% 증액

북핵미사일 위협이 고도화되고 주변국의 불특정 위협에 대처하며, 미국의 대외 국방정책 및 군사력 운용 변화에 대비하기 위해서는 독자적인 방위역량을 구축하는 것이 긴요하다. 정권을 초월한 안정적인 국방비 보장이 필수적이다. 국방비는 국가의 생사존망(生死存亡)을 가름하는 절대적 개념으로 국민 전체를 수혜자로 하는 공공재임을 인식해야 한다. 자주국방 및 방위역량 확충을 위한 국방 개혁은 선택이 아닌 필수이다.[16]

미국이 GDP 대비 국방비가 3.3%, 한국은 북한이라는 증대된 실존 위협이 존재함에도 불구하고 평균치에도 못 미치는 2.5%이다. 문재인 정부는 매년 GDP 대비 국방비를 0.1% 증액하여 임기 말 2.9%로 증액하겠다는 것이다.[17]

한국 방위의 한국화 소요로서 대미 의존 전력의 단계적 대체 소요를 판단하여 중장기 정책 소요에 따라 국방비를 효율적으로 운용해야 한다. 국제정치 무대에는 영원한 동맹이 있을 수 없음에 유의하여 필요하면 언제든지 홀로 설 수

---

15 Chung Kyung-young, "South Korea's Operational Control during the Korean War and After: Strategy for the Transition of Wartime Operational Control," *The Journal of Social Sciences and Humanities*, Vol. 2, No. 2(2019), pp. 6~15.

16 전제국, 「국방비 소요 전망과 확보 대책」, 정춘일 외, 『새 정부의 국방정책 방향』(서울: 한국전략문제연구소, 2017), 138쪽.

17 문재인 정부는 7.6% 국방비 증액(2019년 국방비는 46조 7000억 원으로 전년 대비 8.2%, 2017년 7.2%)을 했다. 또한 2020년도 국방 예산을 2019년 대비 7.4% 증가한 50조 1527억 원으로 편성했다. 한편, 이명박 정부는 5.5%, 박근혜 정부는 4.2%의 국방비 증액을 했다.

있는 자주적 방위 역량을 구축하는 것이 절실하다. 미국에 의존하는 전력을 단계적으로 대체하여 미군과 연합 없이도 전쟁을 독자적으로 수행할 수 있는 자립형 군대를 육성해야 한다.[18]

안보 환경 개선

한반도 안보 환경 개선

전작권 전환의 마지막 조건인 한반도 안보 환경을 개선하기 위해서는 비핵화(남·북·미·중), 군비통제(남북), 평화협정(남·북·미·중) 등 4·2·4전략이 요구된다. 먼저 북한의 핵 활동을 중단시키고 완전한 핵 폐기를 추진하며, 제재와 대화 등 모든 수단을 활용하여 북한의 비핵화를 견인한다. 그리고 북한의 비핵화와 더불어 남북 간 우발적 충돌 방지, 군사적 긴장 완화, 군비통제를 추진한다. 마지막으로 북핵 문제 완전 해결 단계에서 한반도 평화협정을 체결한다.[19]

구체적으로 살펴보면 먼저 남·북·미·중 4국 정상이 얼굴을 맞대고 치열하게 협상하여 북핵 폐기를 이끌어내야 한다. 북한 비핵화를 위해 1단계 초기 일괄 타결 단계에서는 2020년 전반기까지 핵미사일과 관련한 모든 활동을 동결시키고 영변 핵시설, 동창리 발사대, 대륙간탄도미사일의 핵심 위협 핵리스트를 신고·사찰한다. 한미는 상응 조치로 종전 선언, 연합훈련 축소 및 연기와 금강산 관광 재개 등 제재를 완화하고, 미북 간에 상호 연락사무소를 개소한다.

2단계는 핵심 위협 우선 제거 단계로, 2021년 후반기까지 위협의 핵심에 있는 영변 핵시설, 동창리 미사일 시험장 및 발사대와 장거리 투발 수단인 ICBM과 핵무기 일부를 폐기하고, 모든 핵시설의 리스트를 접수하여 검증과 불능화

---

18 전제국, 「국방비 소요 전망과 확보 대책」, 정춘일 외, 『새 정부의 국방정책 방향』(서울: 한국전략문제연구소, 2017), 138쪽.

19 정경영, 「평화체제와 동맹의 미래」(한국국제정치학회 하계 학술회의, 2019.7.4).

까지 완료한다. 이에 한미는 개성공단 협력사업 재개 등 민생 관련 제한적 제재를 해제하며, 테러지원국 및 적성국교역법을 해제한다. 남·북·미·중은 평화협상을 추진한다.

마지막 완전 폐기 단계에서는 모든 핵 및 중장거리미사일은 물론 생화학무기 등 한반도의 안보 및 주변국에 위협이 되는 대량살상무기와 투발 수단을 완전히 폐기하며, 핵물질 제거와 핵시설 철거를 완료하고 핵종사자를 민간 업종으로 전환하고, 관련 데이터를 반출할 때 제재를 완전히 해제하며, 국제금융기구에 가입토록 지원한다. 또한 북미·북일 국교 수립을 한다.

남북 양자가 추진하는 군비통제는 비핵화 진전 및 남북화해협력, 남북연합, 통일국가의 형성을 단계별로 상정한 민족공동체 통일방안과 병행하여, 각 단계별로 군비통제 목표를 군사적 신뢰 구축, 운용적 군비통제, 구조적 군비통제로 이어지는 3단계를 설정하여 점진적·단계적으로 추진한다.

마지막 남·북·미·중 4자가 참여하는 평화협정은 북핵의 진전과 함께 평화협상을 개시하여 핵 폐기가 이루어질 때 한반도 평화협정을 체결하고 당사국은 국회, 최고인민회의의 비준을 받고 평화협정을 유엔 안보리에 기탁함으로써 국제법적 효력을 발휘할 수 있도록 한다.

동북아 안보 환경 개선

동북아 안보 환경 개선을 위한 소다자주의(Mini-Multilateralism) 외교를 활성화할 필요가 있다. 북핵미사일 위협에 대해 한·미·일 군사공조를 강화시켜 나가고, 북한 관리를 위한 한·미·중 전략대화를 추진하는 것이다. 또한 지역 내 국가 간 안보협력을 통한 신뢰 구축을 위해 동북아 안보협력기구를 제도화한다. 2011년 서울에 설립한 한중일 3국 협력사무국을 모체로 지역안보협의체 설립을 주도할 수 있을 것이다.[20]

---

20   Chung Kyung-young, "Building a Military Security Cooperation Regime in Northeast Asia:

아울러 초국가적 위협에 공동 대처하기 위한 신속대응체제를 구축할 필요가 있다. 역내 국가는 남·북·미·일·중·러 등 6자회담의 국가와 몽골을 포함시킨다. 팬데믹, 테러, 자연재해, 원자력 방사능 누출 등에 즉각 대처할 수 있도록 군, 경찰, NGO로 구성된 동북아신속대응군(RRF: Rapid Response Forces)을 창설하여 우발사태 시 전개하여 인명과 재산의 피해를 최소화시킨다. 이를 위해서 각국은 신속대응군을 지정하고, 동두천 캠프 케이시에 동북아 대테러·재난구조·PKO 훈련사령부를 창설하여, 조기경보시스템을 구축하고 시뮬레이션 연습 등을 통해 우발사태에 대처한다. 미2사단의 주력부대가 평택으로 이전하고 제210화력여단만 잔류한 캠프 케이시의 기존 훈련장과 시뮬레이션 센터, 숙영 및 복지시설을 활용할 수 있을 것이다. 지정학적으로 중심에 있는 한국이 이를 주도할 수 있을 것이다.

군 차원

전략타격체계 조기 구축과 전략사령부 창설

북한의 핵미사일 위협에 대처할 수 있도록 정찰 및 종심타격 전력 확보 등 전략타격체계와 중거리지대공미사일(M-SAM: Medium Surface-to-Air Missile) 및 장거리지대공미사일(L-SAM: Long Surface-to-Air Missile) 등 한국형 미사일 방어체계를 조기에 구축하고 북핵미사일 위협에 대한 대응전략을 수립하고 대응작전지휘를 할 전략사령부를 창설할 필요가 있다.

2017년 11월 29일 03시 17분 북한이 화성 15호를 발사한 6분 후에, 한국군은 해성-II(함대지) 미사일, 현무-II(지대지) 미사일, SPICE-2000(공대지) 미사일을 각

Feasibility and Design"(PhD Dissertation, The University of Maryland, 2005); Chung Kyung-young, "Northeast Asian Security Cooperation: Current Status and Future Prospects," in Tae-hwan Kwak and Seung-ho Joo, eds., *North Korea and Security Cooperation in Northeast Asia* (London: Ashgate, 2014), pp.31~54.

각 1발씩 동시에 발사하여 동해상의 목표 지점에 탄착한 지해공 합동정밀타격 훈련을 실시했다. 이는 북한의 핵미사일 공격 징후 포착 시 진지를 무력화시킬 수 있는 전략타격 능력을 보유한 것으로 평가된다. 한미 정상 간 합의한 F-35A 전투기, AH-64 아파치 대형 공격헬기, 글로벌호크 고고도 무인정찰기, 이지스 전투체계 등 첨단 전력의 획득은 물론 기술을 확보·개발해야 할 것이다.

북핵미사일 위협 대응전략을 수립하고 북핵미사일 위협과 전쟁지도부를 제거하는 지휘통제사령부로서 전략사령부 창설을 추진할 필요가 있다. 전략사령부는 특임여단, 특수작전 항공단, 육군미사일사령부, 사이버 전자전부대로 구성하고, 정책과 전략, 정보를 융합하는 컨트롤타워 조직을 편성한다.

군사전략, 전쟁지휘 능력, 작전기획 및 전략정보 판단 능력 제고

우리 군이 주도하고 미군이 지원하는 군사작전을 수행할 때 보강해야 할 분야 중 하나는 평상시의 위기관리와 유사시 전쟁수행 능력을 구비하는 것이다. 무엇보다 전략 개발이 요구된다. 북한의 핵미사일을 활용한 전쟁 도발을 포기시키는 억제전략은 맞춤형 억제전략(TDS: Tailored Deterrence Strategy)[21]으로 전략폭격기(B-52, B-1B, B-2), 핵미사일탑재 전략핵잠수함(SSBN, Nuclear-powered Ballistic Missile Submarine), 대륙간탄도미사일(ICBM, Intercontinental Ballistic Missile) 등 소위 핵무기 3각 체계(Nuclear Triad)의 실전적 실효성을 확실하게 보장하고, 한국 자체의 첨단 비핵 네트워크중심전 전력에 의한 선제적 맞춤형 억제를 발전시키며, 양자를 연계시키는 한미연합 억제체제를 확고하게 구축·운용할 수 있도록 해야 한다.[22] 조기에 제공권과 제해권을 장악하면서 적의 전쟁지도본부 등 전략적 중심을 무력화시키고 제3국의 개입을 차단하면서 고속기동

---

21 맞춤형 확장억제전략은 4D(탐지, 교란, 파괴, 방어: Detect, Disrupt, Destroy, and Defend) 작전 개념에 의해 시행된다.

22 권태영, 「북한 핵위협 억제전략 발전방향」, 정춘일 외, 『새 정부의 국방정책 방향』(서울: 한국전략문제연구소, 2017), 53~63쪽.

전으로 핵심 요충지역을 공정·상륙작전 등을 통해 장악하여 조기에 국경선을 확보하고 전쟁을 종결하는 전략을 발전시켜야 한다.

또한 우리 군 간부의 합동 및 연합작전지휘 능력이 필요하다. 육해공군의 능력과 한계는 물론 연합전력의 강점과 제한사항 등에 정통해야 하며, 고도의 전략과 작전술을 겸비한 전장지휘 능력을 배양해야 한다. 종심작전과 장차작전을 예측하면서 근접작전과 현행작전에서 전장을 주도하는 작전기획능력은 물론 작전·전술 정보 못지않게 전략정보 판단 능력을 제고해야 한다. 이러한 군사전략과 전쟁지휘, 작전기획과 정보 판단 등 전쟁수행 능력을 함양하는 것이 전쟁을 주도하여 승리하는 데 무엇보다 요구된다.

상부 지휘구조 개편

한편, 전쟁을 수행할 수 있는 상부 지휘구조를 개편하는 것이 시급하다. 2019년 1월 1일부로 창설된 지작사의 상급 지휘관은 셋이다. 평시작전을 지휘통제하는 합참의장, 교육훈련 및 인사권한을 행사하는 육군총장, 전시작전 통제의 상급지휘관인 한미연합사령관 등으로 이는 싸워 이길 수 있는 군 조직이 아니다. 이원화된 군정·군령을 일원화시켜 합참의장의 지휘계선에서 벗어나 있는 각 군 참모총장을 합참의장 지휘체제로 일원화해야 한다. 상부 지휘구조 개편을 위한 기본 방향은 합참의장에게 합동군사령관 기능을 부여하고, 각 군 참모총장을 작전지휘계선에 포함시켜야 한다. 그래야 작전, 훈련, 인사를 통합하는 생명력 있는 군으로 거듭날 수 있다.

각 군 본부는 작전본부와 작전지원본부로 개편하고, 그중에서 지상작전사령부와 해군작전사령부·공군작전사령부를 육해공군의 작전본부로 성격을 변화시키고 인사사령부·군수사령부·교육사령부를 아우르는 작전지원본부를 둔다는 307안[23] 등을 논의하여 발전시키고 시행해야 할 것이다.

---

23 김국헌, "'국방개혁 307계획'·'軍 지휘구조 개편', 이것이 핵심이다", ≪월간 조선≫, 2011년

전략적 소통과 단계적 전작권 전환

조기에 전작권 전환을 추진하기 위해서는 한미 정부 차원, 국방 당국, 군사 당국 차원에서 조직적이고 단계적으로 전작권을 추진해야 한다. 정부 차원에서는 국가안보실이 미 NSC와 전환 시기를 협의·확정하고, 한미 국방 당국 차원에서 국방정책실장 및 외교부 북미국장과 미국의 카운터파트가 참여하는 한미국방통합협의체(KIDD: Korea Integrated Defense Dialogue)를 통해 양국 정부 지침에 따라 한미 국방 당국 간 추진 방향을 협의한다. 한미 군사 당국 차원에서 합참 전략기획본부는 주한미군 기획참모부와 합참–주한미군사 간 전작권 전환계획을 발전시킨다.

동시에 전작권 전환에 대한 공감대 형성을 확대하기 위한 전략적 소통은 군 내외를 포함하여 미국까지 전개한다. 합참은 각 군 및 작전사, 군 교육기관을 대상으로, 국방부는 역대 국방부 장관·합참의장·외교부 장관, 재향군인회 및 성우회, 각 군 사관학교 동창회, 국회, 언론, 안보전문가 등을 대상으로 실시한다.

대미 SC는 외교부와 국방부가 미국과 네트워크를 갖고 있는 전직 고위인사와 안보전문가 등을 활용하여 역대 주한미군사령관 및 주한미대사, 미 의회 군사 및 외교위원장, 한반도 안보전문가들과 워크숍은 물론 의회조사국(CRS: Congress Research Service), 브루킹스연구소, 전략국제문제연구소(CSIS: Center for Strategic and International Studies), 외교협회(CFR: Council for Foreign Relations)와 한미 친선 NGO인 한미우호협회, 주한미군근무전우회, 한미안보연구회, 한미동맹재단 등이 주관하는 공개 세미나를 추진한다.[24]

전작권 전환은 3단계 검증을 거쳐 조건이 충족되었을 때 한미 양국 국방장관

7월 호, 75~114쪽.

24 전 연합사령관과 주한미국대사, 한반도 전문가들과의 인터뷰, "한미동맹과 한반도 평화체제", 방미 기간: 2016년 12월 12~14일/2017년 6월 13~17일/2018년 12월 2~6일/2019년 10월 14~19일.

[표 3-2] 단계적 전작권 전환 및 공감대 확산을 위한 전략적 소통 로드맵

구분		추진 분야	문재인 정부						비고
			2017.5	2018	2019	2020	2021	2022.5	
협의 전략	한미 정부 차원	잠정 전환 시기 확정	-						국가안보실-NSC
	한미 국방 당국	양국 정부 지침에 따라 한미 국방 당국 간 추진 방향 합의	-	-					국방정책실·외교부 북미국 및 미국 카운터파트 간 한미국방통합협의체(KIDD)
	한미 군사 당국	합참-주한미군사 간 전환계획 발전		-	-	-			합참전략기획본부-주한미군사기획참모부
공감대 형성	군 내 및 예비역	군 내는 합참이, 예비역은 국방부가 추진			-	-	-		합참: 각군본부, 작전사, 군 교육기관 국방부: 재향군인회 및 성우회, 사관학교 동창회
	국회 및 국민	국회의원 및 민간 싱크탱크 주관 세미나, 언론 대상 SC	-	-	-	-	-		국방위 의원 주관 세미나, 방송매체 참여 시사토론
	미국	의회, 역대 연합사령관·주한미국대사, 안보전문가, 서울 주재 외신 기자				-	-		외교·국방 인적 네트워크 및 안보전문가 활용
검증·전환	연습 시 검증	미래연합사 지휘구조/작계 검증		-	IOC	FOC	FMC		미래연합사령관/합참의장
	연합사 평택 이전	용산기지에서 캠프 험프리스로 이전					-		한미 국방부 장관 연합사 전방지휘소 운용
	전환 건의 승인	SCM 한미 대통령에게 건의, 전작권 전환						-	전략지시 한미 대통령

자료: 청와대, "굳건한 한미동맹 기반 위에 전작권 조기 전환"(국정과제), http://www1.president.go.kr/government-projects (검색일: 2017.10.17); 하정열·정경영·권영근·박창희·이성희, 「전작권 조기 전환, 어떻게 추진할 것인가」(민주연구원 정책연구보고서, 2018), 12~13쪽; 정경영, 「전작권 전환을 현 정부 임기 내 안정적으로 완료하는 방안」(국방부 국방정책실 국방정책포럼, 2017).

이 한미 대통령에게 건의하여 이루어진다. 1단계 2019-2 연합지휘소훈련(CCPT: Combined Command Post Training) 시 기본운용능력(IOC: Initial Operational Capability)을 평가했고, 2020년에는 2단계 완전운용능력(FOC: Full Operational Capability)을 2020-2CCPT 기간 평가할 예정이며 이후 3단계 완전임무능력(FMC:

Full Mission Capability)을 평가하여 SCM에 보고할 예정이다. 전작권 전환 시행 이전 연합사를 용산기지에서 평택으로 이전한다. 이때 연합사 전방지휘소를 합참 인근에 설치·운용한다. 양국 국방장관의 건의를 받은 한미 대통령은 전시작전통제권을 전환한다. 전작권 전환 후에도 '한미동맹과 주한 미군에 어떤 영향도 없다'는 공동성명을 발표한다.

3. 전작권 전환 이후의 모습

국민·정부·군의 자주국방 실현

전작권이 전환되는 순간, 주권국가로서 자주국방을 이루게 된다. 한국 주도의 연합방위체제로 전환하게 되고, 제 나라 군대다운 군대를 보유하게 되어 대한민국이 정상 국가로서 우뚝 서게 되는 역사적인 계기가 될 것이다. 국민도 이제 우리 스스로 이 나라를 지키게 되었다는 인식이 확산될 것이다.

우리 군은 주도적인 역할[25]을 함에 따라 주인의식을 갖고 주권을 지키고 영토와 국민의 생명을 수호하는 군의 본분을 다할 것이다. 어떠한 안보 도전에 대해서 주도적으로 책임의식을 갖고 대처할 수 있게 될 것이다. 평화를 지키는 것뿐만 아니라 평화창출을 통해서 한반도 평화체제 구축을 위해 역할을 다할 것이고, 유사시 전쟁에 승리하여 자유민주 통일을 성취하는 데 결정적으로 기

---

25 서울에서 평양을 목적지로 차를 타고 갈 때, 조수석에 있을 때는 안전하게 운전할 수 있도록 도와주기도 하나 크게 신경 쓰지 않고 졸기도 할 수 있을 것이나 일단 운전석으로 자리를 옮겨 타면 상황은 전혀 달라진다. 멀리 보면서 파인 곳은 없는지, 갑작스럽게 차를 세워 흉기로 위협하는 상황은 일어나지 않는지 등 돌발사태에 대처하기 위해 긴장하면서 승객이 안전하게 목적지에 이를 수 있도록 운전해야 한다. 전작권 전환은 우리 군이 운전석으로 자리를 옮겨 국민을 안전하게 지키고 유사시 국경선 회복이라는 임무가 떨어지면 모든 지략과 결기를 발휘하여 통일의 성업을 완수할 수 있어야 하는 것이다.

여할 것이다.[26]

한국 주도의 미래연합사 출범

기존의 한미안보 협의체는 변함이 없다. 양국 국방장관으로 구성된 안보협의회의와 양국 합참의장, 미 인도·태평양사령관, 미래연합사령관, 한국 합참 전략기획본부장으로 편성된 군사위원회회의에서 미래연합사에 전략지시 및 작전지침을 하달하는 데는 종전과 동일하다.

한국군 대장이 사령관, 미군 대장이 부사령관으로 미래연합사령부가 출범하게 될 것이다. 참모 조직으로 참모장은 미군, 부참모장은 한국군, 한반도 지상 작전의 중요성을 고려하여 작전참모부장은 한국군 장성이, 기획참모부장은 증원전력 전개, 장차계획과 종심작전계획 발전을 위해 유관부서와의 협조를 고려할 때 미군 장성이, 정보참모부장은 한국군 장성이 맡는 편성 안을 검토할 수 있다. 또한 지상구성군사령관은 지상작전사령관이 수행하고, 미 증원 항공전력 등을 고려하여 공군구성군사령관은 미7공군사령관이, 해군구성군사령관은 항공모함을 포함한 전개전력 등을 고려하여 미7함대사령관이, 연합특수전사령관은 한국 특전사령관이, 연합해병대사령관은 미해병기동군사령관이 수행하는 안을 제시할 수 있을 것이다.

전·평시 합참과 원활한 지휘체제를 구축하기 위해 합참에 미래연합사 전방 지휘소를 운용하여 사령관과 부사령관은 물론 참모들도 2교대 근무하여 통합된 임무 수행이 가능하도록 해야 할 것이다.

---

26   정경영,「전작권 전환 이후 모습과 유엔사와의 관계」(김병기 의원실 주최 전작권 전환 세미나, 2018.5.2).

새롭게 거듭나는 유엔사

전작권 전환과 평화협정 문제가 대두되면서 미국 측에서 유엔사를 재활성화 (Revitalization)하고 있다. 유엔사의 정전 시, 전시 및 급변사태 시 기능과 미래 연합군사령부와의 지휘 관계를 정립할 필요가 있다.[27]

먼저 정전 관리 임무를 수행하는 유엔사가 사태 발생으로 병력을 요청하면 미래연합사령부는 이에 부응한다. 북한의 국지 도발 시 2013년 3월 22일 정승 조 합참의장과 제임스 서먼(James D. Thurman) 유엔군사령관이 서명한 한미 국 지도발 공동대비계획에 의거하여 대응한다.[28] 북한군의 국지 도발 시 한국군은 즉각적이고 과감하게 응징한다. 유엔사는 연합전력을 전개하여 확전을 방지하 도록 한다. JSA경비작전 임무 수행과 한국군 지원부대와 협조된 작전 수행을 위해서 한국군 장교를 지휘관, 미군 장교를 부지휘관으로 하는 JSA경비대대장 의 지휘구조를 조정한다.

전시 미래연합사와 유엔사의 지휘 관계는 협조·지원 관계로, 미래연합사가 전쟁지휘 사령부이며 유엔사는 전력 제공 역할을 수행한다.[29] 미 증원전력은

---

27 정경영, 「전시작전통제권 전환과 유엔사의 미래」, 정경영·신성호·김창수·조동준, 『오바마 행정부와 한미전략동맹』(파주: 한울, 2009), 107~150쪽; 정경영, 「자립안보와 전작권 전환」, 정경영·오홍국·장삼열·정지웅·최용호, 『자립안보와 평화체제 추진전략: 한미동맹과 베트 남통일 교훈을 중심으로』(서울: 도서출판KCP7·27, 2018), 241~243쪽; 정경영, 「유엔사의 미래역할과 한국군과의 관계정립 방안」(2007년도 국회 국방위 정책연구보고서, 2007).

28 "한미 공동 국지도발 대비계획에 최종 서명", ≪뉴스1≫, 2013년 3월 23일 자.

29 한반도 전쟁 재발 시 유엔사 및 연합사는 별개의 법적·군사적 체제를 유지하고 유엔사 부대 를 운용한다는 유엔군사령관을 위한 관련 약정(1983.1.19 미 합참 지시, 1998.2.27 유엔사 일반명령 제1호)에 의거하여 유엔사가 전투작전을 지휘하는 사령부 임무를 수행할 경우, 한 반도 전구작전에서 유엔사, 연합사로 이원화된 지휘체제에 의해 군사작전을 수행하게 되어 심대한 혼란과 부작용이 예상된다. 연합사령부 단일 지휘체제에 의한 한반도 작전 수행은 전승에 필수적 지휘구조이다. 6·25전쟁 시에도 반격작전 시 서부 지역을 담당했던 미8군과 맥아더 장군이 직접 지휘하는 동부 지역 미 제10군단의 이원화된 지휘체제로 인해 협조된 작전이 이루어지지 않았다(Matthew B. Ridgeway, *The Korean War* (New York: Doubleday

물론 추가 파병국 전투부대도 전방집결지로 전개되었을 때 미래연합군사령부로 전술통제를 전환한다. 유엔사는 정전 시 정전협정 관리, 전시 전력 제공 임무에 국한한다는 것을 전략지시에 명시해야 할 것이다.

북한에 급변사태, 즉 지진 또는 백두산 화산 폭발 등 천재지변이 발생하여 유엔 안보리 결의 또는 북한 당국의 요청으로 미래연합사가 개입할 경우, 민족자결주의 원칙에 의한 독일 통일 사례, 한반도를 대한민국 영토로 한다는 헌법, 남북 관계는 독립된 국가 간의 관계가 아닌 통일을 지향하는 특수 관계라는 남북기본합의서, 언어·문화의 동질성 등을 고려하여 미래연합군사령관 통제하에 작전을 실시한다.

4. 정책 제안

국가안보의 기본 틀이 바뀌는 전작권 전환은 군에 일임할 성격이 아닌 국가지대사(國家之大事)이다. 군 통수권자는 국무총리, 외교·국방·통일·행정안전·기획재정부 장관, 국정원장, 국회 국방·외교통일·기획재정위원장, 합참의장, 각 군 총장, 재향군인회·성우회 회장, 안보전문가 등이 참석하는 반기별 전작권 전환 추진회의를 주관한다. 이를 통해 대한민국을 우리 스스로의 의지와 힘으로 지키자는 안보 의식 고취, 전쟁지도체제 구축, 미래연합군사령부 편성 및 상부 지휘구조 개편, 전쟁수행 능력, 전력 증강, 예산 지원과 입법화 등이 로드맵에 따라 추진되는지를 점검한다.

전작권 전환은 국민, 정부, 군이 삼위일체가 되어 추진한다. 국민의 자주국방과 안보 의식 고취 캠페인을 전개하고 정부 차원에서 NSC 기능 강화, 핵대응 TF 운용, 전쟁지도체제 확립, GDP 대비 2.5%의 국방비 2.9%로 증액 등을 통

& Company, INC, 1967), pp. 47~48].

해 자주국방 역량을 강화하고, 북핵 폐기, 남북군사합의 이행 등 군비통제 추진, 남북 교류협력 확대, 평화협상 여건 조성 등 남북 관계를 개선시켜 나가며, 동시에 한중일 3국 협력사무국을 모체로 동북아 안보레짐을 제도화하고, 한·미·일 군사공조와 한·미·중 전략대화를 정례화하고, 동두천 캠프 케이시에 동북아 대테러·재난구조·PKO 훈련센터 설립을 추진하는 등 지역안보 환경을 개선해 나간다. 군 차원에서 군사전략, 전쟁지휘, 정보 판단, 작전기획 등 전쟁수행 능력을 제고시킨다. 북핵미사일 위협에 대응할 수 있는 전략타격체계의 조기 구축과 전략사령부 창설, 그리고 합참의장 지휘하에 각 군 총장이 작전 통제 계선상에 일원화되는 상부 구조 개편을 추진한다. 미래연합사가 평택으로 이전할 경우 원활한 전·평시 임무를 수행하기 위해 합참에 전방지휘소를 운용한다.

전작권 전환에 대한 공감대 확대를 위해 군 내는 물론 예비역, 국회의원, 언론인, 안보전문가 등 여론 형성 주도 계층과 전략적 소통을 전개하고, 한미 양국 대통령, 국방부, 합참 간 그리고 연합사와 유기적인 협조 체제를 구축하며 미 측 외교안보정책 입안자, 의회 외교·군사분과 의원, 역대 연합사령관 및 주한미국대사, 한반도 안보전문가 등을 대상으로 하는 전략적 소통을 통해 전작권 전환을 추진한다. 전작권 조건에 대한 시험 적용을 하고 보완한 후 SCM 건의를 거쳐, 한미 양국 대통령의 승인하에 2022년을 잠정 목표 연도로 설정하여 전작권을 전환한다.

전작권이 전환될 때 자주국방을 실현하게 되며, 유사시 한국이 주도적으로 군사작전에서 승리하여 자유민주통일정부를 수립할 수 있을 것이다. 대한민국은 막강하고 당당한 나라로 거듭나, 북한이나 주변국이 감히 넘볼 수 없을 것이다. 한미동맹은 경제성장, 정치발전에 이어 안보 자립까지 이루어내는 동맹의 모델로 칭송받게 될 것이다.

제4장
인도·태평양전략 참가 여부 판단

  한미동맹이 직면하고 있는 과제 중 하나는 한반도 이외 지역까지 동맹의 역할을 확대할 것인가이다. 한미상호방위조약에 따르면, 태평양 지역 위협에 공동 대처하기 위해 동맹이 태동된 것을 고려한다면 의당 한국이 인도·태평양전략에 참여하는 것이 동맹국의 의무이다. 인도·태평양전략 참가 여부를 보다 전략적인 차원에서 판단하여 결정할 필요가 있다.

  반화웨이·친화웨이 캠페인은 미중 간 기술 패권 경쟁이 격렬하게 전개되고 있는 상징적 사건이다. 미중의 향방에 따라 그리고 한국의 전략적 선택에 따라 우리의 미래 운명은 지대한 영향을 받을 것이다. 미국은 2019년 6월 1일 「인도·태평양전략보고서」에서 중국과 러시아를 수정주의 세력으로 규정하면서 억압과 힘에 의해서 국제 규범과 기존 질서에 도전하는 세력으로 인식하고 견제해야 할 세력으로 판단하고 있다.[1] 2019년 6월 30일 한미정상회담에서 양국 정상은 개방성·포용성·투명성이라는 역내 협력 원칙에 따라 한국의 신남방정

---

1 The Department of Defense, *Indo-Pacific Strategy Report: Preparedness, Partnerships, and Promoting a Networked Region* (Washington, D.C.: DOD, 2019).

책과 미국의 인도·태평양정책 간에 조화로운 협력을 추진하기로 했다.[2] 이를 한국의 인도·태평양전략 참가로 등식화하는 데는 무리가 따른다.

이러한 전략인식과 문제의식 아래 먼저 미중 관계를 보는 시각과 전망을 논의하고자 한다. 이어서 트럼프 행정부의 국가안보전략과 인도·태평양전략에 대해 살펴보고, 시진핑 2기의 국가안보전략과 신형 국제관계 전략 및 일대일로 구상을 고찰하려 한다. 미중 간 첨예하게 대립하고 있는 미사일 방어(MD: Missile Defense)에 대해 논의한 후 마지막으로 한국이 인도·태평양전략에 참여할 것인지에 대해 미중 관계 시나리오, 국가이익, 위협 인식, 신남방정책과 인도·태평양전략의 협력 차원에서 전략적 선택을 제안하고자 한다.[3]

1. 미중 관계에 대한 시각과 전망

미중 관계 전망과 관련하여 미국은 자유주의, 현실주의, 절충주의 등 3대 학파가 존재한다.

자유주의학파로서 조지프 나이(Joseph Nye)[4] 등은 경제적 상호의존관계 등을 고려할 때 서로 전략적 협력을 통해서 상호 원원하는 관계로 발전할 것이라는 시각이다. 이에 비해 존 미어샤이머(John Mearsheimer)[5] 등 현실주의학파는 서로 추구하는 이데올로기와 가치가 상이하고 상호 원칙을 양보할 수 없을

2　청와대, "한·미국 공동기자회견 모두발언", https://www1.president.go.kr/articles/6723 (검색일: 2019.7.2).

3　정경영, 「한국의 인도-태평양 전략 참가 여부에 관한 연구」, ≪군사발전연구≫, 제13권 제1호 (통권 제19호, 2019), 35~59쪽.

4　Joseph S. Nye, Jr., *The Powers to Lead* (New York: Oxford University Press, 2008).

5　John J. Mearsheimer, *The Tragedy of Great Power Politics* (New York: W.W.Nordton & Company, 2001).

[표 4-1] 미중 관계의 미국 측 시각

분류	자유주의	현실주의	절충주의
내용	전략적 협력을 통해서 상호 원원하는 관계로 발전	이념과 가치 상이, 상호 원칙을 양보할 수 없어 충돌 불가피	충돌 가능성 높으나 대결 시 공멸 자명, 충돌 회피 노력 긴요
대표적 학자	조지프 나이	존 미어샤이머	그레이엄 엘리슨

자료: 황병무, "미중 패권경쟁과 한미동맹 미래 분과" 사회 발언(하계 한국국제정치학회 2019년도 하계학술대회, 2019.7.3).

것이기 때문에 결국은 충돌할 수밖에 없을 것이라고 전망한다. 마지막으로 절충주의학파의 대표적인 학자인 그레이엄 엘리슨(Graham Ellison)[6]은 인류 역사상에 세력 전이가 16차례 발생했는데 12번이 전쟁을 치르고 나타났음을 증명하면서 미중 간 패권 경쟁에서 전쟁이 발생할 가능성이 높음을 경고하며 미중 강대국 간 전쟁이 발발하면 서로 공멸할 것이 자명하기 때문에 양국이 전쟁을 회피하기 위한 남다른 노력을 할 때 미중의 국익에도 기여할 것이라고 전망한다.

한편, 중국의 중미 관계에 대한 시각은 전통적 지정학파, 부상한 강대국학파, 발전도상국학파로 분류할 수 있다.

전통적 지정학파는 미국은 패권 유지를 위해 중국 부상을 견제한다고 보면서 중국의 우월성을 믿고 중국 특색에 맞는 사회주의를 신봉하는 부류로, 대표적인 인물로 시진핑(習近平) 주석과 왕후닝(王沪宁) 국무원 상무위원 등 신좌파가 여기에 해당된다. 두 번째 부류는 신흥강대국 또는 부상한 강대국학파로서, 중미 관계는 사활적 이익을 유지하기 위해 경쟁적으로 위상을 강화할 것이며, 중국은 미국을 대체할 글로벌 리더십을 행사해야 한다고 본다. 칭화대의 예쯔청(葉自成) 등 관변학자가 부상한 강대국학파이다. 세 번째 부류는 발전도상국

---

6   Graham Ellison, *Destined for War: Can America and China Escape Thucydides's Trap?* (Washington, D.C.: Houghton Mifflin Harcourt, 2017).

[표 4-2] 미중 관계의 중국 측 시각

분류	전통적 지정학파	신흥강대국 또는 부상한 강대국학파	발전도상국학파
미국	패권 유지 위해 중국 부상 견제	사활적 이익 유지 위해 경쟁적 위상 강화	중요 이익 증진 위해 협력 관계 유지
중국	중국의 우월성, 특색에 맞는 사회주의	미국 대체 글로벌 리더십	미국 질서 속에서 중국 이익 추구
대표적 학자	시진핑 주석, 왕후닝 상무위원 등 신좌파	칭화대 예쯔청 등 관변학자	런민대 왕이웨이

자료: 김흥규 아주대 교수와의 전화 인터뷰, "중국의 대미인식 학파", 2020년 2월 3일.

[표 4-3] 동북아 국가별 국력 비교

분류	GDP(달러) 1인당 개인소득	인구(명)	국방비(달러)	병력(명)
미국	21.43조(1위) 65,110	308,740,000	7,500억	1,560,000 (육군: 56.2만, 해병: 20.2만, 해군: 32.3만, 공군: 32.9만)
중국	14.14조(2위) 10,100	1,313,313,000	2,500억	2,285,000 (육군: 160만, 해군: 22.5만, 공군: 30만, 전략미사일: 10만)
일본	5.15조(3위) 40,850	127,463,000	543억	247,900 (육군: 15.2만, 해군: 4.5만, 공군: 4.7만)
러시아	1.637조(11위) 11,160	114,670,000	614억	956,000 (육군: 27만, 공정: 3.5만, 해군: 15.4만, 공군: 16.7만, 전략억제부대: 8만, 지휘 및 지원: 25만)
한국	1.629조(12위) 30,940	51,830,000	430억	580,000 (육군: 44.5만, 해군: 7.0만, 공군: 6.5만, 예비전력: 310만)
북한	267억 1,390	24,662,000	44.8억	1,280,000 (육군: 110만, 해군: 7만, 공군: 11만, 예비전력: 762만)

주: 한국 2020년 국방비 50조 1527억 원.
자료: Global Fire Power, "2020 Military Strength Ranking," https://www.globalfirepower.com/cou ntries-listing.asp (검색일: 2020.6.7); IISS, *2019 Military Balance* (London: Routledge Taylor & Francis Group); IMF, *IMF 2019* (Washington, D.C.: IMF, 2018).

학파로서, 중미는 중요 이익을 증진하기 위해 협력 관계를 유지하면서 미국 질서 속에 중국이 순응하면서 국익을 추구하면 된다고 주장한다. 여기에는 왕이웨이(王義) 런민대 교수가 대표적 학자이다.

미국과 중국의 정치외교력, 경제력, 군사력 등을 종합적으로 고려할 때 양국 간 국력의 균형 변화는 상당 기간 미국이 상대적 우위를 유지할 전망이다.

하지만 중국의 경제력이 지속적으로 발전되고 미국 경제가 크게 호조되지 않을 경우 미중 국력 균형에 변화가 발생해 미중 관계의 패러다임이 전환될 가능성을 배제할 수 없다.

현재처럼 미국의 경제가 호황을 누리고 상대적으로 중국은 경제 침체가 장기화될 경우 2025년 경제 규모가 미국을 앞지를 것이라는 예측이 빗나갈 수 있을 것이다. 2050년이 될 때 경제 규모가 미국을 추월할 수도 있으나 군사력은 여전히 미국이 우위를 유지할 것이며, 중국이 국력의 우위를 달성한다고 했을 때 글로벌 리더십을 발휘할 수 있을 것인지는 미지수이다.

2. 미국의 국가안보전략과 인도·태평양전략

트럼프 행정부의 국가안보전략

트럼프 행정부는 2017년 12월 발표된 국가안보전략서(National Security Strategy)에서 미국 우선주의에 기반을 둔 글로벌 리더십 및 국익에 부합된 국제 질서를 수립·유지하고 주권 강화를 통해 미국의 국익을 수호하는 데 대외정책의 기조를 두고 있다. 여기서 트럼프 행정부는 강대국 간 전략적 경쟁이 본격적으로 진행되고 있는 것으로 인식하고 있다. 이에 따라 국방전략 대응 차원에서 최우선 순위를 수정주의 세력인 중국과 러시아로 보고 있으며, 인도·태평양 지역을 핵심 지역으로 인식하고, 중국의 역내 패권국의 부상을 저지하는 데 목적

[표 4-4] 미국의 국가안보전략 및 국방전략

구분	내용
대외정책 기조	· 미국 우선주의에 기반을 둔 글로벌 리더십 및 국익에 부합된 국제 질서 수립 · 주권 강화를 통한 미국의 국익 수호
전략 환경 인식 및 국방전략 우선순위	· 강대국 간 전략적 경쟁 본격적으로 실행 · 국방전략 대응 최우선 순위가 수정주의 세력인 중국과 러시아 · 인도·태평양 지역을 핵심 지역으로 인식 · 중국의 역내 패권국 부상 저지
국방전략 목표	· 미군의 군사적 우위 유지 및 강화 · 전력 건설의 증강, 군사력의 규모 강조
동맹전략	· 지정학적 경쟁 속에서 동맹·우방국 협력 강화 · 공동방어를 위한 공정하고 호혜적인 동맹 · 동맹국의 역할 및 책임 증대에 대한 직접적 압박
핵전략	· 강대국·불량국가의 제한핵 사용 가능성 증대 · 전술핵무기가 맞춤형 핵전략의 핵심 · 북핵은 가장 시급하고 엄중한 확산 위협
함의	· 미국 우선주의에 입각한 지전략적(Geostrategic) 중심이 인도·태평양 지역으로 확대되는 글로벌 패권 추구 → 핵전략 중시 동맹의 역할·책임 증대

자료: The White House, *2017 National Security Strategy* (Washington, D.C.: The White House, 2017); Department of Defense, *National Defense Strategy* (Washington, D.C.: DOD, 2018); Department of Defense, *National Posture Review* (Washington, D.C.: DOD, 2018).

을 두고 있다.

미국의 국가안보전략 및 국방전략은 **표 4-4**에서 보는 바와 같다.

국방전략 목표는 미군의 군사적 우위를 유지 강화하면서 군사력 건설의 증강과 군사력의 규모를 강조하고 있다. 미국의 동맹전략은 지정학적 경쟁 속에서 동맹·우방국과의 협력을 강화하고, 공동방위를 위한 공정하고 호혜적인 동맹은 물론 동맹국의 역할 증대와 비용 부담을 요구하고 있다. 핵전략의 경우 강대국·불량국가의 제한핵 사용 가능성이 증대되고 있으며, 전술핵무기가 맞춤형 핵전략의 핵심으로, 북핵은 가장 시급하고 엄중한 확산 위협이라고 판단하고 있다. 미국의 국가안보전략의 함의는 미국 우선주의에 입각한 전략적 중심이 인도·태평양 지역으로 전환되고 있으며 이를 통해 글로벌 패권을 지속적으로 추구할 것이고, 핵전략을 중시하면서 동맹국의 역할과 책임의 증대를 요구하고 있다는 점이다.

자유롭고 열린 인도·태평양전략

자유롭고 열린 인도·태평양전략은 힘에 기반한 평화와 안보·경제적 번영의 통합전략이다. 국제 규범과 원칙, 자유경쟁이 지배하는 질서 등 가치를 공유하기 위한 국제 전선을 구축하며, 자유질서 대 억압질서 간의 지정학적 경쟁 속에서 새로운 위협과 대량살상무기 확산에 대응하고, 인도·태평양에서 국제법 준수, 남중국해 항해 통항권, 항공의 자유를 보장하기 위해 동맹국과 우호국가들과 연대하는 정책이다.[7]

인도·태평양전략은 2018년 5월 30일부로 태평양사령부를 인도·태평양사령부로 개칭해 추진하고 있다. 1947년 1월 1일에 창설된 미 태평양사령부는 1957년 7월 1일 극동사령부를 편입시켰다. 1958년 1월 1일부터는 태평양함대사령부를 분리했다. 2008년 10월 1일에 창설된 아프리카사령부(AFRICOM)로 인도양과 아프리카의 동부 해안에 있는 코모로, 마다가스카르, 모리셔스, 레위니옹에 대한 관할 권한이 이양되었다.[8]

2012년 10월 3일, 제13공군이 태평양 공군으로 기능과 임무를 이양하고 해체했다. 2014년 10월 말, 북아메리카 통합 방위를 확립하기 위해 알래스카 사령부의 관할 통제가 미국 북부사령부로 전환되었다. 2018년 5월 30일, 급격해지는 중국의 팽창을 견제하기 위해 책임 지역을 아시아-태평양에서 인도-태평양으로 확장하면서 인도·태평양사령부로 개칭했다.

인도·태평양사령부는 예하 구성군사령부로 육군·함대·공군·해병대구성군사령부로 편성되어 있으며, 통합전투사령부로 주한미군·주일미군사령부와 사

---

7   Department of Defense, *Indo-Pacific Strategy Report: Preparedness, Partnerships, and Promoting a Networked Region* (Washington, D.C.: DOD, 2019); 이철민, "호주가 중국 대신 미국을 선택한 이유", ≪조선일보≫, 2018년 2월 19일 자.

8   "U.S. Indo-Pacific Command," https://www.pacom.mil/ (검색일: 2019.10.28).

[그림 4-1] 인도·태평양사령부 책임 구역

자료: U.S. Indo-Pacific Command, "USINDOPACOM Area of Responsibility," https://www.pa com.mil/About-USINDOPACOM/USPACOM-Area-of-Responsibility/ (검색일: 2020.4.9).

이버·수송·전략·특수작전사령부로 구성되어 있다.

미국은 중국의 반접근지역거부(A2/AD: Anti-Access & Area Denial) 전략과 도련선(Chain of Islands) 전략, 남중국해 군사기지화 등 해양대국화 전략을 차단하겠다는 것이다. 미국은 일대일로를 구상·추진하는 도전 세력과 중러 전략적 협력세력에 대해 일본, 호주, 인도 등 다이아몬드 동맹체제를 구축하고 동북아에서 한·미·일, 아세안에서 필리핀, 베트남, 인도네시아, 서남아시아에서 인도 등을 포함한 권역별 연방형 동맹체제를 구축해 나가겠다는 것이다. 이는 구체적으로 미국이 역내 세력과 연대해서 중국의 남중국해의 군사화와 인도양 진출을 견제하는 데서 나타난다.

미국은 한국의 지위를 동북아의 평화와 번영에 필수적인 역할인 린치핀

[표 4-5] 미국의 인도·태평양전략 추진 방향

구분	내용
준비 태세	· 힘에 의한 평화 달성과 억제를 위해 분쟁 초기에 승리할 수 있는 강력한 합동군 요구 · 해외 주둔 미군과 동맹군·동반자 국가와 연합 태세 유지 · 치사율이 높은 전력 증강
동반자 관계	· 평화, 억제, 상호운용성을 위한 동맹국·동반자 국가들과 지역 네트워크 구축은 필수 · 지속적으로 주권, 공정·호혜 무역 및 법치국가와 새로운 동반자 관계 구축 추진
지역 네트워크 증진	· 국제 규범에 근거한 질서 준수를 위해 동맹국과 동반자 국가와 지역 네트워크 체계 강화 · 침략 억제, 안정 유지, 공동 영역에 자유로운 접근이 가능하도록 아시아 국가 간 안보 협력 강화

자료: Department of Defense, *Indo-Pacific Strategy Report: Preparedness, Partnerships, and Promoting a Networked Region* (Washington, D.C.: DOD, 2019).

[표 4-6] 미국의 친밀도에 따른 유형별 국가군

분류	국가
동맹국	일본, 한국, 호주, 필리핀, 태국
동반자 국가	싱가포르, 대만, 뉴질랜드, 몽골
동반자 관계 추진국	인도, 스리랑카, 말레이시아, 방글라데시, 네팔, 베트남, 인도네시아, 말레이
관여정책 대상국	브루나이, 라오스, 캄보디아, 남태평양군도 국가
역외 우방국	영국, 프랑스, 캐나다
다자간 협력	한·미·일, 미-아세안

자료: Department of Defense, *Indo-Pacific Strategy Report: Preparedness, Partnerships, and Promoting a Networked Region* (Washington, D.C.: DOD, 2019).

(Linchpin) 국가로, 일본을 인도·태평양 지역의 평화와 번영의 주춧돌인 코너스톤(Cornerstone) 국가로 규정하고 있다. 대중국 견제를 위한 동맹 네트워크 강화 전략으로 볼 수 있다.

아태 지역에 들어오는 미국의 첨단전력은 인도·태평양전략을 힘으로 시현하겠다는 것으로 평가된다. 동북아에서 해공군력을 확장하기 위해 7함대의 모항인 요코스카에 신형 항공모함인 로널드레이건함을 전개했고, 이와쿠니에 차세대 전투기 F-35기를 전진 배치했다. 정찰 및 종심타격 중추기지로서 괌에 MQ-4C 트리턴(Triton) 무인정찰기와 글로벌호크(Global Hawk) 무인정찰기를 배치했으며, 미 전략폭격기의 삼총사로 불리는 B-1B, 스텔스 폭격기 B-2를 전개하고, B-52H와 항공기 운용유지 요원 300여 명을 증파했다. 또한 2200여 명의 해병대 병력이 탑승한 강습상륙함(LHA 6)이 정박 중이다.

호주 북서부 다윈에 해병 병력을 순환 배치하고, 필리핀 슈빅만 해군기지, 클라크 공군기지 등 5개 군사기지를 재사용하고, 베트남에서는 미 해군 함정의 캄란만 기지 사용 허가를 받고 대베트남 무기 금수를 해제했으며, 싱가포르에 연안전투함(LCS)을 순환 배치하고 유사시 병력수송기지로 운용하고 있다. 그뿐 아니라 한국군과 동맹연습·연합지휘소훈련, 일본군과 야마사쿠라연습, 주한미군 전력 등을 재전개하여 필리핀군과 연례적으로 실시하는 발리카탄훈련, 38회째를 맞았던 2018 코브라골드(Cobra Gold)훈련은 최대 규모로서 미국, 태국, 한국, 일본, 말레이시아, 싱가포르, 인도네시아, 인도 등 9개국이 훈련에 참가하여 부상당한 전우의 후송훈련, 상륙훈련, 공중전술전투훈련을 실시했다. 한국도 해군 209명과 해병대 249명 등 총 458명의 병력과 상륙함인 천자봉함을 파견했다. 영국, 호주, 프랑스 등 20여 개국은 옵서버 자격으로 참가했다.[9] 2009년부터 몽골-미국이 중심이 되어 실시하는 해병신속기동훈련인 칸퀘스트(Khaan Quest)훈련 역시 중국을 포위하기 위한 훈련으로 판단된다.

특히 미7함대는 대중국 견제훈련으로 2019년 5월 9일 인도, 일본, 호주, 필리핀 해군과 함께 인도양 벵골만 일대에서 연합훈련을 실시했고, 5월 22일 미해군 구축함 2척이 대만해협을 통과하는 항행의 자유작전을 실시했다. 5월 16~22일 미국, 일본, 호주, 프랑스가 인도양의 수마트라열도 서쪽의 공해에서 대잠수함전과 탑재 헬기의 이착함 등에 대한 첫 대규모 4개국 연합해상훈련을 실시했다.[10] 이 훈련에 일본은 자위대의 경함모급 헬기 탑재 호위함 이즈모를 보냈고 프랑스는 핵 추진 항모인 샤를드골이 참가했다. 이렇게 인도양 일원에

---

9 "아태 최대 규모 코브라골드 연합훈련 개막", ≪연합뉴스≫, 2018년 2월 13일 자.

10 "미국, 일본, 호주, 프랑스, 인도양서 첫 훈련: '중 견제 목적'", ≪연합뉴스≫, 2019년 5월 21일 자.

서 상호 해군 간 연대를 강화하는 훈련을 한 것은 남중국해 등에서 국제법을 무시하고 인공섬을 조성해 군사기지화하는 등 해양 진출을 추구하는 중국을 견제할 목적으로 실시한 것으로 평가된다.

2019년 5월 23일부터 6일간 한국·미국·호주·일본 해군이 최초로 그리고 11월 20일부터 28일까지는 서태평양 괌 부근에서 한·미·호주·캐나다 해군이 두 번째로 퍼시픽뱅가드(Pacific Vanguard) 해상연합훈련을 실시했다. 인도·태평양전략 구현을 위해 가장 민감한 남중국해와 가까운 괌 일대에서 연합 기동훈련과 실사격 훈련, 대공방어 훈련, 대잠수함 작전 등 다양한 훈련을 실시한 것이다. 한국은 구축함 1척, 미군은 블루리지 지휘함 1척, 구축함 2척, 해상군수지원함 2척 및 해상초계기가 참여했다.[11]

한편, 해외 주둔 미군의 권역별·국가별 병력 규모를 고찰하면 미군이 어느 지역, 어느 나라에 전략적 중요성을 두고 있는지를 판단할 수 있다. 해외 주둔 미군은 150여 개국 40여만 명으로 아태 지역 16만 334명(태평양 9만 1397명, 동북아/동남아 6만 8937명), 유럽 9만 7113명, 서아시아/북아프리카 3만 9870명, 중앙아시아 1만 3556명, 서부-사하라/인도양 4982명, 밝히지 않은 병력이 4만여 명이다. 중국을 에워싸기 위해 태평양의 하와이 인도·태평양사령부, 괌, 사모아, 호주를 포함한 해상에서 활동하고 있는 항모, 동북아의 한국과 일본, 동남아 국가의 필리핀, 싱가포르, 태국, 중앙아시아의 아프간, 인도양의 영국 속령, 수에즈 운하의 관문인 지부티에 상당수의 병력을 배치하고 있는 것은 전형적으로 중국의 인도·태평양 진출을 견제하기 위한 전력으로 평가된다.[12] 상당수 병력이 중동에 주둔하고 있는 것은 석유 자원 등 전략적 자산 보호를 포함한 중국과 러시아의 중동 진출을 차단하기 위한 것으로 판단된다. 또한 러시아의

---

11 "다국적 Pacific Vanguard 해군훈련 실시", ≪국방일보≫, 2019년 6월 4일 자; "한미, 괌 해상서 태평양 연합훈련 실시 … 지난 5월에 이어 두 번째", 〈자유아시아방송〉, 2019년 11월 21일 자.

12 Wikipedia, "United States," https://en.wikipedia.org/wiki/United_States (검색일: 2019.7.27).

동유럽 진출을 봉쇄하기 위해 상당수의 미군을 독일, 이탈리아, 영국, 스페인은 물론 구 공산권 국가였던 폴란드, 헝가리, 루마니아 등 동유럽 국가들에 배치하고 있는 것도 주목을 요한다.

3. 중국의 국가안보전략과 신형 국제관계

사회주의 강대국 건설전략

시진핑 주석이 2017년 10월 19차 당대회를 통해 채택한 국가 목표는 중국몽으로서 세계적 사회주의 강대국을 건설하는 것이다.[13]

2020년까지 소강사회 전면 건설, 2035년까지 사회주의 현대화 달성 그리고 2049년 건국 100주년을 맞아 사회주의 현대화 국가 건설을 완성하겠다는 것이다. 이를 구현하기 위해 정치적으로 마오쩌둥 사상, 덩샤오핑 이론, 당 영도, 민족주의와 함께 시진핑 시대 중국 특색의 사회주의 사상을 당헌에 삽입했다. 2018년 3월 전국인민대의원대회에서 두 차례 연임인 10년 기한의 주석임기제를 폐지했다. 외교적으로는 신형 국제관계, 일대일로, 인류운명공동체를 주창하고 있다.

군사적으로 강군몽(强軍夢), 적극방어전략, 대외확장전략을 구현하기 위해 1단계로 2020년까지 군의 기계화와 정보화를 실현하며, 2단계로 2035년까지 군 현대화를 달성하고, 마지막 3단계로 2049년 세계 일류 군대를 건설하는 것을 목표로 삼았다. 경제적으로 사회주의 시장경제, 기술굴기 "중국제조 2025(Made-in China 2025)" 등을 통해 인공지능, 사물인터넷, 자율주행 등 10대 기술 분야에

---

13 성균관대학교 성균중국연구소(편역), 『제19차 중국공산당 전국대표대회보고』(서울: 지식공작, 2018).

[표 4-7] 시진핑 2기의 국가안보전략

구분	내용
국가 목표	• 중국몽, 세계적 사회주의 강대국 건설 - 2020년 소강사회 전면 건설 - 2035년 사회주의 현대화 달성 - 2049년 건국 100주년 사회주의 현대화 국가 건설
정치	• 시진핑 신시대 중국 특색 사회주의 사상, 10년 임기 폐지 - 마오쩌둥 사상, 덩샤오핑 이론, 당 영도, 민족주의
외교	• 신형 국제관계, 일대일로, 인류운명공동체
군사	• 강군몽, 적극방어전략, 대외확장전략 - 1단계: 2020년까지 군의 기계화와 정보화 실현 2단계: 2035년까지 군 현대화 달성 - 3단계: 2049년 세계 일류 군대 건설
경제	• 사회주의 시장경제, 기술굴기 "중국제조 2025", 빈곤 탈출
함의	• 언론 통제, 인권 제한, 힘으로 국제 질서 변경. 글로벌 경제 좌우 및 미래산업 주도 시 → 자유민주주의와 시장경제 도전

자료: 정경영, 「신 국제질서 재편과 한국의 구심력 안보전략」, ≪군사논단≫, 통권 제93권(2018년 봄), 69~101쪽.

서 패권을 장악하며, 완전한 빈곤 탈출에 주안을 두고 있다. 시진핑 시대 중국 특색의 사회주의 사상의 함의는 언론을 통제하고 인권을 제한하며 힘으로 국제 질서 변경을 기도하는 것으로, 중국이 글로벌 경제를 좌우하고 미래산업을 주도할 때 자유민주주의와 시장경제는 심대한 도전을 받게 될 것이다.

중국의 신형 국제관계와 일대일로전략

중국의 신형 국제관계 전략은 중국의 경제력이 상승함에 따른 국제 영향력의 확대와 파리기후협정과 환태평양 경제동반자협정 탈퇴 등으로 미국의 글로벌 리더십이 약화되는 틈새를 이용해서 신형 대국관계를 평가하고 중국 천하 복원의 꿈인 중국몽의 비전을 구현하겠다는 것이다. 세계적으로 중국식 사회주의 건설을 위한 전략으로 다자기구를 통한 세계 질서 재편을 추구하고 있다. 파리기후협약, 일대일로전략(B & RI: Belt & Road Initiative)과 정상회담, 상하이

협력기구, 중·아프리카정상회의 등을 통해 국제 질서를 주도하겠다는 것이다. 또한 세계 금융과 통상 질서를 재편하기 위해 아시아인프라투자은행(AIIB: Asia Infra Investment Bank), 다보스포럼, 지역협력경제파트너십(RCEP: Regional Cooperation Economic Partnership), 위안화의 국제결제통화를 추진하고 있다.

　중국의 2015년 군사개혁은 글로벌 패권국으로 영향력을 행사하기 위한 조치로 평가된다.[14] 군의 지휘통제체계는 군사력을 운용하는 기능인 군령권과 군사력을 건설·유지·관리하는 군정권으로 구분해 볼 수 있다. 중국의 군사개혁은 군령 및 군정권 측면에서 지휘체계에 커다란 변화를 보이고 있다. 기존에 군령권을 행사했던 총참모부가 해체되었으며, 새로 등장한 연합참모부는 미 합동참모본부와 같이 순수한 참모 조직으로서 예하부대의 작전을 지휘할 권한을 갖지 않는다. 중국군의 군령은 과거 중앙군사위원회·총참모부·7개 군구·예하부대로 이어지는 4단계 지휘체계에서 이제는 중앙군사위원회·5개 전구·예하부대를 잇는 3단계로 단축되었다.

　군정권·군 구조 개혁으로 육해공군, 로켓군 그리고 전략지원부대의 5개 군종을 두게 되었다. 육군지도기구는 공군사령부나 해군사령부와 같이 육군사령부로서의 역할을 담당하는 기구이다. 연합참모부 참모장의 역할을 축소함에 따라 육군의 군정권 및 군사력 건설을 담당할 육군사령부를 두었다. 로켓군은 과거 제2포병의 명칭을 바꾼 것으로 미일의 미사일 방어체계 강화 조치 및 미국과의 핵무기 경쟁에 적극 대처하겠다는 의지를 반영한 것이다. 비록 제2포병의 조직을 그대로 유지하면서 핵 억제 및 핵 반격이라는 기본 임무에는 변함이 없으나 타 군과 동등한 위상을 확보함으로써 전략적 중요성 측면에서 상대적으로 비중이 커질 것으로 전망된다.

　각 군구가 가졌던 인사 및 군수 기능이 각 군 사령부로 흡수됨으로써 5개 전구사령부는 **그림 4-2**에서 보는 바와 같이 군정권 없이 군령권만 행사하게 되고,

---

14　박창희, 「중국 군사개혁」(한국전략문제연구소 정책토론회 결과보고서 242호, 2018).

[그림 4-2] 중국군 개혁 이후 지휘통제체계

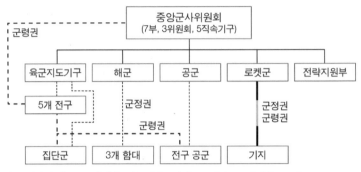

자료: 박창희, 「중국 군사개혁」(한국전략문제연구소 정책토론회 결과보고서 242호, 2018).

역으로 각 군 사령부(육군 포함)는 과거 행사했던 군령권을 내려놓고 오직 군정
권만을 갖게 되었다. 전략지원부대는 신형 작전 역량으로서 정보, 기술정찰,
전자전, 인터넷 공격 방어 그리고 심리전 등 5대 영역을 아우르고 있다.

전구는 책임 지역 내 육해공군 및 로켓군 전력을 통합·운용함으로써 이른바
합동작전을 수행하되, 5개 유사시에 대비하는 형태로 배치된 것으로 평가된다.
5개 유사는 중앙아시아~인도(서부전구), 러시아~몽골~한반도(북부전구), 대만~
일본(동부전구), 남중국해(남부전구) 및 전략적 예비(중부전구) 등이다.

한반도 사태에 대응하기 위해 운용될 북해함대사령부는 칭다오에 모항을 두
고 있는 항공모함, 3척의 전술핵 잠수함, 25척의 재래잠수함, 8척의 구축함, 10척
의 소형 구축함, 11척의 수륙양용함, 18척의 미사일 초계정, 6척의 소형 호위함
을 보유하고 있다. 센카쿠/댜오위다오 분쟁 등 동중국해 분쟁에 주안을 두고
운용될 동해함대사령부는 18척의 재래식 잠수함, 9척의 구축함, 22척의 소형
구축함, 20척의 수륙양용함, 30척의 미사일 초계정, 6척의 소형 호위함으로 편
성되어 있다. 남중국해 분쟁에 운용될 남해함대사령부의 전력은 4척의 전략핵
잠수함, 2척의 전술핵 잠수함, 16척의 재래잠수함, 9척의 구축함, 20척의 소형
구축함, 25척의 수륙양용함, 38척의 미사일 초계정, 8척의 소형 호위함으로 구

성되어 있다.

일로(一路)의 추구와 원해호위전략을 추진하기 위해서 남중국해 영유권을 확보함은 물론, 인도양과 아덴만을 잇는 해상교통로의 안전을 확보하고 해양에서의 우세를 달성하겠다는 의지로 해석된다. 이러한 측면에서 중국이 해군 출신을 남부사령관으로 임명한 것은 전략적 전선을 더 이상 대륙과 해안선, 남중국해에 한정하지 않고 원해로까지 확장하려는 의도를 담은 것으로 볼 수 있다. 중국은 미국과 인도, 북한 등을 견제하기 위해 서태평양과 인도양에 해상기반 탄도미사일 방어망을 구축할 예정이다.[15]

해양 세력으로 위상을 확보하기 위해서는 해군력, 상선단 그리고 해외 기지의 세 요소가 구축되어야 한다.[16] 해군력은 바다에서 안전한 항해를 보장하기 위한 제해권을 장악하기 위해 필요하다. 상선단은 바다를 이용한 교역을 통해 국가의 부를 창출하고 경제적 번영을 이루는 주요한 요소이다. 마지막으로 해외 기지는 해군력과 상선단을 운용하는 데 필요한 유류와 식량 등 보급을 지원하는 요소로서 이 세 요소 가운데 지금까지는 중국이 해군력을 키우고 상선단을 중심으로 경제교역을 확대해 왔다면, 이제는 상대적으로 취약한 해외 기지를 확보해야 하는 상황에 이른 것이다. 지부티는 2017년 7월 최초로 중국의 해병대 병력을 해외에 주둔시킨 기지이다. 15세기 명나라 정허(鄭和)의 아프리카로 이어진 남해 원정이 21세기 중국이 추구하는 것으로 불과 몇 년 전까지도 상상하지 못했던 것이다.

중국은 더 많은 해외 전초기지를 추가로 확보하기 위해 지역 국가들과 협상을 진행하고 있다. 지부티에 앞서 중국은 파키스탄의 페르시아만 초입에 있는 과다르에 자국 무역항을 확보했고, 스리랑카에서도 콜롬보 항구 개발 프로젝

---

15   "China Plans Sea-Based Anti-Missile Shields 'for Asia-Pacific and Indian Ocean'," *The South China Morning Post,* February 8, 2018.

16   Alfred Thayer Mahan, *The Influence of Sea Power Upon History, 1660~1783*(Washington, D.C.: Pelican Publishing, 1918).

[그림 4-3] 중국의 일대일로 구상

실크로드 경제벨트

벨기에 폴란드 우크라이나

프랑스 이탈리아 더키 우즈베키스탄 카자흐스탄

그리스 키르기스스탄 중국

이란 파키스탄 베트남

21세기 해양실크로드

지부티 말레이시아

케냐 스리랑카

인도네시아

트를 추진하고 있다. 또 방글라데시, 캄보디아, 몰디브, 예멘 등에서도 항만을 개발해 남아시아 및 아프리카로의 진출을 확대하고 있다. 현재 중국이 추가로 획득할 것으로 예상되는 해외 기지의 유력한 예정지로는 오만의 살랄라항, 세이셸 군도, 파키스탄의 카라치항 등이 거론되고 있다.

중국의 신형 국제관계 전략은 통제와 억압으로 미국의 인도·태평양전략과 충돌한다. 보편적 가치를 추구하는 지역인 북미, 유럽, 한국 및 일본보다 동남아, 중동, 아프리카, 중남미 지역에 영향을 미칠 것으로 예상된다.

미중 패권 전략의 충돌: 미사일방어 대 반미사일방어

미국 중심의 국제 질서 대 중러의 전략적 협력이 상징적으로 나타나는 것이 미국의 미사일방어(MD: Missile Defense) 대(對) 중국과 러시아의 반미사일방어

전선 구축이다.

유럽 지역에서 미국의 미사일 방어체계는 4단계로 구축되었다. 1단계로 터키에 엑스밴드 레이더를 설치하고 스페인에 이지스함을 배치했으며, 2단계로 루마니아에 미사일 방어체계를 구축, 3단계로 폴란드에 미사일 방어체계를 구축, 마지막 4단계로 폴란드에 미사일 방어체계를 추가로 구축했다. 2018년에는 독일에 지휘통제센터를 설립하여 미국은 유럽 전역에 미사일 방어체계를 지휘할 수 있게 되었다.

2019년 8월 2일 미국은 중거리핵전력조약(INF Treaty: Intermediate Range Nuclear Forces Treaty)을 탈퇴한 후 16일 만에 중거리 순항미사일을 시험 발사했다. 한국, 일본, 호주, 필리핀 등 아시아 지역 국가들을 위한 중거리미사일 배치에 대해 미국의 의지를 보인 것으로 평가된다. 중거리미사일 개발 배치를 위한 미국의 움직임이 빨라지면서 중거리미사일을 기반으로 한, 미·중·러 등의 전술핵무기 경쟁이 심화될 전망이다.[17]

러시아는 이에 강력 반발하여 영외 영토인 칼리닌그라드에 전술핵무기를 배치했다. 한편, 미국은 동북아 한·미·일 미사일 방어 구축을 구상하고 있고, 한국은 한국형 미사일 방어(KAMD: Korea Air Missile Defense)를 추진하고 있다. 현재 미사일방어와 반미사일방어 문제로 유럽에서 북대서양조약기구와 러시아 간에, 동아시아에서는 한국 사드 배치로 한미와 중러 간에 갈등을 보이고 있다. 미국 정부는 미사일 방어, 다중목표물 파괴요격체 시스템을 구축하고, 모의 대륙간탄도미사일을 명중시킬 수 있는 능력을 보유하고 있다. 미국은 해공군·해병대 통합 전력으로 중국의 도련선 내에 전력을 투사해 극초음 순항미사일, F-35 스텔스 전투기, 줌월트급 전투함, 연안전투함 등으로 중국 전력을 무력화하겠다는 것이다. 미국은 일본의 아오모리현 항공자위대 샤리키 주둔지와 교토 항공자위대 교가미사키 기지에 AN/TPY-2 엑스밴드 레이더를, 괌과 한국

---

17 "미, 중거리미사일 시험 발사: 한국 배치 압박", ≪조선일보≫, 2019년 8월 21일 자.

에 사드 1개 포대를 배치 운용하여 중국과 러시아, 북한의 미사일 위협에 대응하고 있다.

이에 중국은 반접근지역거부(A2&AD) 전략과 도련선 전략으로 대응하겠다는 것이다.[18] 중국은 DF-15 탄도미사일 등을 집중 발사하여 한국과 일본 주둔 공군기지를 무력화하고 D-21 등 대함미사일로 미 해군 항모 전력의 기동을 저지하겠다고 나서고 있다.

4. 동북아 지역 다자안보협력과 인도·동남아 신남방정책 참가

미중 관계 전망

한국이 과연 인도·태평양전략에 참가할지를 판단할 때 미중 관계 전망, 국가이익, 위협 평가, 동맹협력 등을 고려할 수 있다. 그 가운데 먼저 미중 관계 시나리오에 따른 한국의 역할에 대해 살펴보자.

미중 관계 시나리오에 따른 선택은 다분히 수동적인 전략이다. 미국과 중국의 정치외교력, 경제력, 군사력 등을 종합적으로 고려할 때 양국 간 국력의 균형 변화는 상당 기간 미국이 상대적 우위를 유지할 전망이다. 하지만 중국의 경제력이 지속되고 미국 경제가 크게 호조되지 않을 경우 미중 국력 균형에 변화가 발생하여 미중 관계의 패러다임이 전환될 가능성을 배제할 수 없을 것이다. 양극단의 상황이 전개되는 시나리오이다.

미중 관계 국력 균형을 전망할 때 다음 네 가지를 상정할 수 있을 것이다.

① 미: 정치·외교·경제·군사 우위 지속

---

18   정경영,『한국의 구심력 외교안보정책』(서울: 지식과감성, 2016), 42~44쪽.

[표 4-8] 미래 한반도 및 동북아 안보 환경 전망

변수		남북 관계(비핵화)	
		개선(성공)	악화(실패)
미중 관계	경쟁·견제	시나리오 → ① • 한반도: 안정성 유지 (북핵·재래식 위협) • 동북아: 불안정성 유지	시나리오 → ② • 한반도: 불안정성 심화 (북핵·재래식 위협) • 동북아: 안정성 심화
	협력·관여	시나리오 → ③ • 한반도: 안정성 유지 (북핵·재래식 위협) • 동북아: 안정성 강화	시나리오 → ④ • 한반도: 불안정성 심화 (북핵·재래식 위협) • 동북아: 안정성 유지

자료: 김기주, 「안보환경 변화와 한미동맹의 미래」(국방대 국가안전보장 문제연구소 및 한국 국방정책학회 공동 주최 "21세기 국제안보 환경 변화와 한국의 국방정책" 세미나, 2018.11.29).

② 미: 정치·외교·군사 우위, 중: 경제 우위 지속

③ 미중: 정치·외교·군사 대등, 중: 경제 우위

④ 중: 정치·외교·경제·군사 우위

한국의 국익에 부합하는 시나리오는 시나리오 ① 〉 ② 〉 ③ 〉 ④가 될 것이다. 따라서 이러한 시나리오가 전개될 수 있도록 외교안보전략을 구사해야 한다.

동시에 한국은 중견국가로서 호주, 아세안 국가 중 베트남, 인도네시아, 말레이시아 등의 국가들과 연대체계를 구축해서 미국과 중국의 갈등을 완화시킬 수 있는 역할을 할 수 있을 것이다.

국가이익

한국의 국가이익은 국가의 안전보장, 자유민주주의와 시장경제, 인권과 법치주의 등 가치 수호 그리고 경제적 번영이다.

국가 안전보장 측면에서 대한민국의 영토와 국민의 생명과 재산을 수호하는데 안보 동맹국인 미국 또는 전략적 협력 동반자 관계인 중국 중 어느 나라를 선택할 것인지는 명확하다.

가치 수호 측면에서 보면 미국은 가치를 공유하고 있고 중국은 공산당이 지배하는 집단지도체제에서 벗어나 시진핑이 지배하는 독재체제 국가이다.

경제적 번영 측면에서는 한중 무역이 2019년 전체 무역의 25.1%를 차지하며 수출 1362억 달러, 수입 935억 달러로 427억 흑자이고, 미국과의 무역은 13.3%를 차지하며 수출로 733억 달러, 수입 558억 달러로 175억 달러의 흑자를 기록했다.[19] 중국으로부터의 무역 흑자가 미국 흑자에 비해 2.4배 크다. 사드와 화웨이 캠페인에서 볼 수 있듯이 중국이 남중국해와 동중국해를 완전히 장악해서 해로를 차단하는 상황이 된다면 사드 제재와 비교할 수 없을 정도로 심각한 상황이 예상된다. 국익 차원에서 인도·태평양전략 참여가 요구된다.

위협 평가

지정학적·역사적으로 중국은 한반도 분쟁이 발생하거나 중국에서 왕조가 교체될 때마다 우군 세력을 확보하기 위해 전쟁을 감행하곤 했다. 우리 민족은 900여 차례 이상의 외침에서 일본 해상으로부터의 침략과는 비교할 수 없을 정도로 대륙으로부터 침략에 시달려야 했다.

실제로 앞으로 한반도에서 북한과 무력충돌이 있을 때 조중군사동맹을 맺고 있는 상황에서 중국이 한국 편에 서서 한국을 군사적으로 지원해 준다는 것은 상상할 수 없다. 한국이 미국과의 동맹을 파기하고 중국과의 군사동맹을 체결할 가능성은 더욱 없다. 특히 한반도 분쟁 시 서해에서 제해권 장악이 전쟁의 승패에 결정적으로 영향을 미쳤다. 임진왜란 시 이순신 장군이 남해에서 왜군 함정의 서해 진출을 차단했기 때문에 당시 한반도를 지킬 수 있었고, 청일·러

---

19 한국무역협회, "2019년 해외무역통계", http://stat.kita.net/stat/world/major/KoreaStats06. screen# (검색일: 2020.2.23).

일 전쟁에서 서해 제해권을 장악한 일본군이 전쟁에서 승리를 거머쥘 수 있었다. 또한 6·25전쟁 시 인천상륙작전을 통해 서해 제해권을 장악한 유엔군이 한반도의 공산화를 차단할 수 있었다.

한미동맹이 해체되고 주한미군이 철수하는 상황이 발생한다면 한반도 전체는 중국 질서에 편입될 것이다. 이러한 상황을 예방하기 위해서는 인도·태평양전략에 참여하는 것이 바람직하다.

한미상호방위조약 제3조에서 태평양 지역에서 무력공격이 발생할 때 공동 대처한다[20]고 되어 있는 데서 알 수 있듯이, 인도·태평양 지역에서 국제 규범과 질서, 안정과 평화에 도전하는 세력이라면 어느 나라에 대해서도 대항하여 공동 대처한다는 기본 원칙을 세울 필요가 있다. 여기에는 중국은 물론 러시아, 필요시 자유항행의 질서를 위협하는 세력이라면 다 해당된다. 따라서 중국이라는 특정 국가를 위협국가로 상정할 필요는 없다.

동맹협력 차원

우리 정부의 동북아플랫폼 전략구상은 동북아를 포함하고, 이를 넘어서는 지역 평화와 번영의 환경을 조성하는 것으로 한국판 중장기 생존 번영 전략이다. 공간적으로 동북아, 북방, 남방, 인도에 이르고, 이슈에 대해서도 안보, 경제, 사회, 문화, 가치 및 공공외교를 포괄하고 있다.

한반도를 중심에 놓고 러시아, 몽골, 중앙아시아를 잇는 신북방정책과 아세안-인도를 연결하는 신남방정책이 번영을 통한 평화를 실현하는 축이다. 신북방정책과 신남방정책이 연결되는 동북아에는 한반도를 중심으로 하는 평화의 축으로 설정된 동북아평화지대가 존재한다.

---

20 월간조선편집부, 『조약 협정: 한국의 대외 관계 주요 문서들: 강화도 조약에서 한미 FTA까지』(서울: 조선뉴스프레스, 2017), 179쪽.

[그림 4-4] 동북아플러스 책임공동체 기본 구조

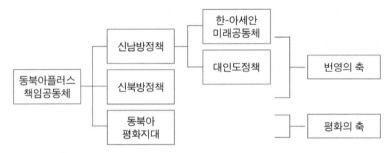

자료: 이재현, 「신남방정책이 아세안에서 성공하려면?」, 《이슈브리프》(아산정책연구원, 2018.1.24).

　　동북아플랫폼은 2011년 서울에 설립한 한중일 3국 협력사무국을 모체로 외연을 확대하여 미국과 러시아, 북한, 몽골이 참여하는 지역협의체로 제도화하는 것을 포함한다. 이를 통해 환경, 재난, 전염성 질병 이슈에 공동 대처하기 위한 신속대응군 창설을 추진하는 것이다.

　　신북방정책은 유라시아 국가와 교통 물류·에너지 인프라를 연계하여 성장 공간을 확보하고 대륙−해양 복합국가로서 일자리 창출과 지속 성장을 견인하는 것을 포함한다. 또한 신북방협력위원회를 운영하여 추진하고 남·북·러 3각 협력 민간협의체를 설치한다.

　　신남방정책은 역사적 앙금이 없는 아세안·인도와의 외교를 주변국 수준으로 격상시키고 현지 인적 협력 중심의 한국형 국제협력 모델을 발전시키는 것으로, 전략적 입지를 확보하고 신성장 동력을 발굴하며 쌍방향으로 문화·인적 교류를 한다.

　　상당 부분 인도·태평양전략과 현 정부의 신남방정책은 협력할 수 있는 영역이 있고, 서로 윈윈할 수 있는 영역이 많다. 한국이 배제된 상태에서 미국은 동북아에서 패권적 질서를 유지하기가 어렵다. 아세안 국가 및 인도와 안보협력 없이 중국을 포함한 수정주의 세력이 남중국해와 인도양에서 자유항행을 위협할 때 우리의 무역선이 자유스럽게 통행할 수 없다.

최악의 경우 한국이 인도·태평양전략에 참가하지 않을 경우 한반도가 신 애치슨라인에서 배제되는 상황이 발생할 수도 있다. 이때는 미국 주도의 국제 질서에서 이탈되어 감당할 수 없는 재앙에 직면할 것이다.

정책 제안

미국은 한미동맹을 한반도 안정과 평화는 물론 동북아의 안정과 평화에 핵심 역할을 하는 린치핀으로 인식하고 있다. 국제 규칙과 규범, 자유 접근, 자유 항행과 비행이 보장되는 자유롭고 열린 인도·태평양전략은 따라서 동북아 지역에서는 다자안보협력체제를 구축하여 갈등과 대립의 냉전 질서를 공존과 번영의 협력 질서로 전환할 수 있도록 한미가 공동의 리더십을 발휘하게 하고, 인도·동남아 지역에서는 개방성·포괄성·투명성 차원에서 우리의 신남방정책과 인도·태평양전략이 조화를 이룰 수 있어 적극 참여하는 것이 바람직할 것이다.[21]

---

21 정경영, 「한반도 중심축 통일국가 건설을 위한 동맹과 다자안보 병행 추진전략」, ≪군사논단≫, 통권 제97호(2019년 봄), 66~104쪽.

제5장

한미동맹의 비전

이 장에서는 앞에서 논의한 한미동맹의 변천 과정을 재조명하면서 보다 성숙한 호혜적·대칭적 동맹으로의 변화를 모색하고자 한다. 동맹의 최대 과제인 북한의 비핵화 문제를 협상을 통한 북핵 폐기, 사실상의 핵보유국 상황, 핵미사일 대량생산과 전력화라는 시나리오에 따라 어떻게 대응할 것인지를 고찰하면서 북핵은 북미 간의 문제만이 아니라 우리의 국가 존망이 걸려 있는 사안임을 인식한다.

전작권 전환은 비대칭 동맹에서 대칭 동맹으로 발전되는 것을 의미한다. 1948년 8월 15일 대한민국 정부 수립 이후 국군에 대한 작전통제권을 미군정으로부터 대한민국 정부로 이양한 1949년 8월 24일 한미 군사지원협정을 맺은 뒤부터 6·25동란 직후 1950년 7월 14일 국군에 대한 지휘권을 유엔군사령관에게 이양했던 1년여 기간만 한국군에 대한 작전통제권을 우리 스스로 행사했을 뿐 오랜 기간을 외국군 사령관이 행사해 오다 보니까 오히려 이것이 자연스럽게 되어 다시 정상으로 원위치시킨다는 것이 그렇게도 어렵다는 체험을 하고 있다. 경로의존성(Path Dependence)을 극복하는 데 수많은 애환을 겪고 있다. 비정상의 정상화를 바로잡기 위해서는 자립 의지와 책임이 뒤따름을 분명히 깨달아야 한다. 비정상을 정상으로 돌려놓는 순간 당당할 수 있으며, 남북 관계나 국제 사회에 떳떳하게 나설 수 있다.

또한 인도·태평양전략의 참가 문제에 있어서는 한미동맹을 한반도 이외의 지역으로 확장하는 사안에 대해 한미상호방위조약의 동맹 정신에 주목할 필요가 있다. 우리는 공동의 위협에 대처하기 위해서 힘이 있는 나라의 도움을 받고자 동맹을 맺는 것이라는 인식이 지배적이다. 지원-피지원 관계의 수혜적 입장에서 동맹을 바라보았고 이로써 형성된 비대칭 관계를 자연스러운 것으로 받아들였다. 또한 한미동맹은 북한이라는 현존 위협에 대응하기 위해 출발한 것이지 한반도 밖의 위협에 대해서는 우리가 관여할 영역이 아니라는 의식에 갇혀 있었다. 국가안보에 대한 위협 인식은 북으로부터만 오며, 설령 주변국과 태평양 지역에서의 위협이 존재한다 하더라도 동맹국인 미국이 알아서 차단시켜 줄 것이기 때문에 신경 쓸 필요가 없었다는 것이다.

그러나 우리의 국력이 신장되고 우리의 활동무대가 동북아 지역은 물론 태평양으로 뻗어나감에 따라 국익에 위협을 주는 것이라면 대처해 나가지 않으면 안 된다는 인식을 갖기에 이르렀다. 한미상호방위조약에 북한 위협이라고 적시하지 않고 태평양 지역에서 무력공격에 공동 대처한다고 명시한 것은 중요한 의미가 있다.

이러한 문제의식과 전략인식하에 이 장에서는 동맹 이론에 대한 고찰에 이어 지난 70여 년 동안의 한미동맹의 공과를 평가하고 동맹의 현 실태를 진단하려 한다. 이어서 탈냉전 이후 한미 양국의 동맹 발전을 위한 미래 비전 협의 변천을 재조명하여 시사점을 도출하고자 한다. 이 토대 위에서 동맹의 비전을 한반도, 인도·태평양, 글로벌 차원으로 제시하면서, 동맹의 비전을 안보 분야에서 구현하기 위한 이행 방향을 논의하고자 한다. 마지막으로 방위비 분담금 협상에서 한미가 공히 윈윈할 수 있는 협상전략을 제시하고자 한다.

1. 한미동맹의 평가

동맹 이론

국가안보를 위해 국방력을 강화하는 데는 크게 두 가지 방법이 있다. 하나는 스스로 군비를 증강시키는 것으로, 이는 자주국방이다. 다른 하나는 자국의 능력만으로는 외부로부터의 위협을 막지 못할 때, 외부의 도움을 받아 방어력을 높일 수 있다. 이를 위해 외교적 행위가 필요하며, 가장 대표적인 것이 다른 나라와 동맹을 맺는 것이다.[1]

동맹이란 "두 개 이상의 자주국가들 간의 안보협력을 위한 공식적 또는 비공식적 협정"이다.[2] 동맹은 방위조약(Defense Treaty)뿐만 아니라 중립협약(Neutrality Pact), 불가침 협정(Non-Aggression Pact), 협상(Entente), 그리고 제휴(Coalition)도 포함한다.

공고한 동맹이 되기 위한 몇 가지 원칙을 제시하면, 첫째, 이념·가치·문화의 동질성이 요구된다. 둘째, 상호 비슷한 이익을 줄 수 있다면 더욱 공고한 동맹이 될 수 있다. 셋째, 위협 인식을 공유할 때 동맹이 공고화된다. 넷째, 동맹 체결을 위한 협정 시 의무 발생 조건과 절차를 규정하는 등 지원 의무가 있을 때 지속성이 크다.

동맹을 추진하는 데 따른 동맹의 딜레마로 자율성-안보 교환(Autonomy-Security Trade-off)의 딜레마와 방기(放棄)-연루(連累)(Abandonment and Entrapment)의 딜레마가 있다. 자율성-안보 교환의 딜레마는 강대국이 약소국에게 유·무상 군

---

1   홍용표, 「이승만 정부의 한미동맹 정책과 한미상호방위조약」, 함택영·남궁곤 엮음, 『한국 외교정책: 역사와 쟁점』(서울: 사회평론, 2010), 148~149쪽.

2   Stephena M. Walt, *The Origins of Alliances* (Ithaca: Cornell University Press, 1987), p.12; James D. Morrow, "Alliances and Asymmetry: An Alternative to the Capability Aggregation Model of Alliances," *American Journal of Political Sciences*, Vol.35, No.4(1991).

사 원조, 군사기술 이전 등을 제공해 줄 뿐만 아니라 군대를 주둔시켜 안보공약을 보장해 주는 시혜(施惠)의 측면이 있는가 하면, 강대국은 약소국에게 비대칭적인 동맹 관계를 형성함으로써 약소국의 외교·군사정책은 물론 경제정책 결정에 영향력을 행사하여 자율성을 제약할 수 있다. 이때 약소국은 자율성의 갈등을 겪게 되는데 이것이 약소국이 가지는 동맹 관계의 딜레마이다. 한미동맹은 1950년대 초강대국과 약소국 간의 동맹으로부터 시작되었기에, 약소국이 강대국으로부터 안보를 보장받는 대신 정책적 자율성을 희생하는 동맹의 특징을 뚜렷이 나타냈다. 한미동맹의 역기능은 이러한 동맹 관계의 특수성에서 파생된 심리적·제도적 문제점으로 볼 수 있다.

후자인 방기-연루의 딜레마는 동맹을 맺은 국가가 상대방에게 두려움을 갖게 될 경우 상대방이 동맹을 방기하거나 또는 자신이 원하지 않는데도 상대방의 이익 때문에 분쟁에 연루될 때 발생한다.[3]

동맹의 강화는 자율성의 제약을 심화시키고 동맹국의 분쟁과 지역분쟁에 휘말릴 가능성이 있음을 고려할 때, 동맹의 진화를 위해서는 동맹국의 안보자립화를 추진하는 것이 무엇보다 요구된다.

한미동맹의 공헌

1953년 10월 1일 한미상호방위조약이 체결된 후 지난 70여 년 동안 한미동맹은 한반도에서 전쟁을 억제하고 평화를 유지하는 데 결정적으로 기여했다. 6·25전쟁 당시 미군은 연인원 485만여 명(육군 283만, 해군 160만, 공군 42만)이 참전했고, 전사자 5만 4246명, 부상자 46만 8659명이 희생을 치르면서 공산주의 확산을 차단하고 한국에서 민주주의의 가치를 지켜냈다.[4]

---

3   김열수, 『국가안보: 위협과 취약성의 딜레마』(서울: 법문사, 2010), 209~227쪽.
4   국방군사연구소, 『한국전쟁 피해통계집』(서울: 국방군사연구소, 1996), 135쪽.

6·25전쟁으로 잿더미가 된 한국은 미국의 전후복구 재정 지원을 받았고, 수많은 엘리트 요원이 미국에 유학해 선진 학문과 과학기술을 학습하고 귀국하여 국가 발전에 기여했다. 그동안 미군이 주둔함으로써 국방비 절약 효과가 있었음은 물론, 최빈국인 한국이 경제 발전을 거듭해 제2차 세계대전 이후 도움을 받은 나라에서 도움을 주는 유일한 나라로 성장할 수 있었다. 미국은 해방 이후부터 1999년까지 한국에 원조액 1조 3976만 달러 중 5542만 달러를 공여했던 것이다.[5] 한미동맹의 경제적 가치는 오늘날에도 주한미군 장비 가치로 17조~31조 원, 주한미군의 대체비용 측면에서 한국 국방비의 2배로 추정된다.[6]

미국이 한국의 군사정권을 비호하면서 민주화를 저해했던 것으로 평가하는 경우도 있다. 그러나 그 기간 중 미국은 직간접적인 개입 정책을 통해 독재정권을 견제하고, 언론의 자유와 인권, 법치주의가 한국 사회에 뿌리내리게 하는 데 기여했다. 그 결과 한국은 종교의 자유가 보장되고 기회는 균등하게 주어지나 노력한 만큼 사회적 신분 상승이 가능한 역동적인 사회로 발전했다. 동맹외교를 주축으로 국제사회와 협력외교를 전개할 수 있었으며, 폐쇄된 사회로부터 미국과의 교류를 통해 열린 문화로 성장하게 되었다.

군사적인 측면에서 한미동맹은 한국군의 성장과 발전에 결정적으로 기여했다. 그중에 빼놓을 수 없는 것이 한국군 간부의 도미 유학 프로그램이다. 6·25전쟁 중이던 1951년 미8군사령관 제임스 밴 플리트(James Van Fleet) 대장은 한국군 장교들의 전투기량 제고를 위해 미 보병학교에 150명, 미 포병학교에 100명을 순차적으로 입교시켜 미군의 전술과 교리를 습득하게 하고 귀국 후 곧바로 전선에 투입되도록 했으며 이는 북한군 및 중국군과 싸워 승리하는 데 결정적인 역할을 담당했다.

---

5   김충환, 「부산총회 결과와 국회의 역할」, ≪국제개발협력≫, 제4호(2011), 51쪽.
6   정경영, 「평화협정 체결과 주한미군의 미래」, ≪EAI 이슈 브리핑≫, 2018.7.24.

미 육해공군 지휘참모대학 위탁교육은 1951년도부터 국무총리를 역임한 정일권 장군을 필두로 정래혁, 백선엽, 강영훈, 채명신 등을 포함해 330여 명, 그리고 미 육해공군 대학 과정에도 200여 명, 국방대학교에도 100여 명이 이수했다.

한미동맹은 한국군의 전쟁기획 및 전쟁수행 능력을 제고시키는 데도 크게 기여했다. 한미 제1군단으로부터 이어져온 한미야전사령부는 물론 미7공군과 공군작전사가 위치한 오산기지, 1978년 창설된 연합사에서 정책과 전략, 전쟁계획을 발전시키는 데 중추적인 역할을 담당했다. 6·25전쟁 이후 오늘날에 이르기까지 정보통신에 혁신을 가져오는 데 주역을 담당했던 오명 전 과학기술부 장관을 포함하여 4000여 명의 한국군 장교들이 미국 민간 대학교에서 석·박사 학위를 받은 후 군 발전은 물론 국가 발전에도 헌신했다.

한미동맹은 주한미군, 연합사, 한미협의체를 통해서 전쟁 억제 기능을 수행해 왔다. 주한미군이 주둔함으로써 미국은 북한의 무력 남침을 미국과의 전쟁으로 간주하고 개입을 보장함으로써 전쟁 억제에 기여했다. 한미연합사는 전시 대비 작전계획을 발전시키고, 다양한 한미연합연습을 실시했다. 유사시 미 증원전력의 한반도 전개 능력을 과시함으로써 전쟁 억제에 기여해 왔다. 또한 한미협의체로서 한미 국방장관 간 안보협의회의(SCM: Security Consultative Meeting)와 양국 합참의장 간 군사위원회회의(MCM: Military Committee Meeting)를 연례적으로 개최하여, 한반도 안보 평가와 위협 관리를 통해서 한반도의 전쟁을 억제하는 데 기여했다.[7]

한미연합 대규모 기동훈련인 팀스피리트훈련이 1976년부터 1993년까지 실시되었다. 유사시 대비하는 데 목적을 둔 대규모 훈련으로 증원전력이 전략적 전개를 하여, 한국군과 최대 20만여 명의 연합군이 훈련에 참여했다. 이 훈련 자체가 전쟁을 억제하는 데 중요한 기제로 작동되었다. 1994년 11월 미북 간

7   정경영, 「한미동맹 60년사: 동맹정신(Alliance Spirit)」(국방부 군사편찬연구소 연구보고서, 2013.2).

제네바합의에 따라 핵분열 물질이 봉인되면서 대규모 훈련이 대폭 축소되어 연합전시증원훈련으로 명칭을 바꿔 지속되었다. 2002년 농축우라늄 개발을 재개하면서 야기된 제2차 북핵 위기 상황에서 북한의 핵 개발 위협과 전략 도발에 대응하는 훈련을 강화했으며, 2008년 연합전시증원연습을 키리졸브(KR: Key Resolve)연습으로 명칭을 바꿔 매년 봄에 실시했고, 2012년 북한이 오바마 행정부와 체결했던 2·29합의를 파기하고 광명성 3호를 발사하자 한미 양국은 북한 핵 위협을 단계별로 압박하여, 선제타격, 단호한 대응으로 맞서는 맞춤형 억제전략(TDS: Tailored Deterrence Strategy)을 구상하고, 2013년 제45차 안보협의회의에서 그 내용을 확정했다. 2016년 연중 북한이 4, 5차 핵실험을 감행함에 따라 대북 핵 억제의 틀에서 한미 양국은 미 전략자산 전개와 특수작전 훈련으로 분명한 대응 의지를 발휘했다. 2017년 11월 29일 ICBM급인 화성 15호를 발사하여 한반도의 긴장이 고조될 때 확장 억제를 시현하는 등 북핵 위기관리를 해왔다.

동맹의 역기능

한미동맹은 대한민국과 한국군이 발전과 성장을 거듭해 왔음에도 불구하고 미군 주도의 한미연합방위체제에서 동맹에 과도히 의존하는 안보 의식, 한국군의 정체성 혼란, 군사력 운용의 자율성 제한, 전력 증강의 미국 무기 편중 심화 등 부정적인 영향을 미쳐왔다.

이를 좀 더 구체적으로 살펴보면, 첫째로 동맹에 과도하게 의존하는 안보 의식은 정리되어야 할 유산이다. 일부 국민들은 미국의 도움이 없으면 이 나라를 지킬 수 없으며 유사시 미국이 함께 싸우지 않으면 승리할 수 없을 것이라는 의식을 갖고 있다. 그리고 이러한 의식은 심지어 일부 군인들에게까지 스며들어 갔다.

둘째로 한국군의 정체성 문제이다. 전쟁에서 미국 주도의 연합작전과 첨단

무기와 물량전에 의해 승리할 수 있다는 인식을 갖게 했고, 우리가 주도적으로 군사전략과 군사사상, 의지로 무장된 싸워 이기는 군대를 육성하기 위한 노력을 소홀히 했다.

셋째로 북한이 끊임없이 무력 도발과 테러를 자행해 왔는데도 왜 우리 군은 이렇다 할 응징보복을 못 하는 무기력한 군이 되었나 하는 문제이다. 이는 우리 군이 군사력 운용의 자율성을 제한받아 온 데 기인한다. 전·평시 지휘체제의 이원화와 정전 시 유엔사 교전규칙의 비례성의 원칙 등으로 인해 한국군의 군사력 운용이 제한받을 수밖에 없는 구조이다. 이는 정상으로 바로잡아야 한다.

넷째로 전력 증강 사업의 미국 편중 현상이다. 미국산 무기 획득은 한미연합작전의 상호운용성 측면에서 이해할 수는 있다. 한국은 2006년부터 2015년까지 10년간 미국산 무기 구매국 중 1등 국가로 무기 도입에 무려 36조 360억 원을 투자[8]했지만 비대칭 전력에서 북한군보다 우위에 있지 못하다. 사실상 북한은 한반도 남단은 물론 괌, 미 본토까지 위협을 주는 장거리탄도미사일을 개발하고 있음에도 미사일기술통제체제(MTCR: Missile Technology Control Regime) 등에 의해 미국은 한국의 미사일체계 개발을 통제해 왔다.[9] 미국 무기체계에 의존하는 한 자주국방은 요원하다. 한반도 작전 지역과 한국군 교리에 부합되는 무기체계를 개발해, 싸워 이길 수 있는 군대로 무장시켜야 한다. 방산무기 개발을 위한 군사과학기술 인력 확보와 예산의 뒷받침이 절실한 이유이다.

다섯째로 2018년 6월 29일 주한미군사령부가 평택 캠프 험프리스로 이전함으로써 73년의 용산 시대를 마감하고 평택 시대를 맞이하게 되었다. 이는 주한

---

8 김재우·백헌영·박성수·박정운·홍준석 외, 『2016 세계 방산시장 연감』(진주: 국방기술품질원, 2016).

9 1992년 사거리 300km, 탄두 중량 500kg으로 합의한 한미 미사일협정은 2012년 사거리 800km, 탄두 중량 500kg으로 개정하는 데 합의했으며, 2017년 한미 미사일협정 개정을 통해 탄두 중량을 해제하고 사거리 800km 미사일 개발에 합의했다. 이는 서울에서 베이징과 도쿄(서울-베이징 간 거리 920km, 서울-도쿄 간 거리 1160km)를 타격하지 못하도록 하기 위한 조치로 판단된다.

미군이 북한 위협 관리 외에 인도·태평양 지역의 우발사태에 대처하는 기능으로 확장되었음을 의미한다. 이로부터 파생되는 우려는 역내 미중 간 전략 경쟁이 치열해짐에 따라 미중 간의 갈등에 한국이 연루될 수 있다는 데 있다. 오늘날 두드러지는 한미동맹의 부정적 측면은 미국의 분쟁에 한국이 연루되는 것이다. 아시아 재균형과 더불어 2010년대 초반 미국은 아시아에서의 핵심적 이익을 지키기 위해 전략자산들을 대서양에서 태평양으로 이동시키겠다는 입장을 밝혔다. 2020년까지 대서양과 태평양의 해군 자산 비율을 50 대 50에서 60 대 40으로 바꿀 것이라는 입장을 리언 파네타(Leon Panetta) 국방부 장관이 2012년 6월 샹그릴라회의에서 천명했던 것이 이미 완료된 상황이다.

태평양 지역에 추가 배치된 전략자산으로 인해 한미동맹은 북한의 핵 개발에 대한 강력한 대응이 가능했다. 그럼에도 불구하고 미국의 전략자산 전방 전개가 사드(THAAD: Theater High Altitude Air Defense) 배치로까지 구현되면서 한중 관계는 정치적 역풍으로 제약되었다. 통일을 위해 주변국들의 고른 지지가 필요한 한국의 이해와 다소 다른 방향으로 한국 정부의 대외 관계가 변화되는 것이 불가피했던 것이다.

동맹의 현 실태 진단

가치와 신뢰의 한미동맹이 도전받고 있다. 한미연합훈련 중단 및 축소, 황당한 거래동맹, 주한미군 철수론 부상, 남북 관계 발전에 걸림돌이라는 동맹 회의론 등으로 동맹이 흔들리고 있다. 최근 북한의 급격한 긴장 행위는 9·19남북군사합의 파기 가능성은 물론 그동안 북핵미사일 능력을 증대해 온 고강도 전면압박전략에 한미동맹이 제대로 대응하지 못하고 있다.

한미동맹은 전쟁 억제를 통해 한반도 평화는 물론 지역의 안정에도 기여해왔다. 전쟁 억제는 한미연합훈련 등 대비 태세에 의해 이루어지며, 연합훈련의 현저한 축소·조정은 한반도에서 평화 유지를 제대로 수행할 수 있을지 의문시된다. 동맹이 살아 움직일 때 동맹의 가치가 구현된다. 한미연합기동훈련의 지속은 이런 차원에서 중대한 의미가 있다. 연합훈련이 사라지게 되면 주한미군의 존재 가치가 상실되고 결국은 동맹은 형해화될 것이고 주한미군은 철수할 수밖에 없을 것이다.

또한 트럼프 행정부는 50억 달러의 과도한 방위비 분담을 요구하고 있다. 돈이 없으면 동맹을 지속할 수 없다는 동맹의 금전화(Monetization of Alliance)는 가치동맹을 추구하는 한미 간에 갈등과 균열을 초래하게 될 것이다. 미 측은 최초 2019년 1조 398억 원의 무려 5.5배 50억 달러, 5조 8000억 원을 요구했던 데서 2020년 5월 현재 13억 달러로 조정 요청한 것으로 알려져 있으나 여전히 현재 분담액에서 53%의 인상을 요구하고 있다. 최초 50억 달러 방위비 분담금 요구는 2만 8500명의 주한미군 장병의 인건비, 장비 유지관리비, 순환배치 비용, 위험지역 특수근무수당 등 50여억 달러 일체를 한국에 요구한 셈이었다. 이는 로마 시대의 용병을 연상시킨다. 적정 방위비는 한국 안보의 기여도, 우리의 재정 부담 능력, 안보 상황, 주한미군의 안정적 주둔 보장에 기준을 두고 협의·합의해야 한다.

북한에게 주한미군은 적화통일 전략을 추진하는 데 최대의 걸림돌이다. 6·25전쟁을 감행하여 낙동강까지 진출했던 북한에게 있어 미군의 개입은 '민족의 해방'을 달성할 수 없게 한 것으로, 그들에게 주한미군의 철수는 곧 적화통일의 제한 요소가 사라짐을 의미하며 노동당 규약에 명시된 '온 사회의 김일성·김정일주의화'를 완성하게 되는 여건을 조성할 것이다. 6·25전쟁 시 평화를 파괴(Breach of Peace)한 북한 세력을 몰아내기 위해 유엔 안보리 결의를 통해 국제법적인 정당성을 갖고 미군을 포함한 유엔군이 개입했으며, 이는 스탈린의 동아시아 우회를 통한 세계적화전략을 좌절시킨 것으로 결국 자유민주주의가 승리할 수 있었던 계기가 되었다. 그뿐 아니라 오늘의 주한미군은 힘과 억압에 의해 국제 규범과 질서에 도전하는 수정주의 세력인 중국과 러시아의 팽창을 차단한다는 중요한 역할을 수행하기 위해서 전진 배치되어 있는 것이다.

일부 식자들은 우리 정부의 남북 관계 개선을 위한 노력이 많은 벽에 부딪치는 것은 미국이 있기 때문이라고 인식하여 마치 한미동맹이 남북 관계 발전이나 통일에 장애물이라는 생각까지 한다. 그러나 이는 북핵에 대한 유엔의 대북 결의에 따라 경제제재에 해당되는 것으로 판단된다. 동맹이 온전치 못하면 사실상의 핵보유국이 된 북한을 상대할 수 있을지를 생각해야 할 것이다.

이대로의 동맹이 되어서는 안 된다. 동맹이 주저앉을 수도 있다는 위기의식을 느낀다. 이런 상황일수록 긴 호흡을 하면서 국가의 비전과 철학을 밝히고, 미중 관계와 남북 관계의 전망을 통해 동맹의 비전을 정립하면서 도전에 창조적으로 응전해야 한다. 지난 70여 년에 걸쳐서 전쟁 억제를 통해 평화를 유지함으로써 분단 관리를 해온 동맹은 분단 관리에 멈춰서는 안 된다. 또한 우리의 염원인 한반도 평화체제를 구축하는 노력도 늦춰서는 안 된다. 평화체제 구축에 동맹의 역할은 절대적이다.

2. 동맹 발전을 위한 비전 협의 변천과 시사점

21세기 한미안보협력 방향 연구(1993~1994년)

한미전략동맹의 비전을 구현하기 위해서는 한미동맹 발전을 위한 양국 국방·외교 당국 간 협의 과정을 분석할 필요가 있다. 한미동맹 발전과 관련하여 양국이 공동으로 연구한 최초의 프로젝트는 1992년 SCM 합의에 따라 1993~1994년까지 국방연구원의 차영구 박사팀과 RAND연구소의 조너선 폴락(Jonathan Pollack) 박사팀 간에 공동연구한 21세기 한미안보협력 방향 연구[10]였다. 한미

---

10 Jonathan D. Pollack and Young Koo Cha, *A New Alliance for the Next Century: The Future of U.S.-Korean Security Cooperation* (Santa Monica: RAND, 1995).

연구팀은 본 연구에서 구소련이 해체됨으로써 탈냉전이라는 변화된 안보 환경 하에서 미소 초강대국 간의 대립은 종식되었으며, 향후 한반도 세력 균형은 한국 우위로 전환될 것이라고 평가했다. 또한 동북아 역내 국가들의 정치·경제적인 발전으로 미국과 역내 동맹국들 간의 관계는 보다 대칭적이고 균형 잡힌 방향으로 전환될 것이며, 중국과 러시아가 한국과 협력 관계를 증진시켜 나감에 따라 한반도 안보에 대한 주변국의 위협은 감소될 것이라고 예측하고 있다.

그러나 이러한 전략 환경 평가는 탈냉전 이후 중국의 부상과 북한 핵 변수를 예측하지 못했다는 데 한계가 있다. 또한 미래 한미동맹의 비전 제시 역시 한국의 국력 신장으로 활동무대가 글로벌 차원까지 확대될 것이라는 측면을 전망치 못하는 데서 한계가 있었다.

중장기 한미안보대화(1995~1996년)

한미 양국은 1994년 SCM에서 국방연구원(KIDA: Korea Institute for Defense Analysis)과 RAND연구소 간의 공동연구를 바탕으로 한미 국방 당국자들이 중심이 되어 중장기 한미안보협력 관계의 발전 방향을 모색했다. 이에 따라 국방부 정책기획관과 미 국방부 국제안보차관실 아태국장을 대표로 하는 양국 국방 당국 간에 중장기 한미안보대화가 진행되었다. 본 협의를 통해서 한미 양국은 한반도에 있어서 한미 양국의 안보 목표를 남북 대치 단계에서는 북한 도발 억제에 주안을 두고, 북한 위협이 현저히 감소되거나 소멸될 경우 지역의 안정을 유지하고 남북한 군사통합을 지원하는 데 주안을 두었다. 이를 위한 한미동맹의 역할과 기능은 대치 단계에서는 한미연합방위 노력을 지속하고, 통일 이후에는 한국이 주도하고 미국이 지원하며 지역방위는 미국이 주도하고 한국이 지원하는 것을 상정했다.

그러나 중장기 한미안보대화 역시 한반도 안보에 있어서 통일 이후에나 한국이 주도한다는 구상은 한국의 국력 신장에 따른 통일 과정에서의 주도권과 자율성 확대 요구를 간파하지 못한 판단이었다. 또한 주한미군의 역할 변경 역시 북한 위협 소멸 이후만을 상정하고 있으나 21세기의 새로운 위협으로 등장하고 있는 잠재적인 중국의 위협과 테러에 대한 위협 평가와 이에 따른 역할 변경 가능성을 전망하지 못했다는 데 한계가 있다.

한미동맹 미래발전 공동협의(2000~2002년)

한미동맹 미래발전 공동협의는 1990년대 중반 중장기 한미안보대화와 동일한 구성원으로 출발했으며, KIDA의 전담 연구팀이 합류했다. 본 협의체는 역동적 남북 관계와 역내 안보 환경하에서의 발전 방향을 모색하고 변화하는 안보 상황에 대한 한미동맹의 적응과 발전을 위해 기획한 것이었다. 한미 대화를 통해 양국은 그동안 한미동맹이 한편으로는 한반도 평화 유지와 한국의 정치·경제 및 군 발전에 기여한 면도 있지만, 다른 한편으로 일방적으로 주한미군을 감군하여 안보공약에 대한 신뢰를 약화시켰다고 평가했다. 북한 위협 소멸 이후 예측 가능한 아시아 전략 구도로서, 한미동맹은 아시아 역내 평화와 안정에 지속적으로 기여할 것이며, 역내 국가 간 협력의 중요성이 증가하여, 한미동맹을 보완하는 차원에서 다자안보협력기구에 대한 논의를 할 수 있다고 보았다. 또한 한미동맹은 평화 유지, 해상교통로 방어, 재난구호 임무를 수행할 수 있을 것이라고 전망했다.

한미동맹 미래발전 공동협의 팀이 제시한, 한미동맹을 보완하는 차원에서 다자안보대화와 한미 양국 정부 간 한반도 긴장 완화를 위한 군사적 신뢰 구축 방안은 향후 평화체제 구축을 위한 중요한 시금석이 될 것이라고 판단된다.

미래 한미동맹 정책구상 공동협의(2003~2004년)

한미동맹 미래발전 공동협의를 토대로, 2002년 12월 워싱턴에서 개최된 제

34차 SCM에서 미래 한미동맹 정책구상(FOTA: Future of the Alliance Policy Initia-tive) 공동협의를 추진하기로 합의했다. FOTA 회의를 통해서 2003년 3월부터 2004년 7월까지 10차에 걸쳐 공동협의[11]가 진행되었으며, 주한미군의 10대 임무 전환, 주한미군 재배치 및 용산기지 이전을 중심으로 협의하여 합의가 이루어졌다. 여기에서 특기할 사항은 노무현 대통령이 당선되기 전, 2002년 12월 10일 워싱턴에서 개최된 한미군사위원회회의(MCM)에서 한미 합참의장 간에 미래 역할, 임무, 기능을 고려한 한미지휘체제를 연구하기로 합의했다는 점이다. 이는 전시작전통제권 전환을 염두에 둔 한미 국방 당국자 간의 논의가 참여정부 출발 전에 이루어졌음을 뜻한다.[12]

미래 한미동맹 정책구상 협의 시 구체적인 미래 동맹의 전략적인 틀이 발전되지 않은 상황에서 미군 감축은 물론 한국군의 이라크 파병 등 현안 이슈에 한미 간 국익이 첨예하게 부딪쳤으며, 이는 불편한 한미 관계를 초래한 직간접적인 원인이 되었다.

한미안보정책구상(2005~2007년)

한미 양국은 한미동맹이 지향해야 할 청사진을 공동으로 발전시켜야 한다는 필요성을 절감하여, 2005년도 한미안보정책구상(SPI: Security Policy Initiative) 협의체를 구성하게 되었다. 이에 따라 양국은 한미 양국 국방외교 당국 간 협의체인 SPI를 통해서 미래 한미동맹의 발전과 관련된 의제를 본격적으로 협의했고, 분기 단위로 양국에서 교대로 개최해 왔다.

SPI 회의에서 한미 양국은 한미동맹의 비전 연구, 포괄적 안보 상황 평가, 주한미군 감축, 주한미군 재배치, 연합전력 증강, 군사임무전환 추진 점검, 전략

---

11   김선규, 「미국의 對 한반도 안보정책」(한국군사문제연구원 주최 남성대 포럼, 2004.9.15).
12   정경영, 「한미동맹 비전과 구현전략」(국가안보회의 사무처 정책보고서, 2003.7).

적 유연성, 한미 지휘관계 연구, 한미안보협력 방안 등을 협의해 왔다.

주한미군 감축은 2004년 5월 주한미군 3600명을 이라크로 재전개함으로써 시작되었으며, 2008년도 말까지 1만 2500명을 감축할 예정이었으나, 2008년 4월 한미정상회담을 통해 주한미군의 병력 규모를 2만 8500명 수준으로 유지하기로 합의했다.

주한미군 현대화는 병력을 감축하는 대신 2006년까지 150개 분야 110억 달러를 투자하여, 정보 및 감시자산, 대화력전, 신속전개능력 보강 등으로 주한미군 능력을 증강했다.

한편, 주한미군에서 한국군으로 전환된 군사 임무는 ▲ 후방 지역 제독작전(2004.8), ▲ 공동경비구역(JSA) 경비·지원(2004.10), ▲ 공대지 사격장 관리(2005.8), ▲ 신속 지뢰 설치(2005.8), ▲ 대화력전 수행본부 지휘·통제(2005.10), ▲ 주보급로 통제(2005.10), ▲ 해상 대특수작전부대 작전(2006.1), ▲ 근접항공지원 통제(2006.8), ▲ 기상예보(2006.12), ▲ 주야간 탐색구조(2008.9) 등이다.

주한미군의 전략적 유연성은 글로벌 차원의 우발사태 및 훈련 소요를 충족시키기 위해 주둔국 정부와 협의를 거쳐 미국 군대 및 병참자원을 주둔국으로, 주둔국에서 또는 주둔국을 통해 배치하기 위한 유연성을 발휘하기 위해 주한미군의 한반도로의 유입 및 유출과 경유를 자유롭게 추진하겠다는 것이다. 2003년 3월 미래 한미동맹 정책구상 회의에서 미 측의 제기로 협의가 시작되었으며, 2006년 1월 19일 반기문 외교부 장관과 콘돌리자 라이스(Condoleezza Rice) 미 국무부 장관은 제1차 한미전략대화에서 "한국은 동맹국으로서 미국의 세계 군사전략 변화의 논리를 충분히 이해하고 주한미군의 전략적 유연성의 필요성을 존중하며, 미국은 전략적 유연성의 이행에 있어서 한국이 한국인의 의지와 관계없이 동북아 지역분쟁에 개입되는 일은 없을 것이라는 한국의 입장을 존중한다(In the implementation of strategic flexibility, the U.S. respects the ROK position that it shall not be involved in a regional conflict in Northeast Asia against the will of the Korean people)"라는 것에 합의했다. 한국군의 국력 신장과 미군의 전략 개념 변화에 따라 한미동맹은 지속적으로 발전·진화했다.

그러나 한미 양국은 탈냉전 이후 참여정부 출범 이전까지 미래 동맹에 대한 비전에 대해 협의를 해왔으나, 한미 안보 현안 발생 시 근본적인 처방 없이 미봉책으로 대처해 왔다. 한국의 국력이 신장됨에 따라 자존 의식이 격상되고 시민사회의 정치 참여가 확산되고 있음에도 비대칭 동맹 관계의 본질적인 변환에 대한 진지한 노력이 없었던 것이다. 불평등 동맹 관계의 극복을 요구하는 참여정부의 출범은 한미 관계가 요동칠 수밖에 없는 직간접적인 원인이 되었다.[13]

한미동맹 공동비전(2008~2012년)

한미동맹 복원을 중시하는 MB정부 출범 이후 2009년 6월 16일 한미 양국 대통령은 워싱턴에서 개최된 한미정상회담에서 한미동맹의 근본적인 변환을 예고하는 공동비전을 천명했다. 이명박 대통령과 버락 오바마(Barack H. Obama) 미국 대통령은 2009년 6월 16일 워싱턴에서 개최된 한미정상회담 후 한미동맹 공동비전을 밝혔다.[14] 양국 정상은 21세기 안보 환경에 보다 효과적으로 대처하기 위해 한미군사동맹을 포괄적인 전략동맹으로 발전시켜 나가기로 합의한 것이다.[15]

공동비전은 한반도, 아태 지역, 글로벌 차원에서 평화롭고 안전하며 번영된

13 　김창수, 「한미전략동맹의 비전과 구체화 방안」, 정경영·신성호·김창수·조동준, 『오바마 행정부와 한미전략동맹』(파주: 한울, 2009), 65쪽; Chung Kyung-young, "ROK-U.S. Security Cooperation Post-transition of Wartime Operational Control"("ROK-U.S. Strategic Dialogue" hosted by Pacific Forum CSIS, June 27~28, 2009, Hawaii).

14 　정경영, 「한미동맹 공동비전의 안보분야 이행방향」, ≪외교안보연구≫, 제6권 제1호(2010), 1~34쪽.

15 　국방부 군사편찬연구소, 『한미동맹 60년사』(서울: 국방부 군사편찬연구소, 2013), 301~303쪽; The White House, "Joint Vision for the Alliance of the Republic of Korea and the Unites States of America," http://seoul.usembassy.gov/pv_061609b.html (검색일: 2020.3.10).

미래 건설에 기여하는 데 주안을 두었다. 열린사회, 자유민주주의, 시장경제 등 보편적 가치를 공유하며 한미 양국은 한반도, 지역, 글로벌 차원에서 안보·정치·경제·교육·문화·사회 분야의 파트너십을 확대하고, 한국의 연합방위를 위한 주도적 역할을 한국이, 지원 역할을 미군이 수행하면서 한미동맹을 재조정하기로 합의했다.[16] 한미 양국의 경제·무역·투자 증진을 보장하는 자유무역협정(FTA) 추진과 녹색성장·우주·에너지 분야에서 협력을 강화하며, 한반도의 항구적 평화 구축을 위해 자유민주주의와 시장경제 원칙에 의한 평화통일을 지향하고, 북한 핵 및 미사일의 완전하고 검증 가능한 폐기와 북한의 인권 증진에 노력한다는 데 합의했다.

또한 역내의 안보 이슈에 대해 상호존중, 신뢰 구축, 투명성을 유지하고, 글로벌 차원에서 테러, 대량살상무기 확산, 해적, 인권 침해, 에너지, 전염성 질병에 공동 대처하기로 했다. 또한 이라크 및 아프가니스탄에서 평화 유지, 전후 안정화 작전, 개발 지원을 위해 협력을 증진하며,[17] 글로벌 경제위기 극복을 위해 G-20 등 다자기구와 협력을 강화하기로 했다. 한미 양국은 지속적으로 SCM 및 동맹 파트너십 전략 협의체를 통해 공동의 동맹 목표를 구현해 나가는 데 합의했다.

한미동맹 60주년 기념 공동선언(2013~2017년)

2013년 5월 박근혜 대통령과 오바마 대통령 간에 채택한 한미동맹 60주년 기념 공동선언(Joint Declaration in Commemoration of the 60th Anniversary of the ROK-U.S. Alliance)은 동맹 60년 회고와 미래에 대한 비전을 채택했다는 점에서 특별한 의미를 갖는다.

---

16   정경영, "전작권 전환과 국방개혁의 절박성", 《국방일보》, 2011년 5월 13일 자.
17   정경영, "글로벌 코리아와 아프간전", 《조선일보》, 2009년 5월 5일 자.

공동선언으로 양국은 한미동맹이 양국의 일치된 대응(united front)을 통해 북한의 도발에 대해 단호히 대처한다는 강력한 대북 메시지와 아태 지역의 평화와 안정의 핵심축(Linchpin)으로 그 역할과 비중이 커지고 있음을 확인했으며, 기후변화, 에너지 안보, 개발 협력, 반테러, 비확산 등 인류 공동의 과제 해결을 위해서도 함께 힘을 합치는 글로벌 파트너로 성장하고 있음을 확인했다. 이를 위해 한미 양국은 별도의 기후변화 및 포괄적 에너지 협력에 관한 공동성명을 채택했다.

또한 한미 FTA에 큰 의미를 부여하면서, 양국은 공동선언을 통해서 한미 FTA가 양국 경제성장의 엔진으로 기능할 수 있도록 충실히 이행해 나갈 것임을 약속했다. 아울러 안보를 넘어 정치, 경제, 문화, 인적 교류를 망라하는 포괄적 전략동맹으로 진화하고 있는 한미동맹을 더욱 심화시켜 나가기로 합의했다.

한미 양국 정부는 한미동맹 공동비전에 합의하여 자유민주주의에 의한 한반도 통일과 기후변화 협력, 해적, 대량살상무기 확산방지구상(PSI: Proliferation Security Initiative)에 주안을 두고 추진하기로 했다.

미래 한미동맹 국방비전(2017년~현재)

2019년 10월 정경두 국방부 장관과 마크 에스퍼(Mark Esper) 미 국방부 장관은 제51차 한미 안보협의회의를 통해서 한반도와 동북아 평화와 안정 유지의 핵심축으로 역할을 해온 한미동맹을 상호보완적이고 미래지향적으로 발전시켜 나갈 수 있도록 긴밀한 소통과 협력을 지속해 나가기로 했다. 한미동맹 발전과 역내 안보와 번영을 위한 국가적 차원의 공약을 확인하는 중추적인 협의체로 지속 유지될 것이라고 기대했다. 한미 국방부 장관은 동맹의 미래 국방분야 협력에 관한 미래 한미동맹 국방비전 공동연구의 성과를 평가하면서, 미래 동맹협력의 범위와 수준이 지속적으로 확대·심화되어야 한다는 공동의 인식을 재확인했다.

또한 한반도의 평화와 번영, 통일을 위한 판문점선언과 2018년 9월 평양공동선언, 그리고 도널드 트럼프 대통령과 김정은 국무위원장 간 싱가포르 정상회담 공동성명에 명시된 공약들을 이행하는 데 우호적인 환경을 조성하기 위해 지속적인 노력을 하기로 했다. 2019년 북한의 연이은 미사일 발사 행위에 대한 평가와 대응, 국제사회가 유엔 안보리 결의를 완전하게 이행할 것을 강조했다.

9·19군사합의의 완전한 이행을 위해서는 남북군사공동위원회의 개최와 9·19 군사합의에서 합의한 완충 구역이 우발적 충돌 방지는 물론 한반도의 항구적 평화 정착에도 기여할 수 있을 것으로 기대했다. 이러한 군사적 신뢰 구축 조치들이 한반도 평화 정착을 위해 중요하다는 점에 공감하고, 유엔사가 정전협정 이행과 신뢰 구축 조치의 순조로운 이행에 중요한 역할을 수행했다고 평가했다.

핵, 재래식 및 미사일 방어 능력을 포함한 모든 범주의 군사 능력을 운용하여 대한민국에의 확장 억제를 약속하고, 한반도 및 역내 안보 환경 변화에 따른 영향을 고려하면서, 한미동맹의 억제 태세를 제고하고 맞춤형 억제전략 이행 방안들을 공동 모색하기로 했다.

시사점

한미 양국 간 동맹 비전의 발자취 논의를 통해서 도출된 시사점은 향후 동맹의 발전에 함의하는 바가 크다. 첫째, 한미 양국은 대한민국의 국력 신장과 국제사회에서의 격상된 위상을 고려할 때 한미군사동맹을 포괄적 전략동맹으로 격상시킬 필요가 있었다. 한국의 경제 기적, 정치민주화, 시민사회의 성장, 국제적 수준의 한국군, 각종 국제기구의 유치, 유엔사무총장을 배출하는 등의 외교력, 한류로 상징되는 문화력 등 국제사회에서의 역할과 한국 국민의 고양된 자존 의식은 비대칭 군사동맹에서 보다 성숙한 전략동맹으로의 발전을 추동했다. 이러한 변화는 2018년 한미 안보협의회의에서 양국 국방장관이 미래연합사령관에 한국군 대장, 부사령관에 미군 대장이라는 새로운 지휘구조로 상징되는 전시작전통제권을 조기에 전환하는 데 합의함으로써 구체화되었다.

둘째, 북한 관리에 대한 한미 양국의 전략적인 접근이 필요했다. 한동안 양국 정부는 북핵 등 군사위협, 북한 인권, 남북한 교류협력 등에 대해 자국의 편의에 따라 인식을 달리해 왔으며, 전술적으로 접근해 왔다. 남북 관계의 진전은 북한을 관리하는 과정에서 군사동맹의 시각으로만 접근하기에는 한계가 있다. 따라서 한미 양국은 전략적인 차원에서 비핵화 이후의 북한 관리, 북한 주민의 생존권 향상, 남북경협과 대북 문제의 연관성, 북한 급변사태 등을 종합적으로 고려하여 북한의 미래 모습에 대한 전략적인 구상하에 한미 간 긴밀한 공조를 통해 대북정책을 추진할 필요성이 더욱 절실해졌다.

셋째, 한미동맹이 한반도의 변화된 전략 환경에 보다 주도적으로 대처하고 동북아의 불안정하고 불확실한 질서를 협력적 안보 질서로 재편하는 데 있어서 견인차 역할을 수행하기 위해서였다. 미국에서 비롯된 2007~2008년 글로벌 금융위기 이후 동북아 역학 관계와 G-2로서의 중국의 부상이 역내 질서 재편에 미치는 영향, 북한의 핵을 포함한 대량살상무기와 급변사태 발생 시 파장 등의 제반 변수가 동북아의 안보와 경제 질서에 어떠한 영향을 줄지에 주목할 필요가 있었다. 따라서 동북아 역외의 핵심 행위자(Key Actor)인 미국, 그리고 중국과 일본의 경쟁 관계에서 상대적으로 자유로운 한국이 함께 동북아의 역내 국가 간 상호 이해와 존중의 협력적 안보 질서로 이끌어가는 데 한미동맹의 새로운 역할이 요구되는 상황이 전개되고 있는 것이다.

마지막으로, 한미가 동맹을 위한 공동비전을 천명하게 된 배경은 글로벌 외교를 추진하는 한국으로서 글로벌 네트워크를 보유하고 있는 미국을 활용하고, 미국으로서는 실패한 국가들(Failed States)에게 비전과 소망을 줄 수 있는 민주주의 확산의 역할모델국인 한국과 함께 글로벌 파트너십을 확대할 필요가 있기 때문이다.

3. 한미동맹의 비전과 안보군사 분야 구현 방향

동맹의 비전

앞에서 논의한 동맹의 평가와 현 실태, 전략 환경의 변화를 종합적으로 고려한 한미동맹의 미래 비전을 한반도, 동북아, 글로벌 차원에서 제시하면 다음과 같다. 한반도 차원에서 한미동맹의 비전은 평화유지 기능과 평화창출 기능을 동시에 수행하는 것이다. 동맹의 기본 임무로는 위기관리를 통한 평화 유지, 북핵미사일 위협 대처, 전작권 전환, 연합연습 및 훈련을 통한 전비 태세 유지, 우주 및 사이버 협력, 북한 우발사태에 공동 대처하는 것을 들 수 있다. 한편, 한반도 평화체제 구축을 위해 동맹이 평화창출 기능을 수행해야 할 것이다.

또한 동북아 차원에서 역내 국가들과 상호교류 협력 등 신뢰 구축을 위한 활동을 전개하고, 동북아 안보협력 제도화를 위해 한미는 공동의 리더십을 발휘할 수 있다. 동북아 인도적 지원/재난구조작전에 한미가 선도적 역할을 수행하는 것이다.

글로벌 차원에서 한미동맹은 평화유지활동, 대해적작전, 안정화 및 재건 등 광범위한 범세계적 안보 도전에 대처하기 위한 국방협력을 지속적으로 증진해 나갈 수 있다. 아덴만 해적퇴치활동, 유엔 평화유지활동, 대량살상무기 확산방지구상 등을 포함하여 글로벌 안보 이슈에 동맹의 참여가 요구된다.

동맹 비전 안보군사 분야 구현 방향

한반도 차원
(1) 위기관리

2010년 천안함 피격과 연평도 포격 도발 사태는 어떠한 한미협력체제를 구축해야 위기를 성공적으로 관리할 수 있을지에 대해 중대한 시사점을 주었다.[18] 6·25전쟁 이후 북한이 수많은 정전협정 위반과 테러를 자행해 왔음에도 국군은 자위권 행사 등 강력한 무력응징보복을 하지 못한 결과 북한군에 휘둘림을 당해왔다. 왜 국군은 북한의 도발에 이처럼 무기력했을까. 확전 시 잃을 것이 없는 북한과 달리 쌓아온 경제가 일순간 무너질 것이라는 불안심리가 작용하여 강력한 응징을 못 해왔고, 우리 군이 위기상황하에서 독자적으로 판단하고 조치할 수 있는 능력과 의지, 권한을 행사하는 데 있어서 한반도 안보의 역학 구조의 특수성, 전·평시 이원화된 한미연합방위체제와 정전 시 유엔사 교전규칙이 제한 요소로 작용해 왔다.

평시에서 위기로, 위기에서 전시로 급속도로 진행될 수 있는 한반도 안보의 역학 구조와 평시에 군사력 운용 권한은 합참이, 국가의 명운이 걸려 있는 전시에는 연합사가 주도한다는 현실은 대한민국의 정치·군사지도부의 위기의식에 절박성이 강렬하지 못한 원인으로 작용했다. 특히 북한 도발 시 전쟁으로 비화되는 것을 방지하기 위해 유엔사가 발전시킨 동종 동량의 비례성의 원칙인 정전 시 교전규칙이 한국군의 군사행동을 구속했다. 특히 연평도 포격처럼 계획적으로 한국 영토를 유린하고, 민간인 거주 지역을 공격하며, 대량살상용 방사포탄을 사용하는 등의 의도된 공격에 대해서는 당연히 자위권을 행사했어야 했다. 이는 유엔헌장과 제네바협정, 헤이그조약 등에 의해 보장되는 것으로 유엔헌장 제2조 4항, 로마규약 제8조에 저촉되는 전쟁범죄[19]이기 때문이다.

만일 향후 북한의 도발에 대해서도 확전을 우려하여 즉각적인 자위권 행사를 하지 못한다면 정부의 존립 자체와 우리 군의 존재가 국내외적으로 심대한

---

18 정경영, 「북한 도발 시나리오와 한국의 안보국방태세」(충남대학교 평화안보대학원 및 국방연구소 공동 주최 연평도 포격사건 이후 한반도 안보전망과 과제, 2011.1.27).

19 북한 관련 시민단체 모임인 반인도범죄조사위원회는 북한의 연평도 포격 도발과 관련하여, 북한 김정일 국방위원장과 후계자 김정은(당 중앙군사위 부위원장)을 '전쟁범죄' 등의 혐의로 국제형사재판소(ICC)에 고발했다("反 인도위, '김정일 부자 국제형사재판소 고발'", 《연합뉴스》, 2010년 12월 28일 자).

도전을 받을 것이다. 따라서 정부와 군은 미국과 유엔사와 사전 협의를 통해 정보 공유를 확실히 하고 확전 예방대책을 강구한 상황에서 북한의 의도된 도발에 대해 무력응징보복인 자위권 행사를 존중한다는 원칙에 합의해야 하며, 교전규칙을 수정·보완해야 한다. 북한의 도발 시 즉각적이고 과감하게 도발원점은 물론 지휘 및 지원세력까지 응징하며, 추가 연합전력이 즉각적으로 전개하여 확전을 방지할 수 있도록 해야 할 것이다.

(2) 북핵미사일 위협 대처

핵, 재래식 및 미사일 방어 능력을 포함한 모든 범주의 군사 능력을 운용하여 대한민국에 확장 억제를 제공할 것이라는 미합중국의 지속적인 공약을 재확인할 뿐 아니라 징후 포착 시 확장 억제를 시현하는 무력투사가 요구된다. 또한 확장 억제 공동연구 결과를 통해 확장 핵 억제를 강화하기 위한 다양한 협력방안들을 도출해 나가야 한다. 한미 양국은 향후 한반도 및 역내 안보 환경 변화에 따른 영향을 고려하면서, 한미동맹의 억제 태세를 제고하고 맞춤형 억제전략을 이행하기 위한 방안들을 공동으로 모색해 나갈 필요가 있다.

(3) 전작권 전환 추진

한국 측이 지휘하는 미래연합사로의 전작권 전환 준비에 실질적인 성과와 진전이 이루어지고 있다. 한미 국방부는 2018년 10월 31일 제50차 SCM을 통해 전시작전통제권 전환 이후 연합방위지침을 다음과 같이 결의했다.[20]

한미 국방부는 1953년 한미상호방위조약이 체결된 이후, 상호 신뢰와 자유민주주의, 인권, 법치라는 공동의 가치들에 기반한 한미동맹이 한반도 및 아시아·태

---

20 U.S. Embassy and Consulate in the Republic of Korea, "대한민국 국방부와 미합중국 국방부 간 결의: 전시작전통제권 전환 이후 연합방위지침", https://kr.usembassy.gov/wp-content/uploads/sites/75/ALLIANCE-GUIDING-PRINCIPLES-1.pdf (검색일: 2020.3.11).

평양 지역의 안보, 안정, 그리고 번영을 위한 핵심 역할을 수행해 왔음에 인식을 같이한다. 한반도에서 무력분쟁 방지, 동북아에서 평화와 안정 증진, 세계 평화에 기여한다는 동맹의 정신을 계승해 나간다.

이와 같은 인식하에 한미는 전시작전통제권이 전환된 이후에도 강화된 방위태세를 유지하기 위한 연합방위지침을 다음과 같이 합의했다. ① 주한미군의 지속 주둔, ② 외부의 침략 억제와 억제 실패 시 방어하기 위한 한미연합사와 연합구성군사령부 편성, ③ 연합사는 독립적인 상설기구로 운용, 양국 국가통수기구의 공동지침을 받는 군사협의기구로부터 전략지시와 작전지침 수령, ④ 한국군 4성 장성을 연합군사령관으로 임명하며, 미군 4성 장성을 연합군 부사령관으로 임명, ⑤ 무력분쟁을 예방하는 역할을 수행해 온 유엔사의 지속 유지와 한국 합참, 연합군사령부, 주한미군사령부, 유엔군사령부 간의 상호 관계 발전, ⑥ 한국은 연합방위를 주도할 수 있는 능력을 지속 발전시키고, 미국은 한국 방위를 위한 보완 및 지속 능력을 계속 제공, ⑦ 한국은 외부의 침략을 억제하기 위한 책임을 확대하고 미국은 확장 억제를 지속 제공, ⑧ 한미 국방부는 전시작전통제권 전환 이후에도 정기적인 협의를 진행하는 등, 한미동맹을 상호보완적이고 미래지향적으로 발전시키는 데 합의했다.

한편, 2019년 11월 15일 서울에서 개최된 제51차 SCM을 통해 한미 국방부는 조건에 기초한 전작권 전환 계획(COTP: Conditions-based OPCON Transition Plan)에 의거하여 전작권 전환을 추진하기 위해 2019년 후반기 연합지휘소훈련이 강력한 한미연합 방위 태세 유지와 미래연합사의 기본운용능력(IOC: Initial Operational Capability)을 검증·평가하는 데 있어 중요한 역할을 수행했다. 기본운용능력 검증·평가 결과를 검토했고 2020년에 미래연합사에 대한 완전운용능력(FOC: Full Operational Capability) 평가 추진과 전략문서 발전 등 검증·평가에 필요한 조치를 이행해 나가기로 했다. 완전임무능력(FMC: Full Mission Capability) 검증·평가를 통해서 전작권이 전환될 예정이다. 또한 전작권 전환 조건을 충족하기 위해 합참의장과 주한미군사령관으로 구성된 특별상설군사위원회(Special PMC: Special Permanent Military Committee)를 통해 핵심군사능력을 정례적으로 평가하고 있다.

한미동맹의 국방 역량 및 상호운용성 강화에 중점을 둔 국방연구개발, 산업협력, 무기체계 획득, 그리고 군수 및 운영유지 분야에서의 협력 확대·심화가 중요하며, 이를 위해 이러한 분야를 지원하는 정례협의체를 통해 협력을 모색하고, 한미동맹의 정책 및 전략과의 연계성을 강화하기 위해 상기 협의체 개편을 추진할 필요가 있다.

전작권 전환에 따른 주한미군의 역할과 지위 변화로 우리 국민과 군의 대미 인식에 변화가 예상된다. 그동안의 한국 안보와 국가 발전에 동맹이 기여한 것에 대한 평가와 한국 주도 연합방위체제로 발전할 수 있게 한 동맹국에 대한 고마움과 함께 상호존중과 같이 갑시다(We Go Together) 정신으로 동맹을 더욱 발전시켜 나가야 할 것이다.

(4) 연합연습 및 훈련

조정된 방식의 한미 연합연습과 훈련이 한반도의 완전한 비핵화와 항구적 평화 정착을 위한 외교적 노력을 지원한 것으로 평가할 수 있다. 또한 양측은 조정된 연합연습과 훈련이 한미 연합방위 태세와 군사대비 태세를 유지하는 가운데 전작권 전환이 이루어지기 위한 우호적인 환경 조성에 기여했다고 평가할 수 있다. 한미 양측은 한미동맹이 한반도에서의 역동적인 변화에 대처할 수 있도록 군사대비 태세와 연합방위 태세 유지에 지속적으로 중점을 두어야 한다. 연합합동 다목적 실사격장을 발전시켜서, 주한미군의 지속적인 훈련 여건이 보장될 수 있도록 하는 것도 강력한 연합방위 태세 유지를 위한 핵심 요소이다.

한편, 한미연합기동훈련은 다양한 상황을 상정하여 훈련을 지속해야 한다. 강력한 한미연합군이 버티고 있음을 일깨워 줄 때, 북한군이 감히 무력 도발이나 전쟁을 감행하지 않는 것이다. 또한 강도 높은 훈련은 전쟁을 억제하는 데 기본이 되는 고도의 전비 태세를 유지하는 길이 된다. 특히 실전 상황을 상정한 연습 및 훈련은 유사시 싸워 승리할 수 있는 길이 된다. 훈련이 없는 한미연합군은 존재 자체가 형해화되어 동맹이 소멸되고, 주한미군의 주둔 목적 자체를 상실하게 되어 철수할 수밖에 없을 것임을 유념해야 한다.

(5) 우주·사이버 분야 협력

새롭게 대두되고 있는 위협에 대해 효과적인 공동 대응을 보장하고 동맹의 포괄적 대응 능력을 향상시키기 위해 우주, 사이버 등 다양한 분야의 협력이 요구된다. 미국의 우주사령부 창설, 한국의 우주감시체계 구축 등 우주 역량 구축을 위한 양국 국방부의 노력과 동맹으로서의 우주 역량을 강화시키기 위해 우주상황인식 정보공유체계 등 협력방안을 더욱 모색하고, 우주작전 능력 향상을 위한 양자 및 다자간 연합연습과 훈련을 확대해 나갈 필요가 있다. 또한 한미 양국은 새로운 우주 위협과 도전에 대응할 능력을 갖춘 우주 전문인력 양성을 위한 협력도 요구된다.

한편, 달로 증대되는 사이버 안보 위협을 고려하여 동맹의 사이버 역량을 강화하기 위해 사이버 위협 동향 및 양국의 정책 변화 추이를 공유하고, 공동의 관심 현안을 협의하는 등 사이버 분야에서 긴밀한 소통과 공조를 유지해 나갈 필요가 있다. 질병 방역, 사이버 방어, 인공지능, 자율기술, 지향성 에너지 등 다양한 분야에서 한미 방역·과학기술 협력의 확대가 요구된다.

(6) 북한 우발사태 공동 대처

전통적 위협 못지않게 예상치 않은 북한의 우발사태에 한미는 공동 대비해야 한다. 대북제재 장기화로 인한 경제난과 외부 정보 유입으로 인해 북한 주민들의 불만이 폭발해 평양판 아랍의 봄으로 이어질 수 있다. 아랍의 봄 당시 중동 주민들은 인터넷과 휴대전화를 이용해 혁명의 불씨를 빠르게 퍼뜨렸다. 북한도 대형 장마당 시장이 전국적으로 500여 개이고, 휴대전화 사용자도 600만 명이 넘는 것으로 알려져 있다.[21] 북한 내부에 군사적 충돌이나, 주민에 대한 대량학살 발생 사태는 한국에게 일대 도전이자 통일의 기회라는 양면성이 있다. 이러한 사태에 한미연합군의 성공적인 군사 개입을 위해서는 미국과 협조하여 중국의 개입을 차단하기 위해 미7함대를 한반도 주변 해역과 동중국해에 전개하고, 대규모 북한 주민의 한국 내 유입을 예방하기 위해 DMZ 이남 일대와 해안 지역에 수용 지역을 지정하고 통제 대책을 강구한 상태에서, 북한군과 북한 주민을 분리하는 작전을 구사해야 할 것이다.[22]

특히 한국은 민족자결주의 원칙과 북한과는 통상적인 국가와의 관계가 아닌 통일을 지향하는 특수한 관계이며 북한 지역 작전에서 언어, 지역, 북한군을 어느 누구보다 잘 알고 있는 한국군이 작전을 주도할 수 있다는 점을 인식시킬 필요가 있다. 인도주의적 개입을 대내외에 천명하면서, 국제사회의 지지하에 북한 내의 내전사태가 대량살육과 지역전쟁으로 확산되는 것을 막기 위한 개입임을 분명히 해야 할 것이다.

한국이 안정화 작전과 유엔, IMF와 세계은행, 국제 NGO 등과의 국제 협력하에 재건작전을 주도할 때 자유민주통일정부를 수립할 수 있다. 또한 미국의 WMD제거전담부대와 한국의 특수전팀이 임무를 완수한 후에는 중국의 안보위협 우려를 고려하여 수도권 이남으로 미군은 복귀토록 해야 할 것이다. 통일 한반도에 대한 중국과 일본 등 주변국의 영향력을 차단하기 위해 미군을 지속적으로 주둔시키고, 특히 통일한국은 핵을 보유하지 않을 것이며 어떠한 국가와도 적대 관계를 갖지 않는다는 외교전략을 견지해야 한다.

북한 당국에 의한 주민의 소요 진압 과정에서 유혈사태가 확산되어 갈 때 유엔 안보리에서 국민보호책임(RTP: Responsibility to protect people) 결의가 채택

---

21 "北 내부문건 '청년들 그냥 두면 큰일 터진다'", ≪조선일보≫, 2020년 2월 11일 자.

22 정경영, 「북한의 급변사태와 한국의 대응」, ≪Strategy 21≫, 통권 제25호(2010), 281~313쪽.

176 제1부_ 한미동맹의 발자취와 비전

되어 군사개입작전을 고려할 수도 있을 것이다. 리비아 카다피 제거작전처럼 투입 전력의 3분의 2가 미군 전력이었음에도 리비아를 식민통치하여 어느 나라보다 리비아를 잘 알고 있는 이탈리아에 작전통제권을 행사하도록 위임했던 오바마 행정부의 사례를 주목할 필요가 있다.[23]

한편, 백두산 화산 폭발 시 낙진이나, 영변 핵시설 방사능 누출 등 비군사적 우발사태에 대비하기 위해서 미국은 물론 중국과의 협력체제를 강구하는 것도 바람직하다. 2009년 한중 안보포럼에서 양광렬 국방부장의 재해재난 시 북핵 처리와 관련한 한중 협력방안에 대한 전향적인 입장 표명과[24] 북한 우발사태를 상정한 한·미·중 협력방안으로 정치군사연습(Political-Military Game) 등 한·미·중 전략대화를 지속적으로 추진할 필요가 있다.

(7) 한반도 평화체제 구축

한반도의 평화와 번영, 통일을 위한 판문점선언과 2018년 9월 평양공동선언, 그리고 도널드 트럼프 대통령과 김정은 국무위원장 간 싱가포르 정상회담 공동성명에 명시된 공약들을 이행하기 위한 우호적인 환경을 조성하고 판문점선언과 평양공동선언을 이행하기 위해 남북 군사 당국이 추진하고 있는 다양한 조치들이 한반도에서의 군사적 긴장 완화와 전쟁위험 감소를 위한 여건을 조성해 나가는 것으로 평가된다. 또한 비핵화의 실질적인 진전이 있을 때 펜데믹 전염성 질병 퇴치, 폭설 및 태풍 등 재난구조작전에서의 남북한군 공동 참여, 장사정포병의 폐기 또는 후방으로 재배치 등의 운용적 군비통제를 추진할 수 있을 것이다. 또한 주한미군을 포함하여 남북한 병력 상호 감축과 북한 위협 관리에서 평화창출 기능으로 주한미군의 역할 변경 등 구조적 군비통제를

---

23 Wikipedia, "Responsibility to Protect People," https://en.wikipedia.org/wiki/Responsibility_to_protect (검색일: 2020.3.11).

24 정경영, 「한중안보협력의 방향과 추진전략」, ≪군사논단≫, 통권 제65호(2011년 봄).

추진할 수 있을 것이다. 북한의 급격한 긴장고조 행위는 9·19남북군사합의 파기는 물론 무력충돌로 비화되어 남북한 군비통제를 기대하기 어려운 상황이 전개될 수 있을 것이다. 고도의 전비 태세를 유지하면서 상황을 관리하는 데 섬세한 전략이 요구된다.

9·19군사합의의 완전한 이행을 위해서는 남북군사공동위원회 개최와 9·19군사합의에서 합의한 완충 구역이 우발적 충돌 방지는 물론 한반도의 항구적 평화 정착에도 기여할 수 있을 것이다. 이러한 군사적 신뢰 구축 조치들이 한반도 평화 징착을 위해 중요하며, 유엔시가 정전협정 이행과 신뢰 구축 조치의 순조로운 이행에 중요한 역할을 수행한다고 판단된다. 한미는 9·19군사합의 이행을 위해 긴밀한 공조와 협력을 해나가고, 9·19군사합의의 완전한 이행을 위한 남북군사공동위원회 개최 등 남북 대화를 재개하는 것이 중요하다.

지역 차원

(1) 신뢰 구축을 위한 협력 확대

아태 지역 국가 간에 상호존중, 신뢰 구축, 투명성을 유지해 나가기 위해서는 한미가 공동의 리더십을 발휘하여 신뢰 구축을 위한 기존의 안보 국방대화를 포함한 조치들을 지속적으로 확대해 나갈 필요가 있다.

한미는 지역 내 협력안보 질서를 재편하는 데 기여할 수 있는 강점을 보유하고 있다. 한국은 북한과 군사대화 채널 구축, 역내 모든 국가와 전략대화, 고위급 국방 인사들 간의 상호방문, 공동수색 구조훈련, 국방무관 파견, 자매결연, 핫라인 등 다양한 네트워크를 구축하고 있다. 미국도 동북아협력대화(NEACD: Northeast Asia Cooperation Dialogue), 아태 지역 국가들의 합참의장단 연례회의(CHOD: Chief of Defense)를 주관하여 지역 내 안보 공동관심사에 대해 대화를 축적해 왔다. 미 인도·태평양사(Indo·Pacific Command)는 재해재난에 대비한 다자간기획증원팀(MPAT: Multilateral Planning Augmentation Team) 연습을 주관하여 쓰나미 발생 시 신속한 대처 등 초국가적 위협 관리 메커니즘 구축에 노력해 왔다. 또한 아태안보문제연구소(APCSS: Asian Pacific Center for Security Studies)는 아태 지역 국가들의 외교안보 분야 전문가와 현역 군인들에게 다양한 프로그램을 제공함으로써 안보협력 증진을 위한 활동을 활발히 전개해 왔다. 아태 국가들이 참가하는 태평양연안(RIMPAC)훈련, 태국에서 실시해 온 코브라골드훈련 등 다자간 연습 및 훈련도 아태 지역 내 안보군사적 신뢰 구축에 기여했다.

각국은 국방백서를 통해 군사력 건설에 대한 투명성을 보장하고 상호 훈련 참관을 통해 신뢰를 증진시킬 필요가 있다. 동북아 외교안보대학원을 제주도에 설립하여 역내 국가들로 구성된 교수진을 편성하고, 각국의 학생들이 함께 공동의 안보·군사 관심사에 대해 공부함으로써 상호신뢰를 증진시키는 방안을 제도화할 수 있을 것이다.

(2) 동북아 안보협력기구 구축

한미 양국은 동북아 안보협력기구 구축에 공동의 리더십을 발휘할 수 있다고 판단된다. 미중 간 무역분쟁, 인도·태평양전략과 일대일로전략 간 충돌 양상을 보이고 있으나, 2018년 초 발발된 미중 무역분쟁은 미중 간 1단계 무역합의에서 보여주었듯이 극단으로 치닫지 않겠다는 것이며, 매년 싱가포르 동아시아국방장관회의인 샹그릴라회의에 미중 국방부 장관도 참석하여 공동의 안보관심사에 대해 협의해 오고 있다. 2019년 11월 18일 에스퍼 미국 국방부 장관과 웨이펑허(魏鳳和) 중국 국방담당 국무위원 겸 국방부장이 만나 미중이 상호 오해를 줄이고 공동 이익을 증진하기 위해 협력해야 한다고 강조했다.[25] 위기 방지 및 관리, 오해와 오산 위험의 감소, 공동 이익에 관한 협력 향상 등에 부합하는 미중 국방 관계를 확실히 하려는 의지로 평가된다.

---

25 "에스퍼, 中 국방에 '오해 줄이고 공동이익 위해 협력해야'", ≪뉴시스≫, 2019년 11월 19일 자.

고위급 정책협의, 연합훈련, 정보 공유, 인적 교류 활동을 포함한 동북아 역내 국가 간 안보협력을 지속해 나가면서, 동북아의 평화와 안정을 증진시키기 위해 역내 다자간 안보협력으로 확대하는 방안도 함께 모색할 필요가 있다.

따라서 한미 간의 강점을 적극 활용하여 우선적으로 초국가적 위협에 공동 대처하기 위한 역내 안보협력의 제도화에 리더십을 발휘할 필요가 있다. 지진, 쓰나미, 태풍, 화산 폭발을 포함한 자연재해와 코로나 바이러스를 포함한 전염성 질병 등의 초국가적 위협에 대해 공동 대처할 수 있는 군인, 경찰, 의료진으로 구성된 동북아신속대응테스크포스를 편성·운영할 필요가 있다. 이를 위해서는 사령부를 창설하고 산하에 위기조치센터, 시뮬레이션센터, 국가별 신속대응군을 지정·운용하는 방안이 고려될 수 있다. 위기조치센터는 재난구조작전의 핵심인 재난 징후를 조기에 포착하고 전파할 수 있도록 국가 간, 신속대응군 간 정보를 공유할 수 있는 인프라를 구축하여 조기경보체제를 가동시키는 것이다. 시뮬레이션센터는 동북아에서 예상될 수 있는 다양한 초국가적 위협 시나리오를 발전시켜 신속대응군 사령부에 파견된 요원들의 절차훈련을 하는 것으로 위기 대처 능력을 배양하는 것이다. 마지막으로 우발사태가 발생할 경우 지정된 신속대응군을 우발사태 지역으로 신속하게 전개해 인도적 지원 및 재난구조작전에 임하도록 하는 안이다. 한국의 경우는 3000명 규모의 PKO 상비군체제를 활용할 수 있을 것이다. 특히 조기경보 능력과 전략적 수송 자산을 보유하고 있는 주한·주일 미군의 참여는 역내 국가 간 우호적인 안보협력 증진에도 기여할 것이다.[26]

글로벌 차원

글로벌 차원에서 한미동맹 공동비전은 대테러, 대량살상무기 확산 방지, 해

적에 대한 공동 대처, 분쟁과 기근·독재 등으로 실패한 국가에 평화 유지, 전후 안정화 작전, 개발 지원을 통한 협력을 증진하는 데 있다.

(1) 대테러 및 대량살상무기 확산 방지

21세기는 테러와의 전쟁으로 불리고 있다. 테러는 인종적·종교적·민족적 동기에 의해 개인이나 집단 또는 국가가 폭력을 사용하여 상대방을 공격·위협함으로써 심리적 공포감을 유발하여 정치·경제·사회·종교적 신념을 달성하는 행위를 지칭한다.[27] 테러는 특정 지역이나 문화권을 넘어 전 세계적으로 확산하는 추세이며 테러 단체들은 정보와 자금 면에서 광범위한 네트워크를 구축하고 있다.[28] 테러 기법과 수단이 날로 정교해지고 있으며, 마약, 인신매매, 무기 암거래, 돈세탁 등 국제범죄와도 연계되어 있다. 테러는 중동 및 페르시아 만, 남아시아 지역에서 집중 발생하고 있는 추세이다.

유엔은 항공기, 해상을 통한 국제 테러 활동을 차단하기 위해 특정 물질을 휴대하지 못하도록 금지하고, 테러 활동의 자금 모금을 불법화하며, 자금을 동결하고, 무기 지원과 도피처 제공을 금지하는 유엔 안보리 결의안 1373을 통과시켰다.[29] 특히 핵테러, 국제 테러 금지를 위한 포괄적 협약을 체결한 바도 있다.[30] 한국도 이러한 테러 확산을 차단하기 위한 다양한 협약에 가입했다. 또한 한국은 대량살상무기 확산방지구상(PSI)에 참여, WMD의 이전을 차단하는 작전에 참가하고 있다.

---

27 Zbigniew Brzezinski, *The Choice: Global Dominance or Global Leadership* (New York: A Member of the Perseus Books Group, 2004).

28 Allen Sens and Peter Stoett, *Global Politics: Origins, Currents, Directions* (Canada: Nelson Thomson Learning, 2002), pp.182~196.

29 UN, "UN Security Resolution 1373," www.un.org/Docs/journal/asp/ws.asp?m=S/RES/1373 (검색일: 2011.5.15).

30 "유엔, '핵 테러 활동억제 국제협약 채택", ≪한겨레≫, 2005년 4월 14일 자.

(2) 대해적작전

한미뿐 아니라 국제사회의 해상 경제활동에 가장 위협적인 국제범죄 중 하나는 해적이다. 특히 소말리아 아덴만 일대의 해적과 말라카해협 일대의 해적은 심각한 위협이 되고 있다. 유엔 안보리는 2008년 10월 7일 결의안 1838을 채택하여, 아덴만 지역을 항해하는 국가들에게 해적 활동을 저지할 군사 지원을 요청했다.[31] 대해적작전을 수행하기 위해 다국적군인 제150연합기동부대 (CTF 150: Combined Task Force 150)가 아덴만의 해상감시지역(Maritime Security Patrol Area)을 설정하여 소말리아 해적과 싸우고 있다. 한국도 2009년 3월 31일 해군 최초로 전투함인 청해부대를 파병하여 소말리아 아덴만에서 상선 보호와 국제해양 안보를 위해 해적퇴치 임무를 수행해 왔다. 특히 한국 해군제독이 2010년 4월부터 아덴만에서 대해적작전 임무 수행 중인 151연합기동부대를 지휘할 수 있게 되었다.[32] 중동 호르무즈해협-인도양-남중국해-동중국해를 이동하는 우리 선박의 해상교통로를 보호하는 방안이 강구되어야 한다. 2020년 1월 21일 우리 정부는 청해부대의 작전 구역을 호르무즈해협으로 확대하기로 결정했다. 호르무즈해협 활동은 미국뿐 아니라 이란과 지속적인 협력이 필요하다.

한편, 말라카해협은 동아시아 지역 에너지 공급량의 80%가 통과하는 중요 항로이자 연간 5만 척 이상의 선박이 세계 무역량의 40%를 실어 나르는 해양 교통의 요충지이다.[33] 전 세계 해적 발생 건수의 약 60%가 인도와 말라카해협에서 발생했으며 그중 우리나라 선박도 지속적으로 해적 피해를 보았다. 한국도 이 해역을 통항하는 우리나라 선박의 안전을 확보하기 위해 인도 해안경비대, 말레이시아 및 싱가포르 해경과 연합으로 훈련에 참여한 바 있다.[34]

---

31 위키백과, "소말리아의 해적", http://ko.wikipedia.org/wiki/소말리아의_해적 (검색일: 2020.3.5).

32 "한국 해군, 아덴만 다국적 연합해군 지휘", ≪국방일보≫, 2010년 1월 18일 자.

33 "해적 '악명' 말라카 해협 전쟁위험지역 지정 해제", ≪중앙일보≫, 2006년 8월 10일 자.

34 "말라카해협 안전, 우리가 지킨다", ≪한겨레≫, 2006년 7월 31일 자.

한국군은 미군과 함께 다국적군 기동부대의 일원으로 보다 원활한 대해적작전 임무를 수행하기 위해 정보 공유, 식량 및 유류를 포함한 전투 근무 지원 등 협조체제를 구축하는 것이 필요하다. 또한 대해적작전을 위해서는 함상헬기 이착함, 고속단정 인양·강하 능력을 숙달해야 할 것이다.[35]

(3) 평화유지작전 및 한국의 국가 발전 모델 전파

한국은 이라크전쟁과 아프간전쟁에 군을 파병하여 평화 유지와 개발 지원에 참여해 왔다. 2004년 9월부터 2008년 12월까지 이라크 북부 아르빌 지역에 연인원 1만 9500명이 파병되었다. 자이툰 병원 설립과 현지인 의료 진료, 학교·치안시설·보건소·마을회관 등 시설물 건립을 하면서 새마을정신을 이식했고, 자이툰 기술교육센터를 운용하면서 산업인력을 양성했다.[36] 아프간전쟁에 참여했던 동의부대는 2002년 2월에, 다산부대는 2003년 2월에 파병되어 2007년 12월까지 연인원 2077명이 임무를 수행했다. 파병 기간 동안 다산·동의 부대는 바그람 기지에서 기지 운영을 위한 건설, 토목 및 시설 공사는 물론 25만 9000명 현지 주민 및 동맹군에 대한 의료 지원, 지역 재건사업을 위한 다양한 한미연합 민사작전 지원 임무를 성공적으로 수행했다.[37]

특히 한미 양국은 제3세계 국가들에게 한국의 자주·자조·자립의 새마을운동을 통한 국민교육과 경제 발전, 민주화, 정보화 인프라 구축 등의 국가 발전모델을 미국의 기여외교전략 모델과 연계하여 추진하는 전략을 개발할 필요가있다. 특히 분쟁과 가난, 독재에 시달리는 국가들은 식민통치, 분쟁, 가난, 독재를 경험했음에도 경제 발전과 정치민주화를 달성한 대한민국에 보다 호의적이다. 또한 이라크에 파병되었던 자이툰부대와 아프간에 파병되었던 오쉬노부대

---

35 "청해부대, 연합해군 임무완수에 큰 기여", ≪국방일보≫, 2009년 12월 3일 자.

36 "자이툰·다이만부대 19일 귀국 … 철수 완료", ≪한겨레≫, 2018년 12월 17일 자.

37 "동의·다산부대 아프간 완전 철수", ≪중앙일보≫, 2007년 12월 15일 자.

의 평화재건작전 경험, 즉 지휘체제, 정보 공유, 전투 근무 지원, 현지 지역주민과의 협력체제 구축 등의 노하우는 한미 간 글로벌 파트너십 발휘에 중요한 시금석이 될 것이다.

4. 한미 방위비 분담금 협상전략*

2020년 5월 현재, 제11차 방위비 분담금 협상은 교착상태에 있다. 현재 분담액 8억 4600만 달러(1조 389억 원)에서 53%를 인상한 13억 달러(1조 5964억 원)를 요구하는 것으로 알려졌다. 미국은 한국이 글로벌 경제 강국이자 한반도 평화 유지의 동등한 파트너로서 한국 방위에 더 기여할 수 있고 기여해야 한다고 주장하고 있다. 또한 트럼프 대통령 입장에서는 2020년 대선 전략으로 지지층을 확보하는 데 방위비는 호재로 작용할 것이기 때문에 물러서지 않고 있다. 한편, 한국은 주한미군의 한국 안보 기여도를 고려했을 때 적정 방위비를 분담해야 하나 최초 미 측이 요구한 2019년도 1조 389억 원의 거의 6배인 미군의 한반도 순환 배치 비용, 역외 훈련비용까지를 포함한 5조 9000억 원(50억 달러)은 기존의 방위비특별조치협정(SMA: Special Measures Agreement)의 틀을 크게 벗어나는 것으로 수용할 수 없고, 방위비특별협정 외에 직간접적인 지원을 통해 이뤄지는 동맹에 대한 기여가 정당하게 평가되어야 한다는 입장이었다.

이 절에서는 주한미군 주둔 변천 과정과 주한미군의 전력 구조에 대해 살펴보고, 이어서 방위비 분담 배경과 방위비 분담 특별조치협정 내용 및 분담 추이를 고찰하고자 한다. 마지막으로 방위비 분담 협상전략을 제시하고자 한다.

---

* 2019년 12월 4일 방영된 〈알릴레오〉 제40회 "방위비 분담금 협상, 어떻게 할 것인가", https://www.youtube.com/watch?v=y9CRghWTnBs와 정경영, 「한미 방위비 분담금 협상, 어떻게 하나?」, ≪군사저널≫, 2020년 1월 호, 21~25쪽을 수정·보완했다.

주한미군 주둔 변천 과정과 주한미군의 전력 구조

　주한미군은 1953년 10월 1일 조인(調印)하고 1954년 11월 18일부로 발효된 한미상호방위조약 제4조인 "대한민국은 미국의 육해공군을 한국의 영토에 배치하는 권리를 허여하고 미국은 이를 수락한다"라는 근거에 의해 주둔해 오고 있다.

　6·25전쟁 중 최대 32만 5000명에 달했던 미군은 휴전 이후 급격히 그 수를 감축하여 8만여 명을 유지하다가, 베트남전쟁이 한창이던 1969년 미국의 군사개입을 최소한으로 하고, 자국 방어는 자국민 스스로가 해야 한다는 닉슨 독트린에 따라 1971년 미 제2사단을 남겨두고 미1군단과 미 제7사단이 철수하여, 4만 2000명의 미군을 유지했다. 카터 대통령이 1976년 주한 미 지상군 일부를 감군하고 1991년 구소련의 붕괴로 일부 병력을 감축했으나 추가적인 철수를 보류하여 클린턴 정부 때인 1996년 3만 6000명을 유지했다. 2003년 이라크전쟁 이후 2004년 10월 "2008년 말까지 3단계에 걸쳐 2만 5000명으로 감축한다"라고 합의했으나, 북핵미사일 위협 증대로 2008년도에 2만 8500명의 현 수준을 유지하기로 합의하여 오늘에 이르고 있다.

　현재 주둔하고 있는 미군의 전력 구조를 살펴보면, 적의 장사정포병과 급격하게 증강되는 방사포 위협에 대비하고 있는 동두천 캠프 케이시에 전개된 제210화력여단, 적 전차와 해상침투 특수부대를 무력화시키는 아파치 헬기와 기동헬기로 편제된 항공여단, 9개월마다 순환 배치하는 1개 기계화여단으로 구성된 미 제2사단과 작전적 정보를 수집하는 제501정보여단, 사드 및 패트리어트로 편성된 방공여단 등 1만 8000여 명의 미8군이 주둔하고 있다. 또한 오산과 군산 공군기지에 F-16 전투비행 3개 대대, 항공우주작전, U2 정찰기를 포함한 정보감시정찰비행부대 등 8000여 명의 미7공군, 그리고 우리 해군작전사령부와 함께 주둔하고 있는 제한된 규모의 미 해군, 소규모의 특수전 및 해병대 병력 등 2500여 명을 포함하여 총 2만 8500명이 주둔하고 있다.

직접적 위협이 없는 일본에도 5만 4000여 명, 통일된 독일에도 3만 6000여 명이 주둔하고 있는 데 비해 현존 위협과 대치하고 있는 한국에 2만 8500명의 주한미군은 최소한의 병력 수준이라고 판단된다. 주한미군의 어떠한 전력 감축도 방위력의 약화를 초래하기 때문에 2020년 미 의회 국방수권법에 따라 2만 8500명 이하로의 감군을 통제하고 있다.

한미 방위비 분담 배경 및 특별조치협정 내용과 방위비 분담 추이

한미 양국은 1966년 체결한 주한미군 지위협정(SOFA: Status of Forces Agreement) 제5조에서 한국은 시설과 구역을 제공하고 주한미군의 주둔 비용을 미 측이 부담하기로 합의했다. 1980년대 후반부터 미국이 재정 적자와 무역 적자에 시달리면서, 해외 파병된 미군에 대한 주둔국 방위비 분담금 증액 요구 결의안이 미 의회를 통과했다. 한미 양국이 1991년 1월 방위비 분담 특별조치협정(SMA)을 체결하면서 한국은 방위비 분담금을 내기 시작했다.

방위비 분담은 직접지원과 간접지원으로 분류되며, 직접지원에는 9000여 명의 주한미군에 근무하는 한국인 고용원 임금을 지원하는 인건비, 군인막사·환경시설 등 주한미군의 비전투시설 건축의 군사건설·유지비, 활주로·항공기 격납고 등 전투용 및 전투근무시설의 연합방위증강비, 탄약저장·항공기 정비·철도-차량 수송지원 등 용역물자지원의 군수지원비가 해당되며, 간접지원은 SMA 체결 이전부터 시행되어 온 것으로, 주둔지 토지 및 카투사를 지원하고 수도세 및 전기세, 고속도로 통행료 및 공항이용료 등을 면제하고 있다.

한편, 한국은 1991년부터 2019년까지 10차에 걸쳐 방위비를 분담해 왔다. 1~2차 방위비 분담은 1995년 주둔 비용의 3분의 1 분담인 3억 달러를 목표로 증액했으며, 1991년 1.5억 달러(당시 원화로 1073억 원)를 최초 분담했다. 9차 방위비 분담에서는 2014~2018년까지 5년 단위로 하고, 물가상승률 수준의 방위비 인상과 4% 상한선 설정, 주한미군 한국인 고용인 인건비 75% 상한선 지원에 합의했다. 2019년 3월 8일 서명하여 4월 5일 발효된 제10차 방위비 분담금은 1조 389억 원으로, 1년 단위로 예년과 비교 시 증가폭이 큰 8.2% 인상과 미집행분에 대해 차년도 현금 지원금에서 삭감하는 데 합의했고, 인건비 지원 75% 상한을 철폐했다. 또한 전략자산 전개비용은 SMA 합의를 벗어난 것으로 철회했다.

적정 방위비 기준과 미 측의 황당한 방위비 증액 요구

적정 방위비는 한국 안보의 기여도, 우리의 재정 부담 능력, 안보 상황, 주한미군의 안정적 주둔 보장에 기준을 두고 협의해야 한다. 30년이 되어가는 동안 주한미군 수는 줄고 있는데 방위비 분담금은 약 10배 정도 증가했다. 여기에다 금번 방위비로 전년 대비 5.5배 증액을 요구했었다.

미국의 2020년 국방수권법안 2020 회계연도 예산 요청자료에 따르면, 주한미군은 44억 6420만 달러, 주일미군은 57억 1780억 달러를 요청하고 있다. 주한미군에는 군 인건비 21억 400만 달러, 운용유지비 22억 1810만 달러, 가족주택비 1억 4080만 달러, 특정사업회전기금 130만 달러 등 44억 6420만 달러이며, 고난도임무수당 및 가족수당 5억 달러를 포함하여 총 50여억 달러로 이 모든 비용을 최초에 청구한 셈이었다.

주한미군 장병 인건비와 운용유지비 43억 2210억 달러를 우리가 부담한다는 것은 터무니없는 것이다. 이는 곧 용병을 이야기하는 것인데 로마 시대에 용병은 돈을 낸 로마 황제가 마음대로 운용 권한을 행사했던 것처럼, 주한미군의 모든 전력 운용에 대한 전권을 행사한다면 상황은 달라질 수 있다.

또한 미국은 순수하게 북한 위협 관리를 위해 주둔하는 것이 아니라, 중국과 러시아를 견제하기 위한 목적도 있는데 여기에 주둔 및 투입되는 비용까지도 한국에 요구하는 것은 황당하기 짝이 없다. 2006년 한미 간 주한미군의 전략적 유연성에 합의한 이후 2019년 6월 29일 주한미군사령부가 용산기지에서 평택 캠프 험프리스로 이전하여 개관식을 한 이후에는 북한 위협 관리와 동시에 중국의 위협과 인도·태평양 지역의 우발사태에 대처하는 등 주한미군의 역할과 기능이 더욱더 변화된 것을 고려할 때, 한국에게 주한미군 운용유지비를 포함한 모든 것을 요구하는 것은 턱없이 무리한 요구이다. 오히려 한국에 모 기지를 두고 있는 미군이 한반도 밖으로 들락날락 운용되고 있는 것을 보면 미국이 우리에게 기지사용료를 지불해야 한다.

동맹의 가치를 훼손하지 않으면서 상호 윈윈할 수 있는 협상전략

금번 방위비 분담 협상은 어떠한 경우에도 한미동맹이 훼손되지 않으면서 서로 윈윈할 수 있는 협상이 되어야 한다. 이를 위해서는 비상한 전략이 요구된다.

첫째, 방위비 분담의 범위와 항목, 원칙에 합의하고 방위비 규모도 총액이 아닌 항목별 비용을 기준으로 산출하며, 1년에서 5년 단위로 방위비 분담 협상을 추진해야 한다. 방위비 산정 측면에서도 한국도 일본처럼 주한미군 토지 및 수도전기세, 공항 및 고속도로 통행료는 물론 카투사 지원비도 직접지원비에 포함시켜야 한다.

둘째, 일본이나 독일보다 동맹기여도가 높다는 점을 부각시킬 필요가 있다. 먼저, 동맹국으로서 한국이 베트남전쟁 시 연인원 32만여 명 참전과 5099명의 전사자로 헌신한 것과 이라크전쟁에 자이툰 부대, 아프간전쟁에 오쉬노부대를 파병한 것은 일본의 이라크전쟁 일부 재정 지원과 제한된 병력 지원, 독일의 아프간 파병과는 압도적으로 차별된다. 그리고 평택기지 이전 비용으로 12억 달러의 91%인 10억 9000만 달러를 한국이 부담했다.

또한 2018년 IMF 기준 GDP 대비 국방비 측면에서도 한국이 GDP 1조 6550억 달러 대비 국방비 392억 달러로 2.5%, 일본이 GDP 5조 700억 달러 대비 국방비 454억 달러로 0.9%, 독일이 GDP 4조 290억 달러 대비 국방비 443억 달러로 1.1%로서, 한국이 국방비를 훨씬 많이 운용하고 있다.

2008~2017년 미국산 무기 구매 측면에서도 사우디, 호주에 이어 한국이 3위로 지난 10년 동안 7조 6000억 원, 67억 3100만 달러어치를 구매했으며 이는 일본의 무기 구매액인 37억 6000만 달러의 2배이다. 이는 고스란히 미국의 경제활성화와 일자리 창출에 기여한다.

경제 규모와 주둔병력 대비 방위비 분담금을 고려할 때도 한국은 미군 2만 8500명에 1조 389억 원(8억 7670만 달러), 일본은 5만 4000명 주둔에 방위비 2조 599억 원(17억 3830억 달러), 독일 주독미군은 3만 6000명 주둔에 방위비 9441억 원(7억 9670만 달러)이다. 이를 GDP 대비 방위비 분담비율로 환산했을 때 한국은 0.053%, 일본은 0.034%, 독일은 0.019%로 한국이 가장 높다.

그리고 한국은 무역수지 및 직접투자 면에서 2016년 대미 수출 665억 달러, 수입 432억 달러로 233억 달러 흑자에서 2018년 수출 727억 달러, 수입 589억 달러로 흑자 138억 달러로 약 100억 달러가 감소했고, 2012년 FTA 체결 이후 2018년까지 7년간 844억 달러의 대미 직접투자는 그 이전의 7년간과 비교할 때 2.4배 증가했다. 미국은 한국에 2012~2018년 7년간 총 308억 달러를 투자했으며, 투자 측면에서 한국이 536억 달러를 더 많이 함으로써 무역 흑자 138억 달러를 뺐을 때 미국의 수지가 298억 달러 높다. 여기에 5만 6000여 명의 미국 유학 한국학생의 학비 및 생활비 지원 등을 합하면 그 액수는 더 커진다.

셋째, 적정 방위비를 분담하는 대신 한국군 전력 증강에 족쇄로 작용하고 있는 제한사항을 풀어야 한다. 한미 군사과학기술 공동연구개발을 통한 기술이전은 물론, 고체연료 로켓 개발 제한과 미사일 사거리 800km 제한을 해제하는 한미 미사일지침 개정, 한반도 전구 지역에 전술핵무기 재배치와 나토형 핵 공유, 핵 재처리 능력과 농축우라늄을 확보할 수 있도록 하는 한미 원자력협정 개정, 잠수함탄도미사일(SLBM: Submarine Launched Ballistic Missile) 위협에 대비한 원자력 추진 잠수함 개발 허용 등의 반대급부를 받을 수 있도록 해야 할 것이다.

넷째, 공정하고 상호 호혜적인 협상이 되어야 하고, 방위비 협상 시 현재보다 적정 증가비는 얼마이며 최대 얼마까지 가능한지 마지노선을 설정하고, 직접지원비에 대해서 인건비, 군사건설비를 유지하고, 군수 지원에 대해서는 단계적으로 우리가 100% 지원하도록 하고 나머지 요구비용인 미 전략자산 한반도 전개비용, 주한미군 무기 및 장비 운용유지비 등은 지원해 주는 대신 한국군의 전력을 증강하도록 해야 한다.

다섯째, 로버트 퍼트넘(Robert Putnam)의 양면게임 협상이론에 따르면, 협상의 대상 못지않게 국내의 의회, 이익집단, 국민은 물론 대상국의 국민, 의회의 지지와 공감을 형성하면서 협상에 임하는 것이 중요하다.[38] 트럼프 정부의 무리한 방위비 요구는 가치동맹을 추구하는 한미동맹을 해치는 것임을, 미 의회, 한반도 안보전문가, 한미동맹재단, 주한미군전우회, 6·25전쟁참전자협회 등과 협조체제를 구축하고 미국의 주요 언론에 칼럼을 기고하는 등의 외곽활동을 통해 미국 내 지지와 공감대를 확산시킬 필요가 있다.

직접지원금 100% 단계적 분담과 안보역량 강화를 통한 한국 주도 연합방위체제로 변환

한미동맹은 전략적 변환기에 있다. 한반도 차원에서 한미동맹은 전쟁 억제 기능을 수행하면서 유사시 승리하여 자유민주통일정부를 수립하도록 하고, 동시에 분단 관리 차원을 넘어서서 한반도 평화창출 기능을 수행하도록 해야 할 것이다. 항해 및 비행의 자유가 보장되고, 자유무역과 규범과 규칙에 기반한 국제 질서가 유지될 수 있도록 자유롭고 개방적인 인도·태평양전략에 합류하며, 해상교통로 보호, 인권 보장 및 빈곤 퇴치, 평화 회복에도 함께하는 동맹으

---

38   Robert D. Putnam, "Diplomacy and Domestic Politics: the Logic of Two-Level Games," *International Organization*, Vol.42, No.3(Summer 1988), pp.427~460.

로 발전해야 할 것이다. 이러한 미래 동맹의 비전을 제시하는 것도 방위비 협상에서 유리한 입지를 확보할 수 있을 것이다.

주한미군 직접지원비는 우리가 향후 5년에 걸쳐서 100% 전담하고, 전력 증강으로 안보역량을 강화하여 한국이 주도하는 연합방위체제로 전환해야 할 것이다.

제2부

한반도 평화체제 구축과 한미동맹의 역할

제2부 한반도 평화체제 구축과 한미동맹의 역할에서는 제1부 한미동맹의 발자취와 비전에서 제시한 것을 바탕으로 한미동맹이 한반도 평화체제 구축에 구체적으로 어떠한 역할을 할 수 있는지를 논의하고자 한다.

남북 간 정치·군사·경제적 신뢰 구축과 관계국 간 적대 관계의 해소를 기반으로 한반도에서 전쟁 위험이 현저히 소멸하고 남북이 평화롭게 공존하는 평화체제를 어떻게 이룩할 것인지를 다룬다. 평화체제 고찰과 평화협정 사례, 9·19군사합의 이행 진단과 군비통제 추진 방향, 군사·비군사·초국가적 포괄적 위협 평가와 다자안보협력 제도화, 평화협정 이후의 유엔사와 주한미군의 미래로 엮여 있다.

제6장 평화체제 고찰과 평화협정 사례에서는 정전협정 이후 현재까지 남북 간 평화체제와 구상의 변천을 재조명하고 교훈을 도출하고자 한다. 베트남전쟁을 종식하면서 체결한 파리평화협정이 북베트남에 의해 공산화됨으로써 어떻게 평화협정이 무용지물이 되었는지, 오랜 기간 앙숙 관계에 있었던 프랑스-독일 간에 어떻게 엘리제조약을 체결하여 적대 관계를 청산하고 EU를 결성하는 데 공동의 리더십을 발휘할 수 있었는지를 논의하면서 한반도 평화협정에 시사점을 제시한다.

제7장 9·19남북군사합의 이행 진단과 군비통제 추진전략에서는 군사합의서의 내용과 의미를 고찰하면서 오해와 진실을 규명한다. 실질적인 비핵화 진전에 따라 사이버공격 중단, 인도적 지원 및 재난구조작전, 장사정포병 후방 재배치 등의 운용적 군비통제와 통일 이후 주변국 위협을 고려한 남북한 군사통합 차원에서 구조적 군비통제 방향을 제시한다.

제8장 동북아 다자안보협력 제도화 전략에서는 동맹을 보완하는 기제로서 안보레짐을 논의한다. 군사·비군사·초국가적 위협 등 포괄적 안보 평가를 통해서 위협에 대처하는 전략을 논의한다. 또한 한반도·동북아·글로벌 차원에서 다자안보협력 추진전략과 국방외교 활성화를 위한 조직과 제도 개선 방향을 제안한다.

제9장 평화협정 체결 이후 유엔사의 미래에서는 유엔사 존속 및 해체 시 장단점 분석을 통해서 바람직한 유엔사의 미래를 제시한다. 평화협정 국제감시기구로서 유엔 안보리 상임이사국 5개국과 남북한, 유엔사 회원국으로 유엔사를 재편하여 DMZ를 평화지대화하여 감시 기능을 수행하는 안을 제시한다.

마지막 제10장 평화협정 체결 이후 주한미군의 미래에서는 북한과의 적대 관계가 정리되었다고 해서 주한미군의 주둔 명분이 사라지지 않음을 한미상호방위조약, 주일 및 주독 미군 사례를 통해 적시한다. 주한미군의 미래와 관련하여 유관국의 입장을 예측하면서 주한미군의 역할 변경, 규모, 구성과 배치에 대해 논의한다.

평화체제 고찰과 평화협정 사례

이 장에서는 평화체제에 대한 정의와 통일부 및 외교부의 시각을 설명한다. 이어서 정전협정 이후 제네바정치회담, 7·4공동성명, 남북기본합의서, 한반도 비핵화 공동선언, 남북 1·2차 정상선언, 북한의 천안함 피격과 연평도 포격 도발로 인한 남북한 관계 교착, 평창 동계올림픽을 계기로 남북 관계 복원 등에 이르기까지 평화체제 구상과 남북 대화를 재조명하여 교훈을 도출한다.

또한 베트남전쟁을 종식한 파리평화협정의 내용과 북베트남이 사이공을 함락함으로써 평화협정이 어떻게 무력화되었는지를 분석하면서 한반도 평화협정에 대한 시사점을 도출한다. 또한 나폴레옹전쟁, 프러시아와 프랑스 간 프로이센·프랑스전쟁, 제1, 2차 세계대전에 이르기까지 앙숙 관계였던 프랑스와 독일이 어떻게 드골 프랑스 대통령과 아데나워 독일 총리 때 이르러 엘리제조약을 체결할 수 있었으며, 유럽 통합에서 공동의 리더십을 발휘할 수 있었는지를 조명하면서 한반도 평화협정 체결 시 시사점을 제시하고자 한다.

1. 한반도 평화체제 정의

한반도 평화체제(A Peace Regime on the Korean Peninsula)란 남북 간 정치·군사·경제적 신뢰 구축과 관계국 간 적대 관계의 해소에 기반하여, 한반도에서 전쟁 위험이 현저히 소멸되고 남북이 평화롭게 공존하는 체제를 지칭한다. 통일부 설명에 따르면 평화체제란 평화의 회복·유지와 관련된 제반 절차·원칙·규범·제도의 총체로서 이러한 요소들이 유기적으로 작동하는 구조이며, 이어 평화체제 구축을 위해 실질적인 평화 상태의 징착과 평화협정 등에 의한 법적인 전쟁 종결과 평화 보장 장치를 마련하는 법·제도적 장치가 요구된다.[1] 외교부는 남북한을 비롯한 관련국 상호 간에 공식적으로 전쟁 상태를 종식함으로써 법적·제도적으로는 물론 실질적으로 한반도에 공고한 평화가 보장되어 있는 상태를 한반도 평화체제로 개념화하고 있다.[2]

평화체제를 법적·제도적으로 확립하기 위해 문서화된 형태인 평화협정 체결이 필요하다. 참가국들이 자국 의회의 비준 동의를 거쳐 발효시킨 후, 이를 유엔 사무국에 기탁(Deposit)함으로써 국제법적 효력을 발휘할 수 있다.

2. 평화체제와 구상 변천

우리 정부는 평화체제 구축을 위한 협의를 지속적으로 추진해 왔다. 정전협정 체결 이후부터 문재인 정부에 이르기까지 평화체제 구축의 여정을 다섯 단계로 고찰할 수 있다. 휴전 후 제네바정치회담부터 7·4남북공동성명 발표까지

---

1   정경영, 『통일한국을 향한 안보의 도전과 결기』(서울: 지식과감성, 2017), 299~306쪽; "평화체제? 평화정착? 평화협정? … 통일부, 주요개념 정리", ≪연합뉴스≫, 2018년 4월 19일 자.

2   외교부, "한반도 평화체제", http://www.mofa.go.kr/www/wpge/m_3982/contents.do (검색일: 2019.3.5).

[표 6-1] 평화체제 및 구상의 변천사

구분	시기	내용
제1단계 남북 관계 모색기	제네바정치회담 ~7·4남북공동성명	· 통일독립민주정부 수립을 위한 14개 조항 제안 · 자주·평화·민족대단결의 3대 통일원칙
제2단계 남북 관계 해빙기	남북기본합의서 ~4자 평화회담	· 남북 화해·불가침·교류협력에 관한 합의서 체결 · 남·북·미·중 4자의 평화통일 입장 확인
제3단계 남북 관계 발전기	6·15공동선언 ~10·4정상선언	· 1국가 2체제 통일방안 및 고위급회담 개최 · 평화체제 구축 이후 연합관리기구 구성 및 통일지향적 발전을 위한 법률·제도 정비 합의
제4단계 남북 관계 진통기	이명박 정부 ~박근혜 정부	· 천안함·연평도 포격 도발로 남북 관계 교착 · 북핵 실험·미사일 발사로 남북경협 중단
제5단계 남북 관계 도약기	문재인 정부 출범 ~현재	· 4·27판문점선언을 통해 항구적이며 공고한 평화체제 구축 노력에 합의 · 9·19평양공동선언을 통해 무력충돌·전쟁 없는 남북군사에 합의

를 제1단계 남북 관계 모색기, 냉전 종식부터 남북 사이의 화해 및 불가침, 교류협력에 관한 합의서, 일명 남북기본합의서 체결 및 4자 평화회담까지를 제2단계 남북 관계 해빙기(解氷期), 1·2차 남북정상회담 기간을 제3단계 남북 관계 발전기, 이명박·박근혜 정부를 제4단계 남북 관계 진통기, 문재인 정부 출범 이후를 제5단계 남북 관계 도약기로 나눠 논의하려 한다.[3]

제1단계 남북 관계 모색기는 휴전부터 7·4남북공동성명까지로, 1953년 7월 27일 "정전협정이 서명되고 발효된 이후 3개월 이내에 한반도 문제의 평화적 해결을 위해 고위급 정치회담을 개최한다"라는 규정에 따라 제네바정치회의를 1954년 4월 26일부터 6월 15일까지 개최했다.

한국 정부는 정전협정 체결 시 서명에 참여하지 않아 당사자 자격 논란을 빚었던 것에 대해, 제네바정치회의에 한국의 변영태 외무부 장관이 참가함으로써 평화협정 당사자로서의 통일독립민주정부 수립을 위한 14개 항을 제안했다.[4]

---

3   정경영, 『통일한국을 향한 안보의 도전과 결기』(서울: 지식과감성, 2017), 299~306쪽.

4   제네바회담에서 변영태 외무부 장관이 1954년 5월 16일 제시한 14개 조항의 내용은 다음과

외국군의 철수 문제가 주로 논의되는 바람에 한반도 문제의 평화적인 해결을 위한 평화협정 체결 문제는 제대로 협의되지 못했다. 정치적 이해관계가 달라 결국 결렬되었다.

1970년대 미중 관계 정상화와 미소 간 데탕트가 진행되면서 한반도 긴장 완

같다["Text of ROK 14 point draft proposal for establishment of United Independent Democratic Korea," *FRUS*, Vol.1(1954), pp.278~279].

① 통일·독립·민주 한국을 수립할 목적으로 유엔의 감시하에 종전의 유엔 결의에 의거하여 자유선거를 실시한다.

② 남한과 현재까지 자유선거를 행사치 못한 북한에서 대한민국의 헌법 절차에 의거하여 자유선거를 실시한다.

③ 본 제안을 채택한 후 6개월 이내에 선거를 실시한다.

④ 선거 전후 및 그 기간 중 선거 감시에 종사하는 유엔 감시위원은 선거 시 전 지역의 자유 분위기를 유지하기 위하여 필요한 조건을 감시·조정하며, 이를 위해 행동·언론 등의 완전한 자유를 향유한다. 지방 당국은 감시위원에 대해 가능한 모든 편의를 제공한다.

⑤ 선거 전후 및 그 기간 중 입후보자 및 그의 선거운동자와 가족 등은 행동·언론 및 기타 민주 제국에서 인정되고 보장되어 있는 인권의 완전한 자유를 향유한다.

⑥ 선거는 비밀투표 및 일반적인 선거권의 기초에 입각하여 실시한다.

⑦ 전 한국 의회의 의원 수는 전 한국 인구에 비례한다.

⑧ 선거 지역의 인구에 정확히 비례되는 의원 수를 할당하기 위하여 유엔 감시하에 인구조사를 실시한다.

⑨ 전 한국 의회는 선거 직후 서울에서 개최한다.

⑩ 다음 사항은 전 한국 의회 개회 후 제정한다. 가. 통일한국의 대통령을 새로 선출할 것인가, 안 할 것인가의 문제, 나. 대한민국 헌법의 수정 여부 문제, 다. 군대의 해산 문제.

⑪ 대한민국의 현 헌법은 전 한국 의회가 수정하지 않는 한 계속 유효하다.

⑫ 중공군은 선거 실시일보다 1개월 전에 한국에서 철수·완료한다.

⑬ 한국에서의 유엔군의 점진적인 철군은 선거 실시 전에 시작될 것이나 전 한국에 대한 효과적인 지배는 통일한국 정부에 의해 달성되고, 동 지배가 유엔에 의하여 달성되며, 동 지배가 유엔에 의하여 확실히 증명되기 전에 철군을 완료해서는 안 된다.

⑭ 통일·독립·민주 한국의 권위와 독립은 유엔이 보장해야 한다.

미국은 한국이 제시한 14개 항에 대해 ①~②항의 수정과 ⑩~⑬항의 삭제를 요구했다. 당시 미국은 회담 결렬의 책임을 공산군 측에게 넘기는 선에서 명예롭게 철수하는 방안을 염두에 두었다. 따라서 미국은 한국이 제시한 14개 항의 부분 수정 및 삭제를 요구했지만 한국의 입장을 적극 옹호했다.

화를 위한 남북 간 대화가 시작되었다. 1972년 7·4남북공동성명을 발표하고 자주·평화·민족대단결의 3대 통일원칙에 합의했다. 1973년 6·23선언으로 비적성 공산국가와 상호교류를 시작하고 우리 정부는 통일 3원칙으로 자주·평화·민주를 제시했다. 7·4공동성명 등 남북 화해무드 조성은 남북 공히 내부적 정권 도전을 모면하기 위한 것으로 적대적 공생 관계였다는 평가가 존재한다.

제2단계 남북 관계 해빙기는 글로벌 냉전 종식에 영향을 받아 남북 간 포괄적 합의서를 채택하고, 4자 평화회담을 추진한 시기이다. 1991년 12월 남북기본합의서는 잠정 평화협정의 성격으로 남북은 냉전 구조 해체에 따라 한반도에서 평화 구조를 정착시키려는 대화를 추진하기 위해, 정치적·군사적 신뢰 구축을 향한 포괄적이고 종합적인 합의서를 채택했다. 한국은 1988년 9월 13일 헝가리, 1989년 11월 1일 폴란드와 수교를 맺는 등 동유럽 사회주의국가들과 수교를 했으며, 이어서 1990년 9월 30일 러시아와 1992년 8월 24일 중국과 각각 수교했고, 1992년 12월 23일에는 베트남과 수교했다. 한국과 구 공산권 국가들의 관계 개선으로 냉전 구조의 한 축이 붕괴했다. 북한도 미국 및 일본과 수교함으로써 미·일·중·소 4대국이 남북한을 교차 승인했어야 했다. 1991년 9월 17일 남북한의 유엔 동시 가입은 냉전 시대 종식을 알린 기념비적 사건으로 한 민족에게는 화해와 협력 시대 개막이라는 측면과 남북한 분단 상태 고착화에 영향을 주었다는 평가가 병존한다.

1990년 9월 남북 고위급 대화에 착수하여, 마침내 1991년 12월 남북기본합의서에 합의했고, 1992년 1월 한반도비핵화 공동선언, 1992년 3월 남북핵통제공동위원회 구성·운영 합의서 서명에 따른 불가침부속합의서 채택 이후 1992년 9월에 남북기본합의서가 발효되었다. 남북기본합의서는 화해, 불가침, 교류·협력을 포괄적으로 규정한 것으로서, 정전협정에 기초하여 항구적인 평화협정이 체결될 때까지 쌍방이 지켜야 할 잠정협정에 합의한 것이다. 정전협정에서 해결과제로 제시한 외국군 문제와 남북 양측의 민감한 주제인 해상경계선 문제에 대해서는 근본적인 해결을 유보했다. 북한이 남북기본합의 3장의 교류협력

분야를 제외하고는 실천의지를 보이지 않았고, 남한에서도 국회 비준동의를 받지 않아 법 규범력을 갖지 못해 이행에 대한 강제력이 부재했다. 또한 한반도 비핵화 공동선언은 북한의 핵 개발로 형해화되었다.

이어서 평화체제를 구축하기 위한 협의가 1997년 12월부터 1999년 8월까지 진행된 4자회담이었다. 북한은 1991년 3월 27일 군사정전위에 불참을 통보한 이후 본격화된 정전협정 무실화 책동을 계속했다. 1996년 4월 한미정상회담 공동발표문에서 항구적 평화협정을 이룩하는 노력을 개시하자는 데 합의하여, 광범위한 긴장완화 조치 협의를 위해 4자회담을 제의했다. 남북한, 미국, 중국의 대표들은 1997년 8월 예비회담을, 12월을 시작으로 1999년 8월까지 여섯 차례의 본회담을 진행하여 4자회담을 종료했다. 4자회담은 평화체제 구축과 군사적 긴장 완화라는 소기 목표를 달성하지는 못했으나, 암묵적이나마 평화협정의 당사자가 한국이 포함된 4자라는 점과 각국의 평화체제에 대한 입장을 알 수 있는 중요한 계기가 되었다.

제3단계는 남북 관계 발전기로 1·2차 남북정상회담을 개최했던 시기이다. 1990년 민간 차원의 남북 화해협력이 마침내 2000년 6월 13~15일 남북정상회담을 통해 정부 차원의 남북 교류협력으로 발전했다. 남북정상회담에서 채택한 6·15공동선언을 통해 ① 통일 문제의 자주적 해결, ② 1국가 2체제의 통일 방안 협의, ③ 이산가족 문제의 조속한 해결, ④ 경제협력 등을 비롯한 남북 간 교류의 활성화 등에 합의했다. 남북정상회담 이후 총리회담, 고위급회담, 국방장관회담, 장관급회담, 장성급 군사회담, 각종 실무회담 등 1990년 이후 과거에 비해 남북회담의 개최 빈도가 급증했다. 그 이전의 기능적이고 단계적인 대북 접근법에서 점차 군사대화도 증가했으나 여전히 군사·비군사 간 불균형 발전의 개선은 실현되지 못했다.

2007년 10·4정상선언은 노무현 정부의 한반도 평화체제 구축을 국정 과제로 제시한 평화번영 정책의 산물이었다. 참여정부의 안보정책 구상[5]에서 북한 핵 문제 해결과 평화 증진을 가속화한 다음, 남북 간 제 분야에서 협력 심화와 평화체제의 토대를 마련하고, 평화협정 체결과 평화체제 구축을 실현하겠다는 점진적·단계적 방안을 제시했다. 또한 남북한 당사자 원칙을 견지하고, 국제사회의 지지와 보장을 얻으며, 완전한 평화체제로 전환될 때까지 현재의 정전협정을 준수한다는 내용을 담고 있다. 10·4정상선언[6]에서 남북은 ① 협력사업의 군사적 보장, ② 서해평화협력특별지대 합의, ③ 3자 또는 4자 종전 선언의 추진 협력, ④ 한반도 평화체제 구축 이후 남북 연합의 관리기구 구성, ⑤ 그 밖에 남북 관계의 통일지향적 발전을 위한 법률·제도 정비 등에 합의했으나, 임기 말로 추동력이 상실되었다.

한편, 2004년부터 2008년까지 지속된 6자회담을 개최했다. 2005년 9·19공동성명에서 ① 한반도의 검증 가능한 비핵화를 평화적인 방법으로 달성하고, 북한의 완전한 핵 포기 약속과 NPT 및 IAEA 복귀, ② 북미·북일 관계 정상화, ③ 한반도의 항구적 평화체제와 동북아의 안보협력 증진 협의 포럼 구성 등에 합의했다.[7] 2007년 2·13합의를 통해 ① 영변 핵시설 폐쇄·봉쇄, IAEA 요원 복귀, ② 미북 국교 정상화, 테러지원국 해제 및 대적성국 교역법 종료 검토, ③ 북일 간 평양선언에 따라 국교 정상화 추진, ④ 한반도 비핵화, 미북 관계 정상화, 북일 관계 정상화, 경제 및 에너지 협력, 동북아 평화·안보 체제 등에 대한 실무 그룹 설치, ⑤ 중유 100만 톤 대북 지원 등에 합의했으나,[8] 북핵 검증 문제로

5   국가안전보장회의,『평화번영과 국가안보: 참여정부의 안보정책 구상』(서울: 국가안전보장회의 사무처, 2004).

6   나무위키, "10·4남북공동선언", https://namu.wiki/w/10.4%20남북공동선언 (검색일: 2020. 2.17).

7   외교부, "9.19공동성명", http://www.mofa.go.kr/www/brd/m_3973/view.do?seq=293917&srchFr=&srchTo=&srchWord=&srchTp=&multi_itm_seq=0&itm_seq_1=0&itm_seq_2=0&company_cd=&company_nm=&page=5 (검색일: 2019.3.28).

8   외교부, "2.13합의", http://www.mofa.go.kr/www/brd/m_3973/view.do?seq=293923&srchFr=&amp%3BsrchTo=&amp%3BsrchWord=&amp%3BsrchTp=&amp%3Bmulti_itm_seq=0&amp%3Bitm_seq_1=0&amp%3Bitm_seq_2=0&amp%3Bcompany_cd=&amp%3Bcompany_nm= (검색일: 2019.3.28).

북핵 합의 이행이 좌절됨에 따라 2008년 12월 16일 6자회담이 결렬되었다.

제4단계 남북 관계 진통기는 2007년 2월부터 2017년 5월까지 보수 정부 기간으로, 2007년 2월에 출범한 이명박 정부는 평화협정·평화체제 논의를 전면 중단했고, 평화체제 대신 평화구조(Peace Architecture)라는 용어를 사용했다. 성숙한 세계국가(Global Korea)를 제시한 이명박 정부는 외교안보의 비전과 전략[9]에서 남북 관계는 그동안 군사적 긴장 완화와 신뢰 구축을 위한 상호 간의 조치가 전무했다고 평가했다. 남북군사공동위원회 등 당국 간 대화와 협의 채널을 상설화히여 실질적인 군사 신뢰 구축 조치와 각종 협력빙안의 논의가 필요하다고 진단했다. 남북한이 합의한 상호비방·중상 행위 금지를 실천하고 가슴을 열고 진정성 있는 대화를 펴는 것이 평화 정착의 출발점이라고 강조했으나 북한의 핵실험 및 미사일 발사, 천안함 피격, 연평도 포격 도발 등으로 남북 대화가 단절되었다.

2013년 2월부터 2017년 5월까지 박근혜 정부는 2013년 2월 인수위 보고서[10]에서 국정 기조의 하나로 평화통일의 기반을 구축하기 위해 ①튼튼한 안보, ②한반도 신뢰 프로세스, ③신뢰외교를 제시했고, 한반도 신뢰 프로세스를 위한 과제로 ①남북 관계 정상화, ②작은 통일에서 시작, ③실질적 통일 준비의 내실화 등을 제시했다. 박근혜 정부는 북한의 NLL 무력화(無力化)와 정전체제 무실화(無實化) 기도는 물론 북핵미사일 실험에 단호했다. 한편, 박근혜 대통령은 2014년 3월 28일 한반도 평화통일을 위한 구상인 독일 드레스덴 선언[11]을 통해서 평화통일 기반 조성과 남북 공동번영을 위한 민생 인프라 구축, 남북 주민의 인도적 문제 해결, 남북 주민 간 동질성 회복을 천명했다. 2014년 통일대박 캐치프레이즈를 사용한 이후 평화통일 기반구축 프로세스에서 평화체제 논의가 가능

9   청와대, 『성숙한 세계국가: 이명박 정부 외교안보의 비전과 전략』(서울: 청와대, 2009).

10   제18대 대통령직 인수위원회, "제18대 대통령직 인수위원회 보고서", http://18insu.pa.go.kr/ (검색일: 2020.2.17).

11   "朴대통령 드레스덴 한반도평화통일구상 연설 전문", ≪연합뉴스≫, 2014년 3월 28일 자.

함을 제기했으나, 북한이 2017년 1월 6일 4차 핵실험에 이어 2월 7일 장거리미사일을 발사하자 우리 정부는 2월 10일 개성공단을 폐쇄하여 남북 관계는 회복불능 상태로 악화되었다.

제5단계는 남북 관계의 도약기로서 2017년 5월 10일 문재인 정부 출범 이후 지속적인 남북 관계 복원을 위한 노력을 통해 문 대통령은 2017년 7월 6일 신베를린 선언[12]으로 핵과 전쟁이 없는 평화로운 한반도, 북한체제 안전을 보장하는 한반도 비핵화 추구, 항구적 평화체제 구축, 새로운 한반도 신경제지도, 일관성 있는 비정치 남북교류협력사업 추진 등 한반도 평화 정착을 위한 5대 정책 방향을 제시했다.[13] 남북 정상은 2018년 4·27판문점선언[14]을 통해 제1조 남북 관계의 전면적이며 획기적인 개선과 발전을 위해 ① 민족 자주의 원칙과 6·15공동선언과 10·4정상선언 합의 이행, ② 개성 남북공동연락사무소 설치(2018.9.14 설치/2020.6.16 북한 측 폭파), ③ 동해선 및 경의선 철도와 도로 연결 및 현대화 대책 강구, 제2조 한반도에서 첨예한 군사적 긴장 상태 완화를 위해 ① 일체의 적대행위 전면 중지, ② 비무장지대 평화지대화, ③ 서해 북방한계선 일대 평화수역화, ④ 남북협력교류사업의 군사적 보장, ⑤ 국방부 장관회담, 군사당국자회담 개최, 제3조 한반도의 항구적이며 공고한 평화체제 구축을 위해 ① 불가침 합의 재확인, 군사적 신뢰 구축과 단계적 군축, ② 종전 선언과 정전 협정을 평화협정으로 전환하기 위한 회담 개최, ③ 완전한 비핵화를 통한 핵 없는 한반도 실현, ④ 문재인 대통령의 가을 평양 방문(2018.9.18~20)에 합의했다.

이어서 남북 정상은 9·19평양선언[15]을 통해 ① 남과 북은 비무장지대를 비롯한 대치 지역에서의 군사적 적대 관계 종식을 위해 한반도 전 지역에서의 실질적인 전쟁 위험 제거와 근본적인 적대 관계를 해소하며, ② 판문점선언 군사

---

12   "문 대통령의 '신(新) 베를린 선언'", ≪중앙일보≫, 2017년 7월 6일 자.

13   국가안보실, 『문재인 정부의 국가안보전략』(서울: 국가안보실, 2018), 38~39쪽.

14   "남북정상회담 판문점선언 전문", ≪미디어오늘≫, 2018년 4월 27일 자.

15   "9·19 9월 평양공동선언문", ≪경향신문≫, 2018년 9월 19일 자.

분야 이행합의서를 평양공동선언의 부속합의서로 채택하고, ③ 남북군사공동위원회를 조속히 가동하여 군사 분야 합의서의 이행 실태를 점검하고 우발적 무력충돌 방지를 위한 상시적 소통과 긴밀한 협의를 해나가기로 합의했다. 김정은 위원장은 기자회견을 통해 조선반도를 핵무기·핵 위협도 없는 평화의 땅으로 만들기 위해 적극 노력하기로 약속했다.

9·19평양공동선언의 부속합의서인 판문점선언 군사 분야 이행을 위한 9·19 남북군사합의서[16]는 ① 상대방에 대한 일체의 적대행위의 전면 중지, ② DMZ의 평화지대화를 위한 군사적 대책 강구, ③ 서해 NLL 일대 평화수역 조성과 안전한 어로 활동 보장, ④ 교류협력과 접촉활성화를 위한 군사적 보장책 강구, ⑤ 군사당국자 간 직통전화 설치, 남북군사공동위원회의 구성을 통한 무력 증강 등을 협의하기로 합의했다.

시사점

정전체제의 등장 배경과 과정, 등장 이후 유지 및 변화 과정을 면밀히 분석해 교훈을 도출하는 것이 필요하다. 정전체제는 남북의 단독 의사에 의해 이루어진 것이 아니기 때문에 결코 남북의 의지만으로 해결할 수 없다는 것이다. 정전협정 서명국인 미국과 중국의 참여가 필요한 이유이다.

정전체제의 해결 방법 또한 결자해지 차원에서 추진이 요구된다. 북한의 핵미사일 개발과 정전협정의 무실화는 평화체제 구축에 가장 큰 걸림돌이다. 또한 한반도 통일을 위해서는 한반도 평화 정착이 필수이고, 신뢰 구축이 중요하다. 조건 없는 인도주의 지원 및 협력 가능 분야 이슈부터 협의하여 남북 관계 발전을 추진한 점은 한국의 진보·보수 정부 간 큰 차이가 없으나, 진보 정부는 교류와 협력을 통한 단절 없는 관계를 지속하자는 데 비해 보수 정부는 교류협

---

16 "[평양공동선언] 군사분야 합의서 전문", ≪연합뉴스≫, 2018년 9월 19일 자.

력보다 신뢰를 강조했고, 진보 정부는 경제 영역에, 보수 정부는 안보 영역에 주안을 두었다.

한반도 평화체제 구축을 위해 정책의 일관성이 요구되며, 국민적 지지와 협조가 필수적이고, 미국과 중국 등 국제협력이 없이는 평화체제 구축은 어렵다.

3. 파리평화협정과 엘리제조약 사례

베트남전쟁 종결 파리평화협정

베트남전쟁을 종결짓는 협정으로 외국군 철수를 포함한 파리평화협정을 체결한 이후 어떠한 상황이 벌어졌는지를 일별하면 우리에게 반면교사가 아닐 수 없다. 북베트남이 파리평화협정을 파기하고 무력으로 남베트남을 점령함으로써 파리협정이 왜 유명무실한 협정이 되었는지를 살펴보는 것이 한반도 평화협정 체결에 중요한 시사점이 될 것이기 때문이다.

1973년 1월 25일 미국은 베트남전쟁 종식 선언을 한다. 1월 27일 파리에서 미국, 남베트남, 북베트남, 베트콩은 평화협정을 체결하여, 50일 이내에 외국군은 철수한다는 합의에 따라 3월 29일 주베트남 미군과 한국군 등 외국군은 완전 철수하게 된다.

베트남에서의 종전과 평화 회복을 위한 합의(An Agreement on Ending the War and Restoring a Peace in Vietnam), 일명 파리평화협정(Paris Peace Accords)은 "남베트남공화국 임시혁명정부(베트콩)의 동의 및 베트남민주공화국 정부(월맹)와 베트남공화국 정부(월남)의 동의하에 미합중국 정부는 베트남 인민의 민족적 기본권과 남베트남 국민의 자결권을 존중한다는 기반 위에, 아시아와 세계의 평화를 공고히 하는 데 기여하기 위해 베트남에서 전쟁을 종결하고 평화를 회복하기 위해 아래 사항에 합의하고 이를 이행한다"라고 적고 있다.[17]

파리평화협정 주요 내용은 ① 미국과 모든 관련국은 베트남의 독립, 주권과 영토를 존중한다. ② 1973년 1월 27일 24시를 기해 현 위치에서 휴전을 하고, 미국은 군사 개입을 중단하며, 평화협정 체결 이후 50일 이내에 외국군을 철수한다. ③ 남베트남은 국제 감독하에 진정으로 자유롭고 민주적인 총선거를 통해 남베트남의 정치적 미래를 스스로 결정한다. ④ 평화적 수단에 의한 통일원칙에 합의하고 북위 17도선을 잠재적인 영토 및 정치 분계선으로 획정한다. ⑤ 평화협정의 국제적 보장을 위해 군사공동위원회, 국제통제감시위원회를 설치하고, 이와 관련한 국제회의를 개최한다.[18]

국제통제감시위원회가 파리평화협정을 이행하는 감시기구였으나, 협정을 파기하고 공세작전을 전개하는 북베트남에 대해 전혀 효력을 발휘하지 못했다. 미 의회의 비준은 없었으며, 사실상 파리평화협정을 위반했을 때 미국이 개입할 수 있는 구속력이 부재했다.

평화협정을 체결하고 미군이 베트남에서 철수하고 난 뒤 2년 만에 베트남은 무력적화 통일된다. 스스로 지킬 의지가 없었고 전략도 부재했으며, 부패한 남베트남 정권은 무너진 것이다.

닉슨 대통령과 티우 남베트남 대통령 간에 이면 합의를 통해서 북베트남에

---

17 "The government of the Democratic Republic of Vietnam with the concurrence of the Provisional Revolutionary Government, the United States Government with the concurrence of the Government Republic of South Vietnam, with a view to ending the war and restoring a peace in Vietnam to respect the Vietnamese people fundamental national rights and the South Vietnamese people's right to self-determination and contributing to the consolidation of peace in Asia and world, have agreed on the following provisions and undertake to respect and to implement them." 서명자: 주베트남 미국대사, 미 국무부 장관, 베트남공화국 외교부 장관, 남베트남 임시혁명정부 외교부 장관, 베트남민주공화국 외교부장[Wikipedia, "Paris Peace Accords," https://en.wikipedia.org/wiki/Paris_Peace_Accords (검색일: 2019.3.17); UN, *United Nations Treaties Series 1974*, Vol.935, No.13295(1977), pp.6~17].

18 Wikipedia, "Paris Peace Accords," https://en.wikipedia.org/wiki/Paris_Peace_Accords (검색일: 2019.3.17).

대항하여 자국을 방어할 수 있도록 남베트남에 장비 무기를 제공해 줄 것을 약속했고, 북베트남 침공 시 미국이 즉각적인 항공폭격을 제공해 주겠다고 약속한 바 있었다.[19]

1973년 6월 제임스 슐레진저(James Schlesinger) 국방부 장관 인사청문회에서 만일 북베트남이 파리평화협정을 어기고 무력으로 남베트남을 침공해 온다면 미국은 어떻게 할 것인가라는 미 의회의 질문에 슐레진저 국방부 장관 내정자는 당연히 군사 개입을 통해 저지해야 한다고 발언했으나 미 상원의원들은 질타했다. 1973년 6월 미 하원에서는 베트남에서 미국의 향후 군사활동을 금지하는 수정안을 통과시켰고, 워터게이트 스캔들로 닉슨 대통령이 1974년 8월 8일 사임했으며, 승계한 포드 대통령[20]은 1975년 초 북베트남군의 총공세가 있을 때 남베트남의 군사 지원 요청을 거부했다. 또한 공산월맹의 무력 침공 시 미국은 즉각적인 공군력 지원을 약속했으나 1975년 4월 30일 북베트남군 탱크가 사이공을 침공했을 때에도 수수방관했다. 대통령 관저인 독립궁 철문을 돌파하여 북베트남 깃발을 걸면서 남베트남은 지구상에서 소멸된다.

프랑스-독일 간 체결한 엘리제조약

1963년 1월 22일 프랑스-독일 간 체결된 엘리제조약은 150년 이상 적대 관계에 있었던 양국 간 갈등을 청산하고 화해와 협력으로 발전한 사례이다. 프랑스와 독일 간 배타적 민족주의는 끊임없는 전쟁을 통해서 심화·악화되어 갔다.[21] 나폴레옹전쟁(1797~1815) 당시 프로이센 지역이 초토화되었고, 1870년 프

---

19 Wikipedia, "Paris Peace Accords," https://en.wikipedia.org/wiki/Paris_Peace_Accords (검색일: 2019.3.17).

20 Wikipedia, "Watergate Scandal," https://en.wikipedia.org/wiki/Watergate_scandal (검색일: 2019.3.17).

21 Eric Jouin, "How Did France Overcome Nationalism against Germany?"(The 4th East Asia

로이센·프랑스전쟁에서 독일이 승리하여 알자스-로렌 지역이 독일로 할양되었다. 독일의 1, 2차 세계대전 침공을 통해 프랑스 인구의 5분의 1이 전사할 정도로 희생이 컸으며 국토는 황폐화되었다. 전후에 2차 대전 전승국으로서 프랑스군은 점령군으로 독일에 진주할 때 미국, 영국, 소련 군보다 더 고압적이었다.

이러한 앙숙 관계에 있었던 두 나라가 어떻게 화해협력을 추진했으며, 유럽연합을 이끌어갈 수 있었는지를 살펴볼 때 프랑스-독일 간 화해협력 과정은 한 편의 드라마이다. 제2차 세계대진 이후 독일의 진지한 사과와 양국 간 화해협력을 통해 다각적인 교류가 확대되었다. 1963년 샤를 드골(Charles de Gaulle) 프랑스 대통령과 콘라트 아데나워(Konrad Adenauer) 독일 총리는 프랑스-독일 간 화해협력조약, 일명 엘리제조약(Élysée Treaty)을 체결함으로써 매년 두 차례의 정상회담, 분기별 외교장관 회담, 기능별 장관급 위원회 운용 그리고 양국 국민, 특히 젊은이 간 친선교류에 합의했을 뿐만 아니라, EU 건설에 양국이 견인차 역할을 하자는 데 합의했다.

엘리제조약 이후 25주년을 맞은 1988년 이후 프랑스-독일 양국 관계의 변화된 모습은 가히 소설 속 이야기 같다. 반기별 프랑스-독일 양국 간 국무회의를 합의하여 개최해 오고 있으며, 경제·금융, 환경, 군사·안보위원회를 구성·운용하고 있고, 1987년 독·불연합여단을 창설하여 1993년 유로군단의 모체가 되었다. 프랑스 프로방스(Provence) 지역에 독·불 비행사훈련센터와 위기관리작전센터를 설립했다.

또한 문화와 언론의 교류, 양국 언어 학습, 공동 역사 교과서 편찬 및 교육, 스포츠 교류, 경제의 경쟁력 강화와 지속 성장, 인문사회과학 교류, 외교·안보정책의 공동 발전, 사회 유대는 물론, 1990년 독일-프랑스 ARTE TV 개국, 1999년

Situation Assessment Workshop hosted by International Institute of East Asia Strategy, November 3, 2012); Wikipedia, "Élysée Treaty," https://en.wikipedia.org/wiki/Élysée_Trea (검색일: 2019.3.2).

프랑스-독일 합동대학교 개교 등이 이루어졌다.

지자체, 기업, NGO 단체 간 자매결연 등 시민사회의 교류는 양국 간 화해·협력에 실질적인 역할을 해왔다. 2018년 55주년을 맞아 앙겔라 메르켈(Angela Dorothea Merkel) 총리와 에마뉘엘 마크롱(Emmanuel Jean-Michel Frédéric Macron) 대통령은 신엘리제협약을 체결했다. 프랑스와 독일은 역동적인 교류협력을 통해 제도화·활성화되면서 EU 통합의 주도적인 역할을 했다.

4. 시사점

파리평화협정의 시사점은 냉혹하다. 공산주의자의 흉계를 간파하지 못하고 무장이 해제된 상황에서 평화협정은 유명무실하며, 이를 볼 때 평화협정을 이행할 수 있는 감시기구뿐 아니라 만일 평화협정을 유린하고 무력으로 공격을 감행하는 사태에 대비하여 주한미군이 지속적으로 주둔해야 할 것이다. 북미가 평화협정을 주도하고 한국과 중국은 추인하는 형식이 결코 아닌, 6·25전쟁에 참전했던 당사국으로서 남북한은 물론 미국과 중국도 대등한 자격으로 평화협상에 참여하여 평화협정을 체결해야 하고, 한반도 평화협정은 한국 국회와 미 의회는 물론 북중의 최고인민회의 비준이 있어야 한다.

한편, 프랑스와 독일 국민은 제2차 세계대전이 끝난 지 20여 년이 지난 이후에도 여전히 상호 적대의식 속에 분노하고 있었음에도, 드골과 아데나워 간의 양국 간 화해협력 협정에서 보는 바와 같이 정치적 목적을 배제한 정치가의 사명과 헌신, 역할로 양국 관계가 우호협력국가로 거듭날 수 있었다. 또한 프랑스-독일의 양국 근현대사에 대해 공통 인식을 한 역사 교과서 편찬과 교육을 통해 역사의식을 공유하는 것이 배타적 민족주의를 해소하여 양국 간 관계를 결속시키는 데 크게 기여했다.

요컨대 평화협정을 체결하기 위해서는 협정 당사국의 대등한 지위에 의한 평화협상, 의회와 최고인민회의 비준, 실질적인 감시기구, 강력한 군대, 주한미군의 지속 주둔, 지도자들의 리더십, 갈등 구조 해소를 위한 노력이 요구된다.

제7장

9·19남북군사합의 이행 진단과 군비통제 추진전략

9·19평양선언의 부속합의서인 판문점선언 이행을 위한 군사 분야 합의서(약칭 9·19남북군사합의서) 관련 논란이 계속되고 있다. 남북 간 군사적 신뢰 구축과 우발적 충돌 방지를 위한 의미 있는 합의였음에도 불구하고, 지상·공중·해상에서 한국군의 감시·정찰·조기경보 능력과 도발대응 능력을 결정적으로 제약하고, 북방한계선(NLL: Northern Limit Line)을 포기한 것이란 시각이 있으며, 전방 지역 감시를 못 하게 되어 적의 기습 허용 또는 과도한 대응을 초래할 수 있고,[1] 감시초소(GP: Guide Post) 철수와 비무장지대(DMZ: Demilitarized Zone) 일대의 사격 금지와 훈련 중지, 그리고 모든 기종의 비행금지구역 설정 등으로 우리 수도권 방어에 치명적 위험을 초래하게 되었다는 비판을 하고 있다. 또한 남북군사공동위원회에서 봉쇄·차단과 무력 증강 문제 등을 협의하기로 한 것은 유엔의 대북제재를 무시한 것이며, 우리 군의 전력 증강까지 간섭하는 상황이 되었다는 주장을 하고 있다.

남북군사합의서의 이행 실천은 우리 군이나 국민들에게 새로운 길에 대한

---

1   "전 국방장관 등 예비역 장성 415명 '군 무장해제 안 돼'", ≪중앙일보≫, 2018년 11월 22일 자.

혼란과 우려, 불안을 주기도 하나, 북한의 어떠한 적대행위도 용납하지 않겠다는 전제하에 평화창출을 통해서 통일한국이라는 국가전략 목표를 지원한다는 데 의미가 있다.

이 장은 이러한 전략인식하에 군비통제에 대한 이론적 고찰을 하고, 판문점 선언 이행을 위한 군사 분야 합의서의 주요 내용과 의의를 평가하려 한다. 이어서 군사합의와 관련해 오해가 있는 쟁점에 대해 사실을 중심으로 진실을 규명하려 한다. 또한 합의사항 이행 실태를 진단하면서 과제와 대비책을 살펴보고, 마지막으로 향후 군비통제 추진 방향을 모색하면서 정책 제안을 하고자 한다.

1. 이론적 고찰

군비통제(Arms Control)란 잠재 적국 사이에 전쟁의 가능성을 제한하고 전시에는 그 확산 범위와 파괴력을 제한하며, 평시에는 전쟁에 대비한 정치적·경제적 기회비용을 감소시키기 위한 다양한 형태의 군사적 협력[2]으로 정의한다. 우리 국방부는 군비통제를 군비경쟁을 안정화 또는 제도화시킴으로써 군비경쟁에서 야기될 수 있는 위험과 부담을 감소 또는 제거하거나 최소화하는 모든 노력으로 규정하고 있다.[3] 결국 군비통제란 전쟁의 가능성을 감소시키고, 전시에는 피해를 최소화시키기 위해 평소부터 국가들 간에 다양한 형태의 협력을 달성하기 위한 노력이라고 할 수 있다.[4]

군비통제는 군사적 신뢰 구축, 운용적 군비통제와 구조적 군비통제로 구분한다. 첫 번째 군사적 신뢰 구축 조치(M-CBMs: Military Confidence Building Meas-

---

2   Thomas C. Schelling and Morton H. Halperin, *Strategy and Arms Control* (New York: Pergamon-Brassey's Classic, 1961), p.142.

3   대한민국 국방부, 『군비통제란?』(서울: 국방부, 1992), 6쪽.

4   김열수, 『국가안보』(서울: 법문사, 2010), 312쪽.

ures)는 무기체계와 병력보다는 상호 간의 의사소통, 작전적 차원의 병력 배치와 기동훈련 등의 사전 통보, 사전 정보 및 자료의 교환, 군 인사의 교환 방문과 군사훈련 시 참관인 초청 등과 같은 보다 기능적인 차원의 통제를 목적으로 한다. 두 번째 운용적 군비통제(Operational Arms Control)는 군사력의 배치와 운용을 통제하여 투명성을 높이고 상호 확인 및 감시를 통해 기습공격을 방지함으로써 전쟁 발발의 위험성을 감소시키고자 하는 군비통제의 형태이다. 자국의 모든 군사활동, 군부대 배치 상황 등을 상대방에게 투명하게 공개하고 확인하는 작업을 허용함으로써 기습공격이나 전쟁 도발의 의지가 없다는 것을 입증하여 예측 가능성을 높이는 것이다.[5] 마지막으로 구조적 군비통제(Structural Arms Control)란 군사력의 규모, 편성 등 군사력을 구성하는 실질적인 요소인 병력과 무기체계를 구조적인 차원에서 통제함으로써 군사력의 균형과 안정을 유지하려는 군비통제의 형태이다. 군사력의 건설·획득·동원의 제한, 특정 지역에서의 특정 무기 사용의 제한, 또는 무기의 생산이나 이전에 대한 규제 등이 여기에 해당된다.[6]

한편, 군비통제는 군비감축, 군비제한, 군비축소를 망라한 광의의 의미를 뜻한다. 군비감축(Arms Reduction)은 전쟁의 가능성을 배제하지 않고 상호 협의 또는 자발적으로 군비를 줄이는 것을 말하며, 군비제한(Arms Limit)은 특정 기간 혹은 비특정 기간의 군비 수준을 일정 규모 이상으로 늘리지 않도록 하는 것으로 상호 합의된 수준의 제한적인 증강을 함으로써 긴장을 완화하고 전쟁을 예방하고자 하는 것이다. 군비축소(Disarmament)는 전쟁을 일으킬 수 없을 정도로 현 군비를 완전히 제거 혹은 폐지하는 것을 말한다. 또한 군비통제를

---

5   Paul K. Davis, "Toward a Conceptual Framework for Operational Arms Control in Europe Region," The RAND Corporation R-3704-USDP (November, 1988); RAND Strategy Assessment Center, "A Conceptual Framework for Operational Arms Control in Central Europe," RAND Research Brief RB-7802 (June, 1986).

6   김열수, 『국가안보』(서울: 법문사, 2010), 315~316쪽.

[표 7-1] 군축 유형

구분	내용
정치적 신뢰 구축	· 정상회담, 경제교류협력, 문화 스포츠 교류, 인도적 지원
군사적 신뢰 구축	· 상호 간의 의사소통, 작전적 차원의 병력 배치와 기동훈련 등의 사전 통보, 군 인사의 교환 방문과 군사훈련 시 참관인 초청 · 군사정보 상호 교류
운용적 군비통제	· 주요 군사활동 제한, 군사력 배치 조정 등
구조적 군비통제	· 군사력의 규모와 구조를 동결, 상한선 설정, 제한 및 감축 · 군사력을 순수한 방어 전력으로 전환

통해서 전쟁 준비 소요비용을 감축함으로써 군사력 운용과 유지의 효율성을 기하고, 군사력 균형을 통해서 전쟁을 예방하는 것이다.[7]

국제정치 이론 측면에서 군비통제를 논의할 경우 갈등 관계에 있는 국가 간에 어떻게 협력을 유도할 것인지에 관심을 기울인다. 즉, 국제적인 협력과 안정을 도모하는 방안으로서 공격적인 배치를 방어적인 배치로 전환할 것을 주장한다. 또한 국제안보와 정치경제 영역에서 국가 간 대결보다는 상호 간에 이익이 존재할 때 협력한다는 것이다. 양자 간의 상호 관계를 규율하는 합의된 원칙과 규범, 그리고 규칙이 있을 때 군비통제가 이루어질 수 있다. 안보적 측면에서 군비통제를 논의할 경우는 국방에서 합리적 충분성, 방어의 우위, 비공격적 방어, 전략 전술에 대한 협상이라는 개념을 발전시켜 실제 국방전략과 군사 태세에 적용할 수 있는 방법이 무엇인가 등 정책적 처방과 대안을 제시하고 있다.[8]

군축 유형은 **표 7-1**과 같다. 유엔군축연구소 등에서는 운용적·구조적 군비통제를 통합하는 추세이다.[9] 한국 국방부에서는 여전히 기존 틀을 사용하고 있

7   김경수, 『비확산과 국제정치: 국제군비통제: 이론과 실제』(서울: 법문사, 2004), 5~6쪽.

8   한용섭, 『한반도 평화와 군비통제』(서울: 박영사, 2004), 174~183쪽.

9   Steve Tulliu and Thomas Schmalberger, 『군비통제, 군축 및 신뢰구축 편람』, 신동익·이충면 옮김(서울: 외교통상부, 2004), 8~10쪽.

[표 7-2] 시대별 군비통제

구분		주요 내용	비고
제1차 세계대전 이전		· 1899, 1907년 헤이그 만국평화회의 - 각국 군비지출 제약 - 전투 시 전투원과 비전투원 구분	비엔나협정
전간기(1919~1939)		· 베르사유조약 등 패전국 군비감축에 초점 · 1930년대 위싱턴회담 등 군비감축 협상 진행	국제연맹 헌장에 명시
제2차 세계대전 이후	핵	· 핵확산금지조약(NPT), SALT I, II, 탄도요격미사일협정(ABMT), 포괄적핵실험금지조약(CTBT), 화학·생물학무기금지협약 등	조약 체결
	재래식	· 유럽재래식무기(CFE)조약 등	

자료: 이표구, 「한반도 군비통제 구현방안」(한반도 "평화체제 추진전략" 연구 미발표 논문, 2018)에서 재인용.

다. 남북 교류협력 보장을 뜻하는 인도적 지원인 정치적 신뢰 구축, 군사적 긴장 완화를 뜻하는 군사적 신뢰 구축과 남북 관계 진전에 따라 장기적 목표로 추진하는 운용적·구조적 군비통제로 분류하고 있다.[10]

한편, 시대별 주요 군비통제 내용을 알아보면 표 7-2에서 보는 바와 같이 제1차 세계대전 이전에는 1899년과 1907년 각각 헤이그 만국평화회의를 통해서 각국의 군비지출을 제한하고 전투 시 전투원과 비전투원을 구분하여, 민간인 등 비전투원의 살상을 금지하는 협약을 체결했다. 제1차 세계대전 이후부터 제2차 세계대전이 발발하기 전의 전간기(戰間期)에는 베르사유조약을 통해 패전국 군비감축에 주안을 두었으며, 1930년대 위싱턴회담 등 군비감축 협상을 통해 합의한 사항이 국제연맹 헌장에 반영되었다. 제2차 세계대전 이후에 핵 분야 군비통제는 핵확산금지조약(NPT: Non-Proliferation Treaty), 전략무기제한협정 I, II (SALT: Strategic Arms Limitation Treaty), 탄도요격미사일협정(ABMT: Anti-Ballistic Missile Treaty), 포괄적핵실험금지조약(CTBT: Comprehensive Nuclear Test Ban Treaty), 화학·생물학무기금지협약(CWC·BWC: Chemical Weapons Convention·Biological

---

10   대한민국 국방부, 『2016 국방백서』(서울: 국방부, 2016), 164~171쪽.

Weapons Convention) 등의 조약으로 가시화되었다. 재래식 무기의 군비통제는 유럽재래식무기(CFE: Conventional Armed Force in Europe)조약 등이 있다.[11] 이러한 군비통제를 통해서 끊임없이 전쟁에 시달렸던 유럽 지역이 유럽연합(EU)을 탄생시켜 평화로운 터전으로 발전했다.

2. 군사 분야 합의서 내용과 의미

합의서 주요 내용

9·19남북군사합의서는 두 차례의 남북장성급회담, 여덟 번의 문서 교환, 17시간의 마라톤 실무회담, 그리고 이 모든 과정에서 유엔사(UNC: United Nations Command) 측과 협의를 거쳐 서명하게 된 합의서이다.[12]

표 7-3에서 보는 바와 같이, 1조에서 남과 북은 상대방에 대한 일체의 적대행위를 전면 중지하기로 합의한바, 군사분계선(MDL: Military Demarcation Line) 일대 포병사격 및 대규모 훈련 중지, MDL 일대 비행금지구역 설정, 우발적 충돌 방지를 위한 공동의 작전수행절차(교전규칙)를 적용하기로 했다.

2조에서는 DMZ의 평화지대화를 위한 군사적 대책을 강구하기 위해 남북이 상호 GP 철수, 공동경비구역(JSA: Joint Security Area) 비무장화, 남북 공동유해 발굴, 역사유적 공동 조사·발굴을 위한 군사적 보장방안을 협의하기로 했다. 3조는 서해 NLL 일대의 평화수역 조성과 안전한 어로 활동을 보장하기 위한 것으로, 이를 위해 우발적 무력충돌 방지와 적대행위를 중지하고 시범적 공동어

---

11 이표구, 「한반도 군비통제 구현방안」(한반도 "평화체제 추진전략" 연구 미발표 논문, 2018)에서 재인용.

12 정경영, 「판문점선언 이행을 위한 군사분야 합의서의 오해와 진실」, 《정세와 정책》, 제12호 (2018).

[표 7-3] 판문점선언 이행을 위한 군사 분야 합의서 주요 내용

1. 상대방에 대한 일체의 적대행위의 전면 중지
2. DMZ의 평화지대화를 위한 군사적 대책 강구
3. 서해 NLL 일대 평화수역 조성과 안전한 어로 활동 보장
4. 교류협력과 접촉 활성화를 위한 군사적 보장책 강구
5. 상호 군사적 신뢰 구축을 위한 다양한 조치 강구

로구역 설정과 공동순찰 방안을 강구하기로 합의했다.

4조는 교류협력과 접촉 활성화를 위한 군사적 보장책으로, 한강 하구의 공동이용수역 설정, 해주 직항로와 제주해협 통과 문제를 협의하기로 했다. 마지막으로 5조에서는 상호 군사적 신뢰 구축을 위해 군사 당국자 간 직통전화를 설치·운영하고, 남북군사공동위원회를 구성하여 향후 평화수역과 공동어로구역 범위, 군비통제 등 민감한 군사 현안에 대해 협의를 추진하기로 했다.

남북군사합의서의 의미

남북군사합의서는 첫째, 군이 평화창출을 통해서 통일한국이라는 국가전략 목표를 지원한다는 데 의미가 있다. 9·19평양선언과 남북군사합의서에 명시된 약속이 지켜진다면, 한반도의 완전한 비핵화와 항구적 평화 정착을 위한 여건을 조성하여 남북 간 군사적 긴장 완화와 신뢰 구축을 통해 전쟁 없는 한반도가 가시권에 진입하게 된다는 데 의미가 있다. 군의 1차적인 임무는 어떠한 경우에도 북한의 국지 도발을 방지하고 전쟁 억제를 통해서 평화를 유지하며, 억제 실패 시 군사작전에서 승리하는 것이다. 사실상 남북 간 교류협력이 심화·발전되고 자유롭게 왕래가 이루어져 하나의 공동체를 형성한다 하더라도 북한의 적대행위나 남북한 군사적 무력충돌은 일순간 남북 관계를 경색 국면으로 치닫게 해 모든 것이 단절되는 것을 우리는 경험했다. 한반도에서 남북한 군사적 신뢰 구축 조치를 통해 군사적 안정성을 제고함으로써 평화 정착의 여건을 조

성하는 것은 통일 한반도를 이루어내는 데 결정적으로 기여할 것이다.

둘째, 9·19남북군사합의서는 한반도 비핵화를 견인하고 추동한다는 점에서 중요한 의미를 가진다. 만일 비핵화 협상 과정에서 남북 간에 적대행위나 우발적 무력충돌이 발생할 경우 비핵화 협상은 진전될 수 없을 것이기 때문이다.

셋째, 정전협정 체결 이후 65년 만에 최초로 DMZ를 명실상부하게 완전 비무장화하여 정전협정의 취지를 구현할 수 있는 실제적인 군사 조치를 마련했으며, 한반도의 화약고였던 서해 지역에 서해완충구역을 설정하여 적대행위와 우발적 충돌이 없는 평화수역으로 전환시켰다는 점에서도 그 의미를 찾을 수 있다.

넷째, 철원 지역 DMZ 내 화살머리고지는 6·25전쟁 당시 국군과 북한군은 물론 미군·프랑스군과 중국군의 격전지였던 곳으로, 이곳에서 남북이 공동으로 유해발굴을 함으로써 전쟁의 참혹함을 느끼면서 화해와 치유를 할 수 있게 될 것이며, 태봉국 궁예 역사유적 공동 조사·발굴이 추진될 경우 민족의 동질성 회복에 기여한다는 의미가 있다.

마지막으로 평화수역과 시범적 공동어로 구역 내에서 제3국의 불법어로 차단과 어민들의 안전한 어로 활동을 보장하기 위한 남북 공동순찰 방안을 마련하기로 합의한 점, 동·서해선 철도·도로 연결 및 현대화와 한강 하구에서의 민간 선박의 자유항행을 위한 군사적 보장 대책을 강구하기로 한 것 역시 남북한의 상호 이익을 위한 유의미한 합의로 평가된다.

요컨대 9·19남북군사합의서는 핵 위협이 없고 무력충돌이 없는 한반도 미래 안보전략을 구현한다는 차원에서 그 의미가 크다.

3. 군사합의서 오해와 진실 그리고 이행 평가

서해완충구역 합의가 NLL 포기인가?

서해완충구역은 NLL을 고수한다는 전제하에 그간 화약고와도 같았던 서해

[그림 7-1] 서해완충구역

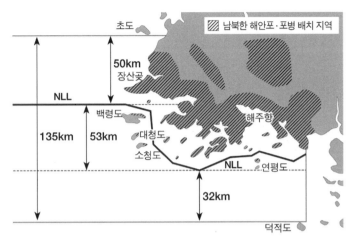

자료: 국방부, 「9.19 남북군사합의 관련 설명 자료」(2018.12.13).

지역, 특히 서해5도 주변 수역 및 내륙 구역에서의 적대행위와 우발적 충돌을 예방하기 위한 차원에서 설정한 것이지 결코 NLL 포기가 아니다.

　NLL 최북단을 기준으로 북으로 초도까지 50km, 남으로 덕적도까지 85km, 총 135km를 서해완충구역으로 설정한 것은 우리가 훨씬 많은 바다를 내어준 결과라고 일각에서 주장한다. 그러나 최남단을 기준으로 북으로 103km, 남으로 32km이다. 전자의 주장도 단지 수역만을 본 것이지 서해완충구역이 내륙지역까지 포괄하고 있음을 간과한 데서 기인한 주장이다.

　그림 7-1에서 보는 바와 같이 덕적도로부터 북으로 일직선으로 긋고 초도에서 동으로 수평으로 그은 선과 만나는 황해도 내륙지역을 포괄한 서해완충구역을 설정하여 그 지역 내의 모든 포병사격훈련과 해상기동훈련을 중지하고, 함포와 해안포의 포구에 덮개를 씌우고 포문을 폐쇄하기로 합의함으로써 더 이상의 충돌이 없도록 한 것이다. 위협 측면에서 우리에게 유리한 협상 결과이다.

　특히 서해 지역은 1999년 6월 15일 제1차 연평해전, 2002년 6월 29일 제2차 연평해전, 2009년 11월 10일 대청해전, 2010년 3월 26일 천안함 피격, 2010년

11월 23일 연평도 포격 도발 등으로 인해 우리 군 54명이 전사하고 2명의 민간인이 사망한 지역으로 또 다른 도발이나 충돌이 있게 되면 전쟁으로 비화될 가능성이 높은 지역이다. 따라서 서해 지역을 평화수역화하는 것이 절실하다. 북한 해안을 따라 구축된 108문의 해안포, 연평도 포격 도발을 자행했던 북한군 4군단 예하의 122mm 방사포, 실크웜 대함미사일 등 각종 포와 미사일을 해상 또는 서해 5도로 포격할 수 없도록 했다. 또한 남북이 남북이 해상기동훈련과 포병사격훈련을 중단하도록 함으로써 우발적 충돌을 원천적으로 예방하도록 합의한 것이다.

NLL을 고수하기 위한 초계활동은 지속적으로 실시되며 즉각 응징할 수 있는 군사 태세에는 하등의 변함이 없다. 만에 하나라도 북한이 NLL을 침투하거나 무력 도발을 자행한다면, 피로써 지켜온 북방한계선을 결사항전의 정신으로 사수해야 할 것이며, 우리 군은 그러한 만반의 대비 태세에 어떠한 변화도 없다.

덧붙여 우리 해군 함정은 서해완충구역 남단인 덕적도 이남 지역에서 기동훈련을 할 수 있는 반면, 장산곶과 사곶에 해군기지를 두고 있는 북한군은 함정을 초도 이북으로 130여 km 북상시켜 해상기동훈련을 해야 하기 때문에 제한을 받게 될 것이다.

점·선·면의 원칙에 따라 추진되는 DMZ 평화지대화와 관련하여, 대등한 숫자의 GP 철수는 문제가 있는 것이며, DMZ 관할권을 행사하는 유엔사의 동의 없이 추진하는 것이 아닌가?

DMZ 평화지대화는 점·선·면의 원칙에 따라 추진되는바, 점(點)에 해당하는 JSA를 비무장화하고, MDL이란 선(線)을 따라 충돌 우려가 있는 상호 GP를 먼저 철수하고, 궁극적으로 DMZ라는 면(面) 내의 모든 GP를 철수하는 것이다.

공동경비구역(JSA)은 1978년 판문점 8·18도끼만행사건 이후 중화기가 반입되고 벽돌로 분계선을 구축하여 넘나들지 못하게 되어 있었다. JSA의 비무장화는 이를 시정하려는 취지로서, 남·북·유엔사 3자 협의체에 의해 지뢰 제거와

[그림 7-2] 비무장지대 내 시범적 GP 철수

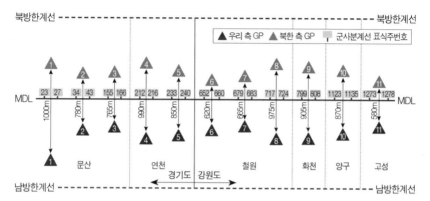

자료: 국방부, 「9.19 남북군사합의 관련 설명 자료」(2018.12.13).

반입된 중화기 철수, 경계석 제거 등의 안전 조치를 한 다음에는 본래의 공동 경비와 자유로운 관광까지도 가능하게 될 것이다.

DMZ 내에 북한군은 160여 개 GP를, 우리 군은 60여 개 GP를 운용하고 있어 북한 측 GP가 우리보다 2.5배 많다. 일각에서는 이러한 불균형 상태에서 남북이 대등한 숫자인 11개씩의 GP를 철수하기로 한 것은 비례성에 맞지 않는다고 주장한다. 단지 비례성만을 문제 삼는 것으로 끝난다면 나름 일리가 있는 비판이다. 그러나 이러한 비판은 충돌 위험성 제거를 우선순위로 놓고 접근한 합의 취지를 간과하고 있다. 남북은 기본적으로 DMZ 내 모든 GP를 철수하기로 합의했고, 이번 11개 GP 철수는 시범적 조치이다. 남북 간 우발적인 무력충돌 가능성이 높은 기관총 유효사거리 1km 이내의 서부전선 5개 GP, 중부·동부전선 각각 3개 GP 등 11개 GP를 2018년 말까지 우선적으로 철수하고 그 이후 모든 DMZ 내의 GP를 철수하기로 했기 때문에 단지 시차가 있을 뿐이다.[13]

---

13 남북은 이 중 1개 GP를 역사적 유적으로 존안하기로 하여, 우리 측에서는 최동북단의 북한 측 GP와 가장 가까운 356GP를 남겨두기로 했다. 북한 측은 중부전선의 남측 GP와 불과 350m 떨어진 까칠봉GP를 보존키로 했다.

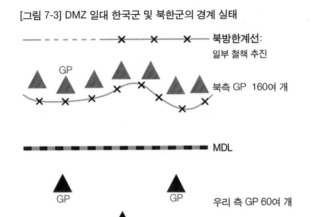

[그림 7-3] DMZ 일대 한국군 및 북한군의 경계 실태

북방한계선:
일부 철책 추진

GP

북측 GP 160여 개

MDL

GP   GP

우리 측 GP 60여 개

GP

남방한계선/GOP철책:
전 구간 2~3중 철책 및
과학화경계시스템 구축

경계초소

자료: 국방부, 「9.19 남북군사합의 관련 설명 자료」(2018.12.13).

따라서 비례성은 문제가 되지 않는다.

DMZ 일대에서 한국군과 북한군의 경계 실태를 보면 **그림 7-3**에서 보는 바와 같다. 남북한군의 경계 태세 측면에서 고찰할 때 북한군은 북방한계선에서 추진된 160개 GP를 중심으로 경계력을 강화하고 있는 데 비해 한국군은 북한군에 비해 수적으로 훨씬 적은 60여 개의 GP를 운용하나 남방한계선 전 구간에 걸쳐서 2~3중의 철책 및 과학화경계시스템과 초소별 경계병력 운용 등 GOP 경계작전에 주안을 두고 있다.

유엔사와의 협의 없이 일방적으로 추진되었다는 것도 맞지 않다. 우리 국방부와 유엔사 간 실무급 협의를 52회나 실시했으며, 국방부 대북정책관이 빈센트 브룩스(Vincent K. Brooks) 유엔군사령관에게 두 차례 설명한 바 있다.[14] 송영

---

14 김도균 국방부 대북정책관과의 인터뷰, "9·19남북군사합의와 유엔사와 협력", 2018년 10월 2일.

무 국방부 장관도 브룩스 유엔군사령관은 물론 제임스 매티스(James N. Mattis) 미 국방부 장관에게 설명하여 한미 협의하에 이루어진 것이다.[15]

군사분계선 일대 지상에서 각종 사격 및 대부대 군사연습 중지와 상공 비행금지는 수도권 방어에 치명적 위험을 초래하는 것이 아닌가?

이번 남북군사합의서 1조 2항에서 쌍방은 2018년 11월 1일부터 상대방을 겨냥한 각종 사격과 군사연습을 중단하도록 했다.

지상에서 MDL로부터 5km 이내 포병사격 및 연대급 이상 기동훈련을 전면 중지하기로 했고, 서부 지역은 20km, 동부 지역은 40km의 비행금지구역을 설정했다. 이렇게 합의한 것에 대해 국내 일각에서는 우리 군의 무장해제라고 비판하면서 우리가 압도적 우위에 있는 감시·정찰 자산의 무용화(無用化)를 통해 우리의 눈을 멀게 하여 수도권 방어에 치명적 위험을 초래케 한 것이라고 주장한다.

이것은 합의 취지를 올바르게 보지 못한 데 따른 오해라고 할 수 있다. DMZ 인접 지역에서 포병사격훈련과 대부대 기동훈련이 훈련 목적인지 도발을 위한 사전 행동인지 판단하기는 쉽지 않다. 따라서 자칫 오인의 여지가 크기 때문에 포병사격훈련과 연대급 이상의 대부대 훈련을 중지키로 한 것이다. 현재 철책선을 지키는 전방사단은 1개 연대를 투입해 직접 철책선에서 경계·순찰하는 경계대대와 그 직후방에 있는 예비대대로 편성·운영하고 있는데 연대급 이상의 대부대 훈련을 중지한 것이기 때문에 남방한계선으로부터 3km 이내 지역에서도 대대급 훈련은 지장을 받지 않는다. 물론 철책선 3km 이남 지역에서는 연대전투단(RCT: Regiment Combat Team) 훈련을 포함하여 연대급 이상 대부대 훈련에 하등의 제한을 받지 않으므로 우리 군이 훈련을 못 하는 것도 아니고 따라서 무장해제되었다는 비판은 사실에 맞지 않는 이야기이다.[16]

15 　송영무 전 국방부 장관과의 전화 인터뷰, "9·19남북군사합의와 미 측과 협력", 2018년 10월 4일.

[그림 7-4] 지상 적대행위 중단 구역

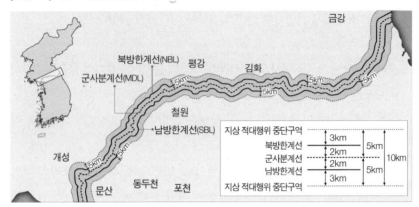

자료: 국방부, 「9.19 남북군사합의 관련 설명 자료」(2018.12.13).

[그림 7-5] 공중 적대행위 중단 구역

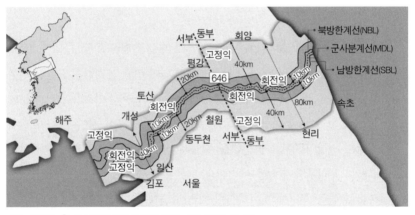

자료: 국방부, 「9.19 남북군사합의 관련 설명 자료」(2018.12.13).

한편, 2018년 11월 1일부터 DMZ 일대 상공은 모든 기종의 비행금지구역

---

16 안광수, 「9·19 군사 합의의 군사적 의미」(한국국방연구원 주최 "9·19남북군사합의의 의미
    와 과제", 2018.11.23).

(NFZ: No Flight Zone)이 되었다. 고정익 항공기의 경우, 서부 지역은 군사분계선 기준 20km, 동부 지역은 40km 이내가 비행금지구역이고, 회전익 항공기의 경우는 10km이다. 무인기는 서부 10km, 동부 15km로 한정했고, 기구는 25km로 한정하는 데 합의했다.

이에 대해서도 비판의 목소리가 존재한다. 절대적 우위에 있는 한미연합군의 정찰·감시 활동을 제약한 것은 우리 군이 북한군을 볼 수 있는 눈을 멀게 한 조치라며 수도권 방어 태세에 허점을 야기한 것이 아니냐는 비판이다.

군단에서 운용하는 기상관측기구의 운용에 제한을 받는 등 일부 정찰·감시를 제한받는 것은 사실이나, 남방한계선을 따라 2·3중 철책선과 200여 개의 소대 단위의 초소를 운용하고 있고, 압도적 우위의 과학화 지상감시장비는 물론 신호정보(SIGNT), 영상정보(IMINT)를 중첩적으로 통합·운용하여 총합 감시 활동을 하고 있기 때문에 대북 감시 태세에 미칠 영향은 미미하다.

한편, 서부 지역의 경우 MDL로부터 북방 20km 일대까지 비행할 수 없도록 금지시킨 데 따라 북한군 전투기의 접근을 사전에 경보·조치할 수 있어 DMZ로부터 서울시청까지 45km로 종심(縱深, In depth)이 짧은 수도권 방어를 더욱 안전하게 할 수 있다. 고속 진입하는 항공기의 특성상, 우발충돌 위험이 크게 감소할 것으로 기대되기 때문이다.[17]

또한 지상, 해상, 공중 등 모든 공간에서 우발적인 무력충돌을 예방하기 위해 지상과 해상에서는 ① 경고방송, ② 2차 경고방송, ③ 경고사격, ④ 2차 경고사격, ⑤ 군사적 조치의 5개 단계의 절차를, 공중에서는 ① 경고 교신 및 신호, ② 차단비행, ③ 경고사격, ④ 군사적 조치의 4개 단계의 절차를 새로운 교전규칙으로 합의한 것도 긴장 완화를 위한 유의미한 조치이다. 이 부분도 기존에 적용하던 작전수행 절차의 범위 내에서 조정한 것이다.

---

17 공평원, 「남북군사합의 진단과 대책」(미래실용안보포럼 주관 "북한 비핵화와 남북군사합의서 진단" 세미나, 2018.11.20).

지상, 해상, 공중을 비롯한 모든 공간에서 적대행위와 무력충돌을 방지하기 위한 군사 분야 합의는 군사작전에 제한이 없는지에 대해 면밀하게 작전성 검토를 거쳐 이루어졌다. 이는 한반도 군사적 신뢰 구축의 초기 단계 조치이며, 남북 간에 충분한 신뢰가 쌓이면 우리 수도권에 위협을 주는 북한의 장사정포도 후방으로 재배치하는 등 본격적인 신뢰 구축 조치로 진전될 수 있고 나아가 군축까지도 이루어질 수 있을 것이다.

봉쇄·차단, 무력 증강, 대부대 훈련 등에 대한 협의는 유엔의 대북제재와 역행되며, 우리 군의 전력 증강을 간섭하게 되고, 한미 훈련도 중단하겠다는 것이 아닌가?

이러한 문제 제기 및 비판 역시 사실과 다르다. 유엔 제재를 받고 있는 상황 하에서 현재 협의하겠다는 것이 아니고, 비핵화가 진전되고 새롭게 신뢰가 쌓이게 되면 남북군사공동위원회를 구성하여 점진적·단계적으로 협의하겠다는 것이며, 무력 증강 제한도 남북 상호 간에 군비통제 차원에서 협의하겠다는 것이다. 한미연합훈련은 남북 간 사안이 아닌, 한미동맹 차원에서 추진되는 것으로 논의의 대상이 아니다.

이행 평가

9·19남북군사합의서의 판문점 비무장화, 서해평화구역화, DMZ GP 철수, 남북 유해발굴, 한강 하구 남북공동실사 등 분야별 이행 실태를 진단하고 과제와 대비책을 도출하려 한다. 이어서 북한이 남북군사합의서를 이행치 않고 적대행위를 자행할 경우 우리의 대응책을 논의하고자 한다.

판문점 비무장화

판문점선언 이행을 위한 군사 분야 합의서에 명시된 대로 2018년 10월 1일부터 시작된 JSA 지역 비무장화를 위해 지뢰를 제거하고 초소를 철거했으며 병력, 화기를 모두 JSA 밖으로 철수했다.

원래 JSA에는 정전협정의 정신에 따라 군사분계선(MDL) 표식물도 없었고 자유롭게 양측을 넘나들 수 있었다. 남북 경비초소도 혼재되어 있었다. 그러다 1976년 판문점에서 북한군과 미군이 충돌한 일명 8·18도끼만행사건 이후 MDL 표식물로 콘크리트 턱을 설치하고 남북 초소도 각각 분리했으며 상호 간 대화도 금지되었다. 이때부터 우리 경비병은 진한 검은색의 선글라스를 착용해 왔다.

JSA 내 외곽 돌아오지 않는 다리 북측 초소 1곳과 도보다리 인근 남측 초소 1곳은 유지를 하고 JSA 내 북측 초소 5곳과 남측 초소 4곳은 철수를 한 것이다. 또한 JSA 내에 설치된 CCTV(폐쇄회로TV) 등 불필요한 감시장비를 철거하거나 조정하는 작업을 했다. 72시간 다리 끝점과 남측 진입 초소 일대에 남북이 근접 운용하는 각각 2곳의 비무장 초소를 새로 설치했다.

남·북·유엔사 3자 협의체는 세 차례 회의[18]를 통해 JSA 비무장화 조치를 완료한 이후의 공동관리기구 구성과 임무, 공동관리기구 운영 방식 등을 협의했다.

브룩스 유엔군사령관 겸 주한미군사령관은 "생산적인 3자 대화에 고무되었다"라며 "큰 틀에서 이번 회의는 유엔사와 북한군 간의 현존하는 군사정전위원회 체제에 부합하는 것이며, 판문점선언 이행을 위한 군사 분야 합의서 이행을 위한 남북 군사대화와도 관련이 있다"라고 말했다. 이는 남북 군사 분야 합의서에 대해 한미 간 이견이 있다는 일각의 주장이 근거가 없다는 발언으로 평가된다.

2018년 11월 6일 남·북·유엔사 3자 협의체 3차 회의는 10월 26~27일 진행

---

18 2018년 10월 16일 첫 회의를 시작으로 본격 가동된 남북한과 유엔사 3자 협의체는 JSA 비무장화 이후의 공동관리기구 구성과 임무, 공동관리기구 운영 방식 등을 협의했다. 남북 군사 당국과 유엔군 사령부가 10월 22일 남·북·유엔사 3자 협의체 제2차 회의를 열고 실무 협의를 이어갔다. 남·북·유엔사는 10월 25일까지 JSA 내 화기·초소 철수 조치를 취하기로 합의했으며, 이후 2일간 3자 공동검증을 실시하기로 했다. 3자는 JSA 지뢰 제거 작업이 완료된 상황을 확인했으며, 비무장 조치를 공동검증하기 위한 방안과 경계근무 인원 조정안에 대해 협의했다.

되었던 JSA 비무장화 3자 공동검증 결과를 평가하고, 양측 진입로상에 새롭게 설치된 경계초소를 확인했다. 또 JSA 내 상대측 지역에서의 경계근무 시행을 위해 적용할 공동근무수칙을 마련하자는 데 합의하고, 빠른 시간 내에 문서 교환 방식을 통해 결정하기로 했다. 또 각 측의 감시장비 운용 실태를 확인하고, 감시장비 조정과 상호 정보공유 방안에 대한 논의도 이루어졌다.[19] 남북은 각 각 35명으로 구성된 비무장 인원이 공동경비를 한다. 이들은 총기를 휴대하지 않으며 노란색 바탕에 판문점 민사경찰이란 파란색 글씨가 새겨진 넓이 15cm 의 완장을 왼팔에 차고 근무한다. 아울러 남·북·유엔사 측은 이 같은 조치가 완료되는 시점을 고려해 JSA 내 관광객들의 자유왕래 보장 조치를 시행해 나 가기로 했다.

남북 군사 당국과 유엔군사령부가 함께하는 JSA 비무장화를 통해 JSA가 한 반도 평화와 화합의 상징으로 거듭난다는 데 그 의미가 크다. 2018년 11월 8일 유엔군사령관으로 부임한 로버트 에이브럼스(Robert B. Abrams) 대장은 박한 기 합동참모본부 의장과 함께 판문점의 자유의 집, JSA 회담장, 군사분계선을 둘러보고 JSA 비무장화를 확인했다. 에이브럼스 사령관은 "이번 방문은 9·19 남북군사합의 이행에 대한 지지를 보여주는 것"이라며 "한미동맹이 한반도 내 무력충돌 방지에 지속적으로 중요한 역할을 하며 향후 수십 년간 동북아 지역 의 평화와 안정을 촉진할 것을 재확인하게 되어 영광이다"라고 말했다.[20]

서해 평화수역 및 내륙 구역

11월 1일 9·19군사합의서 이행 조치에 따라 동·서해안 일대 남과 북의 포구 에 일제히 덮개가 드리워졌다. 남북 모두 이날부터 지상·해상·공중 완충구역 에서 포사격, 기동훈련, 정찰비행 등 적대행위를 전면 중지한 것이다.[21]

---

19 "남·북·유엔사, 비무장화 JSA '공동 근무수칙' 마련 합의", ≪이데일리≫, 2018년 11월 6일 자.
20 "에이브럼스 사령관 JSA 방문 '9·19남북군사합의 지지'", ≪경향신문≫, 2018년 11월 11일 자.

이날 북측도 해안포에 포구 덮개를 설치하는 등 포문을 폐쇄했다. 관측장비로 확인 가능한 50여 곳의 포문이 모두 닫혀 있는 것이 확인되었다. 이날 연평도 북쪽의 황해도 개머리 진지 인근 1곳의 포문이 열려 있었는데 북에 조치를 해달라고 전했고, 이에 북측에서 관련 조치를 하겠다고 답이 왔고, 개방된 포문 인근에서 작업하는 인원을 식별했다고 덧붙였다. 연평도에서 가장 인접한 북한 지역 섬은 무도, 갈도, 장재도, 석도, 소수압도, 대수압도 등이다. 갈도는 122mm 해안포가 배치되어 있고, 장재도에는 76.2mm와 122mm 해안포가 있으며 북한으로서는 전략적 요충지이다.

우리 군은 북한의 타격 목표지점을 향해 상시 포문이 열려 있던 10문의 해안포 포문을 닫았고, 해군 고속정의 40mm 함포에는 흰색 덮개를 씌웠다. 이뿐만 아니라 연평도 앞바다에서 해상경계를 하고 있는 우리 군의 2대의 참수리 고속정 내 3곳의 포문에도 흰색 포커버를 덮었다.

남북은 9월 19일 평양에서 체결한 판문점선언 군사 분야 이행합의서에서 서해 NLL 일대에 평화수역과 공동어로구역을 설정키로 합의했다. 다만, 구체적인 경계선은 결론 내지 못하고 향후 남북군사공동위원회를 구성해 협의키로 했다.

판문점선언 이행을 위한 군사 분야 합의서에 따라 남과 북이 2018년 11월 1일 0시부로 지상·해상·공중에서 상대방에 대한 일체의 적대행위를 전면 중지함으로써 남북 간 군사적 긴장을 완화하고 신뢰 구축을 촉진하며 실질적 전쟁 위험을 제거하는 중요한 전기가 마련되었다.[22] 남북 군사 분야 이행합의서상의 NLL 완충구역 설정은 한반도 평화를 위한 군사적 노력의 결실이다. 이제 남북 관계가 냉전 시대에서 평화공존 시대로 전환하는 길목에 있으며, "서해 평화구역을 설정하는 남북 간의 협의가 잘 진행되고 있고 군사합의서를 서로 지키는 노력이 시작되었다"라고 의미를 부여할 수 있다.[23]

---

21 "北 포격도발 8년 … 연평도 포구·함정 포신에 덮개가", ≪매일경제≫, 2018년 11월 1일 자.
22 "정의용, 남북 지해공 적대행위 중지에 '실질 전쟁위험 제거'", ≪뉴스1≫, 2018년 11월 1일 자.

한편 북한의 급격한 긴장고조 행위에 대해 완벽한 감시, 전비 태세를 유지하면서 섬세한 상황 관리가 요구된다.

GP 철수

남북은 판문점선언 이행을 위한 군사 분야 합의서를 통해 각각 11개 GP를 시범 철수하기로 합의했다. 양측은 당초 폭파 방식으로 시범 철수 대상 GP를 완전히 파괴하기로 했지만, 남측은 DMZ 환경보존과 작업인원의 안전 문제 등을 고려해 굴착기를 동원한 철거 방식으로 변경했다.

북측은 당초 계획대로 GP를 폭파 방식으로 파괴했다. 11월 11일 남북이 비무장지대 내 각 1개씩의 GP를 완전히 파괴하지 않고 원형 상태로 보존하기로 합의함에 따라 시범 철수키로 한 각 11개의 GP 중 각 1개소의 GP 시설물을 보존하기로 했다. 남북이 각각 판단한 1개 GP는 병력과 화기, 장비 일체를 철수하되 시설물에 대해서는 완전 파괴를 하는 대신에 원형 상태를 유지하기로 했다.[24]

국방부 당국자는 북측이 2018년 11월 18일 서해 지구 군 통신선을 통해 시범 철수 대상 GP 10개소를 20일 오후 3시에 일괄 폭파하겠다고 우리 측에 사전 통지했으며, 북측이 통지한 시간에 우리 측이 폭파 대상인 북측 GP를 관측한 결과 완전히 파괴된 것을 확인했다고 전했다. 북측의 GP 폭파는 이날 오후 3시부터 약 4분간 동부와 중부, 서부 전선에 걸쳐 동시다발적으로 이루어졌다. 남북 군사 당국은 상호 완전 파괴하기로 합의한 각각 10개 GP를 11월 말까지 완전히 철거했고, 상호 검증 절차를 통해 12월 말까지 GP 철수 및 파괴 상태에 대해 철저히 검증해 나갔다. 향후 DMZ 내에 남북이 각 1개 GP만을 보존하고

23 "연평도 찾은 이해찬 '남북관계 평화공존시대로 전환 길목'", ≪아시아 투데이≫, 2018년 11월 20일 자.

24 "DMZ 시범철수 GP 중 1개씩 원형상태 보존 … 남북 합의", ≪연합뉴스≫, 2018년 11월 8일 자.

[사진 7-1] 남북 GP 철거 및 폭파

자료: 국방부, 「9.19 남북군사합의 관련 설명 자료」(2018.12.13).

모든 GP를 온전히 철수하게 될 것이다.

　남북 각각 11개 조 총 154명으로 구성된 현장검증단은 12월 12일 남북 시범 철수 GP를 연결하는 오솔길을 통해 도보로 이동하여 상대측 GP의 철수 여부를 확인했다. 남북이 1953년 7월 정전협정 체결 이후 비무장지대 내에 설치된 GP를 상호 방문하여 들여다본 것은 처음이었다. 합의서에 규정된 GP 시범 철수 절차는 모든 화기 및 장비 철수, 근무인원 철수, 시설물 완전 파괴, 상호 검증 순이었다. 11월 말까지 북측은 폭파 방식으로, 남측은 굴착기를 동원한 철거 방식으로 시범 철수 대상 각각 11개 GP 중 10개를 완전 파괴했고, 이날 마지막 단계인 상호 검증도 마무리됨에 따라 GP 시범 철수 절차는 완료되었다.[25]

　2015년 8월 10일 목함지뢰사건과 8월 20일 북한 측의 대공포 사격에 대한 한국군의 사거리연장탄 대응사격 등 크고 작은 교전으로 긴장이 고조되어 온 지역인 DMZ에서의 완전한 비무장화를 통해 무력충돌을 예방하고 긴장을 완화하여 남북한군 간 신뢰 구축에 기여할 것이다.

25　"남북, 시범철수 GP 상호검증 완료해 … GP 완전 철수도 추진", ≪연합뉴스≫, 2018년 12월 12일 자.

남북 공동유해발굴

2018년 10월 1일 강원도 철원 DMZ 화살머리고지 일대에서 남북 공동유해 발굴을 위한 진입로 지뢰 제거 작업을 시작하여 11월 21일에는 남북의 전술도로가 연결되었다. 한반도의 정중앙인 철원 지역에 남북을 잇는 연결도로가 만들어졌다는 점에서 그 의미가 크다.[26]

강원도 철원군 철원읍 대마리 일대에 있는 화살머리고지는 6·25전쟁 최대 격전지였던 백마고지의 남서쪽 3km 지점에 있는, 화살머리처럼 남쪽으로 돌출된 해발 281m의 고지이다. 이곳은 넓은 평야가 발달했고 한반도 중앙에 위치하여 전쟁 당시 교통과 작전에 중요한 요충지였다.[27]

북한군과 중국군은 이 지역 인근에 나진, 성진, 원산 항에서 온 군수물자와 각지에서 동원한 병력을 집결해 남침의 본거지로 삼기도 했다. 휴전협정 직전인 1953년 여름, 중국군은 국군이 확보 중인 백마고지와 화살머리고지를 탈환하기 위해 대대적인 공격을 감행했고, 이에 국군은 두 차례의 방어전투를 치르면서 고지를 사수했으며, 1953년 6월 29일부터 7월 11일까지 국군 제2사단이 중국군 제73사단 병력과 2차에 걸쳐 치열한 공방을 벌이며 많은 사상자를 냈던 격전지가 화살머리고지였다. 때문에 국군과 북한군 전사자뿐 아니라 미국과 프랑스 등 유엔군 전사자, 중국군 전사자의 유해 300여 구가 매장되어 있을 것으로 예상된다. 실제로 화살머리고지 GP에는 이곳에서 전투를 벌이다 목숨을 잃은 프랑스군, 유엔군을 추모하는 추모비가 세워져 있다. 군 당국은 이곳에 기록에 없는 다량의 지뢰와 불발탄이 산재해 있을 것으로 보고 있다.

남북 공동유해발굴을 위한 지뢰 제거와 도로 개설 과정에서 유해발굴과 전술도로를 연결한 것은 중요한 의미가 있다. 화살머리고지 일대에서 유해는 총

---

26 "철원 화살머리 고지에 3번째 남북 도로 연결", ≪조선일보≫, 2018년 11월 21일 자.

27 "지뢰제거 → 도로조성 → 유해발굴 … 남북, DMZ 평화 만들기", ≪상해한인신문≫, 2018년 10월 4일 자.

261구를 발굴했으며 국군 117구, 중국군 143구, 유엔군 1구로 추정 중이다.[28]

남북은 2018년 11월 22일 공동유해발굴을 위한 지뢰 제거 작업이 진행 중인 강원도 철원 비무장지대(DMZ) 내 화살머리고지에서 전술도로를 연결했다. 6·25전쟁 이후 반세기 이상 총부리를 겨누던 남북 군인들이 전술도로 연결지점 MDL상에서 만나 악수를 한 모습은 DMZ 내 MDL에서 만난 화해와 평화를 상징하는 역사적인 장면이었다. 이날 남북 도로 연결은 2003년 10월 경의선 도로와 2004년 12월 동해선 도로 개설 이후 14년 만이다. 이 도로는 1953년 정전협정 체결 이후 한반도의 정중앙인 철원 지역에 남북을 잇는 연결도로가 만들어졌다는 점에서 그 의미가 크다. 가장 치열했던 전쟁터의 한가운데에 남북을 연결하는 통로를 열어 과거의 전쟁 상흔을 치유하기 위한 공동유해발굴을 실효적으로 추진할 수 있게 되었다.

남북 군사 당국은 DMZ 내 공동유해발굴 지역에 대한 남북 연결도로 개설을 계기로, 도로 개설과 관련된 작업은 환경과 안전을 고려한 가운데, 도로 다지기와 평탄화, 배수로 설치 등을 2018년 연말까지 완료했다. 2019년 4월부터 10월까지 시범적 공동유해발굴 작업을 추진할 예정이었으나[29] 2020년 6월 현재까지 북측이 참여하지 않고 있다. 화살머리 일대의 남북 공동유해발굴을 위해 통로를 개척하여 2018년 11월 22일 DMZ 내 도로를 연결한 일은 과거 경의선과 동해선 도로에 이어 국토 중앙까지 연결되었다는 의미가 있다. 해당 도로는 공동유해발굴 이후 궁예 도성 유적 발굴, 생태사업 등에 활용될 것으로 전망된다.[30]

한강 하구 공동 탐사 및 이용

2018년 남북은 11월 5일부터 12월 11일까지 한강과 임진강 하구 공동이용

---

28 국방부, "2019년 화살머리고지 유해발굴작업 최종 완료"(국방소식), 2019년 11월 28일 자.

29 "DMZ 남북 전술도로 연결 … 국방부 '남북 연결통로 전쟁상흔 치유'", ≪연합뉴스≫, 2018년 11월 22일 자.

30 "철원 화살머리 고지에 3번째 남북 도로 연결", ≪조선일보≫, 2018년 11월 21일 자.

을 위한 공동수로조사를 실시했다. 수로조사는 선박이 운항할 수 있는 수심을 알아보는 것으로 한강 하구에서 남북이 공동으로 현장 조사를 하는 것은 정전 협정 체결 이후 처음이었다.

남북은 9·19군사합의서에서 합의한 한강 하구 공동이용을 위해 2018년 말까지 공동현장조사를 실시했다. 남측 한강과 임진강이 만나는 김포반도 동북쪽 끝점에서부터, 북측 개성시 판문군 미한리에서 황해남도 연안군 해남리까지 길이 70km에 이르며 면적은 280km^{2}에 달한다.

1953년 체결된 징전협정은 해당 한강 하구 구역에서 남북 민간 선박의 자유로운 항행을 보장했으나, 남북 군사 긴장 상태에서 남북 및 유엔사는 해당 수역을 민감수역으로 관리했고, 남북 민간 선박이 자유롭게 항행할 수 없었다. 남북 어선 접근이 제한되자 수년간 중국 어선이 들어와 무단 조업을 하기도 했다.

남북은 2018년 12월 11일 한강 하구 공동수로조사를 끝냈다. 골재 채취, 관광·휴양, 생태계 보존 등 공동활용 방안을 협의할 것으로 전망된다. 한강 하구에 대한 공동이용은 남북 공히 실익을 추구할 수 있다는 데 주요한 의미가 있다.

평가

지금까지 논의를 통해서 ① 상호 GP 시범 철수 및 검증, ② 지상·해상 완충구역과 비행금지구역 설정을 통한 상호 적대행위 금지, ③ 판문점 JSA 비무장화, ④ 화살머리고지 남북 공동유해발굴을 위한 전술도로 연결 등 남북 간 군사합의사항이 차질 없이 이행되고 있음을 알 수 있다.

한편, 2019년 11월 23일 김정은이 서해 청린도를 방문하여 해안포 사격을 지시한 것은 서해완충구역 적대행위 중지를 정면으로 위반한 것이고 2020년 5월 3일 북한군의 우리 측 GP에 대한 총격은 DMZ 일대 완충구역 내 적대행위를 중지하기로 한 9·19남북군사합의를 정면으로 위반한 사건이다. 또한 남북군사 공동위원회 구성, 화살머리고지 남북 공동유해발굴, 판문점 공동경비구역 북쪽 지역에 대한 관광, 한강 하구 실질적 공동이용, 남북한군 경비에 의한 서해

공동어로구역 운영 등의 합의사항이 이행되지 않고 있다.

전반적으로 남북군사합의서 이행을 통해서 남북 간 우발적 충돌 방지와 군사적 긴장 완화에 제한적으로 기여하고 있다고 평가된다. 한편 북한의 급격한 긴장고조 행위에 대해서 우리 군은 완벽한 감시, 전비 태세를 유지하면서 섬세한 상황 관리가 요구된다.

과제와 대비책

과제

9·19남북군사합의서의 분야별 이행 실태를 통해서 알아보았듯이 상당 부분 실천되고 있음을 알 수 있다. 다음과 같은 과제들이 해결이 될 때 남북 간 군사적 신뢰 구축 조치가 더욱더 이루어질 수 있을 것이다.

정부 차원에서 ① 보다 적극적으로 남북군사합의가 갖는 의미가 무엇이고, 한반도 긴장 완화와 전쟁이 없는 한반도를 이루는 데 구체적으로 어떻게 추진되어 기여하는지를 알릴 필요가 있다. ② 남북 군사적 신뢰 구축 합의사항을 이행·실천하는 과정에 어떠한 경우에도 북한의 적대행위를 용납하지 않겠다는 우리 군의 대비 태세가 추호도 흐트러짐이 없다는 것을 분명히 할 필요가 있다. ③ 비행금지구역 내에서 환자 발생이나 산불 등 예기치 않는 사태가 발생했을 때 예외적으로 후송헬기나 소방헬기로 진입이 가능함을 남북 군사 당국 간에 합의했음에도 승인을 얻은 후 늦장 출동하는 등의 사태가 발생하고 있는 것에 대해 선 조치 후 보고임을 명확하게 할 필요가 있다.

언론과 정치권에서는 남북군사합의의 전략적 의미를 평가하는 대신 잘못 오해된 것을 사실인 양 왜곡하거나 대안이 없는 비판을 하여 국민을 불안하게 하는 것은 지양해야 할 것이다.

군사적 차원에서는 ① 서해완충구역의 범위가 황해도 내륙지역을 포함하고 있음이 명확하다면 이를 문서로서 서해완충구역을 좌표로 명시해야 할 것이다. 또한 황해도 내륙지역의 북한군 4군단 예하 포병도 더 이상 서해 5도나 서해상으로 적대행위를 하지 않는다는 것을 북한 측이 분명히 밝힐 필요가 있다. ②우리 군이 남북군사합의서 이행을 언론에 공개하고 있고, 북한 측도 JSA 비무장화와 DMZ 내 GP 폭파처럼 사전 통보하고, 이행 여부를 검증하고 있듯이 모든 군사합의사항에 대한 조치를 공개적이고 투명하게 이행토록 해야 한다. ③DMZ 인근 비행금지구역에 대한 남·북·유엔사·중감위로 구성된 비무장 항공감시를 추진할 때 신뢰 구축에 더욱 기여할 것이다. ④JSA의 캠프 보니파스 (Camp Bonifas) 헬기장과 DMZ 일대에서 경계임무를 수행하는 장병들에게 상급 지휘관이 헬기를 이용해 지도방문을 할 수 있게끔 DMZ 인근 헬기장을 사용하도록 남북한 간에 합의를 보았다면 이를 공식화하여 의구심을 불식시킬 필요가 있다. ⑤남북군사합의서 위반 시 대책 마련이 요구되며, ⑥화살머리고지 유해발굴에 남북은 물론 미국과 프랑스, 중국도 함께 참여할 것을 제안한다.

대비책

우리 군은 남북군사합의 이행 과정에서 발생할 수 있는 군사 대비 태세 이완·약화 우려를 불식시키기 위한 제반 활동을 강화하고 있다. 서해 5도에 투입된 포병부대의 사격훈련 제한에 따른 내륙에서의 사격훈련, 순환 배치와 함께 즉각 사격할 수 있도록 강도 높은 비사격훈련을 실시하고 있고, 서해완충구역 이남 지역에서 해상기동훈련을 강화하고 있다. 기존 공역(空域)을 대체하는 새로운 공역을 설정했고, 지상 사격금지구역 내 포병사격 훈련장 제한에 따라 사격 가능한 진지로 변환하여 훈련을 강화하고 있다. 수도권 안전을 위해 NLL은 추호도 타협의 대상이 될 수 없고 양보의 여지가 없다는 사실을 거듭 재확인하고 있으며, NLL을 고수하기 위한 초계활동 역시 계속되고 있다.

공동수로조사 이후 민간 선박이 한강 하구 수역을 자유롭게 돌아다니게 되면 우리의 군사적 대응 태세가 약화될 것이라는 우려도 나온다. 한강 하류의 유속이 빠르고 접안까지 뻘이 많아 상륙 침투하는 데는 한계가 있는 측면이 있어 합의 내용이 대비 태세 유지에 미치는 영향은 미미할 것으로 판단되나, 한강 하류 일대 항해 시 사전에 선박 및 인원에 대한 통보와 통행검사대 설치 등 대책 마련이 요구된다.

적대행위 시 파기와 함께 과감하고 즉각적인 응징보복

9·19군사합의는 우발적 충돌 방지와 신뢰 구축을 위한 것으로 북한의 의도된 무력 도발은 북한의 군사·정치 동학적 대남정책의 결과일 수 있다. 어떠한 경우든 무력 도발 시 합의는 무효화되는 것이며 즉각적으로 응징해야 한다. 정경두 국방부 장관도 2018년 11월 27일 한미동맹재단이 주최한 한미동맹포럼 오찬 연설에서 "북한이 국지 도발을 자행한다면 즉각적으로 응징할 것이며 남북군사합의서 파기를 선언할 것이다"[31]라고 발언한 바와 같이 무력 도발을 자행해 올 경우 남북군사합의 파기와 함께 즉각적이고 과감하게 응징보복을 할 수 있도록 대비 태세를 유지해야 할 것이다. 북한이 무력 도발을 자행했을 때 즉각적이고 강력한 응징보복을 선언하고 도발 시 즉각 응징하는 것은 안보를 우려하는 국민을 안심시킬 것이고 북한에게는 합의 이행을 추진토록 하는 촉진제가 될 것이다.

북한이 무력 도발을 자행하면 분명히 응징보복해야 할 것이다. 사태별로 운용 개념이 구체적으로 발전되고, 이를 구현할 수 있는 전략감시수단이 있어야 하고 정밀유도무기 등 타격자산이 대기하고 있어야 한다. 만약 도발이 발생한다면 즉각적이고 무자비하게 되받아쳐야 한다.

북한은 과거 우리 군이 북한에게 잘못된 학습을 시킨 연유로 끊임없이 도발을 자행해 왔다.

2010년 3월 26일 21시 15분, 우리의 영해 지역인 백령도 서쪽에서 초계 중이던 천안함이 북한군 어뢰 공격을 받아 폭침되었을 때도 북한의 소행으로 밝혀

---

31 정경두 국방부 장관 오찬 연설, 한미동맹재단 주최 한미동맹포럼(2018.11.27).

졌음에도 확전이 우려되어 우리 군은 아무런 응징을 못 했고,[32] 심지어 2010년 11월 23일 14시 20분 대낮에 우리의 영토인 연평도에 포격 도발을 해왔을 때에도 비례성의 원칙에 따라, 출격한 전투기가 응징하지 못하고 확전하지 않도록 자제하라는 미 측의 주문으로 회항하는 일이 발생했다. 이런 어처구니없는 사례는 더 이상 있어서는 안 된다.[33]

만에 하나 북한군이 9·19남북합의서를 계속해서 파기하고 무력 도발을 자행한다면 그 순간 즉각적이고 과감하게 자위권 행사를 통해 응징해야 할 것이다. 이러한 우발 상황에도 즉각적으로 대처하기 위해서는 빈틈없는 대비 태세가 요구된다.

4. 군비통제 추진 방향

추진 방향과 원칙

군사적 신뢰 구축을 넘어 운용적 군비통제와 구조적 군비통제를 망라하는 군비제한 및 군축을 제대로 실행하기 위해서는 남북 간의 상호 신뢰 구축과 병행하여 비핵화와 재래식 군비통제가 동시에 병행적으로 추진되도록 해야 한다. 북한의 핵무기 해체는 미국의 주도와 한국 정부의 지원하에 협상 체계를 정립하고, 유엔 및 지역 기구, 각 국가의 대북제재 조치 해제를 협상 수단으로 최대로 활용하면서, 주한미군 전력과는 연계하지 않고 미 전략자산 전개 여부 및 한미군사훈련 축소 연기 등을 최대로 활용하는 전략이 요구된다.[34]

---

32   이명박, 『대통령의 시간: 2008~2013』(서울: 알에이치코리아, 2015), 337~346쪽.

33   정경영, 『통일한국을 향한 안보의 도전과 결기』(서울: 지식과감성, 2017), 289~290쪽.

34   이표구, 「한반도 군비통제 구현방안」(한반도 "평화체제 추진전략" 연구 미발표 논문, 2018) 에서 재인용.

[표 7-4] 단계별 군비통제 방향

단계	군비통제 방향
종전 선언 단계	• 주한미군 현 수준 유지 • 육해공군 주요 전투장비 중 상징성이 있거나 협의가 용이한 1~2개 대상으로 감축 • 추가적인 전력 증강은 통일 후 대(對)주변국 억제전력 건설에 한정
평화협정 체결 단계	• 육해공군 주요 전투장비 중 통일 후 대주변국 억제전력을 제외한 기타 전력을 대상으로 상당 수준의 군축 협의 및 감축을 추진
통일 완성 단계	• 방어 충분성 원칙에 입각하여 전투력 규모를 재설정하는 등 군사력 통합을 추진 • 치명적 살상용 무기로 한정하고 양측이 보유하는 수량도 한반도 통일 후 보유 수준의 1.5~2배 수준에서 결정

자료: 이표구, 「한반도 군비통제 구현방안」(한반도 "평화체제 추진전략" 연구 미발표 논문, 2018)에서 재인용.

군비축소는 한반도 안보 상황을 고려하여 점진적이고 단계적으로 추진해야 한다. 평화협정 체결 단계에서는 대북 위협을 완전히 무시할 수 없으므로 현재의 군사력에서 남북한 대규모 전쟁 방지 등 군비통제 목표를 달성할 수 있는 수준으로 군축이 이루어질 수 있도록 해야 할 것이다.

종전 선언 단계에서는 주한미군은 현 수준을 유지하면서 군축 대상에서 제외시키고, 육해공군 주요 전투장비 중 상징성이 있거나 협의가 용이한 1~2개 대상으로 감축하고 정치적 신뢰 구축에 기여할 수 있도록 한다. 추가적인 전력 증강은 통일 후 대(對)주변국 억제전력 건설에 주안을 둘 수 있을 것이다. 평화협정 체결 단계에는 육해공군 주요 전투장비 중 통일 후 대주변국 억제전력을 제외한 기타 전력을 대상으로 상당 수준의 군축 협의 및 감축을 추진하는 것이다.

통일 완성 단계에는 방어 충분성 원칙에 입각하여 전투력 규모를 재설정하는 등 군사력 통합을 추진해야 할 것이다. 이를 위해 군사통합 추진 준비 기구를 출범시킬 필요가 있다.[35] 군축 관련 협정 조약에서는 유럽의 상호 균형 군사

---

35 한관수, 「통일한국의 군사통합에 관한 연구」(단국대학교 정치외교학과 박사학위논문, 2002), 102~103쪽.

력 감축 협정의 예를 들어 균등 수준의 감축을 추진하기 위해 단순 정태적 평가(static counts), 가중치를 적용한 정태적 평가, 동원율 등 다양한 방법으로 선정된 지수를 활용한 방법을 유념하여 고려할 수 있을 것이다.[36] 하지만 남북한 간에 정치적 신뢰가 명확하게 구축된다면 치명적 살상용 무기로 한정하고 양측이 보유하는 수량도 한반도 통일 후 보유 수준의 1.5~2배 수준에서 결정하는 것이 바람직할 것이다.

남북군사합의의 이행과 향후 군비통제를 추진하기 위해서는 분명한 원칙과 전략이 있어야 한다. ① 남북군사공동위원회 구성을 통해 비핵화 진전에 따라 초보적 단계의 군사적 신뢰 구축으로부터 운용적 군비통제, 구조적 군비통제 방안을 협의하여 추진한다. ② 유엔사 및 주한미군사와 사전 긴밀한 협의하에 남북 군비통제를 추진한다. ③ 차기 단계로 가기 전에 남북군사합의서에 대한 이행 평가 후 점진적으로 추진한다. ④ 남·북·유엔사·중립국감독위원회가 남북 군비통제 합의사항에 대한 이행을 감시·검증한다. ⑤ 모든 합의사항은 투명하고 공개적으로 이행한다. ⑥ 상호위협감소원칙에 따라 군비통제를 추진한다. ⑦ 국민적 공감대를 바탕으로 추진한다는 원칙하에 군비통제를 할 필요가 있다.

군비통제 추진전략

향후 군비통제 추진 방향을 추가적 군사적 신뢰 구축, 운용적 군비통제, 구조적 군비통제 순으로 제안하면 다음과 같다.

먼저 추가적인 군사적 신뢰 구축으로 그동안 실시된 남북 장성급 대화, 군사 실무회담을 정례화하고 남북국방장관회담도 개최하여 이를 제도화하여 현안

---

36 한용섭, 『국방정책론』(서울: 박영사, 2014), 119~136쪽; 박주현·김상범·손미애, 「남북한 군비통제 협상모형 연구」, 《통일문제연구》, 제5권 제1호(1993).

[표 7-5] 분야별 군비통제 추진 방향

구분	분야
추가적 군사적 신뢰 구축	· 군사대화 정례화·제도화 · 남북군사공동위원회 구성 및 운영 · 대규모 훈련 통보 및 참관 · 군 인사 교류 · 남북한군 태권도 및 축구 상호교환 경기
운용적 군비통제	· 사이버 공간 적대행위 중단 · 대규모 군사훈련 및 부대활동 제한 · 공동 해상구조 및 수색훈련, 남북한 재난관리 협력 · 군사정보 교환 · 장사정포병 후방으로 재배치 및 갱도포병 폐쇄
구조적 군비통제	· 북핵 폐기 · 생화학무기 폐기 및 중단거리부대 미사일 제한 · 2022년까지 한국군은 50만 명, 북한군은 80만 명으로 병력 감축 · 특수전부대, 전차 및 기계화부대 등 후방으로 재배치
주한미군	· 평화체제 구축기 주한미군의 역할: 잠재적 군사 도발 억제 및 평화체제 정착 · 통일 이후 주한미군: 주변국의 한반도 군사 개입 차단, 지역안정자로서의 역할을 위해 지속 주둔

에 대해 지속적으로 협의한다. 또한 국방차관 및 북한 인민무력부 부부장을 공동위원장으로 하는 남북군사공동위원회를 구성하여 운용한다. 대규모 훈련 상호 통보와 참관을 추진한다. 군 인사 교류로서 상호방문단을 구성·교류하고 국방대학교와 김일성 군사종합대학교 간의 교류협력을 추진한다. 남북한군 태권도와 축구경기를 추진한다.

운용적 군비통제 분야로 사이버 공간에서의 적대행위를 중지하며, 대규모 군사활동과 군사훈련을 제한하고, 해상에서 공동수색 및 구조훈련, 지진·폭설·홍수·산불 등 자연재해 관리 협력을 실시하고, 군사정보 교환으로 남북 상호 간 지휘구조, 병력 배치 및 규모, 전투장비, 국방정책, 부대기획, 현대화 계획 등을 공개한다. 장사정포병의 후방으로 재배치나 갱도포병 폐쇄 등을 추진한다.

구조적 군비통제 방안으로 북핵 및 생화학무기를 폐기하고 중단거리부대 미사일을 제한시킨다. 기습공격을 예방하기 위해 특수전부대, 전차 및 기계화부대를 후방으로 재배치한다. 북한군은 전술적 부대, 작전적 부대, 전략예비로 구성되어 있다. 제1제대는 전술적 부대로서 포병부대로 증강된 전방 4개 보병 군단이 배치되어 있고, 제2제대는 작전적 부대로서 2개 기계화군단과 1개 포병 사단이 전개되어 있으며, 전략예비로 2개 기계화군단의 지상군과 해공군 부대, 전략군인 핵미사일부대로 구성되어 있다. 추진 배치된 부대는 무경고하에 공격을 감행할 수 있기 때문에 남북한의 수도를 고려했을 때 종심이 깊은 북한군은 40~60km, 한국군은 20~30km 재배치하는 안을 고려할 수 있다.

병력 감축은 구조적 군비통제의 마지막에 추진할 수 있는 사항이나 남북한 군 간의 병력 감축은 한반도 긴장 완화의 가시적인 조치로서 상징하는 바가 크기 때문에 선제적으로 추진할 수 있을 것이다. 우리 군은 2019년 말 현재 59만 명을 2022년 50만 명으로 감군하여 20%를 감축할 예정인바, 북한군에게도 상응하는 30만 명의 병력 감축을 요구할 필요가 있다. 인구는 5125만 명의 한국의 2분의 1인 2490만 명이나 병력은 2배인 128만 명을 보유하고 있는 북한에게 비례성의 원칙을 적용하는 것이 바람직하다. 마침 김정은 위원장도 당 중앙군사위원회를 통해서 30만 명의 병력을 경제건설 노동력으로 전환하겠다고 밝힌 바[37]가 있는데 북한군에서 완전히 30만 명 감군으로 공식화하는 것이다. 중국군의 감군 사례는 북한군에게도 시사하는 바가 크다.[38]

---

37 김정은 북한 국무위원장이 지난 5월 북미정상회담을 앞두고 미국의 대북제재 해제를 기대하며 병력 30만 명을 건설사업 인력으로 전환할 방침을 밝혔다는 일본 언론보도가 나왔다. 김 위원장은 건설 인력의 수요 증가에 대비하기 위해 병력 30만 명의 신분을 군인으로 유지한 채 소속을 군총참모부에서 인민무력성으로 전환할 계획을 제시했다고 알려졌다. 북한이 경제건설에 총력하기로 전략적 선택을 했다면 30만 명을 경제건설로 전환할 필요가 있다 ("北김정은, 제재 해제 예상해 병력 1/4 건설사업 전환배치 방침", ≪연합뉴스≫, 2018년 11월 17일 자). 특히 북한의 국방비 37억 달러[CIA, *Worldfact Book 2017* (New York: Skyhorse publishing, 2016)]는 북한 GDP의 23%로, 한국 2.6%, 미국 3.4%와 비교했을 때 이러한 과도한 국방비 지출은 북한 경제를 옥죄는 가장 큰 원인 중 하나이다.

38 중국군은 민군 융합발전전략 차원에서 병력 감축을 추진했다. 1950년 500만 명의 중국인민해방군의 병력이 현재 228.5만 명으로 감축되었다. 1985년 423만 8000명, 2005년 240만 명,

군비통제와 관련하여 주한미군의 규모와 역할 등 기본적인 방향을 설정할 필요가 있다. 평화체제 구축기에 군사 도발을 억제하고 2만 8500명 현 수준 이하로 감축하지 않도록 하는 국방수권법(NDAA: National Defense Authorization Act)[39]을 준수한다. 평화체제 정착기에는 주변국의 한반도 군사 개입을 차단하고, 기동여단과 지원부대를 포함한 사단사령부 1만여 명의 지상군과 전투비행단과 정찰감시부대로 구성된 공군, 기타 제한된 해군, 특수전 및 해병대 등 1만명, 도합 2만 명 수준의 주한미군을 주둔시켜 지역안정자로서의 역할을 수행한다.

한편, 통일한국의 안보전략의 2대 축은 한미동맹과 다자안보체제로 발전시켜 나간다. 지정학적·역사적으로 한반도는 해양세력과 대륙세력 간에 충돌하는 지역으로, 영토적 이해관계가 없는 미국과 동맹 관계를 지속하는 것은 한반도의 외세 개입을 차단하는 데 기여할 것이다. 동시에 역내 국가 간 세력 충돌을 예방할 수 있는 다자안보협력 체제 구축이 병행되었을 때 통일한국의 안보전략이 가능하다고 본다.

지역 차원에서 한미동맹은 상호 국익을 증진하기보다 안보 이슈인 해상교통로 위협 및 해적 등 해양 안보, 사이버 안보협력을 통해 태평양 지역 위협에 공동 대처하는 것이다. 대테러작전, 재해재난 시 인도적 지원 및 재난구조작전 등 비전통적 안보에 협력하는 것이다. 글로벌 차원에서 유엔 주도의 평화 재건 및 평화강제작전, 미국 주도의 다국적 작전에 참여하여 분쟁 관리·평화 유지·개발에 주요한 글로벌 파트너로서 한미동맹을 발전시킬 필요가 있다.

2015~2018년 228.5만 명으로 감군하면서 일자리 제공, 위로금 및 연금 지불, 귀향 정착, 방산공장 및 민간 업체로의 전환 등을 시도했던 중국의 사례는 북한에게 시사하는 바가 크다.

39 2020 국방수권법은 주한미군 규모를 2만 8500명 미만으로 줄이는 데 필요한 예산을 사용하지 못하도록 명시했다. 2019 국방수권법(NDAA)에서 2만 2000명으로 규정했던 주한미군 규모를 현 수준인 2만 8500명으로 상향해 명문화한 것이다("'주한미군 현수준' 미 국방수권법, 상원도 통과", 《한겨레》, 2020년 12월 18일 자).

정책 제안

평양선언과 9·19남북군사합의서는 약속이 지켜지고 합의사항이 이행될 때 핵무기와 핵 위협이 없고 군사적 신뢰가 구축되고 무력충돌을 종식하여 전쟁이 없는 한반도 미래안보전략의 여건을 조성하는 차원에서 그 의미가 크다.

분쟁과 대립의 진원지인 한반도를 평화와 공동번영의 터전으로 만들어나가기 위해서는 정부의 비상한 전략과 국민의 지지, 우리 군의 결기, 그리고 동맹국과의 협력이 요구된다.

군사적 신뢰 구축, 운용적 군비통제, 구조적 군비통제 등 위험 감소를 통해 평화를 창출함으로써 한반도 통일을 이루어내는 우리 군의 새로운 임무를 수행하게 된다. 추가적인 군비통제는 비핵화의 진전과 초보 단계의 신뢰 구축인 남북군사합의서의 이행을 평가하고 국민적 공감대를 형성해 가면서 점진적이고 단계적으로 추진해야 할 것이다. 남북한이 구조적 군비통제까지 이루어진다면 북한의 GDP의 23%를 점유하고 있는 국방비를 5% 내외로 전환하여 민생경제에 주력하는 체제전환의 의미가 있다.

우리 군은 남북군사합의 이행 과정에서 발생할 수 있는 군사 대비 태세 이완·약화 우려를 불식시키기 위한 완벽한 전비 태세를 확실하게 해야 한다. 또한 수도권 안전을 위해 NLL은 추호도 타협의 대상이 될 수 없으며 양보의 여지가 없다는 사실을 거듭 확인할 필요가 있으며, NLL을 고수하기 위한 초계활동역시 계속되어야 한다.

유엔사의 권한과 활동을 존중하면서 DMZ 평화지대화와 서해 평화구역화를 위한 남북군사합의를 이행·실천하고, 빈틈없는 한미연합 전비 태세를 유지하여 강력한 힘을 바탕으로 예기치 않은 우발 상황에 대처함으로써 평화를 창출하는 기능을 수행해야 할 것이다.

제8장

동북아 다자안보협력 제도화 전략

한반도 평화체제를 구축하기 위해서는 남북 관계 발전은 물론 안정되고 평화로운 전략 환경 조성이 요구된다. 동북아 대립의 냉전적 질서를 평화협력의 질서로 전환하는 것이 필요한 이유이다. 동북아 지역의 특수한 안보 환경과 북핵미사일 위협, 중일 간 지역 패권 경쟁, 영토 분쟁 등의 이슈를 집중적으로 협의하고 해결할 수 있는 동북아 안보협력체의 제도화가 절실해 보인다.

동북아에서 다자안보협력을 추진하는 데 있어서의 제한적 요소로는 이질적인 이데올로기로 자유민주주의국가와 사회주의국가가 대립하고 있다. 또한 동북아는 최대 군비경쟁 지역으로 협력의 메커니즘 구축을 어렵게 하고 있다. 지역 내 국가별 GDP와 GNI의 격차가 극심해 협력을 어렵게 하는 요소로 작용한다. 동북아 다자안보협력을 제한하는 또 다른 요소로 영토 및 자원 분쟁을 들수 있다. 상이한 역사 인식에서 비롯된 배타적 민족주의는 지역 내 안보협력을 저해하고 있다. 글로벌 패권을 둘러싼 미중 간 경쟁이 격화되고 있고, 북·중·러 블록과 한·미·일 블록 간 갈등도 협력을 어렵게 하고 있다. 이러한 제반 요소들이 복합적으로 작용해 아직까지 지역 내 안보협력에 있어서 실질적인 진전이 없었다.

한편, 다자안보협력을 촉진하는 요소는 제한 요소를 극복할 수 있다고 본다. 첫째, 역내 국가 간 무역과 해외직접투자를 통한 상호의존성이 심화되고 있다. 동북아 역내 국가 중 일본의 첨단기술과 자본, 한국의 생산기술과 개발 경험, 중국의 풍부한 노동력과 천연자원 등 3국 간 경제협력의 강점은 상호 이익에 기여하고 있다. 여기에 해외직접투자와 다국적 기업 등으로 엮인 경제구조는 동북아의 안정과 평화가 지속되어야 이루어질 수 있다. 미중 간 경쟁과 갈등 국면이 존재하는 것은 분명하나 미중 협력을 외면하고 있는 것은 아니다. 무역분쟁 속에서 미중 무역협상 1단계 합의를 통해 알 수 있듯이 대화를 통해 해결하겠다는 측면이 있다. 둘째, 동북아 역내 국가 간의 인적 교류 협력이 눈에 띄게 증가하고 있다. 유학생 상호 교류는 물론 각 국가의 지자체 및 NGO 간의 자매결연, 여행 등 활발한 문화적 교류가 급속하게 증가하고 있다. 셋째, 세계 최고의 인터넷 보급률, 유튜브, 카카오톡을 포함한 SNS 등에 의한 소통으로 동북아 국가 간 벽을 허무는 네트워크 사회로 급속도로 발전하고 있다. 넷째, 한국의 경우, 200만 명 이상의 외국인 체류는 기존의 타 문화, 타 민족에 대한 배타적 의식으로는 사회 통합을 할 수 없다는 차원에서 타 문화를 포용하는 다문화 시대로 전환되고 있다. 타 문화를 존중하는 이러한 현상은 동북아 역내 국가 간 상호존중과 화합과 협력에 순기능으로 작용할 수 있을 것이다. 다섯째로 코로나 바이러스를 포함한 전염성 질병, 태풍, 지진, 화산 폭발을 포함한 재해재난 등 초국가적 위협에 대한 지역 내 국가 간 공동 대처의 필요성이 절실해졌다는 측면도 역내 국가 간 협력을 촉진시킬 수 있는 요소이다. 마지막으로 2010년 제주도에서 개최된 한·중·일 정상회담 합의에 따라 2011년 9월 서울에 한중일 3국 협력사무국을 개설함으로써 역내 협력을 강화하기 위한 제도화의 거보를 내딛게 된 것은 동북아 다자안보협력을 위한 의미 있는 조치가 아닐 수 없다. 이러한 제반 요소는 동북아 안보협력을 촉진하는 것으로 각 요소가 상승작용을 일으킬 때 제한 요소를 압도하여 지역 내 안보협력체 구축에 긍정적인 영향을 미칠 것으로 판단된다.

이 장은 이러한 상황 인식하에 국가외교와 협력안보에 대한 이론적 고찰을 하려 한다. 군사·비군사·초국가적 위협을 평가하고, 우리나라의 외교부와 국방부 차원에서 안보협력 실태를 진단하려 한다. 이어서 한반도 차원에서 군사·잠재 군사위협 및 비군사위협에 대처하기 위한 다자안보협력 방안을 살펴보고, 동북아 차원에서 안보레짐을 구축하고 초국가적 위협에 공동 대처하기 위한 지역 신속대응군 창설을 제안한 후, 글로벌 평화 증진을 위한 해외파병사령부 창설 및 평화강제작전부대 파병 방안을 논의하려 한다. 마지막으로 국방외교 활성화를 위한 조직과 제도 발전에 대한 정책 제안을 하고자 한다.

1. 이론적 고찰

국가외교와 국방외교

국가외교란 국가의 안전보장, 국익추구 등 국가전략 목표를 달성하기 위해서 안보·경제·문화 외교를 포괄하는 대외 활동을 뜻한다. 국방외교는 국가외교의 하위 개념으로 국가이익과 안보 목표를 달성하기 위해 다른 국가들과 양자 및 다자간 상호작용적인 교류협력을 통해 군대가 수행하는 비폭력적인 군사적 대외 활동[1]으로 정의할 수 있다. 따라서 국방외교는 국가안보를 달성하기 위해 타국과 군사적 교류협력을 통하여 군사 역량을 증진하고 유사시 외국으로부터 군사 역량을 지원받으며, 나아가 유리한 군사적 환경을 조성하기 위해 수행하는 제반 군사적 대외 활동을 지칭한다.[2]

---

1   Andrew Cottey, *Reshaping Defence Diplomacy* (London and Washington, D.C.: Routeledge, 2005), p.5.
2   최종철, 「군사외교력 분석방법: 중급국가의 안보전략을 중심으로」(국방대학교 안보문제연구소 정책연구보고서, 1999), 11쪽.

국방외교는 동맹외교, 군축 및 군비통제 외교, 방산협력 및 무기 이전 외교, 국제분쟁 관리·해결 외교를 통해서 이루어진다.[3] 군사·비군사·초국가적 위협에 대한 다자안보협력은 절실하다.

협력안보

각 국가는 안정되고 유리한 안보 환경을 조성함으로써 자국의 안보를 보장받기 위해 협력안보를 추구한다. 제2차 세계대전 이후 국제관계학자들은 안보를 외부 군사위협에 대한 국가의 방어 능력으로 해석하는 경향이 있었다.[4] 따라서 안보 차원에서 현실주의 학파들의 인식이 냉전 기간 동서 안보 구도의 근간을 이루었다. 이러한 현상은 군사력, 핵 억제, 군비경쟁으로 나타났다. 그러나 탈냉전기에는 전통적인 안보 개념에 의한 고전적인 시각은 불충분하다고 생각했다.[5]

협력안보의 개념은 이러한 상황에서 최초 공동안보로부터 나왔다. 안보를 확실하게 할 수 있는 보다 효과적인 방법은 평화와 군축을 이끌어내도록 적극적인 과정을 창출하는 것이다. 전쟁의 위험을 최소화할 수 있는 노력을 총체적으로 제시할 수 있는 원칙을 세우는 것으로서 공동안보는 협력을 통해 이해 갈등 관계를 해결하는 가장 적합한 방법으로 인식되고 있다.[6]

---

3   최종철·박창희·한용섭, 「안보환경 변화에 따른 국방외교의 글로벌화」(국방부 정책연구보고서, 2009).

4   Arnold Wolfers, *Discord and Collaboration: Essays on International Politics* (Baltimore and London: The John Hopkins University Press, 1962), p.150.

5   정경영, 『한반도의 도전과 통일의 비전: 통일 한반도, 동북아 중심에 서다!』(서울: 지식과감성, 2015); 정경영, 「한중안보협력의 방향과 추진전략」, ≪군사논단≫, 통권 제65호(2011년 봄), 15~43쪽.

6   Olaf Palme, ed. *Common Security: A BluePrint for Survival* (New York: Simmon and Schuster, 1982), p.7.

이러한 개념은 적대세력에 대해 대결하는 안보와 차별화되는, 함께하는 안보 개념을 중시한다. 특히 게임이론은 협력안보의 고찰에서 유용한 시사점을 준다. 대결하는 안보에서는 상대방의 동기에 대해 확신을 갖지 않은 2개국은 안보 관계가 본질적으로 제로섬 게임이라는 가정하에 행동하게 된다. 이들은 어떤 행동의 결과로 어느 일방이 얻은 이득과 타방이 잃은 것이 개략적으로 일치할 것이라는 계산하에 행동하게 된다. 이러한 경우 안보를 개선한다는 정책은 필연적으로 타국의 안보의 희생에 의해서만 가능하다.

그러나 협력안보의 개념은 양국이 현재 안보가 불안한 상태에 있다는 것을 같이 겪고 있을 때, 양국이 자국의 안보를 함께 개선할 수 있다는 관점에서 양국이 승자가 되는 전략이다. 또한 자연재해, 국제범죄, 전염성 질병, 환경 악화 등 초국가적 위협은 동맹으로 해결할 수가 없다. 관련국 모두가 공동으로 대처해야 한다. 이 점이 한국의 안보전략으로서 군사동맹과 함께 협력안보를 망라하여 추진해야 할 이유이다.[7]

2. 위협 평가와 안보협력 실태

위협 평가

북한 군사위협

한국의 최대 군사위협은 두말할 나위 없이 북한으로부터 오는 위협이다. 9·19평양선언을 통해서 김정은은 핵무기·핵 위협이 없는 한반도를 천명하고 평양선언 이행을 위한 군사 분야의 합의를 통해 지상·해상·공중에서 상대방에

---

7   Chung Kyung-young, "Building a Military Security Regime in Northeast Asia: Feasibility and Design"(PhD Dissertation, University of Maryland, College Park, 2005).

대한 일체의 적대행위를 중지하기로 했다. 평양선언과 남북군사합의서에 명시된 약속을 지킨다면 전쟁이 없는 한반도가 가시권에 진입하게 된다는 의미가 있다.

그러나 북한은 지난 6·25전쟁 이후 수많은 합의서를 이행하지 않았다. 때문에 북한이 협상을 통해 핵무기를 내려놓을 수 있으면 좋겠으나 핵 협상이 결렬되었을 때를 대비할 필요가 있다. 북한의 핵미사일 개발은 전 한반도의 적화통일을 위한 절대적 요건이자 핵심 수단으로 ① 장사정포 포격과 기습부대를 이용한 수도권 장악, ② 미군 증원전력이 사용할 부산, 울산, 포항 등을 스커드 C 미사일과 잠수함발사탄도미사일(SLBM)로 정밀타격, ③ 필요시 핵탄두를 탑재한 노동 및 무수단 미사일로 일본의 미 해공군기지와 괌 미군 기지 타격 위협, ④ 핵탄두를 탑재한 대륙간탄도미사일로 시애틀, 샌프란시스코, LA 등 미 서부 연안 지역을 위협하여 미국 개입 저지, ⑤ 한반도 장악 및 북한 주도 통일국가 건설을 시도할 것으로 판단된다.[8]

북한군은 한국의 2배에 달하는 128만 명의 병력을 보유하고, 이들을 평양–원산선 이남 지역에 집중 배치하여 상시 기습공격의 감행 태세를 갖추고 있다. 전방 지역에 배치된 8600여 문의 야포와 5500여 문의 다연장 방사포는 수도권 및 중부권 지역에 기습적인 대량집중사격이 가능하다. 특수전 병력, 잠수함, 공기부양정, AN2기 등은 전후방 지역에 침투할 수 있다. 신종 무기 4종 세트인 북한판 이스칸데르(KN-23)와 북한판 에이태킴스, 대구경 조종방사포, 초대형 방사포는 물론, 정찰용 무인기 배치, 특히 여섯 차례의 핵실험을 통해 60~100여 기의 핵무기를 보유한 것으로 판단되며 투발 수단인 미사일은 스커드, 중거리 미사일(IRBM), 대륙간탄도미사일에 준한 능력의 것들과 SLBM 등을 보유하고 있다. 북한의 대남 안보 위협은 재래식·WMD, 사이버 등 다차원적으로 지속

---

8 "Maybe North Korea's Nuclear Goals Are More Serious Than Once Thought," *The New York Times*, July 13, 2016.

심화되고 있다.

불특정 잠재 군사위협

한국에 대한 국제안보 위협은 아직까지 잠재적 위협으로 존재한다. 잠재적 안보 위협이 현재적 안보 위협으로 전환될 가능성을 배제할 수 없다. 미중 패권 경쟁 심화와 일본의 우경화에서 비롯된다.

트럼프 행정부는 2017 국가안보전략서(NSS: National Security Strategy)[9]에서 중국, 러시아를 기존의 규범과 질서에 도전하는 수정주의 세력으로 규정했다. 새로운 억제와 힘을 통한 평화, 미국 우선주의 경제로 미국의 영향력을 증대시키고, 사이버 등 새로운 위협과 대량살상무기 확산에 대응하기 위해 국제 전선을 구축하는 것을 특징으로 한다. 미국은 자유롭고 열린 인도·태평양전략을 추구하고 있다. 미국, 일본, 호주, 인도는 2017년 말부터 인도-태평양에서 국제법 준수, 남중국해 항해·항공의 자유, 룰이 지배하는 질서 등 공유하는 가치를 지키기 위한 4개국 대화를 하고 있다.[10] 또한 대중국 견제를 위한 동맹 네트워크 강화전략으로 동북아에서 한·미·일, 아세안에서 필리핀·베트남·인도네시아, 서남아시아에서 인도 등을 포함한 권역별 연방형 동맹체제를 구축해 나가고 있다.

아태 지역에 16만여 명의 미군을 주둔시키고 미국의 첨단전력을 배치하는 것은 인도·태평양전략을 힘으로 시현하겠다는 것으로 평가된다. 동북아 해공군력을 확장하기 위해 7함대의 모항인 요코스카에 신형 항공모함인 로널드레이건함을 전개했고, 이와쿠니에 차세대 전투기 F-35기를 전진 배치했으며, 정찰 및 종심타격 중추기지인 괌에 MQ-4C 무인정찰기와 글로벌 호크, B-1B, B-2,

---

9   The White House, *National Security Strategy of the United States of America* (Washington, D.C.: The White House, 2017).

10   "[이철민의 퍼시픽 프리즘] 호주가 중국 대신 미국을 선택한 이유", ≪조선일보≫, 2018년 2월 19일 자.

B-52H 전략폭격기와 강습상륙함을 전개해 놓았다. 호주 다윈에 미 해병병력을 순환 배치하고, 필리핀 내 5개 군사기지를 재사용하며, 베트남의 깜라인만 기지를 사용하고 무기 금수를 해제하고, 싱가포르에 연안전투함을 순환 배치하고 유사시 병력수송기지로 운용하겠다는 것도 중국을 견제하기 위한 전략으로 판단된다.[11]

그뿐 아니라 한국과의 동맹연습 및 연합지휘소훈련, 일본과의 야마사쿠라연습, 필리핀과 연례적으로 실시하는 발리카탄(Balikatan)훈련, 아시아 13개국 해군이 참가하는 인도-태평양 연합 군사훈련, 태국에서 연례적으로 실시하는 코브라골드(Cobra Gold)훈련,[12] 2015년부터 일, 인도, 호주와 인도양 벵골만에서 실시하는 밀라바르(Milabar)훈련은 중국의 군사적 팽창을 차단하기 위한 훈련이다. 몽골과의 칸퀘스트(Khaan Quest)훈련 역시 중국을 포위하기 위한 전략적 기지 구축 훈련으로 볼 수 있다.

미군의 공해 전투는 해공군·해병대 통합 전력으로 중국의 도련선 내 전력을 투사하여 극초음 순항미사일, F-35 스텔스 전투기, 줌월트급 전투함, 연안전투함(LCS: Littoral Combat Ship) 등으로 중국 전력을 무력화하겠다는 것이다. 한반도의 평택, 오산, 군산에서 발진하는 전투기는 중국의 전략적 중심인 베이징, 칭다오, 다롄을 무력화시킬 수 있다. 일본에 기지를 두고 있는 AN/TPY-2 엑스밴드 레이더, 괌과 한반도에 배치된 사드포대를 운용하여 중국과 러시아, 북한의 미사일 위협에 대응하고 있다.

한편, 중국은 DF-15 탄도미사일 등의 집중 발사로 한국과 일본에 주둔하고

---

11 정경영, 「신 국제질서 재편과 한국의 구심력 안보전략」, ≪군사논단≫, 통권 제93호(2018년 봄), 69~101쪽.

12 "올해로 37회째인 코브라골드훈련에는 미국, 태국, 한국, 일본, 말레이시아, 싱가포르, 인도네시아, 중국, 인도 등 9개 훈련 참가국에서 함정 6척, 상륙 장갑차 34대, 항공기 86대, 병력 1만 1천여 명이 참여했다. 한국에서는 해군 209명과 해병대 249명 등 총 458명의 병력과 상륙함인 천자봉함이 파견됐다"("아태 최대규모 코브라골드 연합훈련 개막", ≪연합뉴스≫, 2018년 2월 13일 자).

있는 공군기지를 무력화하고 D-21 등 대함미사일로 미 해군 항모전력의 기동을 저지하겠다고 나서고 있다. 러시아판 사드 S-400 3개 포대를 산둥반도에 배치해 미일의 미사일 공격에 대비하고 있다.

또한 동중국해 방공식별구역 확대, 미국의 중국 근해 접근 차단을 목표로 하는 반접근지역거부(A2/AD: Anti-Access & Area Denial) 전략 구사, 군사비 대폭 증가, 군사력의 현대화·첨단화·우주화, 항공모함 진수, 신형 미사일·스텔스기·구축함 개발, MD시스템 개발, 상하이협력기구(SCO: Shanghai Cooperation Organization) 결속 강화, 중러 연합훈련 강화, 동·남중국해 영유권 관련 군사화 등을 적극 추진하고 있다.

한편, 미국은 2020년 5월 글로벌 공급망의 탈중국을 목표로 경제번영네트워크(EPN: Economic Prosperity Network)를 추진하고 있다.

미중 패권 경쟁이 심화될 경우 국지적 국제분쟁에 한국이 휘말릴 수 있다. 센카쿠열도, 대만해협, 남중국해 등지에서 미중 간 군사분쟁이 발생할 경우 미국은 한미상호방위조약에 의거하여 한국의 동참과 지원을 요구할 가능성이 있고, 중국은 한국의 동참과 지원에 적극 반대할 것이다. 나아가 한국에 대한 중국의 잠재적 안보 위협이 현재적 안보 위협으로 전환될 경우 북한의 안보 위협과 연계·결합되어 한국의 안보를 심각하게 위협하게 될 것이다. 북한의 급변 사태에 중국군이 개입 시 한국에 대한 잠재적 안보 위협이 현재적 안보 위협으로 전환될 가능성도 높다.

이처럼 안보 문제를 둘러싼 한국의 양자택일식 선택에 대한 미중의 상반된 요구와 압력이 심화됨에 따라 미중 모두와 우호협력 관계를 유지해야 한다는 한국의 고민과 전략적 선택의 딜레마도 점점 심화되고 있는 추세이다.[13]

한편, 일본의 우경화로 독도영유권 쟁탈을 위한 일본의 군사적 위협 가능성,

---

13   엄상윤, 「한국의 전통안보위협과 국방전략」, 이상현·엄상윤·이대우·박인휘·이왕휘, 『한국의 국가전략 2030: 안보』(성남: 세종연구소, 2016), 35~43쪽.

한반도 유사시 집단적 자위권 행사에 따른 일본의 자의적 개입 가능성 등은 일본의 잠재적 안보 위협이 현재적 안보 위협으로 전환될 수 있게 한다. 특히 일본은 인도·태평양전략에 적극 참여하여 중국의 부상을 견제하고 있으며, 평화유지군을 전향적으로 파병하여 적극적 평화주의를 추구하고 있다. 일본-ASEAN 정상회의, 포괄적·점진적 환태평양 동반자협정(CPTPP: Comprehensive Progressive Trans-Pacific Partnership)을 주도하며 경제적 영향력을 확대하고 있으며, 북핵 이슈와 동북아 안보 질서 재편에 적극 개입하고 있다. 또한 전쟁할 수 있는 나라를 건설하기 위해 국가안보국, 집단적 자위권, 안보법제화, 평화헌법에 대한 개헌을 추진하고 있다. 또한 중국을 주적으로 명시하고, 북핵미사일 위협에 대응하기 위해 군사력을 증강하고, 지상작전사령부인 육상총대를 창설하고, 일본판 해병대인 수륙기동단을 창설했다. 또한 침략전쟁을 부인하는 역사수정주의가 등장하고 있으며, 경제 강국으로서 일본의 국력에 걸맞은 정치적·군사적 역할 확대를 추구하고 있다.

한편, 러시아는 크림반도를 병합한 데 이어, 우크라이나와 시리아 내전에 개입하는 등 구소련의 영광을 부활시키고 있으며, 동유럽-중앙아시아-극동 러시아를 연결하는 유라시아 경제연합을 구축하고 있고, 유로-퍼시픽 국가로서의 정체성으로 시베리아 극동 개발 등 신동방정책을 추진하고 있다. 또한 신형 슈퍼무기 개발로 전력을 증강하고 동부전략사령부를 개편하며, 중국과 전략적 연대를 강화하면서 한·미·일의 안보협력을 견제하기 위한 대규모 연합훈련과 방공식별구역 침투를 실시함은 물론, 전투기를 독도 상공에까지 침투시켰다. 러시아는 북한과 방산협력 등 군사협력을 강화하고 있으며, 한국과는 경제 관계를 우선시하면서 북한에 대한 정치외교적 관리를 통해 존재감을 과시하고 있다.

초국가적 위협

특정 국가의 영토 내에서뿐만 아니라 국경을 넘어 이웃 국가들에게도 위협을 주기 때문에 공동 대처하지 않으면 안 되는 위협을 초국가적 안보 위협(Transnational Security Threat)이라고 부른다.

1970년대 초 오일쇼크를 겪을 당시 이익집단, 다국적 기업 등이 국제사회에 비국가행위자로 등장함에 따라 국제정치학계에서는 기존의 주권국가 중심이 었던 연구 대상을 비국가행위자(Non-State Actor)로 확장하게 되었다. 이를 계기로 국경을 초월하여 국제사회에 영향을 미치는 사건과 상황에 대해 초국가적이라는 용어를 사용하기 시작했다.[14]

미국은 1997년도 발표한 국가군사전략(National Military Strategy)[15]에서 무력 분쟁 이외에 극단주의, 민족분쟁, 종교분쟁, 무기 및 마약 밀매, 해적, 국제범 죄, 대량 난민, 환경오염뿐만 아니라 9·11테러 사건을 계기로 테러리스트와 기타 범죄자에 의한 대량살상무기 사용 등도 초국가적 위협 대상으로 포함했다. 우리 국방부 국방정책실은 초국가적 안보 위협을 국가 또는 비국가행위자가 군사력 이외의 수단으로 국경을 초월하여 야기하는 비군사적 위협으로 정의하고 그 범주에 국제 테러, 환경오염, 마약 밀매, 조직범죄, 사이버 테러, 해적 행위, 밀입국 및 난민 문제 등을 포함시켰다.[16]

여기서는 국제 테러리즘, 사이버 범죄, 국제 조직범죄, 해적, 기후변화, 전염병 확산 등에 대해 논의하고자 한다. 국제 테러리스트는 2014년 이후 현재까지 위협이 되고 있는 이슬람국가 무장조직인 ISIS(Islamic State in Iraq and Syria)가 중동 지역은 물론 유럽, 동남아 일대에까지 확산되고 있다. 우리나라는 일반적으로 테러로부터 자유롭다고 생각했으나, 2000년대 초 선교사 김선일 씨 피살 사건, 중동 지역에서의 폭탄테러에 의한 한국인 관광객 사망, 국내에 유입된

---

14 이대우, 「초국가적 안보위협과 우리의 대응」, 이상헌·엄상윤·이대우·박인휘·이왕휘, 『한 국의 국가전략 2030: 안보』, 68쪽.

15 US Joint Chiefs of Staff, "National Military Strategy 1997," https://www.hsdl.org/?view& did=440395 (검색일: 2018.9.2).

16 이대우, 「초국가적 안보위협과 우리의 대응」, 이상헌·엄상윤·이대우·박인휘·이왕휘, 『한 국의 국가전략 2030: 안보』, 68쪽에서 재인용.

ISIS 동조자 적발 등과 함께 ISIS가 한국을 60개의 테러 대상국에 포함시킴으로써 국제 테러로부터 더 이상 자유롭지 않다. 특히 1980년대 KAL기 폭파와 아웅산 테러 사건을 자행한 북한은 핵물질, 생화학물질, 잠수정, 특수전 전력, 사이버 전력 등 테러 수단을 동원하여 대남 테러를 자행할 수 있다. 북한의 포섭이나 지령을 받고 한국 내에서 도심 테러를 감행할 위장 탈북자, 종북 세력, 소수의 불법 외국인 근로자 및 무슬림 등 잠재적 테러리스트가 국내에 존재한다.

사이버 테러의 위협은 우리 사회에 피해가 속출하고 있기 때문에 심각하다. 사이버 공격을 통한 군사 기밀 및 산업 기밀 탈취와, 정부와 방송사 및 신문, 은행 등에 대한 디도스 공격과 해킹이 그치질 않고 있다. 국제 조직범죄인 인신매매, 무기 밀매, 마약 불법 거래, 위조지폐는 우리 사회에도 심각한 위해 요인으로 국민의 안전과 건강을 위협하고 있다. 해적 행위는 한국의 수출입 물동량의 90% 이상이 오가는 해상교통로상에서 자행된다. 우리의 유조선과 화물선이 사용하는 아덴만, 인도양과 말라카해협 등지에서 해적 행위가 줄어들지 않고 있다.

기후변화로 인해 식량 수급에 문제가 생기고, 전염병이 창궐하며, 생태계가 파괴되고, 태풍·가뭄·홍수 등과 같은 온난화 현상이 증가하고 있다. 이산화탄소 배출량이 7위인 한국은 전 세계 배출량의 1.9%를 차지하고 있다.

이 외에도 우리나라가 관심을 가져야 하는 초국가적 안보 위협으로 대량살상무기 확산과 전염성 질병 확산이 있다. 불량국가와 국제 테러리스트에게 북한의 핵무기, 미사일 등 WMD가 이전될 가능성, 코로나 바이러스·사스·메르스·조류독감·에볼라·결핵 등 전염성 질병도 국민과 국민의 건강에 위협적이다.

한국의 다자안보협력 실태

외교부 다자안보협력

한국의 다자안보협력 실태를 고찰해 보는 것은 동북아 지역과 글로벌 차원

[표 8-1] 외교부 다자안보협력

구분		분야
안보 대화	동북아	· 한·중·일 연례 정상회의 · 한·미·일 외교·국방장관회의(2+2회의) · 동북아협력대화(NEACD, 미국) · 동북아안보심포지엄(SNEAS, 미국)
	아태 지역	· 동아시아정상회의(EAS) · 아세안지역안보포럼(ARF) · 아시아 교류·신뢰 구축회의(CICA, 중국) · 동아시아안보심포지엄(SEAS, 미국) · 아태안보협의이사회(CSCAP)
	글로벌	· 뮌헨 안보회의
PKO 파병·대해적작전 파병 협조		· 정부를 대표해서 PKO, 대해적작전 파병을 유엔 등과 협의

자료: 대한민국 외교부, 『2018 외교백서』(서울: 외교부, 2018)를 참조하여 작성했다.

에서 다자안보협력 강화 방안을 강구할 수 있다는 차원에서 유의미하다.

먼저, 동북아 차원에서는 외교부가 주무부서인 다자안보협력으로 한·중·일 정상회담(BESETO Trilateral Summit), 한·미·일 외교·국방장관회의(2+2회의)가 있고, 미 캘리포니아대학 부설 세계분쟁연구소가 주관하는 동북아협력대화(NEACD: Northeast Asia Cooperation Dialogue), 동북아안보심포지엄(SNEAS: Symposium for Northeast Asia Security) 등이 있다.

특히 동북아 지역의 한·중·일 3자 간 대화체인 한·중·일 정상회담은 1999년부터 동남아국가연합(ASEAN: Association of Southeast Asian Nations) 정상회의 참석 기간에 3국 정상들의 회의(ASEAN+3)로 시작하여, 2008년부터 3국 정상들은 순차적으로 돌아가면서 별도 회의체로 발전시켰다. 이는 3국 협력을 제도화한다는 측면에서 상징성이 높다. 특히 3차 한·중·일 정상회담이 2010년 5월 제주도에서 개최되어 상설 사무국을 서울에 설치하기로 합의하여 2011년 서울에 한중일협력사무국(TCS: Trilateral Cooperative Secretariat)을 설치·운영 중에 있다. 2011년 3월 일본의 쓰나미 발생 시 후쿠시마(福島) 원자력발전소 폭발 사고와 관련하여 원전 사고 시 세 나라 간에 정보 공유와 자연재해 대비 공동훈련 등 안전·재난 관리 협력을 강화하기로 합의했다.

아시아·태평양 지역 차원에서는 미국과 러시아의 정상들도 합류하는 동아시아정상회의(EAS: East Asia Summit), 아세안 10개국 회원의 정상회담(ASEAN: Association of Southeast Asian Nations), 아세안지역안보포럼(ARF: ASEAN Regional Forum), 미 국무부와 태평양사가 공동 주최하는 동아시아안보심포지엄(SEAS: Symposium for East Asia Security), 중국이 주도하는 아시아 교류·신뢰 구축회의(CICA: Conference on Interaction and Confidence-Building Measures in Asia), 중국과 러시아가 주관하는 상하이협력기구(SCO: Shanghai Cooperative Organization), 아태안보협의이사회(CSCAP: Council for Security Cooperation in the Asia-Pacific) 등이 있다. 글로벌 안보 이슈를 협의하는 대화체인 독일 뮌헨 안보회의에 외교부 장관이 참석한다.

한중일협력사무국을 서울에서 운용하는 등 다자안보협력을 왕성하게 전개하고 있으나 동북아의 특수 환경을 고려한 지역 협력기구의 설립이 필요하다.

국방부 다자안보협력

국방부 차원에서 안보대화, PKO·대해적작전·국방협력, 훈련 분야로 나눠 다자안보협력을 알아보면 다음과 같다.

먼저 안보대화와 관련하여 동북아 차원에서 한국이 참여하는 대화체는 국방차관보급이 참여하는 한미일안보회의(DTT: Defense Trilateral Talks) 등이 있으며, 한국 제안으로 한국 합참 전략기획본부, 미 합참·인도태평양사 전략참모부, 일본 통합막료부 전략본부 간에 실시하는 한·미·일 전략대화는 재해재난 등 공동 대처 방안을 협의해 오고 있다. 또한 동북아제한적비핵지대화(LNWFZ-NEA: Limited Nuclear Free Zone-Northeast Asia) 회의를 운용해 오고 있다.

아태 지역 차원에서 싱가포르의 샹그릴라(Shangri-La) 호텔에서 개최되는 동아시아국방장관회의(샹그릴라회의), 미국 주도로 아태 지역 국가들이 순회하면서 공동 주최하여 안보협력 방안을 논의하는 합참의장단회의인 아태 지역 군

[표 8-2] 국방부 다자안보협력

구분		분야
안보 대화	동북아	· 한·미·일 국방장관회의 · 한·미·일 안보회의(DTT) · 한·미·일 전략대화(한미 합참·인도태평양사, 일본 통막 J-5) · 동북아제한적비핵지대화(LNWFZ-NEA)
	아태 지역	· 동아시아국방장관회의(샹그릴라회의) · 아세안확대국방장관회의(ADMMPlus) · 서울안보대화(SDD, 한국) · 아대 군고위급회의(CHOD, 미국) · 도쿄방위포럼(TDF, 일본) · 자카르타국제국방회의(인도네시아)
PKO 파병·대해적작전· 국방교류협력		· 레바논 동명부대 및 남수단 한빛부대 · 아덴만 청해부대 · UAE 아크부대 · 개인파병: 유엔 DPKO, 인도·파키스탄, 미 중부사 등
연습 및 훈련		· 환태평양훈련(RIMPAC) · 한·미·일 미사일경보훈련 및 대잠수함전훈련 · 코브라골드(태국 다국적훈련) · 순항훈련(해사 생도 4학년 대상 원양 항해훈련) · 다국적기획증원팀(MPAT) · 서태평양기뢰대항전훈련 · 퍼시픽뱅가드훈련

자료: 대한민국 국방부, 『2018 국방백서』(서울: 국방부, 2018)를 참조하여 작성했다.

고위급회의(CHOD: Chief of Defense), 한국이 주도하는 국방차관급 안보대화인 서울안보대화(SDD: Seoul Defense Dialogue),[17] 일본 방위성이 주관하는 도쿄방위포럼(TDF: Tokyo Defense Forum), 인도네시아가 주관하는 자카르타국제국방

---

17 "세계 여러 국가들과 국제기구 전문가들이 국방협력 방안을 논의하는 자리인 제8회 서울안보대화가 2019년 9월 4일부터 6일까지 서울에서 개최되었다. 유럽과 중동, 아프리카 약 50여 개 국을 대표하는 참석자들이 '함께 만드는 평화: 도전과 비전'을 주제로 동북아 평화 등 다양한 국제 안보 현안을 협의했다. '한반도 평화프로세스와 국제공조', '동북아시아의 평화: 도전과제', '사이버공간에서의 국가전략과 위기관리' 등 주제를 다뤘다. 이와 함께 국방부는 서울안보대화에 참여한 20여 개 국가와 양자회담을 열고 안보 현안과 방산협력 등을 논의했다"[문화체육관광부 해외문화홍보원, "'2019 서울안보대화' 개막", 2019년 9월 5일, http://www.kocis.go.kr/koreanet/view.do?seq=1013456&RN=4 (검색일: 2020.6.11)].

[그림 8-1] 한국군 해외 파병부대와 파병 인원 현황(2019년 7월 현재)

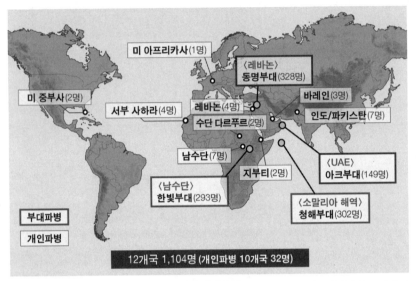

자료: 대한민국 국방부, "한국군 해외파병부대와 파병인원", http://www.mnd.go.kr/mbshome/mbs/mnd/ (검색일: 2020.2.20).

회의 등이 있다.

글로벌 평화 증진을 위한 평화유지작전은 2020년 1월 31일 현재 14개 지역에서 122개국의 8만 2863명(군 7만 2791명, 경찰 8854명, 유엔 직원 1218명)이 참가하고 있다.[18] 한국은 레바논의 동명부대와 남수단의 한빛부대 등에 570명을 파병해 파병 인원 수로 세계 35위이다.[19]

추가적으로 대해적작전을 위해 다국적군의 일원으로 아덴만에 파병한 청해

18   United Nations Peacekeeping, "Monthly Summary of Military and Police Contributions to United Nations Operation," https://peacekeeping.un.org/sites/default/files/january_2020_front_page.pdf (검색일: 2020.3.11).

19   United Nations Peacekeeping, "PKO, Troop and Police Contributors," https://peacekeeping.un.org/en/troop-and-police-contributors (검색일: 2020.3.11).

부대, UAE에 국방교류협력의 일환으로 파병한 아크부대, 개인 자격의 인원까지 포함하면 **그림 8-1**에서 보는 바와 같이 12개국 1100여 명에 이른다. 그러나 해외 파병부대는 비전투병 위주로 편성하여 가급적 안전한 지역을 골라서 소규모로, 그것도 군 위주로 이루어져왔다.

다자간에는 태평양 연안 국가들이 참가하는 RIMPAC 연습과 한·미·일 미사일경보훈련 및 대잠수함전훈련, 재해재난 대비 다자간기획증원팀(MPAT: Multilateral Planning Augmentation Team) 연습, 태국에서 실시하는 코브라골드훈련, 해군사관학교 4학년 생도를 대상으로 매년 실시하는 원양 항해훈련인 순항훈련, 서태평양기뢰대항전훈련, 괌 인근에서 실시하는 퍼시픽뱅가드(Pacific Vanguard) 훈련 등에 우리 군이 참가하고 있다. 또한 주한미군 전력을 재전개하여 필리핀과 실시하는 탈리바탄(Talibatan)훈련이 있다.

동북아 지역에서 발생하는 재해재난 등 초국가적 위협에 공동으로 대처할 수 있는 제도나 신속대응군은 없는 상황이다.

3. 다자안보협력 활성화 전략

한반도 차원

한·미·일 군사안보협력: 북핵 위협 무력화

남·북·미 간 비핵화 협상이 결렬되었을 때 2017년 김정은이 신년사를 통해 밝힌 핵무기와 미사일을 대량생산하여 전력화하는 상황을 상정할 수 있을 것이다. 북한은 그들의 '온 사회의 김일성·김정일주의화'를 이루기 위해 핵미사일 공격을 통한 한반도 무력적화통일을 감행할 수도 있을 것이다.

북한이 미 증원전력을 차단하기 위해 중거리탄도미사일로 괌, 오키나와의 발진기지를 공격하면서 동해안 축선의 특정 도시를 전술핵무기로 공격하여 초토화시킨 후, 만일 투항하지 않는다면 수도권에 더 위력적인 핵무기로 공격하여 피바다로 만들겠다고 위협하는 상황이 발생한다면 우리는 어떻게 대처해야 하는가.

이러한 상황이 발생한다면 이는 끔찍한 재앙이다. 예상치 못한 핵전쟁 상황을 원천적으로 예방하기 위해 핵미사일에 대한 무력화 전략이 요구된다.

선제타격을 위해서는 위협 인식, 군사작전체제, 전략커뮤니케이션 등이 유기적으로 이루어져야 한다. 북한의 핵미사일 위협과 도전에 대응하기 위해서는 한·미·일 간의 위협 인식 공유, 한미 합참과 미 태평양사 간의 임무와 역할 등 군사작전체제, 북핵미사일 위협 제거의 절박성에 대한 한미 양국은 물론 국제사회로의 공감대 확대를 위한 전략커뮤니케이션(SC: Strategic Communication) 등의 선제타격의 삼위일체 구축이 필수적이다.

한미/한·미·일 정상 간의 위협 인식과 북한의 비핵화 또는 북핵의 무력화로 핵의 공포로부터 한미 및 우방국의 안보와 국민의 안전을 보호해야 한다는 인식의 공유가 중요하다. 이를 위해서는 한·미·일 정상 간 회담은 물론, 한미/한·미·일 외교·국방장관회의(2+2회의), 한·미·일 차관보급 국방대화(DTT), 한미 억제전략위원회(DSC: Deterrence Strategic Committee) 및 한미 고위급 확장억제전략위원회(EDSC: Extended Deterrence Strategic Committee) 등 협의체를 유기적으로 운용할 필요가 있다.[20]

둘째, 선제타격 군사작전체제를 구축하기 위해서는 한미 합참의장·일본 통합막료의장·미 인도태평양사령관 간 지휘관회의 및 전략참모회의를 통해서 군사행동에 요구되는 임무, 역할, 협조 분야를 구체화해야 할 것이다. 선제타격 시 북한 군사 동향에 대해 한미는 물론 한·미·일 간의 실시간 정보 공유 체계는 군사행동의 승패를 좌우할 것이다. 이러한 차원에서 2014년 12월 한·미·일 정보공유약정 체결에 이어 2016년 11월 체결한 한일 군사정보보호협정과 관련

---

20   정경영, 「북핵미사일 위협의 無力化 전략」, ≪한국군사≫, 제1권 제1호(창간호, 2017).

하여 2019년 11월 27일 연장을 결정한 것은 유의미하다.

북한군 최고사령부, 핵무기 개발시설과 저장시설, 발사기지, 미사일, 항공기지와 잠수함 기지 등 보복 반격이 가능한 적지종심 표적과 지휘통제체계 등을 동시에 병렬적으로 선제타격하는 것이 필수적이다. 정책이 결정되면 수행 방법이 결정되고 목표의 선별과 상대방의 대응 극복 방안을 강구해야 한다. 선제타격의 정책과 전략이 수립되면 이에 적합한 무기체계를 갖추어나가야 한다. 상시 C4+ISR+PGM 체제를 구축하고 훈련을 실시해야 한다. 선제타격의 성공적인 작전을 수행하기 위해서는 작전 관련 부대 간 지휘·통제·통신을 통해 컴퓨터로 연동하여 유기적으로 소통하면서(Command, Control, Communication, and Computer)+감시·정찰을 통해 획득한 표적 정보를 실시간 공유하며(Intelligence, Surveillance, and Reconnaissance), 정밀유도탄(Precision Guided Munition)으로 표적을 신속·정확하게 타격하는 체제가 구축·작동되어야 한다. 이를 위해 평소 한·미·일 관련 부대 간 훈련을 사태별로 실시하여 지시·협조·건의 조치를 할 수 있는 시뮬레이션 연습과 실기동훈련을 통한 대비가 요구된다.

셋째, 군사행동 시 한국 국민과 국제사회의 지지와 공감대 확산을 위한 전략커뮤니케이션을 전개하는 것이다. 한미 연합, 미국·한국 단독의 유형별 군사행동에 따른 국민, 동맹국, 국제사회, 중러 등으로 세분화하여 군사작전의 당위성과 필요성 등 전략커뮤니케이션 계획을 발전시켜야 할 것이다. 시기, 수단 등을 구체화하여 조직적으로 전략커뮤니케이션을 시행하는 것이 필요하다.

선제타격의 유형으로, 우선 북한의 핵미사일 능력이 신장되어 미 본토 공격능력을 확보하기 직전 상황에서 미국이 선제타격을 하는 상황을 고려할 수 있을 것이다. 이 경우에 시작은 미국의 단독 행동일 수 있으나, 이후 상황 전개는 한국의 연루로 이어질 것이다. 미국이 본토에 대한 위협 때문에 선제타격을 하고 그 후과로 북한이 한국에 대해 보복공격을 하는 경우, 한국 내에서 미국의 과도한 행동을 비판하는 여론이 부상할 개연성이 있다.

군사행동 조건과 확전방지책을 강구하여 선제타격을 해야 한다. 선제타격 등 군사행동을 실시할 때 첫째, 군사행동 시 한미 국가통수기구 간 합의는 필수적이다. 한미 연합군에 의한 군사행동 시 전면전을 수행할 수 있는 상당 수준의 전력이 증강되고 방어준비태세(DEFCON: Defense Condition)가 격상된 상태[21]에서 한미 양국 대통령으로 구성된 국가통수기구(NA: National Authority)의 합의하에 선제타격을 실행할 수 있도록 양국 정부 간 약정이 요구된다. 한미 양국 대통령, 국방부 장관, 합참의장으로 구성된 국가통수 및 군사지휘(NCMA: National Command & Military Authority) 기구 간 상시 채널 구축이 요구된다. 선제타격 과정에서 미국이 일방적으로 작전을 끌고 가지 않도록 한국이 미국과 긴밀히 협의하고 우리 의사가 구현되는 정치적·군사적 협의장치를 가동할 필요가 있다. 청와대와 백악관 간 협의 채널과 한미 합참의장 간 군사위원회(Military Committee)를 운용할 수 있는 채널이 상시 구축되어야 한다.

셋째, 선제타격 조건은 북한의 핵미사일 공격 징후와 전면전 공격 징후 식별 시로 국한해야 할 것이다. 북한이 핵탄두미사일로 미 본토를 공격하는 상황, 한국을 향한 국지 무력 도발 상황, 또는 미 측이 군사행동을 위해 증원전력을 한반도에 전개하는 과정에 북한의 선 무력 도발에 대한 대응 차원의 자위권적 응징보복을 하는 상황이거나 분명한 정보에 근거해 북측의 핵탄두미사일 사용 징후가 명확한 상황에서 선제타격이 이루어져야 한다.

넷째, 선제타격 이전에 확전방지책을 필히 강구해야 할 것이다. 전면전을 수행할 수 있는 미 증원전력 전개와 비상계엄과 동원령 등이 함께 이루어져야 할 것이다.

마지막으로 전면전을 각오한 국민적 결기가 무엇보다 중요하다. 북한이 끊임없이 핵미사일 능력을 고도화시켜 통제 불능의 사태에까지 이르렀다. 만에 하나라도 핵 협상이 결렬되어 핵무기로 우리를 위협한다면, 전면전을 각오하

---

21 평시에서 긴장이 고조되어 전시 상황으로 전환되기 위해서는 연합사령관의 건의하에 양국 대통령이 최종 승인하는 순간부터 방어태세(DEFCON)가 격상되며, 합참의장 작전 통제하에 있는 한국군이 연합사령관으로 전시작전통제권이 전환된다.

고 북한 핵미사일의 명백한 공격 징후가 있을 때 재앙적 핵전쟁을 차단하기 위해 선제타격이 불가피하다는 국민적 결기가 요구된다.

유엔사와 협력: 전면전 및 급변사태

2017년 6월 30일 한미 정상 간 전작권을 조속히 전환하는 데 합의한 이후 현 연합사를 미래연합사로 재편하고 있다. 한반도 전면전 또는 급변사태가 발생하여 유엔사가 참여할 때 유엔사와의 지휘 관계와 임무와 역할 정립은 절실하다.

"한반도 전쟁 재발 시 유엔사 및 연합사는 별개의 법적·군사적 체제를 유지하고, 유엔사 부대를 운용한다"라는 유엔군사령관을 위한 관련 약정[22]은 유엔사가 전투작전을 지휘하는 사령부 임무를 수행하겠다는 의도로 판단된다. 6·25전쟁 3일 만에 유엔 안보리는 미국의 책임하에 통합군사령부를 창설하고 사령관을 미국 정부가 임명토록 하는 결의안 제84호에 의거하여 유엔군사령부를 창설하면서 임무를 수행했는데, 유엔사와 미래연합군사령부의 이러한 지휘 관계를 지시 관계로 주장할 수도 있을 것이다. 그러나 6·25전쟁 시 전투병을 파견한 16개국의 유엔사 회원국과 추가 파병국가 전투부대는 이제 미래연합사령관의 전술통제하에 임무를 수행할 수 있도록 해야 할 것이다.

따라서 상대적으로 비좁은 한반도 전구작전에서 유엔사, 미래연합사로 이원화된 지휘체제에 의해 군사작전을 수행할 경우 심대한 혼란과 부작용이 일어날 것을 고려할 때 미래연합사 단일 지휘체제에 의해 한반도 작전 수행이 전승에 필수적인 지휘구조임을 인식해야 할 것이다. 6·25전쟁 중 반격작전 시 미8군과 미10군단은 유엔군사의 이원화된 지휘체제로 인해 협조된 작전을 할 수 없었다.[23] 또한 미 합참 지시를 받는 유엔사가 전투사령부 임무를 수행하게 될 때

---

22 미 합참, "유엔사의 법적 군사적 체제유지를 위한 유엔군사령관을 위한 관련 약정"(1983. 1. 19); 유엔사, "일반명령 제1호"(1998. 2. 27).

23 1950년 9월 15일 인천상륙작전에 참여한 주력부대인 미 제10군단이 상륙작전 성공 후 남해를 거쳐 동해로 재전개함으로써 원산상륙작전을 실시했다. 인천상륙작전 2주 후인 9월 28일

중국 개입 가능성을 의식하여 국경 지역까지 진출하지 않는 등 미래연합사와 유엔사 간의 전쟁 수행 목표의 갈등이 예상되는바, 많은 문제점을 야기할 수 있다. 미 증원전력은 물론 추가 파병국 전투부대도 미래연합사로 전술통제를 전환하여 일원화된 지휘체제에 의해 전쟁을 수행해야 한다. 이러한 지휘체제와 유엔사는 평시 정전협정 관리, 유사시 전력 제공(Force Provider) 임무로 국한한다는 사항을 전략지시에 명시할 필요가 있다.

한편, 급변사태 시 유엔사와 미래연합사의 지휘 관계는 급변사태의 유형에 따라 상이하다. 급변사태는 매우 빠른 속도로 급격히게 발생함에 따라 근본적인 변화를 초래하여 기존 북한 체제가 단기간 내에 스스로 극복할 수 없는 상황이다.[24]

첫 번째 유형은 WMD 통제 불능 사태 발생으로 유엔 안보리 결의에 의해 NPT 가입국인 미중 등이 개입한 WMD 제거작전(Counter-WMD Operations)을 상정할 수 있을 것이다. 핵확산금지조약(NPT: Non-Proliferation Treaty) 가입국이 WMD 제거작전을 실시하고 한국군은 경계제공작전을 실시하도록 해야 할 것이다.

두 번째 유형은 반군, 민중 봉기 사태로서 한국 독자 개입, 한미연합 개입, 유엔 결의를 통한 개입을 고려할 수 있으나 유엔 안보리 결의안 채택 후 개입 시 평화강제작전(PEO: Peace Enforcement Operations) 임무를 미래연합사가 수행

서울을 탈환했고, 1개월 후인 10월 20일 원산상륙작전을 실시했다. 국군 3사단이 38선을 돌파한 뒤 동해안 축선을 따라 진격하여 10월 10일 원산을 탈환한 지 10일 후였다. 이 작전은 전쟁의 원칙인 전투력 집중과 공격기세 원칙을 저버린 전투였다. 또한 서부 지역은 미8군사령관의 작전 통제하에, 동부 지역은 맥아더의 직접 통제하에 이원화된 지휘를 통해 작전을 실시한 결과 한 번도 북한 지역에서 협조된 작전을 실시하지 못했으며, 양 전투지경선 사이로 중국군이 돌파하여 1950년 1월 4일에는 서울을 다시 빼앗기는 상황이 초래되었다[Douglas MacArthur, *Reminiscences* (Seoul: Moonhak Publishing Co., 1964), pp.325~396].

24 유호열, 「정치외교분에서의 북한의 급변사태」, 박관용 외, 『북한 급변사태와 우리의 대응』 (파주: 한울, 2007), 20쪽; 정경영, 「북한의 급변사태와 한국의 대응」, ≪Strategy 21≫, 통권 제25호(2010).

[표 8-3] 급변사태 유형

사태/임무	상급기관 의도/제한사항	작전 목적	과업
① WMD 통제 불능, 유출 가능(WMD 장악)	· 유엔 결의, 국제사회 지원 (IAEA) · WMD 북한 외 유출 차단	· WMD 북한 외 유출 방지 · WMD 장악 통제, 필요시 해체	· WMD 확보, 통제 · 평화강제작전
② 반군 발생 내전화(안정 환경 조성, 북한 주민 보호)	· 반군 지원 · 북한 주민 보호 유엔 결의 없이 북한 내 진입 제한	· 북한 군부 간 충돌로 내전화 방지 · 충돌 간 북한 주민 피해 방지 및 주민 보호	· 반군 지원, 우군화 · 북한 주민 보호 · 안정화 작전
③ 민중 봉기, 주민학살 방지(평화강제작전)	· 북한 정권에 의한 대규모 학살 방지 유엔 결의·승인하에 북한 내 진입	· 북한 정권, 군대, 보안대 병력으로 북한 주민 대량학살 자행 방지 · 북한 주민 보호	· 북한 봉기 지역 주민 보호
④ 천재지변, 이재민 발생(인도적 지원)	· 북한 진입 명분 획득 유엔 PKO 파병 · 북한 주민 피해 방지	· 북한 피해 지역에 대한 인도적 지원 · 북한 주민 피해 방지	· 북한 주민 인도적 지원 · 인도적 지원/재난구조작전(HA/DR)

자료: 정경영·송재익·한관수, 「북한 급변사태 시 지상작전 수행방안」, 한국전략문제연구소 엮음, 『2014 미래 'How to Fight'에 기초한 전투 발전』(서울: 한국전략문제연구소, 2014), 380~382쪽.

하는 방안이 바람직할 것이다. PEO 작전 참여국 군을 미래연합사 전술통제로 전환하여 단일 지휘체제로 평화강제작전을 수행해야 한다.

세 번째 유형은 천재지변 또는 백두산 화산 폭발 등 재난 발생 사태 시 유엔 안보리 인도적 지원 및 재난구조(HA/DR: Humanitarian Assistance/Disaster Relief) 결의안 채택으로 투입될 때 유엔사 지휘하에 재난구조작전을 수행해야 한다는 입장과 언어·문화의 동질성, 동포애 등을 고려하여 미래연합사 통제하에 재난구조작전을 수행해야 한다는 입장이 상충될 수 있다. 특히 재난구조작전 후 통일로의 연결을 위해 미래연합사령관 주도하에 HA/DR 작전을 수행하는 것이 바람직하다.

이는 민족자결주의 원칙에 의한 독일의 통일 사례, 한반도를 대한민국 영토로 한다는 헌법, 남북 관계는 독립된 국가 간의 관계가 아닌 통일을 지향하는 특수 관계라는 남북기본합의서, 언어·문화의 동질성, 외국군 사령관이 주도하는 작전 시 북한군과 주민의 저항 등을 고려할 때 전면전 및 급변사태 시 우발

작전을 미래연합사령관 통제하에 수행하는 것이 바람직하다. 이 또한 급변사태 유형별로 유엔사와 미래연합사의 지휘 관계 등을 전략지시에 명시할 필요가 있다.

비군사적 위협

국민의 안전을 지키기 위해 초국가적 위협에 효율적으로 대처하기 위해서는 법 정비와 제도 강화가 필수적이다. 대테러법을 기반으로 많은 테러 모의를 적발하여 테러를 예방할 수 있다. 북한에 의한 대남 테러 예방을 위해 종북 세력과 간첩단을 철저히 찾아내 분쇄해야 한다. 북한 당국에 의해 포섭되기 쉬운 사회적 약자들이 테러리스트화되는 것을 예방하기 위해 사회안전망을 구축하고 군은 휴전선과 북방한계선(NLL), 해안선 경계를 강화하여 북한 침투부대 요원의 침투 및 무기 유입을 차단해야 한다.

대북 경제제재가 강화되어 북한의 사이버 테러가 증대되는 상황에서 사이버사령부의 역할은 아무리 강조해도 지나침이 없다. 해외에 파병된 우리 군은 재외 국민이 국제 조직범죄로부터 보호받도록 해야 할 것이다. 해적 행위 발생 시 태스크포스의 활동 강화 방안, 무장요원 승선, 대응체계를 뒷받침하는 해적 행위 예방 관련법이 마련되어야 한다.

저탄소 녹색 성장을 통한 지구온난화 방지를 위해 우리 군은 각종 훈련 시 생태계 훼손 방지 및 폐기물 처리 등에 유념해야 할 것이다. 북한의 핵미사일 폐기는 물론 WMD 확산 차단을 위한 국제사회와의 공조 강화와 코로나 바이러스, 조류독감 등 전염병 확산 방지를 위한 군의 방역활동은 계속되어야 한다. 또한 정부 차원에서 대응해야 할 국가재난관리시스템에 의해 재난구조작전에 참여해야 할 것이다.[25]

---

25 이대우, 「초국가적 안보위협과 우리의 대응」, 이상헌·엄상윤·이대우·박인휘·이왕휘, 『한국의 국가전략 2030: 안보』, 85~87쪽.

동북아 차원

통일을 위해서는 남북 관계 발전은 물론 안정되고 평화로운 전략 환경 조성이 요구된다. 동북아의 냉전적 질서를 평화협력 질서로 전환하는 것이 필요한 이유이다.

동북아 지역의 특수한 안보 환경과 북핵미사일 위협, 역내 군비경쟁, 영토 분쟁 등 이슈를 집중적으로 협의하고 해결할 수 있는 동북아 안보협의체의 제도화는 절실하다.

추진 목표와 기조

동북아 안보협력체는 갈등과 분쟁의 냉전적 질서를 벗어나 상호존중과 평화의 협력적 질서를 추구하는 것을 목표로 한다. 이를 위해 재해재난, 원자력 안전, 테러, 환경오염 등 비정치·비군사 분야부터 대화를 통해 신뢰를 쌓아 공동 대처하고, 인권, 군비통제, 영토 분쟁, 대량살상무기 확산 등을 협의하는 안보협력체를 구축해 나간다.[26]

동북아 안보협력체를 구축하기 위한 추진 기조로, 평화협력 레짐은 기존의 쌍무동맹을 대체하는 것이 아닌 보완적 기능을 수행하며, 한미동맹과 미일동맹은 물론 북중동맹도 새롭게 구축될 평화협력 레짐과 함께 존속하도록 한다. 그러나 특정 국가나 블록을 공동의 위협으로 상정하지 않는다. 또한 레짐은 다자간 협력에 주안을 두기 때문에 쌍무 간 갈등 및 분쟁 이슈를 포함시키지 않는다.

따라서 다자간 연습훈련도 전통적인 군사위협에 대비하는 연습을 배제하고 테러, 전염성 질병, 해적, 재해재난, 해상 공동 수색구조(Search & Rescue), 비전투요원 후송(Non-combatant Evacuation) 등 비군사 시나리오에 입각해서 실시되

---

26 정경영, 『한국의 구심력 외교안보정책』(서울: 지식과감성, 2014), 237~253쪽.

어야 한다.

동북아 다자안보협력 설계

동북아 평화협력 구상을 제도화하기 위한 아키텍처는 동북아 국가 정상회담, 장관급 협의체인 전략·경제대화를 열고, 산하에 안보경제협력위원회와 신뢰구축위원회를 두고, 사무국을 설치·운용하는 것이다.

회원국은 남북한, 미·중·일·러 외에도 몽골을 포함하는 것이 바람직하다. 동북아정상회담은 연 2회, 알파벳순으로 윤번제로 실시하고 의장국이 개최국이 된다. 의제는 안보 및 경제협력의 역학 관계를 고려하여 안보 이슈와 경제 이슈 발생 시 미치는 영향을 종합적으로 협의한다.

전략·경제 대화[27]는 외교·국방·재무 장관으로 구성하여 정상회담 전에 실시한다. 정상회담 어젠다 설정과 합의사항 실행 방안과 안보와 경제 이슈 발생 시 미치는 파장을 종합적으로 고려하여 협의하고 동북아의 평화와 안전을 위해 환경, 재난구조 및 원자력 안전, 테러 대응 등 초국가적인 위협에 공동 대처하는 방안을 논의하여 해결책을 강구한다. 이를 통해 신뢰를 구축하여 군축 문제, 영토 분쟁 등에 단계적으로 접근한다. 동북아협력사무국은 한중일 3국 협력사무국(TCS: Trilateral Cooperation Secretariat)을 모체로 확대·개편한다.[28]

먼저 인식공동체 구축을 위한 역내 국가 간 안보경제협력 강화 방안을 제시하면 다음과 같다. 국내적으로 정책입안자, 국회의원, 전문가, 기업인, 언론인 등이 안보인식공동체를 구축하여 군비경쟁이나 일방적 외교안보정책 추진보

---

27 전략·경제 대화는 미중 간에 실시되는 외교·재무장관회담과 한미, 한일, 한·호주 간 실시되는 외교·국방장관회담인 2+2회담을 참조하여 외교 및 경제 협력은 물론 안보 및 군사 이슈의 비중을 고려하여 외교·국방·재무 장관이 참여하는 대화체를 구상했다.

28 Chung Kyung-young, "Northeast Asian Security Cooperation: Current Status and Future Prospects," in Kwak Tae-Hwan and Joo Seung-Ho, eds., *North Korea and Security Cooperation in Northeast Asia* (London: Ashgate, 2014), p.43.

[그림 8-2] 동북아 안보협력 아키텍처

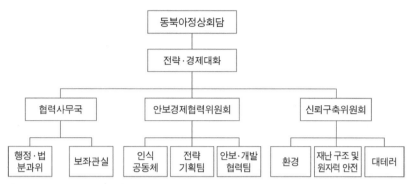

자료: Chung Kyung-young, "Building a Military Security Regime in Northeast Asia: Feasibility and Design," in Kwak Tae-Hwan and Joo Seung-Ho, eds., *North Korea and Security Cooperation in Northeast Asia* (London: Ashgate, 2014), p.347을 보완했다.

다 역내 국가들과 보다 차원이 높고 다층적인 협력안보를 추진하는 것이 국가 안보를 보장하는 데 보다 효과적이며 재원이 적게 든다는 것을 인식할 수 있도록 공론화한다. 이어서 역내 국가들의 카운터파트들과 긴밀히 유대 관계를 확대시켜 나간다. 외교안보 분야 고위급 회의를 정례화하는 것으로 외교장관회의, 국회 외교통일위원회와 국방위원회, 재정위원회 간의 국회의원연맹 회의, 국방장관 회의와 한미 합참의장과 일본 통막의장 그리고 중·러·북한·몽골 총참모장 등이 참여하는 군고위급회담을 실시한다. 동시에 역내 국가 간 다자간 상호 방문을 정례화하는 것으로 초급장교 교환방문, 함정 상호방문, 안보포럼, 국가 간 군별 자매결연을 확대한다. 마지막으로 우발적인 사고가 무력충돌로 비화되지 않도록 하기 위해 역내 국가 간 핫라인을 구축하고 위험한 군사행동 방지협정을 체결한다.

　두 번째 영역인 전략기획팀은 외교·국방장관회의의 의제로 초국가적 위협에 대한 공동 대처 방안, 다자간 군사적 신뢰 구축 방안, 군축, 안보 이슈 발생 시 경제에 미치는 파장 등을 판단하여 대비하고, 공동 안보 이슈에 대한 정책 대안을 발전·채택토록 한다. 또한 초국가적인 위협에 공동 대응하기 위한 군사교리 발전과 다자간 군사교류 협력 방안을 모색한다.

세 번째 영역인 안보·개발협력팀을 활성화한다. 국제사회의 책임 있는 일원으로 참여하도록 북한을 유도하기 위한 한·미·중 전략대화, 북한 핵미사일 위협에 공동 대처하기 위한 한·미·일 군사공조체제, 연해주 농업경제특구 개발 및 가스 파이프라인 건설을 위한 남·북·러 공동협력, 북한의 북부 지역과 창지투 공동 개발에 참여하는 남·북·중 공동협력, 설악산·강릉·금강산·원산 등을 잇는 관광 및 경제 특구 지역의 남·북·일 공동 개발 등을 추진한다.

초국가적 위협에 대처하기 위한 지역 신속대응군 창설

한편, 동북아 평화와 안정을 위한 신뢰구축위원회는 전염성 질병 확산 방지, 환경오염 방지, 재난구조, 원자력 안전, 대테러로 분류·운용한다. 관련 정보 공유와 전문가 육성을 위한 교육 과정을 개설하고, 우발사태에 대처할 수 있도록 조기경보, 시뮬레이션 연습, 군인·경찰·의료진·비정부기구단체(NGO)로 구성된 신속대응태스크포스를 사전에 지정하여 운용한다.

특히 이러한 초국가적 위협에 공동 대처하기 위한 훈련을 정례화하는 것으로, 전염성 질병 퇴치, 해로 보호 및 해적 퇴치 훈련, 재난구조 훈련, 원자력 안전 훈련, 대테러 훈련을 실시한다. 초국가적 유형별 태스크포스를 운용하고 사령관은 작전 경험과 능력을 고려하여 선정하고 참가국 군대는 작전 기간에 한해 전술통제로 지휘 관계를 맺고 작전 임무 종료 시 해제하여 자국군으로 복귀시킨다. 예컨대 동북아 특정 지역에 지진이 발생할 때는 일본군 장군이, 홍수 시는 중국군 장군이, 테러 발생 시는 한국군 장군이 다국적 신속대응군 사령관이 되어 작전을 수행한다. 2018년 11월 미2사단의 주력부대가 평택 캠프 험프리스로 재배치되어 210화력여단만 주둔하고 있는 동두천의 캠프 케이시를 동북아 전염성 질병 퇴치·재난구조·대테러·PKO 훈련센터로 운용하는 안을 적극 검토할 필요가 있다. 기존의 훈련장, 지휘통제 통신시설, 식당, 숙소 등을 활용할 수 있을 것이다. 동북아 지역 국가의 전염병 확산 퇴치 훈련, 대테러 훈련,

PKO 파병전 교육, 급변사태 등 우발사태에 대비한 사전 훈련센터로 운용할 경우 지역 평화협력의 메카로서 한국의 위상을 제고시킬 수 있을 것이다.

한국은 2011년 서울에 설립한 한중일협력사무국을 모체로 초국가적 위협에 공동 대처할 수 있는 신속대응체제를 제도화하는 데 주도적인 역할을 수행할 수 있을 것이다.

글로벌 차원

평화 증진: 평화강제작전 참여

대한민국의 신장된 국력과 격상된 국제사회에서의 위상을 바탕으로 국제협력을 통해 안정과 평화 증진, 빈곤 퇴치, 인권 신장 등에 기여함으로써 국제안보와 번영을 위해 글로벌 한국의 웅혼을 떨쳐야 할 것이다.

아덴만 여명작전은 그동안 동맹으로 쌓아 올린 한미 간의 긴밀한 협력에 의해 승전보를 올린 자랑스러운 작전이 아닐 수 없다. 컨트롤타워로서의 합참의 지휘 및 통제, 연합사를 통한 미5함대와의 정보유통체제 구축, 이를 연동시키는 최첨단 C4I시스템, 그리고 고강도 훈련을 해온 작전지휘관과 전사들의 투혼이 어우러진 위대한 작전이었다.[29]

한국군 해외 파병의 평가와 향후 정책 방향

한국은 1993년부터 2020년 1월 말 현재까지, 지난 30여 년 동안 총 4만 5868명을 해외에 파병했다. 그동안 한국은 파병 활동의 성과로 군사적으로 다양한 전장 환경에서 실전과 같은 경험을 축적했으며, 국가 위상을 제고할 수 있었다.[30]

---

29   아덴만 여명작전을 원격 지휘한 이성호 전 합참 군사지원본부장과의 인터뷰, "아덴만 여명작전을 원격지휘한 합참", 2017년 6월 26일.

30   정경영·박동순·박현식, 「직·간접 전투경험 공유확대 방안」(육군본부 정책연구보고서, 2017).

[그림 8-3] 한국군 해외 파병 지역

우리 군은 동티모르 분쟁, 이라크 및 아프간전쟁, 대해적작전을 통해서 지휘체제, 정보 공유, 군수 지원 협조, 현지 정부와의 협력 등의 노하우를 축적해 왔다.

그러나 파병부대는 비전투병 위주로 편성하여 가급적 안전한 지역을 골라서 소규모로, 그것도 군 위주로 이루어져 왔다. 최근 유엔의 국제 평화활동 방향은 복합적 평화유지활동의 전략하에 작전 능력의 강화와 핵심임무 수행을 위한 병력공여국의 준비 상태를 강조하여 분쟁 상황에 대한 효과적이고 시기적절한 대응을 요구하고 있다. 따라서 한국이 추진해야 할 향후의 파병 정책 방향은, 첫째, 한국은 파병에 대한 지금까지의 패러다임을 전환하여 평화유지작전(PKO) 위주에서 평화강제작전(PEO: Peace Enforcement Operations) 위주로, 규모와 성격 면에서도 중대급 위주에서 독립대대급 이상의 전투부대 위주로, 그리고 분쟁의 후방 지역보다 핵심 지역에서, 인도적 지원보다는 전투 임무 위주로, 군인 위주에서 민·관·군·경의 기능을 통합하여 시너지 효과를 가장 잘 발휘할 수 있는 파병의 기능을 통합해야 할 것이다. 둘째, 이를 지지하고 지원할 수 있는 전략적 커뮤니케이션을 통해 국민적 공감대를 형성해야 할 것이다. 셋째, 국군의 해외 파병을 위한 법적·제도적인 정비를 통해 파병 업무 수행의 당위성과 절차를 보장할 수 있어야 할 것이다.

한국군의 평화강제작전 파병을 위한 전략적 소통 방안

첫째, 국제평화활동에 대한 국가전략의 중요성이다. 국가적인 차원에서 국제평화활동의 비전과 청사진을 가지고 종합적이고 체계적으로 추진해야 한다. 평화와 자유민주주의를 수호하는 국제적 위상의 제고와 미국과의 두터운 동맹관계 형성, 에너지 및 자원의 확보 및 기업 해외 진출 기반의 마련, 재외 국민의 보호와 안전한 경제활동 유도, 군의 다양한 환경하에서의 훈련과 실전 경험의 축적 등 경제 발전과 한반도의 평화 및 통일 과정에서 기여할 수 있는 경험의 축적 등을 포괄해야 할 것이다.

둘째, 평화작전(PO: Peace Operations) 컨트롤타워 설치와 유관 정책부서 간 협업의 중요성이다. 평화활동은 민·관·군이 함께 참여하는 포괄적 영역으로 관련 업무를 총괄·조정·통제할 수 있는 청와대 국가안보실에 국가 차원의 PO 사령탑을 설치할 필요가 있다.

셋째, 국민을 대표하는 대(對)국회 SC 추진 시 가장 중요한 것은 파병의 명분에 대한 논리이다. 평화강제작전에 파병하게 될 경우에 법적인 논리로 국회를 설득해야 할 것이다. 국군의 사명은 국가 안전보장 및 국토방위에 있으며, 국민의 생명과 재산을 보호하고 나아가 국제평화 유지에 이바지하는 데 있다. 한국군의 PEO 파견은 큰 틀에서 국제평화주의 원칙에 부합되고 국가이익을 위한 것인 만큼 국군의 사명에도 부합한다.

넷째, 대국민 SC를 위한 전략적 기획 홍보이다. 국민을 대상으로 하는 전략적 소통을 위해 국방부·외교부 등 주무부처로 한정하지 말고 범국가 차원의 민·관·군·경 통합홍보팀을 구성·운영하는 것이 바람직하다. 홍보 방법은 쌍방향의 상시 홍보 방향으로 전환을 하고, 정부는 평화활동에 대한 건전한 논의가 활성화될 수 있도록 시민사회와 전문가 집단 간 토론의 장을 마련할 필요가 있다.

그리고 실전 경험 축적은 한반도 유사시 군사작전에서 승리하고 안정화 작전에 기여함을 인식케 하며, 해외 파병을 확대할 때 한반도 유사시 국제적 지지 및 지원을 확보할 수 있음을 알려야 한다.

또한 국제 평화유지활동은 한국 기업의 해외 진출 교두보로서 우리 기업의 투자 활동무대를 전 세계로 확장하는 디딤돌이 됨을 인식시킬 필요가 있다.

평화강제작전 파병 준비

한국군 파병부대 편성은 전제 조건이 충족이 되어야만 하는데, 현실적으로 완전한 한국군만의 독자적이고 독립된 작전 수행은 제한되며 동맹국과 긴밀한 협력하에 수용··대기·전방으로 이동·통합(RSOI: Reception, Staging, On-ward Movement, and Integration)하는 기반체계를 중심으로 편성이 될 수밖에 없다.

평화강제작전을 전제로 한 전투 발전에 대한 기능별 적용 방안으로, 첫째, 전략 및 교리 분야에 있어서는 정치, 경제, 외교, 안보 및 자원 등에 대한 종합적이고 장기적인 전략을 수립하는 것이다. 둘째, 무기체계 면에서는 PEO 작전 시 운용될 전장 감시 및 정찰, 정보체계를 통한 전장가시화 전력은 다국적군과 평상시 사전협약을 통해 지원 및 공유 시스템을 구축해야 할 것이다. 셋째, 군수지원체계로서 PEO를 위한 전력을 적기에 파병하기 위해서는 우수한 민간 기술과 현지 자산을 최대화하는 이용 절차와 무선주파수 표식체계(RFID: Radio Frequency Identification)를 활용한 항공기, 차량, 선박들의 수송 수단의 추적 파악, 탄약 및 급식 지원, 의료 및 보건위생 지원, 급수 지원, 전투장비의 수리 부속 등 지원에 대해서도 면밀한 검토가 선행되어야 한다. 넷째, 조직 및 편성 분야는 국제평화지원단을 합참 직속으로, 국방대학교 예하에 있는 국제평화활동센터(KIPOC: Korea International Peace Operations Center)도 합참의 예하 조직으로 개편하여 업무의 독립성과 전문성, 통합성을 보장하도록 하는 것이 바람직하다. 해외파병사령부를 창설하여 업무를 통합하는 것을 전향적으로 검토할 필요가 있다. 다섯째, 교육 훈련 면에서의 준비사항으로는 전투지휘훈련, 육군 과학화전투훈련단(KCTC: Korea Combat Training Center) 훈련, 전훈분석반을 운용하고, 고군반 및 합동군사대학에서 커리큘럼에 반영하여 교육을 받도록 해야 한다. 훈련 방법은 특수작전 수행을 고려한 맞춤형 교리를 정립하고 평화강제작전 소요가 발생하는 중동 및 아프리카 그리고 아시아에 대한 PEO 수행교리를 연구하여 정립할 필요가 있다.

4. 국방외교 활성화 전략

조직 개선

국방외교를 수행함에 있어서 외교부와의 협업체제 구축은 필수적이다. 외교부 제1차관실의 북미국의 한미안보협력과와 제2차관실의 국제기구국의 유엔·군축비확산·국제안보과는 물론, 국제법률국의 조약과 한반도평화교섭본부의 북핵외교 및 평화외교기획단에서 수행하는 임무는 국방외교 업무와 직간접적으로 연계되어 있다.[31]

참여정부 시절부터 국방부에 국제협력관이 파견된 것은 협업체제 구축에 있어 중요한 시발점이다. 외교부에는 대령이 보직된 국방협력관이 직제에 반영되어 있을 뿐, 방위비협상 태스크포스, 한반도평화교섭본부 북핵정책과, 북미국 한미안보협력과, 해외안전지킴센터에 잠정적으로 각각 1명이 파견되어 있는 실정이다.[32] 미국 국방부와 국무부 간에 수십 명이 상호 파견되어 근무하고

---

31 정경영, 「한국의 국방외교 활성화 전략」, ≪군사논단≫, 통권 제82호(2015).

32 외교부에 파견되어 있는 국방부 이해구 소령과의 전화 인터뷰, "국방부에서 외교부에 파견된 인원", 2018년 10월 12일.

있는 것과는 대조적이다.

물론 이러한 안보 이슈에 대한 컨트롤타워는 국가안보실에 의해서 이루어져야 마땅하다. 국가안보전략을 구현할 수 있는 전문성과 국방부, 외교부, 통일부 간의 형평성 있는 인재 등용도 요구되며, 외교부, 국방부, 통일부, 국정원 간의 실무급에서 장관에 이르는 층위별 협업체제가 제도화되어야 정례적으로 만나 소통하면서 정책을 개발·추진하도록 함으로써 국가안보와 국가이익에 기여할 수 있을 것이다.

둘째, 국방외교를 수행하는 산실은 국방부 국방정책실 산하의 전반적 정책 업무를 다루는 정책기획관실, 대북정책을 다루는 대북정책관실, 미국·동북아·PKO 협력, 국제협력을 담당하는 국제협력관실 등 3대 축이다. 국방안보에 대해서 정책실장이 남북 관계와 국제관계를 포괄적으로 접근하는 조직은 바람직하다고 본다. 국제안보협력의 중요성이 날로 증대되는 것을 고려할 때, 국방정책실에서 분리하여 별도의 국제협력관실을 국제협력실로 격상시키고, 합참의 전략본부의 군사협력과는 1개 과가 군사협력 업무를 수행하기에는 벅차기 때문에 군사협력부로, 각 군 본부도 군사협력처로 증편하는 조직 개편이 요구된다.

셋째, 국방대에 국방외교연구소를 설립하는 방안이다. 국방대 부설 안보문제연구소를 한국국방연구원과 대비되는 국방외교연구소로 특화시키는 방안을 검토할 수 있다. 안보문제연구소를 모체로 국제평화활동센터와 국방언어학교를 흡수·통합하여, 국방외교전략 및 정책 개발, 국제 평화활동 파병 지원, 어학교육, 선발된 해외 위탁교육 요원 및 무관 요원에 대한 교육, 군사교류 협력업무 요원 대상 직무교육 등의 임무를 체계적으로 수행할 수 있을 것이다.

경륜 있는 예비역들은 국방외교의 다양한 분야, 즉 국방외교정책 자문, 해외 파병, 방산 협력 외교, 해외 무관부 요원에 대한 직무 교육에 기여할 수 있을 것이다. 예비역이 참여할 경우, 국방편제인원(Ceiling)에 크게 구애받지 않고 이들의 소중한 노하우와 지혜와 인적 네트워크를 살려서 우리 군의 국방외교 역량을 강화할 수 있을 것이다.

제도 개선

국방외교 안보 역량을 강화하기 위한 방안으로 한국군 전현직 국방외교 인사들과 유대가 있는 동맹국은 물론 우방국의 유력 인사들 간 글로벌 코리아 안보공동체를 구축하는 방안을 검토할 수 있을 것이다. 글로벌 코리아 안보공동체는 권역별·국가별 조직을 발전시켜, 모든 멤버들에게 우리 군의 군사교류 협력의 활약상을 알려주기도 하고, 양자 간, 지역, 글로벌 평화 증진을 위한 비전을 함께하면서 글로벌 코리아 안보공동체를 실현해 나가는 노력이다.

국방외교를 수행하는 요원은 오랜 기간의 전문교육과 보수교육이 요구되며, 직무 수행과 관련 국가와의 인적 네트워크 구축이 국방외교 업무 수행에 필수적 자산이다.

최근 전문 인력 양성을 위한 해외 국가별 선발이 동맹국인 미국에 집중되어 있고, 영국, 프랑스, 독일 등 선진 유럽과 일본, 중국, 러시아 등 주변국에는 제한된 석·박사 학위 과정에 장교 위탁교육을 보내고 있다.

한편, 국외 군사위탁교육은 선진 군사 지식을 습득하고, 국가별 지역전문가를 양성하며, 군사외교 협력 대상국과의 협력 증진을 목표로 실시해 왔다. 탈냉전 이후 미국뿐 아니라 우방국은 물론 사회주의국가였던 러시아와 중국까지도 포함하여 현재는 매년 30개국에 300여 명을 보내고 있다.[33] 국가별 국외 군사위탁교육이 국외 민간 대학 위탁교육과 달리 완만한 증가 추세를 보이는 것은 고무적인 현상이다.

국내 양성교육기관인 사관학교와 중앙군사학교, 각 군 보수교육기관에서 실시하는 커리큘럼을 심층 분석하여 국방외교 역량을 계발할 수 있도록 발전시켜야 할 것이다. 양성학교와 보수교육기관에서 전술, 작전술, 전략, 국제안보 등의 비율이 차이가 날 수 있겠으나 고군반 교육에서도 포위, 돌파 등 전술 교

---

33 국방부 인적자원개발과, 「2008~2014 한국군 국외군사교육 현황」(2014.11.7).

육에 함몰되는 교과과정에서 그 상위의 작전술과 전략, 국제안보에 대한 식견을 갖는 커리큘럼도 반영되어야 한다. 해외 파병되는 주력 계급은 대위·소령급 장교가 많기 때문이다.

외국군 수탁생은 우리나라 군 교육기관에 교육 파견된 외국군 장교 및 생도를 말하며, 한국의 국방외교와 방산협력을 지원하고, 외국군과의 인적 유대 관계를 강화할 목적으로 추진하고 있다. 2018학년도에 국방대에는 20개 국가에서 온 외국인 학생장교가 안보 과정 수탁교육을 받았다.[34] 동맹국 미국과 우방국 일본, 영국 등의 장교가 수탁교육을 받고 있지 않은 점이 이례적이다. 지속적으로 교육이 이루어져야 한다. 중국과 러시아에 대해서 상호주의 원칙을 적용하여 수탁교육이 이루어질 수 있도록 하고, 교육 과정 중 민감한 분야는 별도 프로그램을 운용하면 될 것이다.

권위와 능력, 경륜은 물론 사명감이 투철한 요원을 육성하고, 국방외교정책을 개발하며, 국방외교 활동을 전개하고, 국제사회와 네트워크를 유지·발전시키는 것은 예산이 뒷받침되었을 때 가능하다. 2015년 국방외교 예산은 9330억 원으로 국외여비를 제외할 때 국방비의 2.5%에 불과하다.[35] 이는 F-35A기(2018년 기준 대당 8920만 달러로, 1133원 환율 적용 시 1010억여 원) 10여 대 수준으로, 전투장비 구매를 통해 전력을 증강시키는 것 못지않게 국방외교에 과감하게 예산을 투자하는 것도 전쟁을 억제하고 국익을 창출함은 물론 유사시 국제 지원을 확보하여 승리를 하는 데 결정적인 기여를 할 것이다.

---

34 2018학년도 국방대 외국인 학생장교 수는 총 20개국 21명으로, 구성은 다음과 같았다. 안보과정 16개국 16명(인도네시아, 브라질, 몽골, 나이지리아, 사우디아라비아, 레바논, 페루, 미얀마, 이집트, 이라크, 인도, 태국, 캄보디아, 파키스탄, 키르기스스탄, 투르크메니스탄), 석사 과정 4개국 5명[베트남, 미얀마(2), 캄보디아, 몽골](국방대 대외협력실 요원과의 전화 인터뷰, "2018학년도 국방대 외국인 학생장교 수탁교육 현황", 2018년 9월 3일).

35 전제국, 「국방부와 외교부 협업체제 구축 방안」(한국군사문제연구원 주관 정책포럼, 2015. 6.24).

정책 제안

외교안보 역량이 부족하여 수많은 외침을 자초했고, 일본의 제국주의에 의해 식민통치를 받았으며, 쉼 없이 강대국 정치의 희생양이 되었던 교훈은 엄중하다.

국방외교 역량을 제고시키기 위한 정책 제안을 국가안보 목표와 국방 목표 구현, 군사·비군사·초국가적 위협 대처를 위한 다자안보협력 강화, 조직 및 제도적 차원에서 제시하면 다음과 같다.

먼저, 국방외교는 국가안보 목표와 국방 목표를 구현해야 한다. 대한민국의 국가안보 목표는 평화통일 기반 구축을 달성하기 위해 영토주권을 수호하고 국민 안전을 확보하며 한반도 평화 정착과 통일 시대를 준비하고, 동북아 협력 증진과 세계 평화·발전에 기여하는 것이다. 또한 국방 목표 차원에서 한반도 안보 대전략인 비핵화, 단계적 군축, 평화체제 구축과 동북아플러스 책임공동체를 구현하는 것이다.

그리고 군사·비군사·초국가 다자안보협력을 강화하기 위해 한반도, 동북아, 글로벌 차원에서 보다 자세하게 정책 제안을 하면 다음과 같다.

첫 번째로, 한반도 차원에서 북핵 협상이 결렬될 경우에 대비해 한·미·일 군사공조체제를 통한 북핵 무력화 전략이 요구된다. 전작권 전환 이후 평시, 전면전 및 북한 급변사태 발생 시 유엔사는 정전협정 관리, 유사시 병력 제공자(Force Provider)로서의 역할을 수행하고, 유엔사의 일원으로 참여하는 국가의 전투부대는 전술통제 전환을 통해 미래연합사령관의 단일 지휘체제로 일원화하여 전면전과 평화강제작전, 인도적 지원 및 재난구조작전에 임해야 할 것이다. 또한 비군사적 위협에 대처하기 위해 법 정비와 제도 강화가 요구된다. 대테러법을 기반으로 테러 모의를 적발하여 테러를 예방하고, 군은 북한 침투부대 요원의 침투 및 무기 유입을 철저히 차단해야 한다. 또한 미·일과의 사이버 안보협력과 해외 파병된 우리 군에 의한 재외 국민의 안전보장 방안을 강구하고, 해적 행위 발생 시 태스크포스의 활동 강화와 무장요원 승선 등 해적 행위 예방 관련법을 마련하는 것이 필요하다. 또한 우리 군은 각종 훈련 시 생태계 훼손 방지에 유념해야 할 것이다. 정부 차원에서 대응해야 할 비군사적 위협의 우선순위를 결정하여 우리 군도 순차적으로 대응체계를 구축해야 한다.

더 나아가 잠재적 위협 세력인 중국과 일본에 대해서는 인도·태평양전략에 합류하여 대처하는 것이 바람직하다. 중국의 잠재적 위협에 대처하고, 해상교통로 보호를 위해서, 그리고 일본과 독도 분쟁으로 한미동맹이 해체되거나 한국이 인도·태평양전략에 참여하지 않을 경우 미국은 동맹국 일본을 지원할 가능성이 높은바, 한미군사동맹 존속은 물론 인도·태평양전략에 참여하는 것이 일본의 잠재적 위협을 해소할 수 있을 것이다.

두 번째로, 동북아 차원에서 초국가적 위협에 공동 대처할 수 있는 지역 신속대응군 창설을 주도하여 전염성 질병 퇴치·인도주의적 지원 및 재난구조작전과 대테러작전, 대해적작전을 수행하고, 동북아 재난구조·대테러 및 PKO 복합훈련센터를 동두천 캠프 케이시에 설립하는 것을 추진한다. 서울에 설치된 한중일협력사무국을 모체로 동북아 안보협력기구를 제도화한다.

세 번째로, 글로벌 차원에서 평화 증진을 위해 특전사 예하의 국제평화지원단을 모체로 해외파병사령부를 창설하고, 다국적군 평화활동, 유엔 평화유지활동, 지방재건팀(PRT: Provisional Reconstruction Team) 경비, 국방협력 등 파병유형별 전담 부대를 운용한다. 평화강제작전에 전투부대를 파병할 수 있도록 법제화하고, 한국의 국가 발전 노하우와 특수전 전투 기량을 전파할 수 있는 한국 주도의 군사협력단을 확대 파병한다.

국방외교를 활성화하기 위해 조직 및 제도 측면에서 외교부와 협업체제를 구축하고, 국방부는 국제협력실, 합참은 군사협력부, 각 군 본부는 군사협력처로 각각 증편한다. 국방외교 싱크탱크로서 국방대 안보문제연구소를 모체로 국제평화협력센터와 국방언어학교를 흡수하여 국방외교연구소로 개편한다. 국가별·권역별 특화된 군사협력을 고려하여 해당국에 석·박사 학위 과정과 군사 위탁교육은 물론 외국군 수탁교육을 대폭 증가시킨다.

또한 병과학교, 각 군 대학, 합참대로 상향 교육을 받을 때 작전술, 전략과 국제안보 등을 커리큘럼에 대폭 반영·교육하여 글로벌 장교로서 역량을 제고시킨다. 또한 전력 증강 못지않게 과감히 국방외교 예산을 증액해야 할 것이다. 전투장비 구매를 통해 전력을 증강시키는 것과 함께 국방외교에 상당 수준의 예산을 책정하는 것도 전쟁을 억제하고 국익을 창출함은 물론 유사시 국제지원을 확보하여 승리하는 데 결정적으로 기여할 것이다.

제9장

평화협정 체결 이후 유엔사의 미래

베트남전쟁을 매듭짓는 파리평화협정 사례에서 중요한 교훈은 전쟁의 참전 당사자가 대등한 지위에서 평화협상을 통해서 협정 체결에 서명하고, 평화협정 이행을 감시하는 강력한 국제기구가 필요하다는 점이다. 또한 협정체결국은 의회 비준이 필수적이다.

평화를 파기한 북한의 침략을 격퇴하기 위해 파병 결의를 한 1950년 6월 27일 유엔 안보리 제83호와 통합군사령부 설치를 결의한 7월 6일의 제84호에 의거하여 유엔군사령부가 창설되었다. 6·25전쟁 지원 국가는 전투병 파병 16개국, 의료 지원 5개국, 물자 지원 39개국, 물자 지원 의사 표명 3개국 등 총 63개국이었다. 이는 당시 유엔 회원국 93개국의 3분의 2가 참여한 셈이다. 이에 비해 북한은 병력을 지원한 중국, 일부 전투기 조종사와 물자를 지원한 소련 등에 불과했고, 이렇듯 유엔 회원국의 지원과 지지, 국제법적 정통성 측면에서 남한은 북한과는 비교할 수 없을 정도로 우위에서 전쟁을 치렀다.

3년 1개월의 피비린내 나는 전쟁을 통해서 서부 지역은 개성을 빼앗기고 동부 지역은 38선으로부터 80여 km 북쪽 지역을 점령한 상태에서 1953년 7월 27일 "국제연합군 총사령관을 일방으로 하고 조선인민군 최고사령관 및 중국인민지원군 사령원을 다른 일방으로 하는 한국 군사정전에 관한 협정"을 체결했다. 전쟁의 종결이 아닌, 전쟁을 중지하는 협정으로 국제법적으로 전시의 연장이었다.

평화협정 체결 시 군사정전협정을 관리해 온 유엔사의 미래 문제가 제기된다. 이에 대해서는 유엔사 존속론자와 해체론자로 갈린다. 전자는 유엔사의 존립 근거가 정전협정이 아니고 유엔 안보리 결의로 창설되었으므로 정전협정이 평화협정으로 대체되었다고 해서 유엔사의 존립 근거가 상실되는 것이 아니다. 특히 1950년 10월 7일 유엔총회 결의에 따라 유엔사에 부여한 통일민주 한국 정부 수립의 임무를 완수할 때까지 유엔사가 존속되어야 한다는 입장이다. 반면, 해체론자는 북한의 침략 저지와 정전협정 관리의 임무를 수행해 왔던 유엔사는 당사국 간 적대 관계를 청산하는 평화협정이 체결되면 더 이상 존속할 명분도 필요성도 존재하지 않는다고 주장한다.

이 장에서는 평화협정 체결 이후 유엔사 유지안과 해체안의 장단점을 분석하고, 평화협정 감시기구로서 새로운 감시기구 창설, 유엔사 존속, 유엔사 재편안을 고려하여 바람직한 유엔사의 미래상을 제시하고자 한다. 평화협정 감시기구로서의 유엔사 재편안에 대해 유관국의 입장을 전망하고 우리의 대응책을 강구하고자 한다.

1. 유엔사 존속 및 해체 시 상황 분석

유엔사 존속

평화협정 체결 시 유엔사를 현 체제대로 존속할 경우 장점으로, 첫째, 국제법적으로 유엔사 창설은 정전협정이 아닌 유엔 안보리 결의 제83, 84호에 의거하기 때문에 평화협정에 영향을 받지 않아 법리적인 차원에서 유엔사의 존속은 문제가 안 된다. 둘째, 유엔사를 존속하여 평화협정 감시 임무로 기능을 조정하여 존속할 경우, 파리평화협정에서 보는 바와 같이 북한이 한반도 평화협정을 위반하여 무력으로 공격해 올 경우 즉각적으로 유엔 안보리 결의를 받지 않고도 재참전을 결의한 6·25전쟁 유엔참전국이 개입하여 무력공격을 좌절시킬 수 있을 것이다. 셋째, 유엔사가 존속한다는 자체가 북한이 평화협정을 이행토록 하는 효과가 있을 것이다. 넷째, 유엔총회가 유엔사에 부여한 한국의 통일민주 정부 수립 임무를 이룩하는 데에도 결정적으로 기여할 것이다. 다섯째, 핵동결 및 ICBM 폐기 선에서 북미 간 담합하여 평화협정을 체결하거나, 남북·북미 간 정상회담이 완전히 결렬되어 북한이 핵무상이 된 상태에서 평화협정이 체결될 경우, 유엔사의 존속은 북한의 평화협정 위반과 한반도 무력적화통일 기도를 억제할 수 있을 것이다.

한편, 평화협정 체결 이후 유엔사를 존속할 경우 제한사항으로 첫째, 적대관계를 청산하는 평화협정을 체결했을 때 위협이 소멸한 상태에서 유엔사의 임무를 다했기 때문에 존립 명분과 필요성이 없어졌다는 것에 대해 유엔사의 존속 논리가 설득력을 갖지 못할 수도 있을 것이다. 둘째, 평화협정 체결 시 유엔사 해체 결의안이 유엔 안보리에 제기될 때 상임이사국인 중국과 러시아가 동의할 것이다. 셋째, 평화협정을 체결하여 민족자결주의를 통해 통일을 추진하려는 데 유엔사라는 외세가 개입하여 통일을 가로막는 세력으로 인식될 수도 있을 것이다.

유엔사 해체

정전협정을 평화협정으로 교체할 때 정전체제 관리의 주체인 유엔사가 더 이상 존속 명분이 소멸한다는 주장에 따라 유엔사가 해체되었을 때 평화협정을 이행할 감시기구로서 남북군사공동위원회를 통해 평화협정을 정착시킬 수 있을 것이다.

평화협정 체결 이후 유엔사가 해체되고 남북군사공동위원회가 평화협정 이행 감독 기능을 수행할 때 한반도에 대한 지속적인 영향력을 행사하게 되어 진정한 통일을 지향하는 데 역기능적인 영향력을 행사할 수 있다는 우려를 잠재울 수 있어, 우리의 민족자결권을 행사하여 평화통일을 달성할 수 있을 것이다.

그러나 유엔사 해체 시 문제점은[1] 첫째, 군비통제 합의나 평화협정 이행 감시를 위한 남북군사공동위원회의 실효성 문제이다. 평화협정 위반 시 남북군사공동위원회가 제어 기능을 제대로 수행할 수 있을지에 의문이 있다. 유명무실해진 국제감시기구로 인해 베트남전쟁 종전과 함께 발효된 평화협정이 북베트남이 평화협정을 위반하고 남베트남을 무력 점령하는 데 아무런 역할을 못 했던 사례는 중요한 시사점을 준다.

둘째, 유엔사가 해체되면 1953년 7월 27일 정전 시 유엔 참전 16개국이 선언한 한반도 전쟁 재발 시 재참전 결의가 소멸된다. 셋째, 한반도 유사시 유엔 안보리에서 유엔 회원국의 파병 권고 결의안이 채택될 가능성은 중국과 러시아의 거부권으로 희박하다. 넷째, 유엔사 후방기지 사용 권한을 상실하게 된다. 유엔사 해체 시 유엔사와 일본 정부 간 체결된 SOFA가 소멸됨에 따라 주일 유엔사 후방기지를 운용하여 병력과 무기, 보급 물자 등을 지원할 수 없게 될 것이다. 사실상 북한이 핵미사일을 보유한 상황에서 무력 침공을 감행해 올 때 그 어떤 것도 핵전쟁이라는 재앙으로부터 한국을 지켜줄 수 없을 것이다.

2. 바람직한 유엔사의 미래

일부 전문가는 유엔으로부터 유엔사가 최초 북한 남침을 격퇴하는 임무를

1　Chung Kyung-young, *South Korea: The Korean War, Armistice Structure, and A Peace Regime* (Frankfurt: LAMBERT Academic Publishing, 2020), pp.227~267; Chung Kyung-young, "A Peace Regime Building and the Future of ROK-U.S. Alliance" (workshop hosted by Stimpson Center, December 2~3, 2018, Washington, D.C.).

부여받았다가 38선 이북으로 진출하는 문제에 봉착하자 1950년 10월 7일 유엔 총회의 결의로 재부여받은 한국의 통일민주 정부의 수립(The Establishment of a Unified, Democratic Government of Korea)[2] 임무를 다하기 위해 평화협정 체결 이후에도 유엔사를 그대로 존속한다고 선언하면 된다고 주장한다.[3]

이는 유엔사의 기능을 정전협정 관리에서 평화협정 감시 기능으로 조정하여 존속시키는 방안이다. 6·25전쟁 시 유엔군의 참전이 없었으면 북한이 무력으로 한반도를 통일할 수도 있었을 것이다. 유엔사는 북한의 무력통일전략을 추진하는 데 걸림돌이 될 수 있기 때문에 만일에 대비하여 통일되기 전까지 북한의 무력통일 야욕을 견제하는 안전장치로 존속하는 것이 바람직하다.

법리적으로 정전협정 폐기와 유엔사 해체 문제는 별도 사안으로, 정전협정 폐기만으로 유엔사가 해체될 성질은 결코 아니다. 유엔사의 존재 자체가 한반도 정세가 불안정할 경우 미군에게 증원전력을 추가 전개할 수 있는 명분도 제공하고 있다. 유엔사는 남북한 간 군사적 긴장 완화와 공고한 평화체제 구축은 물론 통일이 실현될 때까지 존속해야 할 것이다.[4]

3. 평화협정 국제감시기구 대안

(1) 평화협정 감시기구 창설

평화협정을 체결할 때 유엔이 국제감시기구로서 평화유지기구(PMO: Peace

---

2   Leland M. Goodrich, *Korea: A Study of U.S. Policy in the United Nations* (New York: Council on Foreign Relations, 1956), pp.114~117; Matthew B. Ridgway, *The Korean War* (New York: Doubleday & Company, INC, 1967), p.44.

3   미 외교안보정책부서 및 한반도 안보전문가와의 인터뷰, "한미동맹과 한반도 평화체제", 2018년 12월 2~8일, 2019년 10월 14~19일, 워싱턴 D.C.; 김명기, 『한반도 평화조약의 체결: 휴전협정의 평화조약으로의 대체를 위하여』(서울: 국제법출판사, 1994), 143쪽.

4   김동명, 「평화협정 체결과 유엔사의 미래」, ≪통일과 평화≫, 제3집(2011).

Maintenance Organization)를 설립할 수 있을 것이다. 남북한 군사합의와 군비통제 이행을 감시하는 기구로서 남북군사공동위원회를 구성·운용하는 문제는 유엔에 의해서 승인이 어려울 수 있을 것이다. 파리평화협정은 물론 예멘이 정치 협상에 의한 평화협정을 체결하고 통일을 이룩했으나 협정 파기 시 이를 제어할 수 있는 감시기구가 제대로 역할을 할 수 없었던 사례를 고려했을 때, 남북한으로 구성된 군사공동위원회가 평화유지기구로서 작동하는 데는 많은 한계가 있을 것이다. 일방이 평화협정을 무시할 때 이를 제어할 수 있는 기구의 존재는 필수적이다.

따라서 유엔이 별도의 국제감시기구로서 평화협정을 감시하는 평화유지기구를 창설할 수 있을 것이다. 이 안은 유엔사를 먼저 해체해야 한다는 전제가 뒤따른다.

(2) 유엔사 존속

둘째 방안은 유엔사의 기능을 평화유지군으로 조정하여 유엔 안보리 재결의를 통해 평화협정 감시 기능을 수행하는 방안이다.

(3) 유엔사 재편

유엔 안보리 미·중·러·영·프 상임이사국, 남북한, 참전 13개국이 참여하는 평화유지군으로 유엔사를 재편하여 유엔 안보리 재결의를 통해 평화유지기구의 역할을 수행하는 방안이다. 이 방안은 6·25전쟁 시 유엔 결의에 의해 창설되고 정전협정 관리 임무를 수행해 온 유엔사 자체의 의미와 전쟁 중 유엔총회가 결의하여 유엔사에 부여한 통일민주 한국 정부 수립 임무를 승계한다는 의미도 담는다. 동시에 한반도에 대한 관심과 유엔 안보리 상임이사국인 중국과 러시아의 중요성도 고려한 방안이다. 재편된 유엔사에게 한반도 평화협정의 감시 기능을 수행하도록 재결의하는 것이다.

또한 군사정전위원회와 중립국감독위원회를 활용하는 방안이 있다. 정전협정에 따르면 군사정전위원회의 구성이 유엔사 측과 조중 측 각각 5명으로 모두 10명이다. 군정위는 정전협정의 이행 감독, 위반사건을 협의 처리하는 기능을 수행하도록 되어 있는바, 이를 평화협정의 이행·감독과 위반사건의 협의 처리로 기능을 조정하면 될 것이다.

북한은 정전체제를 무실화시켜 유엔사 해체와 주한미군 철수를 유도하기 위해 1994년 일방적으로 판문점 대표부를 설치하고, 조중 공산군 측 군정위를 해체해 중국군 대표단을 축출했다.[5]

평화협정 체결 시 군정위의 구성원으로 5명의 유엔사 측(미국, 영국, 한국, 유엔 참전 14개국 윤번제 참가, 군정위비서장 등)과 공산 측 군정위인 조중 측 5명, 도합 10명으로 편성할 수 있을 것이다.

(4) 평화협정 감시기구 창설 시 유엔사와의 관계

평화유지기구 설치 시 유엔사 병존은 가능성이 낮은 방안이 될 것이다. 유엔사 존속을 강력히 원하는 미국이 유엔 안보리 유엔사 해체 협의 시 거부권을 행사하면 유엔사는 해체되지 않을 것이고, 별도의 유엔 안보리 결의에 미국이 동의할 때 평화유지기구가 설치될 수 있으나, 현실적으로 유엔사 해체 결의안에 거부권을 행사한 미국이 별도의 한반도 평화협정 감시기구로서 평화유지기구 설립에 동의한다는 것은 성립될 수 없는 시나리오이다.

한반도 통일민주 정부 수립 기능을 수행하는 유엔사와 평화협정을 감독하는 유엔 안보리에서 결의한 평화유지기구가 병존한다는 것은 현실적으로도 이루어질 수 있는 대안이 못 된다.

이상적으로 병존할 수 있다 하더라도 실제 운용할 수 없는 상황이 예상된다. 미국은 양쪽 기구에 참여하는 상황이 될 것인바, 두 개 기구의 이해관계가 상

---

5   군정위 중국군 대표단은 1994년 12월 15일에 완전 철수했다("군정위 중국대표단 완전 철수", 《중앙일보》, 1994년 12월 16일 자).

충하여 더 이상 평화협정을 감시하는 기능을 수행할 수 없을 것이다.

따라서 평화협정 이행을 감독하는 평화유지기구를 새롭게 발족하거나, 유엔사의 기능을 조정하여 평화협정 감시 역할로 기능을 조정하는 방안 또는 유엔사를 재편하여 PMO 기능을 수행하는 방안이 고려될 수 있을 것이다.

유엔사 해체 시 발생할 수 있는 문제점을 논의한 바와 같이 유엔사에 평화협정 감시 기능을 부여하는 (2)와 (3)의 방안이 한국은 물론 통일한국, 동맹국인 미국의 관점에서 바람직한 방안이 될 것이다.

(5) 평화협정 감시기구 방안 비교

평화협정 체결 시 이를 감시할 수 있는 방안으로 평화유지기구를 창설하는 방안과 PMO 역할을 수행하기 위해 유엔사에 평화협정 감시 기능을 부여하는 방안, 그리고 유엔사 재편(유엔 안보리 상임이사국 + 남북한 + 유엔 참전 회원국) 방안을 국제적 지지, 채택 가능성, 감시 기능의 실효성, 한국의 국익 측면에서 비교하면 다음과 같다.

먼저 국제적 지지 측면에서는 PMO를 창설하는 방안이 가장 호응이 클 것이며, 이어서 유엔 안보리 상임이사국이 참여하는 유엔사 재편 방안, 유엔사 PMO 역할 수행안 순이 될 것이다.

채택 가능성 측면에서는 유엔사를 재편하는 방안이 유엔 안보리 상임이사국 미국, 중국, 러시아, 영국, 프랑스 5개국 참여는 물론, 평화협정 직접 당사국인 남북한, 유엔 참전 16개국 중 미국, 영국, 프랑스가 상임이사국 자격으로, 나머지 13개국이 유엔 참전 회원국으로 참여한다는 측면에서 유엔 안보리 결의안 채택이 용이할 것이며, 유엔사의 PMO 역할을 위해 유엔 안보리 재결의를 추진할 경우 중국과 러시아의 반대가 예상되고, PMO 창설은 미국이 거부권을 행사할 가능성이 높아 채택될 가능성이 희박하다.

평화협정 감시 기능의 실효성 측면은 채택 가능성과 연계되어 있다. 유엔사 재편이 가장 용이하고, 이어서 유엔사 PMO 역할 수행을 위해 유엔 재결의를 받는 경우 그동안 유엔사 무실화를 추구해 왔던 북한이 평화협정 이후에도 유엔사의 감시를 외면할 수도 있을 것이다. 새롭게 창설된 PMO의 경우, 조직이 제도화되기 위해서는 꽤 많은 시간이 소요된다는 측면에서 감시 기능을 수행하는 데 가장 큰 어려움이 있을 것으로 예상된다.

마지막으로 국익 차원에서는 그동안 한국과 유대 관계를 지속해 왔던 유엔사의 PMO 역할이 가장 유리하며 유엔사 재편, PMO 창설 순이 될 것으로 판단된다.

결론적으로 유엔사를 재편하여 감시 기능을 수행하도록 유엔 안보리의 재결의를 받는 방안이 추진해야 할 최선의 방안이 될 것이다.

한편, 중립국감독위원회는 유엔사 측은 스위스와 스웨덴, 공산 측은 폴란드와 체코로 구성되어 있는바, 이를 복원한다면 남과 북의 평화협정 이행 여부를 확인·감독하고 분쟁을 예방하며, 국외로부터 군사인원·작전장비·무기·탄약 등의 반입 및 교체 감독 결과를 재편된 유엔사에 보고하고, 군정위 요청 시 한반도 지역에서의 평화협정 위반사건을 조사하는 기능을 수행할 수 있을 것이다.

4. 유엔사 재편에 대한 유관국 입장 예측과 대응 방안

북한 측 입장 예측과 대응 방안

북한은 유엔사 해체를 일관되게 주장해 왔다. 북한과 공산권 국가 주도로 1975년 제30차 유엔총회에서 한반도의 평화와 안보를 확보하기 위해서라는 명목으로 유엔사의 해체를 요구하는 결의안이 채택되었으며,[6] 2018년 제73차 유

6　한국과 유엔, "남북 대결외교와 유엔", http://theme.archives.go.kr/next/unKorea/diplomacyUn.do (검색일: 2020.3.12).

엔총회에서 북한이 "유엔사는 유엔의 이름을 악용하는, 유엔헌장의 목적에 반하는 괴물 같은 조직으로 조기에 해체되어야 한다"라고 주장하고 있는 데서 유엔사에 대한 그들의 변함없는 입장을 알 수 있다.[7]

유엔사 해체를 일관되게 주장해 온 북한은 평화협정 체결 시 강력하게 주장할 것으로 예상된다. 유엔사 해체 주장이 관철되지 않을 때 국제정치의 역학관계를 읽고 차선책으로 유엔사의 기능을 조정하는 안을 수용할 수도 있을 것이다. 유엔사 무실화를 주장해 온 북한이 판문점 공동경비구역 비무장화 이행을 위해 남·북·유엔사 3자 협의체 구성에 합의하고 여러 차례에 걸쳐 협의하여 JSA의 비무장화를 이행한 사례에서 그 가능성을 찾아볼 수 있다.

대응 방안으로 유엔사 재편안에 대해 남북한이 대등하게 참여하고 북한에 우호적인 중국과 러시아도 참여하게 하면 형평성에서도 문제가 없을 것이다. 또한 중감위를 복원시켜 평화협정 감시 기능을 수행하도록 할 것을 이해시킬 수 있을 것이다. 중감위는 유엔사 측 스위스·스웨덴과 공산 측 폴란드·체코로 복원하여 구성하면, 평화협정 이행을 감시할 수 있음을 설득할 수 있을 것이다. 중립국감독위원회는 남과 북의 평화협정 이행 여부를 확인·감독하고 분쟁을 예방하며, 국외로부터 군사인원·작전장비·무기·탄약 등의 반입 및 교체 감독 결과를 재편된 유엔사에 보고하면 될 것이다.

중국 측 입장 예측과 대응 방안

중국은 유엔사 해체를 강력히 주장하고 있다. 서방 세력이 참여하는 유엔사는 중국을 견제하는 기구로서 중국의 안보에 위협이 된다고 판단하기 때문이다. 한반도 평화협정이 체결되면 더 이상 존속할 명분도 법적 근거도 없다는 입장이다.

---

7 "북한, 유엔총회서 유엔사 해체 주장", 〈Voice of America〉, 2018년 9월 19일 자.

중국 측 입장에 대한 대응 방안으로 유엔 안보리 상임이사국 모두 재편에 참여하게 하면 크게 이의가 없을 것이다. 군정위에 중국이 공히 참여하여 평화협정 감시 기능을 수행함으로써 중국이 한반도 평화 관리에 참여한다는 명분을 줄 수 있을 것이다. 평화협정이 제대로 이행되어 한반도를 전쟁이 없는 평화의 새로운 터전으로 만드는 것이 중국의 국익에도 도움이 된다는 것을 이해시킬 수 있을 것이다. 한반도가 분단되어 첨예하게 대립하고 갈등하는 한 한반도 안정과 평화는 물론 동북아의 평화도 기대할 수 없다는 측면에서 한반도 평화 만들기에 적극 참여하는 것이 중국의 지속적인 발전과 번영에도 기여함을 인식시킬 수 있을 것이다.

미국 측 입장 예측과 대응 방안

유엔사 존속을 희망하는 미국 측 입장에서는 유엔 안보리 상임이사국 모두가 참여하는 유엔사 개편안에 호의적이지 않을 수도 있을 것이다. 현실적으로 평화협정을 체결한 후 유엔사가 존속할 경우에 북한은 물론 중국과 러시아가 반대하여 유명무실해질 수 있기 때문에 제대로 된 평화협정 감시 기능을 수행하지 못할 가능성도 배제할 수 없어서, 유엔 안보리 상임이사국이 참여하고 남북한이 참여하면서 유엔 참전 13개국도 그대로 참여하는 방안이 미국의 입장에서 최선의 안은 아니나 차선책으로(Second Best, First among Equals) 현실적인 방안임을 설득할 수 있을 것이다. 특히 재편된 20개국의 회원국인, 북·중·러를 제외한 대다수 국가들이 미국에 우호적인 국가들이기 때문에 기구를 운영하는 데 리더십을 행사할 수 있을 것이다.

혹시 한국이 평화협정 체결 시 유엔사 해체를 요구한다면 본래 창설되었던 일본 도쿄로 재이전시켜 존속하려 할 것이다. 이러한 사태가 발생한다면 한미동맹은 존속될 수 없을 것이고 평화협정 역시 파리평화협정처럼 주한미군을 철수시키는 상황이 예견되며, 이러한 상황에서 과연 평화협정 체결이 가능할

지 의문이며 체결이 되었다 하더라도 지켜진다는 보장이 없을 것이다. 이러한 악몽 같은 시나리오는 미리부터 고려하지 않는 것이 현실적이다.

대안으로 한국은 유엔사의 존속을 미국 정부에 제안하고 그러한 과정에서 유엔 안보리에서 유엔사 해체 문제가 논의될 경우 미국이 거부권을 행사하면 유엔사는 해체되지 않고 존속될 수 있을 것이다. 이 경우 국제사회의 명분을 확보하기 위해서는 파리평화협정 시 급조된 국제감시통제기구가 제대로 역할을 할 수 없었던 사례를 제시할 수 있을 것이다. 기존의 유엔사가 평화협정 이행 감시 기능을 수행할 수 있도록 설득하여, 유엔 안보리 재결의를 통해 유엔사의 기능을 조정하도록 해야 할 것이다. 그러면 만에 하나라도 북한이 평화협정을 위반할 경우 유엔사의 회원들이 즉각적으로 참전하여 격퇴할 수 있을 것이다.

유엔 측 입장 예측과 대응 방안

평화협정 체결 시 안보리에서 유엔사 해체 협의가 예상된다. 중국과 러시아는 해체 결의에 동의할 것이나, 미국이 거부권을 행사할 것으로 전망된다. 유엔 안보리에서 평화협정을 감시하는 평화유지기구를 구성하는 안에 대해 심의할 수도 있을 것이다. 그러나 새로운 기구를 구성하기가 쉽지 않으며 구성되었다 하더라도 감시 기능을 수행하는 데는 상당한 기간이 요구된다.

그럼에도 불구하고 유엔이 한반도 평화를 위해 노력해 온 역정을 되돌아보면서 한반도 평화협정을 제대로 이행할 수 있는 기구인지를 조망해 볼 필요가 있다. 유엔과 한반도의 어제와 오늘을 복기(復記)하여 내일을 생각하는 이유이다.

유엔은 창설 초기부터 한반도 문제에 깊숙이 관여해 왔다. 유엔은 대한민국 정부 수립의 기초였다. 유엔총회 결의 제112(II)B호에 따라 설치된 유엔한국임시위원단(UNTCOK: UN Temporary Commission on Korea) 감시하에 총선거를 통해 1948년 8월 15일 대한민국 정부가 수립되었다. 1948년 제3차 유엔총회에서 압도적 다수로 한국 관련 결의 제195(III)호를 채택했다. "대한민국 정부는 한국 국민의 정당한 선거를 통하여 통제권과 관할권을 갖는 합법정부"로서 국제사회에서 정통성과 유일 합법성을 인정받았다.[8]

1950년 6월 25일 북한의 남침 공격에 대해 미국 정부는 이 사태를 유엔헌장상 규정된 평화의 파괴 및 침략 행위로 간주했고, 유엔 안보리는 적대행위의 즉각 중지와 북한군의 38선 이북으로의 즉시 철수를 요구하는 결의안 제82호와 유엔 회원국들이 대한민국에 대한 무력 침공을 격퇴하고 이 지역의 국제 평화와 안전을 회복하는 데 필요한 원조를 제공할 것을 권고하는 결의안 제83호, 회원국들이 제공하는 병력 및 기타의 지원을 미국이 주도하는 통합군사령관(유엔군사령부)하에 두도록 권고하며 미국이 통합군사령관을 임명할 것을 요청하는 7월 7일 결의안 제84호를 채택했다.

총회 결의 제377(V)호는 안보리가 국제 평화와 안전 유지라는 헌장상 1차적 책임을 다하지 못할 경우, 유엔총회에서 필요한 조치를 결의할 수 있도록 규정했다. 유엔총회는 1950년 10월 7일 한국에 독립된 통일민주 정부 수립과 한국 내 구호와 재건의 책임을 수행하기 위해 유엔 한국통일부흥위원단(UNCURK: UN Commission for the Unification and Rehabilitation of Korea) 설치를 결의했다.

또한 12월 1일 총회 결의 제410(V)호로 한국 부흥 계획을 추진하기 위해 유엔 한국재건단(UNKRA: UN Korean Reconstruction Agency)을 설치했다. 1951년 2월 1일 유엔총회는 중국군의 유엔군에 대한 적대행위 중지와 한국 철수를 촉구하는 총회 결의 제498(V)호를 채택했다.

유엔총회는 정전협정 제60조와 1953년 8월 28일 유엔총회 결의 제711(VII)호에 의거하여 한국 문제의 평화적 해결을 위해 1954년 4월 26일부터 개최된 제네바정치회담을 추진했다. 1954년 7월 21일, 공산 측 대표들과의 갈등으로 회담이 결렬되자 한국 문제는 다시 유엔총회로 환원되었다.

제9차 유엔총회는 1954년 12월 11일 채택한 결의 제811(IX)호를 통하여 한

---

8   박인국, 「국제연합과 통일외교」(통일외교아카데미, 2016.4.25).

국에서 유엔의 목적이 평화적 방법에 따라 대의제 정부 형태로 독립된 통일민주 국가를 수립하고 이 지역에 국제 평화와 안전을 완전히 회복하는 데 있음을 재확인했다.

이후 유엔총회에서는 매년 제출되는 UNCURK 연차보고가 자동으로 차기 총회 의제에 포함됨으로써 한국 문제를 매년 토의하게 되었고, 대한민국 대표를 단독 초청하여 동 토의에 참석시킨 가운데 ① 유엔 감시하 ② 인구 비례에 의한 ③ 남북 총선거를 골자로 하는 '통일한국 결의안'을 가결[1264(XIII), 1958. 11. 14)]했다.

1975년 제30차 유엔총회에서는 남북한 측의 제안이 동시에 통과되었다. 우리 측은 남북 대화의 계속 촉구, 정전협정 대안 및 항구적 평화를 보장하기 위한 협상 개시안을 제안했고, 북한 측은 유엔군사령부의 무조건 해체, 주한 외국군 철수, 정전협정을 평화협정으로 대체할 것을 제안했다. 1975년 9월 22일 우리 측 결의안(제3390 A호)과 북한 측 결의안(제3390 B호)이 동시에 통과됨으로써 한국 문제에 관한 유엔의 해결 기능이 한계에 도달할 것임을 노정했다.

그 이후 유엔은 한반도에서 발생한 돌발사태에 대해 협의하고 결의안을 채택하여 한반도의 긴장 완화와 평화 정착을 위해 노력해 왔다. 1983년 9월 1일 대한항공 007기가 소련 전투기에 의해 격추되자, 우리 정부는 9월 2일 미국, 일본, 캐나다와 함께 안보리 긴급 소집을 요구했다. 17개 우방국 공동 명의로 민간 항공기에 대한 무력 사용을 규탄하고 국제민간항공기구(ICAO: International Civil Aviation Organization)의 사건 진상 조사와 보고를 촉구하는 내용의 결의안을 제출했으나 소련의 거부권 행사로 채택되지 못했다.

1983년 10월 9일 랑군 암살 폭발 사건에 대해 1983년 유엔총회 제6위원회에서 토의했다. 미얀마 정부가 동 사건이 북한의 소행이었음을 공식 발표했고, 1983년 12월 6~7일 양일간 제6위원회에서 우리나라를 포함한 45개국 대표가 북한의 랑군 만행을 규탄했다.

1987년 11월 29일 대한항공 858기가 미얀마 근해에서 실종되자, KAL858기

폭파 사건에 대해 1988년에 유엔 안보리에서 토의했다. 수사 결과 북한 공작원이 장치한 시한폭탄이 폭발하여 추락한 것으로 판명되었다. 1988년 2월 16~17일 양일간 개최된 안보리 회의에서 15개 이사국과 한국, 바레인, 북한이 참석한 가운데 결의안 제출 없이 토의만 진행했다. 주요 우방국은 개별적으로 대북한 응징 조치를 취했다.

유엔 안보리는 지속적인 핵실험과 장거리미사일 시험 발사로 한반도는 물론 국제 평화에 도전하는 북한에 대해 2016~2017년까지 2270, 2321, 2371, 2375, 2379호 유엔 제재를 통해 경제·외교 세새를 취해왔다.

한편, 유엔에서 평화협정을 감시하기 위한 별도의 평화유지기구를 설치한다는 것이 물리적으로 쉽지 않고 이를 제도화하는 것도 상당한 기간이 필요하다는 측면에서 유엔 안보리에서 유엔사의 기능을 평화유지군으로 조정할 수 있다. 유엔 안보리 상임이사국 미·중·러·영·프 5개국, 남북한, 참전 13개국이 참여하는 평화유지군으로 유엔사를 재편하고, 유엔 안보리 재결의를 통해 평화협정 감시 기능을 부여하여 존속시키는 것이 바람직하다는 논리를 전개할 수 있을 것이다. 재편된 유엔사는 DMZ를 평화지대로 전환하여 관리하는 기능은 물론 평화협정 감시 기능을 수행할 수 있을 것이다. 또한 중립국감독위원회로 스위스와 스웨덴 그리고 폴란드와 체코가 형평의 원칙에 따라 참여하여 평화협정 위반 시 조사 기능을 수행하는 등의 평화협정 이행 감시 기능을 수행할 수 있을 것이다. 재편된 유엔사에 의해 한반도 평화협정이 완전히 뿌리를 내려 통일을 이룩하는 데 결정적인 사명을 다할 것이다.

제10장

평화협정 체결 이후 주한미군의 미래

한국은 한반도 비핵화와 함께 평화협정 체결을 추진하고 있다.[1] 평화협정 체결 시 주한미군 장래 문제가 한미 측에서 제기되고 있다. 2018년 4월 28일 제임스 매티스(James Mattis) 미 국방장관은 남북정상회담 직후 주한미군 철수 가능성에 대한 기자들의 질문에 대해 "평화협정 때 주한미군 문제는 우선적으로 동맹국들과 협의하고, 북한과 협상할 이슈 중 일부"라고 발언했다.[2] 문정인 대통령통일외교안보특보는 2018년 4월 30일 ≪포린 어페어스(Foreign Affairs)≫ 지에 "평화협정 체결 시 주한미군의 주둔이 정당화되기 어렵다"라는 내용의 기고를 했다.[3] 같은 해 5월 3일 자 ≪뉴욕 타임스(New York Times)≫는 트럼프 대통령이 미 국방부에 "주한미군 감축 방안을 검토하라"라고 지시했다고 보도했다.[4]

---

1   Chung Kyung-young, "The Signing of a Peace Treaty and The Future of U.S. Forces in Korea," *EAI Issue Brief*, August 14, 2018.

2   Millitary.com, "Troop Withdrawal on Table If Korea Peace Deal Is Solid: Mattis," https://www.military.com/daily-news/2018/04/28/troop-withdrawal-table-if-korea-peace-deal-solid-mattis.html-0 (검색일: 2018.6.9).

3   Moon Jung-in, "A Real Path to Peace on the Korean Peninsula: The Progress and Promise of the Moon-Kim Summit," *Foreign Affairs*, April 30, 2018.

문재인 대통령은 "주한미군은 한미동맹 문제로서 평화협정과 상관없다"라고
진화했고 백악관에서도 주한미군 감축 검토 사실을 부인하고 있으나 국내외
언론에 주한미군 철수 논의가 그치지를 않는다. 북한도 1996~1999년에 개최되
었던 남·북·미·중 4자회담에서 주한미군 철수와 미북 평화협정 체결 문제를
논의하겠다면 언제든 그에 응하겠다는 입장을 밝히고 불참을 선언함으로써 4자
회담은 막을 내리게 되었다.[5] 이는 평화협정에서 주한미군 문제가 쟁점화될 것
임을 예고해 주고 있다.

이 장에서는 주한미군의 법적 주둔 근거와 주일 및 주독 미군 사례를 통해서
평화협정 체결과 무관하게 주한미군의 존속 주둔 명분이 사라지는 것이 아님
을 적시한다. 이어서 평화협정 체결 시 주한미군의 존폐와 관련하여 유관국의
입장을 예측하면서 관련국에게 지속 주둔이 바람직하다는 논리를 제시함과 아
울러 주한미군의 역할 변경과 구성 및 규모, 배치에 대해서 제안하고자 한다.

1. 주한미군의 법적 주둔 근거와 미군의 해외 주둔 사례

주한미군의 국제법적 주둔 근거는 1953년 10월 1일 체결하고 1954년 11월
18일 발효되었던 '대한민국과 미합중국 간의 상호방위조약(Mutual Defense Treaty
between the Republic of Korea and the United States of America)'[6]에 의거하고 있

---

4   "As Mr. Trump and Mr. Kim prepare to meet within the next few weeks to discuss peace
    and an end to North Korea's nuclear program. Mr. Trump has ordered the Pentagon to
    prepare options for reducing the number of American troops in the South, according to
    several people briefed on the deliberations"("Trump's Talk of U.S. Troop Cuts Unnerves
    South Korea and Japan," *The New York Times,* May 3, 2018).

5   통일부 통일교육원, "4자회담", https://www.uniedu.go.kr/uniedu/home/brd/bbsatcl/nsr
    el/view.do?id=16172&mid=SM00000535&limit=10&eqViewYn=true&page=2&odr=news
    &eqDiv= (검색일: 2020.2.17).

다. 주한미군은 한미상호방위조약 제4조 미국은 그들의 육해공군을 한국의 영토 내와 그 부근에 배치할 수 있는 권리를 가지며 한국은 이를 허여하고 미국은 이를 수락한다는 근거에 따라 주둔하고 있다.

따라서 평화협정 체결과 주한미군 지위와는 무관하다. 제3조에 양국은 각 당사국의 행정 지배하에 있는 영토를 위협하는 태평양 지역에서의 무력공격을 자국의 평화와 안전을 위협하는 것이라고 간주하고 공동의 위협에 대처하기 위해 주둔하고 있다. 북한 위협을 명시하지 않고 태평양 지역에서의 무력공격 등 공동의 위협에 대처하기 위해 한미상호방위조약이 존재한다는 것으로, 북한과의 평화협정을 체결할 때 더 이상 북한과 적대 관계가 아니므로 주한미군 주둔 명분이 사라질 것이라는 주장은 타당하지 않다. 정전협정을 평화협정으로 전환할 때도 주한미군은 한미상호방위조약에 의거하여 주둔하기 때문에 주한미군 지위에는 변함이 없다.

이와 유사한 사례는 일본과 독일에 주둔하고 있는 미군에서 찾을 수 있다. 미국과 일본은 샌프란시스코 강화조약이 체결된 1951년 9월 8일에 미일안보조약에 동시 서명했고, 1952년 4월 28일에 조약이 발효되었다. 주일미군은 샌프란시스코 강화조약 이후에도 미일안보조약 5조(c) 및 6조[7]에 의거하여 계속 주둔하고 있다. 주일미군은 현재 5만 4000명이 주둔하고 있으며,[8] 미일안보조약 6조에 의거하여 일본이 공격을 받을 때 미국과 일본이 공동 대처하고 있다.[9]

---

6   월간조선편집부, 『조약 협정: 한국의 대외 관계 주요 문서들: 강화도 조약에서 한미 FTA까지』(서울: 조선뉴스프레스, 2017), 176~182쪽.

7   미군의 배치·장비의 중요한 변경과 전투작전 행동을 위한 일본 내의 시설·구역의 사용에 관한 조항이다.

8   Wikipedia, "United States Military Deployments," https://en.wikipedia.org/wiki/United_States_military_depl oyments (검색일: 2018.6.7).

9   "as well as providing facilities and areas for the U.S. Forces, based on Article 6 of the Japan-U.S. Security Treaty, Article 5 of that treaty stipulates that Japan and the United States will take bilateral action in the event of an armed attack against Japan"[Ministry of

한편, 주독미군의 법적 주둔 근거는 나토(NATO)와 독일이 체결한 주둔협정이다. 전승 4개국의 독일 점령 체제에 의해 1955년 5월 5일 발효된 파리조약에 따라 미국, 영국, 프랑스가 나토의 일원으로서 독일에 자국 군대를 지속 주둔시킬 필요성이 대두되어, 3국은 1954년 10월 23일 공동으로 독일과 독일 내 외국군 주둔에 관한 협정, 이른바 주둔군협정을 체결하게 된다.[10] 주독미군은 과거 바르샤바조약기구(WTO)의 침공을 방위하는 임무였으나, 동서 냉전 종식과 독일 통일 후에도 나토의 일원으로 미군이 지속 주둔하고 있다. 주독미군은 3만 6000여 명이며, 유럽에서 세력 균형을 유지하고 역외 지역에도 파병되어 ISIS 제거작전과 아프간전쟁에도 투입되었다.

2. 평화협정 체결 시 주한미군 주둔 여부 판단과 유지 시 영향

주한미군 주둔 여부 판단

평화협정 체결 이후 주한미군 주둔 여부는 국내 정치, 주한미군의 경제적 가치와 철수 시 경제적 파장, 중국의 세계전략 대응, 한반도 유사시 제해권 차단, 파리평화협정의 교훈, 통일한국의 안보전략 및 지역 안정 차원에서 살펴보고자 한다.

첫째, 국내 정치 차원에서 철수 시 심대한 정치적 불안정을 초래할 것이다. 먼저 국내 정치 측면에서 한국 국민은 한미동맹이 안보의 기본 축이라는 인식을 하고 있다. 한미동맹의 상징은 주한미군이며, 북한 공산주의의 무력 남침으

Defense, "Defense of Japan 2015," http://www.mod.go.jp/e/publ/w_paper/2015.html (검색일: 2018.6.7)].

10 김동명, 『독일 통일, 그리고 한반도의 선택: 스무 살 독일, 얼마만큼 컸나?』(파주: 한울, 2010), 354~356쪽.

로부터 미군이 참전하여 조국 강토와 자유민주주의를 수호할 수 있었고, 주한미군이 오늘에 이르기까지 북한의 군사적 위협과 도발로부터 한국의 안전을 지켜준 동맹국이라는 깊은 인식이 자리 잡고 있다.

주한미군의 철수가 아닌 감군에 대해서도 국민이 민감한 반응을 보이는 것은 동맹국의 안보 약화로 비쳐져 북한이 무력행사를 자행할 가능성이 있다고 생각하며, 동맹군과 함께해야 북한 위협에 대처할 수 있다고 보기 때문이다. 주한미군이 철수하면 북한의 군사위협에 고스란히 당할 것이라는 의식이 존재한다. 주한미군의 주둔 여부를 쟁점화시키는 순간, 사회적 갈등과 정치적인 불안정을 초래하여 통치 자체를 어렵게 할 수도 있을 것이다.

둘째, 주한미군의 경제적 가치와 철수 시 경제적 파장이 감당할 수 없는 수준이 될 것이다. 주한미군 전력 대체 시 30조 원의 투자가 필요하며, 철수 시 2.2%의 GDP 성장률 감소가 예상된다. 주한미군의 경제적 가치와 철수 시 경제에 미치는 파장이 심대하기 때문이다.[11] 2만 8500여 명의 주한미군이 주둔하고 있고, 보유한 장비 가치가 17조~31조 원으로 추정되는데, 이 전력을 대체하기 위해서는 23조~36조 원의 추가 소요가 예상된다. 또한 평시 주한미군은 운영비 지출을 통해 10억 달러 이상의 물품을 구매하고 있으며, 9000여 명의 한국인 근로자를 고용하고 있고, 출장비용 지출 등으로 유효수요를 창출하고 있다. 특히 전시에 미 증원전력의 가치는 120조 원 이상으로 추정되며 미군이 보유한 유사시 필수 소요 전력으로 전쟁 예비탄(豫備彈)만 약 5조 원에 달한다.

주한미군 철수 시 한국의 국방비 부담으로 얼마나 증액해야 현재 수준의 전비 태세, 즉 전쟁 억제력을 유지할 수 있다고 보는가. 한국국방연구원 국방경제모형(KODEM-II)의 분석 결과에 따르면, 주한미군의 완전 철수 시 우리의 국방비 부담은 대략 2배 정도 증가가 요구된다. 만약 1975년 당시 주한미군이 완

---

11 권현철, 「주한미군의 가치 추정: 경제에 미치는 영향과 대체비용 추정」, ≪국방연구≫, 통권 제54권 제2호(2011).

전히 철수했다면 1976년 이후 우리의 국방비는 실제 GDP 대비 5.1~6.2%보다 2.2~2.6배인 GDP의 11~14.9%로 증가했을 것이다. 또한 조동근의 연구 헤도닉(Hedonic) 모형에 의한 1993년 북핵 위기 충격 분석 결과에 따르면, 안보의 경제적 가치는 GDP의 1.2%에 상당한 것으로 추정되었다. 이는 심각한 안보 위협에 처할 경우 정상적인 경제성장률보다 약 1.2% 낮은 성장을 할 수 있음을 시사한다. 미군 철수 시 3년 평균 최소 0.44%에서 최대 1.96%의 경제성장률 하락이 있었을 것으로 추정하고 있다. 요컨대, 미군의 가치는 매우 높으며, 한국 경제에 미치는 효과로 안보 비용 절감 효과, 소비지출과 한국인 고용으로 인한 국민경제 기여 효과, 대북 억제력 제공을 통해 국제사회에서 한국의 국가 위험도를 줄여 국가신인도를 높이는 효과 등은 수치로 표현할 수 없는 것으로, 주한미군의 주둔이 우리 경제에 여러 모로 크게 기여하고 있음을 보여준다.[12]

또한 주한미군 철수 시 파장을 예측할 때 사실상 한국은 미국의 압박을 받으면 오래지 않아 경제에 심각한 타격을 받게 되는 구조이다. 한국 증권시장은 외국인 매도 38%, 국내 대지주 35%, 기타 주주로 구성되어 있으며, 외국인 주주 중에서 80%가 미국인 주주이다. 미국이 주식을 매도하면 증권시장이 폭락하게 되고 금융기관이 와해되어 기업이 무너져 내리는 심대한 영향을 받을 것이다. 또한 중동의 산유국인 사우디아라비아, 쿠웨이트는 친미 국가로서 이들 국가들에 압력을 가해 한국에 석유 수출을 제한하는 조치를 하게 되면 한국의 산업은 마비될 수도 있다.

셋째, 한반도 유사시를 대비하는 차원에서 주한미군은 서해의 제해권 장악을 위해 필수적이다. 서해에 대한 제해권 장악은 전쟁의 승패에 결정적인 영향을 미쳤다. 임진왜란, 청일·러일 전쟁, 6·25전쟁에서도 서해에서 누가 제해권을 장악했느냐에 따라 승패가 갈렸다. 한반도 유사시 서해에서의 제해권 확보

---

12 조동근, 「주한미군의 경제적 가치 추정: 국방비 증액의 경제성장에의 영향분석」(바른사회를 위한 시민회의 주관 "주한미군의 경제적 가치평가 정책토론회", 2003.11.12).

는 전승에 결정적으로 기여하는바, 주한미군은 증원전력과 함께 제공권을 장악하면서 7함대와 우리 해군의 서해 진출을 보장하여 군사작전에서 승리하는 데 기여하게 될 것이다.

마지막으로 통일한국의 안보전략 및 지역 안정 차원에서도 주한미군의 지속 주둔은 필요하다. 한반도는 대륙 세력과 해양 세력의 전략적 요충지역으로 끊임없이 분쟁의 진원지였다. 한반도에서 주한미군 철수 시 힘의 진공이 발생하여 헤게모니를 장악하기 위해 주변국의 군사 개입 상황이 예상된다. 또한 중국과 일본의 군비경쟁을 가속화하여 중일 간 군사적 충돌 가능성을 배제할 수 없을 것이다. 한반도가 통일되더라도 미군이 있어 세력 균형을 유지하는 것이 한반도의 안정뿐만 아니라 동북아 안정에도 긴요하다.

주한미군 유지 시 장단점 분석

평화협정 체결 시 주한미군의 지속 주둔에 따른 장점을 살펴보면, 첫째, 주한미군 유지 시 북한이 평화협정을 이행할 수 있도록 무언의 압력을 행사할 것이다. 베트남전쟁을 종결짓고 평화를 회복하기 위해 체결된 파리평화협정 이후 외국군 철수로 인한 힘의 공백이 발생했을 때 북베트남이 파리평화협정을 파기하고 무력으로 남베트남을 침공하여 적화통일을 한 데서 시사해 주고 있듯이, 역으로 주한미군을 유지할 경우 북한은 노동당 규약에 명시된 "온 사회를 김일성·김정일주의화"하는 무력통일의 기도를 추구하지 못하게 될 것이며, 무력으로 한반도 평화협정을 파기하고 남침을 감행할 경우 한미상호방위조약에 의거해, 한미가 공동으로 대처하여 공세 이전 북한 지역으로 반격하여 군사작전에서 승리함으로써 자유민주통일정부를 수립할 수 있을 것이다.

둘째, 평화협정 체결 시 주한미군 유지는 한국 안보의 튼튼한 버팀목 역할을 할 것이다. 최근 한미 관계의 불편함을 노려, 중국이 빈번하게 한국방공식별구역(KADIZ: Korean Air Defense Identification Zone)을 침범하면서 무력시위를 하고, 일본이 북한의 조난선박 구조작전을 하는 한국 함정에 대해 저공비행을 하면서 무력시위를 했던 점, 중국과 러시아가 동해상에서 연합비행훈련을 하면서 러시아 전투기가 독도 영공을 침범한 사례 등의 적대행위를 볼 때 주한미군 철수 시 중국과 일본은 물론 러시아도 노골적으로 한국 안보를 위협하는 세력으로 등장할 가능성을 배제할 수 없다. 평화협정이 체결되었을 때 주한미군이 지속적으로 주둔할 경우, 주변국의 군사적 도발을 억제하는 데 기여할 것이다.

셋째, 주한미군 유지 시 한국 경제에 미치는 효과는 지대할 것이다. 아무리 북한의 위협이 감소했다 하더라도 주변국의 위협은 상대적으로 증대되어 국방비 증액은 더욱 요구될 것이나, 주한미군이 주둔함으로써 주변국의 위협을 잠재울 수 있어 급격한 국방비 증액을 상쇄시켜 우리 경제에 간접적으로 기여할 것이다. 또한 주한미군 유지 시 국내 정치·사회·안보적 안정에 기여하여 통상무역과 해외직접투자 유치를 촉진해 경제성장에 기여할 것이다.

한편, 평화협정이 체결되어 있는 상황에서 주한미군을 유지할 경우 단점은 첫째, 의도 여하를 떠나서 완전한 통일을 이룩하는 데 걸림돌로 작용할 수도 있을 것이다. 미국이, 한반도 통일이 동북아 세력 균형을 와해시켜 미국의 이익에도 도움이 되지 않는다고 판단하여 분단된 상태에서 세력 균형을 유지하는 것이 유리하다고 판단할 경우, 주한미군이 동북아 세력균형자 역할로서 지속 작동된다면 통일을 제한하는 역기능적인 측면이 있을 수 있다.

둘째, 한국의 자율성이 제한·침해받을 가능성을 배제할 수 없을 것이다. 외교의 자율성이 제한받는 상황을 예상할 수 있으며, 안보를 보장받는 대신 자율성이 제한받는 딜레마에서 벗어나지 못할 수 있다.

셋째, 주한미군이 존재하는 상황에서 동맹에 과도하게 의존하는 한국인의 안보 의식에서 여전히 탈피하지 못하여 절름발이 국가안보를 추구하는 형국이 계속될 것이다. 미국 등 초강대국을 제외한 어떠한 강대국도 자국 안보를 독자적으로 해결하는 나라가 없다고 하지만, 주한미군에게 과도하게 의존하는 것은 도를 넘어서 스스로 자립하겠다는 의지를 갖지 못하게 하고 그것을 마치 정상으로 인식하여 경로의존성에 따라 좀처럼 자주국방을 추구하지 못하게 하는 동인이 될 수도 있을 것이다.

요컨대 상기 논의에서 알 수 있듯이 주한미군을 유지하는 안이 대한민국의 생존을 보장하고 국익에 기여한다고 판단된다. 동시에 자율성이 침해받을 가능성에 대해서는 현재 추진하고 있는 전작권 전환을 통해서 한국이 주도하고 미국이 지원하는 신연합방위체제 구축으로 극복할 수 있을 것이다. 동맹 안보를 보완하는 기능으로서 동북아 역내 국가들과 다자안보체제를 구축할 때 외교 무대에서 행동의 자유를 보장받을 수 있을 것이다.

3. 주한미군의 바람직한 발전 방향

주한미군의 역할 변경

한미 양국은 북한의 비핵화뿐 아니라 평화통일 추진 과정에서 실질적인 군사적 안정과 평화 여건을 조성해야 한다. 주한미군은 기본적으로 한반도에서 전쟁을 억제하고 평화체제와 통일 추진 과정에서의 무력충돌을 예방하며, 주변국의 군사 개입을 차단하는 등의 역할을 수행할 수 있을 것이다.

평화협정 체결 이후 한미동맹과 주한미군의 역할 변화는 불가피하다. 주변국이 주한미군의 당위성에 의구심을 가질 수도 있기에 명확한 역할 분담과 조정이 필요하다. 한미동맹과 주한미군은 한반도 통일 이전까지는 북한 도발을 방지하는 예방자(Preventer)로, 통일 과정에서는 한반도 내부 상황을 관리하는 조정자(Coordinator)로, 통일 이후에는 지역안보체제의 균형자(Balancer)로 진화해야 한다.[13]

---

13 "北도발 예방 한미동맹, 통일 후엔 지역 안보 지휘자 돼야", ≪동아일보≫, 2015년 7월 29일 자.

주한미군은 한반도뿐만 아니라 지역 안정과 평화[14]에 기여할 수 있도록 임무와 역할이 조정되어야 할 것이다. 주한미군이 지역 안정자 역할을 수행하게 될 경우에는 다자안보체제와 긴밀한 협조체제를 구축·운용하는 것이 바람직하다. 주변국들이 주한미군과 그 전력 운용에 대해 부정적으로 인식하지 않도록 공감대를 형성하기 위해 적극적인 전략커뮤니케이션을 하는 것이 요구된다.

주한미군은 주변국의 한반도 군사 개입을 차단하고, 지역안정자로서의 역할을 하기 위해 지속 주둔할 필요가 있을 것이다.[15] 동북아 지역의 재해재난에 공동 대처하기 위한 신속대응군을 창설하여 운용할 때 주한미군의 전략적 수송 자산을 활용하여 우발사태 지역에 투입함으로써 인도적 지원 및 재난구조작전에 참가하거나, 해상 수색 및 구조작전, 해로 안전 확보, 해적·마약 밀매와 같은 초국가적 범죄 퇴치 등의 임무를 수행할 수 있다.[16] 또한 지역 테러지원국가에 대한 응징, 테러 단체들의 색출 및 본거지 공격, WMD 개발을 추구하는 역내 국가들에 대한 군사적 차단 등의 보다 광범위한 임무로 연결될 수 있을 것이다.[17]

---

14 미 외교안보정책부서 및 한반도 안보전문가와의 인터뷰, "한미동맹과 한반도 평화체제", 2018년 12월 2~8일, 워싱턴 D.C.

15 Chung Kyung-young, "A Peace Regime Building and the Future of ROK-U.S. Alliance" (presented at Workshop entitled "A Demilitarized North Korea" co-hosted by U.S. Stimson Center and Institute of International Studies affiliated with Seoul National University, December 3~4, 2018, Washington, D.C.); 미 외교안보정책부서 및 한반도 안보전문가와의 인터뷰, "한미동맹과 한반도 평화체제", 2018년 12월 2~8일, 워싱턴 D.C.

16 한국국방연구원, 「유엔사 후방기지의 의미와 활용 방안」(한국국방연구원 정책연구서, 2007).

17 Robert Dujarric, *Korean Unification and After: U.S. Policy toward a Unified Korea* (Indianapolis, IN: Hudson Institute, 2000).

주한미군의 기지별 규모

2015년 기준 주한미군 병력은 총 3만 4333명으로 현역 2만 9051명, 군무원 5029명, 예비군 253명이다.[18] 알려진 주한미군 병력은 2만 8500명이나 주한미군의 규모는 현역 2만 9000명 중에서 남북한 군비통제를 고려할 때 2만 명을 유지하는 안을 고려할 수 있다.

2020년 3월 현재 미8군 병력 중 미 제2사단의 210화력여단만 동두천 캠프 케이시에 잔류하고 모든 미2사단 병력은 캠프 험프리스로 재배치했으며, 용산 기지에 있던 주한 미군사령부 및 8군사령부 역시 한미연합사 소속 미군 병력을 제외하고 모두 캠프 험프리스로 재배치를 한 상황으로 미8군사령부 병력 수에는 큰 변동이 없을 것이다.

2015년을 기준으로 미8군 병력은 미 제2사단 병력으로서 캠프 레드클라우드 611명, 캠프 케이시 4850명, 캠프 험프리스 3937명 등 1만 398명이며, 19지원사 캠프 헨리 61명, 캠프 롱 47명, 용산기지에 있는 3000여 명 등 3100여 명을 포함할 경우 1만 4500여 명이 될 것이다.

미7공군 병력은 군산 미군 기지에 2491명, 오산 미군 기지에 5334명으로 총 8825명이 될 것이다. 기타 연합사, 주한미군사령부, 기타 업무를 수행하는 요원이 1만 1000여 명(주한미군 병력 3만 4333명-미8군 1만 4500명-미7공군 8825명=1만 1008명)이 될 것이다.

통일 한반도의 적정 병력을 50만 명으로 산정 시 1.5배 수준인 75만 명으로 판단할 경우, 한국군은 30만 명, 북한군은 45만 명을 구조적 군비통제로 추진할 수 있을 것이다. 현재 한국군은 60만 명, 북한군은 128만 명으로 남북한 총 병력은 188만 명이며, 한국군 60만 명에서 30만 명을 감군하여 30만 명 수준을 유지하고, 북한군 128만 명에서 83만 명을 감군하여 45만 명 수준으로 유지할

---

18 Department of Defense, "2015 US DOD US Oversea Forces Annual Report"(2015).

[표 10-1] 주한미군 기지별 병력 규모(2015년 기준)

주한미군 기지	소계	군인	군무원	예비군 소계	육군 예비군	공군 예비군	해군 예비군
대구 20 탄약보급기지	1,219	1,128	91	0			
캠프 험프리스 23 탄약보급기지	3,937	3,744	193	0			
부산 34 탄약보급기지	31	30	0	1	1		
부평 캠프 마켓	174	174	0	0			
동두천 캠프 케이시	4,850	4,824	26	0			
의정부 캠프 레드클라우드	1,611	1,515	96	0			
진해 함대 활동	90	79	10	1			1
군산 미공군기지	2,491	2,466	24	1		1	
오산	603	599	4	0			
오산 미공군기지	5,334	5,168	155	11		11	
서울	607	605	2	0			
수원 공군기지	1	1	0	0			
대구 공군기지	6	3	3	0			
대구 캠프 헨리 19지원사	61	61	0	0			
원주 캠프 롱	47	47	0	0			
서울 용산기지	5,561	4,384	966	211	194	11	6
기타	7,710	4,223	3,459	28		28	
총계	34,333	29,051	5,029	253	195	51	7

자료: Department of Defense, "2015 US DOD US Oversea Forces Annual Report"(2015).

때 남북한군은 113만여 명을 감축하게 된다.

주한미군의 구성·규모·배치

주한미군의 구성을 판단하는 기준은 주한미군의 역할과 한미 양국군의 구성 비율을 어느 수준까지 끌어올렸을 때 한국이 주도하고 미국이 지원하는 신연 합방위체제를 구축할 수 있는가가 될 것이며, 이를 기반으로 주한미군의 구성 을 예측할 수 있을 것이다.

[표 10-2] 평화협정 체결 시 주한미군 구성 및 규모

구성	규모	비고
병력 규모	20,000여 명	
미8군	10,000여 명	8군사령부, 미 제2사단(사령부, 기동여단, 항공, 화력여단), 정보여단 및 지원부대
미7공군	7,000여 명	7공군사령부 및 51전투·8전투비행단, 전략정보수집단
주한 미해군	2,000여 명	한국 해군작전사령부와 연합작전, 미해군 전력 제주 강정 해군기지에 전개하여 중국의 위협에 대비, 7함대 전개 시 협조
주한 미특수전	600여 명	연합특전사의 일원으로 한국 특전사와 연합작전
주한 미해병대	400여 명	주한 미대사관 경비, 한국 해병과 연합작전 및 제3해병원정군 전개 협조

주한미군의 구성은 주한미군의 역할이 평화협정 위반 억제전력으로 발휘되기 위해서는 미 제2사단사령부를 포함하여 기동여단과 항공여단 및 화력여단이 필수적이며, 동북아의 세력 균형 안정자로서의 역할을 수행하기 위해서는 해공군 전력이 핵심적인 역할을 수행할 것이기 때문에 해군 전력의 증강이 요구된다.

따라서 평화협정 체결 시 주한미군의 구성은 미8군 1만 4500여 명에서 4500명을 감축한 1만 명 규모를 유지하고, 미7공군 전력은 7000여 명, 미 해군 2000여 명, 특수전 600여 명, 해병대 400여 명 등 2만 명 수준으로 구성할 수 있을 것이다.

주한미군 배치는 안보에 대한 중국의 민감성을 고려하여 서울 이남에 배치하고, 서울 이북으로 전개하지 않는 것이 바람직하다.

4. 주한미군의 발전 방향에 대한 관련국 입장 예측과 대응 방안

평화협정 체결 시 주한미군의 미래와 관련하여 유관국의 입장은 어떠할까. 한국은 주한미군 존속에 대해 논란이 있을 수 있을 것이나, 역대 정부 공히 주

한미군은 통일 이후에도 철수하지 않는 것이 국익에 기여할 것이라는 인식을 갖고 있다.

비핵화와 평화협상 시 주한미군 문제가 협상의 주요한 의제가 될 수 있을 것이나 미국에게 수정주의 세력인 중국과 러시아를 견제하기 위한 주한미군의 전략적 가치는 더욱 중대되어 있을 것이다.

북한은 미국과 수교 시 주한미군 철수를 원치 않는다는 내밀한 입장과 통일에 최대 장애물로서 철수를 주장하는 양면전략을 구사해 왔다.

중국은 미국이 자신을 포위하고 있다는 피포위 의식이 강하며, 주한미군이 중국의 핵심 이익을 침해할 가능성이 높다고 보고 있다. 주한미군 철수는 한반도 전체를 중국 질서에 편입시키는 계기가 되며 지역 내 패권을 장악할 수 있는 단초가 될 것으로 환영할 것이다.

일본은 자국 안보의 방패막이 역할을 했던 주한미군이 철수할 경우, 한국이 중국 질서에 편입될 가능성이 크며 중국 대륙으로부터 직접적인 위협이 증가한다고 느껴 주한미군 철수를 적극 반대할 것이다.

한반도를 둘러싼 이러한 동북아 각 국가의 입장을 구체적으로 논의해 보고자 한다.

한국 정부 및 NGO 측 입장과 대응 방안

한국의 역대 정부는, 한미동맹은 국가안보의 기본 축이라는 인식을 갖고 주한미군의 지속 주둔을 희망해 왔다. 진보, 보수 정부를 떠나 역대 한국 정부는 국가안보에서 한미동맹의 중요성과 주한미군의 지속 주둔에 대한 인식에 크게 차이가 없다.

김대중 대통령은 1999년 11월 21일 빌 클린턴 대통령과의 한미정상회담 후 기자회견에서 동맹의 공동 목표가 평화로운 한반도 건설, 번영하는 아시아에 기여하는 데 있으며, 구체적으로 한반도 평화체제 구축을 위한 4자회담과 대북

포용정책을 통합한 외교적 노력, 한미방위협력을 통해 북한의 공격을 억제하는 데 있다고 밝혔다.[19] 유럽에서도 나토가 공산 세력을 막기 위해 창설되었으며 동유럽 사회가 붕괴한 후에도 세력 균형을 위해 미군이 계속 주둔하고 있음도 함께 상기시켰다.[20]

노무현 행정부는 2006년 2월 14일 한미동맹 미래공동협의 결과에서 한국이 주도하는 통일을 동맹의 전략 목표로 설정하고, "통일한국은 법치주의와 인권을 존중하는 민주주의국가로서, 미국과 통일한국은 미군 주둔을 포함하는 안보동맹을 유지한다"라는 데 미국과 의견을 같이했다. 한반도 안보 상황을 고려하여 남북 관계의 발전 단계를 화해협력, 평화공존, 통일 3단계로 구분하고 있는바, 화해협력과 평화공존 단계는 미북 국교 정상화를 기점으로 구분하고 통일은 현재의 정전협정이 평화협정으로 대체되는 시점으로 보고 있다. 단계별 공동 목표와 우려사항으로 화해협력 단계에서 한미 양국은 북한의 대량살상무기(WMD) 확산 방지를 공동 목표로, 마약 밀매와 화폐 위조 등 초국가적 위협을 우려사항으로 보고 있고, 평화공존 단계에서는 북핵미사일 폐기를 공동 목표로, 국지 도발과 테러, WMD 확산을 우려사항으로 보고 있으며, 통일 단계에서는 주한미군의 지위를 지역안정자로서 성격을 변경하여 지속 주둔하게 하고, 이에 대해 중국 등 주변국 반대가 예상된다고 보고 있다.[21]

이명박 정부는 2009년 6월 17일 한미동맹 공동비전에서 "동맹을 통해 한반도의 공고한 평화를 구축하고 자유민주주의와 시장경제 원칙에 입각한 평화통일에 이르도록 한다"라는 데 인식을 같이했으며,[22] 박근혜 정부는 2013년 5월 8일 한미동맹 60주년 공동성명에서 "한미동맹은 한반도의 항구적인 평화와 안

---

19 김대중, 『김대중 자서전 2』(서울: 삼인, 2010), 138~139쪽.

20 김대중, 『김대중 자서전 2』(서울: 삼인, 2010), 376쪽.

21 장삼열, 「조정기의 한미동맹과 미래한미동맹 정책구상(FOTA) 연구」, ≪군사발전연구≫, 제7권 제2호(통권 제8호, 2013).

22 "한미 동맹을 위한 공동비전 전문", ≪연합뉴스≫, 2009년 6월 17일 자.

정을 구축하는 한편 비핵화, 민주주의와 자유시장경제 원칙에 입각한 평화통일을 이루기 위해 노력한다"라고 천명했다.[23] 공히 통일 이후 한미동맹은 주한미군의 지속 주둔을 전제로 하고 있다.

한편, 문재인 정부는 2017년 6월 30일 한미정상회담 공동성명에서 "한미동맹은 그 태동부터 한반도 및 아시아·태평양 지역의 안보, 안정 그리고 번영의 핵심 축으로 역할을 해왔으며, 한미상호방위조약에 근거한 강력한 연합 방위태세와 상호 안보 증진을 통해 대한민국을 방어한다는 것이 한미동맹의 근본적인 임무"라고 강조했다.[24] 2017년 11월 8일 한미 정상 공동 기자회견에서도 북핵 문제를 평화적으로 해결하고 한반도의 항구적인 평화체제 정착에 함께 노력하기로 했으며, 트럼프 대통령은 한미동맹의 미래와 대한민국에 대한 기여를 상징적으로 보여주는 것이 평택기지라고 언급하면서 대한민국은 미국에 단순한 오랜 동맹국 그 이상이며, 한미는 전쟁에서 나란히 싸웠고, 평화 속에서 함께 번영한 파트너이자 친구로서 한미동맹은 한반도와 인도·태평양 지역의 평화와 안보에 있어서 그 어느 때보다도 중요하다고 밝혔다. 또한 2018년 제50차 한미 SCM에서 양국 국방장관은 "전작권 전환 이후 연합방위지침"을 통해 주한미군과 유엔사를 지속 주둔시키기로 합의했다.

한편, 주한미군을 반대하는 재야의 입장 중에는 분단이 미국을 포함한 외세의 개입에 의해 조성된 것이라면 그 장본인인 외세의 장벽이 철거되어야 하는 것은 논리적으로도 정당하다는 시각도 있다. 평화협정과 주한미군 주둔이 양립할 수 없다는 것이다. 즉, 협정은 주한미군의 완전 철수를 강제하게 되고, 그렇게만 된다면 주한미군이 없는 통일은 상상의 영역에서만 가능한 것이 아니라고 보는 입장이다.[25]

---

23   "한미동맹 60주년 기념선언 전문", 《연합뉴스》, 2013년 5월 8일 자.

24   "[전문] 문재인 대통령과 트럼프 대통령의 '한미 공동성명'", 《경향신문》, 2017년 7월 1일 자.

25   김광수, "역대 정부의 통일방안에 대한 비판적 접근: 대한민국의 통일방안이 갖는 그 함의", 《통일뉴스》, 2019년 3월 21일 자.

그러나 문제는 이러한 시각이 냉엄한 국제정치 속에서 가능한가 하는 것이다. 강대국으로 둘러싸인 한반도는 주한미군이 철수하여 힘의 진공이 발생하면 헤게모니를 장악하기 위해 중국이나 일본, 러시아가 군사 개입할 가능성을 배제할 수 없을 것이다. 주한미군이 존속하는 한 한반도가 주변 세력의 각축장이 되지 않도록 하는 데 기여할 것이다.

역대 정부 공히 한미동맹은 한국 안보의 기본 축이며, 주한미군은 통일 이후에도 지속적으로 주둔해야 한다는 입장을 견지하고 있는 이유도 여기에 있다.

미국 측 입장 예측과 대응 방안

미국은 평화협정 체결 시 주한미군에 대해 어떠한 입장을 취할까. 첫째, 미국은 주한미군이 비핵화·평화협상의 지렛대가 될 수 있으며, 특별히 수정주의 세력에 대한 전략적 차단을 위해서는 주한미군 주둔이 긴요하다고 판단하고 있다.

중국을 견제하기 위해 인도·태평양전략을 추진하는 데 있어서 중국의 베이징, 칭다오, 다롄 등 전략적 중심에 비수(匕首) 역할을 할 수 있는 한반도에 주둔하고 있는 주한미군의 전략적 중요성은 예전보다 더욱 중요해졌다.

중국의 반접근지역거부(A2/AD: Anti Access & Area Denial) 전략과 도련선(Island Chain) 전략을 봉쇄시킬 수 있다는 측면에서 주한미군은 중요한 의미가 있다. 중국은 핵심 이익 지대인 동중국해와 남중국해에 인공섬을 구축하여 군사기지화하고 있다. 오키나와–센카쿠/댜오위다오–필리핀–남중국해–말라카해협에 이르는 제1도련선을 구축하고 이 도련선 안으로 미군 세력이 들어오지 못하도록 하겠다는 것이 중국의 목표이다.

이는 한국과 일본, 대만의 해상수송로가 중국의 군사통제권에 들어간다는 것을 뜻한다. 주한미군과 주일미군은 이를 결코 허용하지 않겠다는 입장이다. 주한미군이 주둔하고 있는 캠프 험프리스는 중국과 대만 간 양안 사태, 센카쿠

/댜오위다오 영토 분쟁, 남중국해 분쟁 시 확장된 평택기지의 활주로, 오산·군산·수원·서울 공군기지, 그리고 평택 군항을 통해 미군 전력을 재전개하여 우발사태에 대처할 수 있는 전략적 요충지이다. 그뿐만 아니라 힘과 강압에 의해 국제 질서와 규범에 도전하면서 그들의 세계를 추구하는 수정주의 세력인 중국과 러시아[26] 간 군사전략적 협력을 차단하는 쐐기 역할을 한다는 차원에서도 주한미군은 중요한 가치가 있다.

한편, 한미동맹의 새로운 비전으로, 직접적이고 증대된 북핵미사일 위협에 대처하고, 중국의 공세적 외교안보와 북러의 군사협력 강화, 지역 및 글로벌 평화 위협 증대에 공동 대처할 필요가 있으며, 통일 과정 및 통일 이후에도 한미동맹은 더욱 중요하다.[27] 한미동맹이 추진해야 할 과제를 살펴보면 다음과 같다.

첫째, 한미동맹은 전쟁 억제는 물론 통일에 기여하는 동맹으로 거듭나야 하는바, 평화체제에 대한 한국의 입장은 남북 당사자 원칙, 관련국인 미중 참여이며, 선 평화 후 평화협정으로 비핵화가 완성되는 시점이 평화협정을 체결하는 시점이 될 것이다. 동시에 주한미군을 포함한 남북한 군비통제가 선행되어야 평화체제 구축이 가능하며, 북한 급변사태 및 전면전 시 중국의 개입 차단과 통일 이후 한국의 입지를 위해 한국이 주도하고 미국이 지원하는 신연합방위체제를 조기에 구축하는 것이 긴요하다.

둘째, 전작권 전환이다. 이미 한미공동 국지도발 대비계획을 발전시켜 한국군이 대응 권한과 자위권을 행사하고, 확전 방지를 위한 감시 태세 격상과 미군 전력의 신속한 전개로 공동 대처하고 있다. 한미연합사는 전작권 전환 이전에 평택으로 재배치하여 전구 차원의 전쟁지휘, 작전기획, 전략정보 판단, 대화력전 노하우 전수, 유관기관과 협조된 작전 능력 제고 등 전작권 전환에 대비

26　The White House, *2017 National Security Strategy* (Washington, D.C.: National Security Council, 2017).

27　"한미동맹 60주년 기념선언 전문", ≪연합뉴스≫, 2013년 5월 8일 자.

하는 구체적이고 실질적인 조치들을 취해야 한다.

셋째, 전작권이 전환된 이후 미래연합사와 유엔사의 지휘 관계 정립이 필요한데, 특히 미 증원전력, 유엔사에 전개되는 전투부대는 미래연합사로 전술통제를 전환하여 지휘체제를 일원화하고, 북한 지역의 안정화 작전의 주체로서 미래연합사령부가 평화작전을 수행한다.

넷째, 한미 간 전략적 소통이다. 동맹의 존재 의미가 상호 호혜적이어야 하는바, 동맹국인 한국도 국제 질서와 규범에 도전하는 세력에 공동 대처하고, 지구온난화, 사이버 테러, 전염성 질병 등 글로벌 이슈에 대해 적극적으로 참여해야 한다.

다섯째, 한미동맹을 기반으로 한중 관계를 발전시킨다는 기본 외교안보전략과 한미동맹이 잘될수록 한중 협력의 깊이도 깊어질 수 있다는 원칙을 견지하면서 동시에 중국에 대해서 북한의 위협이 소멸되지 않는 한 한미동맹을 약화시키는 어떠한 책략도 삼가야 할 것을 요구해야 한다.

여섯째, 사드 배치 및 작전운용은, 북핵의 고도화와 중·고고도 미사일 위협을 고려하고 중국의 미사일 공격 가능성을 고려할 때 주한미군 장병과 전력의 생존성 보장은 물론 한국 안보를 위해서도 절실하다.

마지막으로 한미 안보협력 네트워크를 업그레이드해야 할 것이다. 한미 외교·국방장관 2+2회의를 외교·국방·재무 장관이 참여하는 전략경제대화로 정례화하고, 국방·외교 장관과 주한미국대사·미군사령관의 회동인 미니 2+2회의를 복원하고, 한미 외교·국방·통상·대북정책 전문가들로 구성된 한미 전략자문 태스크포스를 서울과 워싱턴에 상주시켜, 한미 이슈 발생 시 정책 자문 및 공공외교를 전개하게 되면 양국 간의 관계가 더욱 돈독해질 것이다.

한편, 통일 한반도의 등장은 한국과 미국이 공유하는 자유민주주의와 시장경제, 법치주의와 인권 등 보편적 가치가 북한 지역에까지 확대된다는 의미이며, 이는 곧 미국에게 한미동맹이 완성된다는 의미가 있다. 한미동맹과 주한미군에 대한, 중국을 포함한 주변국의 양해와 이해를 얻기 위해 한미동맹은 한반도의 전쟁을 억제하고 평화를 유지하는 데 기여해 왔을 뿐 아니라 전쟁이 아닌 평화적인 방법에 의해 통일을 이루는 데 기여할 수 있으며, 통일 한반도 이후의 한미동맹과 주한미군의 역할은 북한 위협 관리에서 동북아 세력 균형과 안정자 역할로 전환하게 될 것이다. 통일 한반도는 책임 있는 비핵 국가로서 중국에 대한 견제에 상당히 긍정적인 영향을 미칠 수 있다는 것을 설득할 수 있을 것이다.

통일한국은 한미 FTA가 북한 지역으로 확대하여 경제교류를 활성화함으로써 미국의 경제적 실익을 보장할 수 있을 것이다. 또한 사회 분야에서는 통일한국 내의 대미 인식의 급격한 변화에 대한 우려를 불식시키기 위해 한미동맹의 호혜성을 홍보하는 한편, 양국의 사회적·교육적·문화적 교류를 강화할 필요가 있다. 한국과 미국에 유학하고 있는 석·박사 학생들에게 외교·국방 유관 기관 방문 프로그램을 시행하면 젊은 리더들에게 양국의 연대의식을 확산시키는 데 기여할 것이다.

통일 이후에도 주한미군의 평택기지 잔류 등 한미동맹이 지속되어야 함을 강조하여 통일한국이 중국 질서에 편입되지 않는다는 것을 인식시켜야 할 것이다.

북한 측 입장 예측과 대응 방안

주한미군과 관련하여 북한은 전형적으로 이중전략을 구사해 왔다. 미북 수교 시 북한은 주한미군의 철수를 원치 않는다는 내밀한 입장을 보여온 반면, 공개적으로는 주한미군 철수를 집요하고도 일관되게 주장해 왔다.

김일성의 지시로 김용순 노동당 국제부장은 1992년 1월 22일 뉴욕 방문 시 아널드 캔터(Arnold Kanter) 미 국무부 정무차관과의 회담에서 "북미 수교만 해주면 앞으로 남쪽에 주둔하고 있는 미군 철수를 요구하지 않겠다"라고 발언했다.[28]

또한 2000년 6월 15일 김대중 대통령과 김정일 국방위원장의 대화에서 "동북아의 평화와 안정을 위해 통일 후에도 미군이 계속 주둔해야 한다"라는 김대중 대통령의 주장에 대해 김정일은 "사실 제 생각에도 미군 주둔이 나쁠 건 없다. 다만 미군의 지위와 역할이 변경돼야 한다. 주한미군은 공화국에 대한 적대적 군대가 아니라 조선반도의 평화를 유지하는 군대로서 주둔하는 것이 바람직하다"라는 입장을 개진했다. "남쪽에 있는 미군이 북한을 공격하지 않는다는 것이 보장된다면 미군은 계속 남아 있어야 한다고 생각한다"라고 김대중 대통령 역시 밝혔다.[29]

또한 매들린 올브라이트(Madeleine Albright) 미 국무장관도 2000년 10월 24일 평양 방문 시 김정일과의 대화에서 "미군의 한반도 주둔에 대해 냉전 이후 북한 정부의 시각은 변했다. 미군은 현재 안정자 역할을 수행한다"라고 발언했다고 증언했다.[30]

문재인 대통령은 2018년 4월 19일 언론사 사장단과의 간담회에서 "김정은 국무위원장은 비핵화의 조건으로 주한미군 철수 조건을 제시하지 않았다. 북한은 오로지 북한에 대한 적대정책 종식과 안전보장을 요구했다"라고 밝혔다. 한편, 북한은 비핵화 대가 5개 안을 미국에 제시한 것으로 알려진바, ① 미국 핵 전략자산 한국 철수, ② 한미 전략자산 훈련 중지, ③ 재래식 핵무기 공격 포기, ④ 평화협정 체결, ⑤ 북미 수교로, 여기서도 주한미군 철수는 요구하지 않았다.[31] 또한 김정은 국무위원장은 문재인 대통령과의 판문점 대화에서도 "북한은 주한미군에 대한 거부감이 없다. 북한은 미군을 주적으로 생각하지 않는다. 지정학적으로 가까운 나라가 주적이 되지 먼 나라가 주적이 되지 않는다. 미국은 주적이 될 이유도 필요도 없다"라고 말한 것으로 알려졌다.[32]

28 "통일 후에도 駐韓미군 주둔 필요", ≪월간 조선≫, 2020년 2월 호.

29 김대중, 『김대중 자서전 2』(서울: 삼인, 2010), 316쪽.

30 Madeleine Albright, *Madam Secretary: A Memoir Madeleine Albright* (New York: Miramax Books, 2003), p.465.

31 "북, 비핵화 대가 5개 안 미국에 제시했다", ≪한겨레≫, 2018년 5월 2일 자.

이와는 달리 북한은 공식적으로 주한미군 철수를 일관되게 요구해 왔다. 1954년 4월 26일부터 6월 15일까지 열렸던 제네바정치협상에서 주한미군 철수를 주장했다. 정전협정 발효 후 3개월 이내에 한반도 문제의 평화적 해결과 외국군 철수를 위한 제네바회의 시 북한 측 대표가 주한미군 철수를 주장한 것이다. 그리고 1958년 중국군이 북한으로부터 철수하자 북한은 다시 미군 철수를 강력히 주장한다. 김일성은 1980년 6차 당대회에서 주한미군 철수는 확고한 당의 입장이라고 주장했으며, 2011년 12월 17일 김정일 사망 이후 권력을 승계한 김정은은 2012년 1월 1일 북한 신년사에서 주한미군 철수를 주장했다. 특히 2013년 3월 31일 노동당 중앙위원회 전원회의에서 "경제 건설과 핵무력 건설을 병진시키는 데 대해"와 북한의 최고 규범인 노동당 규약 개정 서문에 "조선노동당은 전 조선의 애국적 민족 역량의 통일전선을 강화하고 …… 남조선에서 미제 침략 무력을 몰아내야 한다"라고 명시했다.

북한은 주한미군을 대남 적화전략 목표 달성에 있어 최대 장애물로 인식하고 있다. 6·25 남침 시 낙동강까지 점령했는데 미군이 개입함으로써 무력적화통일을 할 수 없었다고 보고 있다. 북한이 궁극적으로 지향하고 있는 한반도의 공산화 목표를 달성하기 위해서는 무엇보다 주한미군을 철수시키고 한미동맹의 고리를 끊어야 한다는 것이 기본 인식이다.[33]

북한이 이처럼 공식적으로는 주한미군의 철수를 일관되게 요구하면서도 주한미군의 역할 변경을 거론하고 있는 이유는, 주한미군의 철수를 궁극적 목표로 하되, 그 중간 단계로서 미군을 평화유지군 등으로 역할을 변경시킴으로써 주한미군의 지위와 성격을 변경시켜 한미동맹의 해체를 의도하고 있는바, 노동당 규약에 나와 있듯이 "온(전) 사회의 김일성·김정일주의화"를 완성하겠다

---

32   "[단독] 김정은, 도보다리서 '베트남 모델' 말했다", ≪매일경제≫, 2018년 5월 3일 자.

33   허문영·조민·홍관희·김수암, 『남북한 실질적 통합과정에서 주한미군의 위상과 역할 연구』(서울: 통일연구원, 2002).

는 것을 직시할 필요가 있다.

한편, 북한으로 하여금 주한미군에 대한 내밀한 입장인 주한미군 지속 주둔을 공식화할 수 있도록 한다. 또한 북미 수교 이후 주한미군은 북한에 더 이상 적대세력이 아니라는 것, 한반도의 평화 유지와 동북아의 안정과 평화 유지의 기능을 수행하게 된다는 것, 지정학적으로 먼 나라인 미국은 적대세력이 될 수 없다는 점 등을 들어 주한미군의 지속 주둔을 이해시킬 수 있을 것이다.

중국 측 입장 예측과 대응 방안

중국은 미국으로부터 오는 피포위 의식(Siege Mentality)이 강하다. 중국은 주한미군 철수를, 한반도 전체를 중국 질서에 편입시키는 계기로 판단하고 있다.

중국은 북한이 주한미군 철수를 강하게 주장하지 않으면서 주한미군이 주둔한 상태에서 한반도 평화체제가 구축되는 것을 원치 않는다. 2018년 시진핑(習近平) 주석은 김정은 국무위원장과의 정상회담에서 정전협정이 평화협정으로 전환될 경우 주한미군의 철수를 위해 전략적 협력을 하기로 약속했다.[34] 중국은 미국이 중국을 포위한다는 피포위 의식이 강하고, 주한미군은 중국의 핵심 이익을 침해할 가능성이 크다고 보고 있다. 베트남전쟁 시 중국의 군사적 지원을 받은 북베트남이 무력으로 통일된 이후 중국과 갈등 관계를 유지하다가 결국 미국 세력권에 편승하여 중국을 견제하는 세력이 된 선례가 있어 북한과의 긴밀한 협력을 통해 한반도 평화체제 구축 과정에 중국이 적극 참여함으로써 그 이후 북한과의 관계를 지속시켜 나가겠다는 의도가 있는 것으로 판단된다.[35]

중국 정부가 북한의 핵실험과 한미연합훈련 중단을 요구했던 쌍중단, 비핵

---

34 "아사히 '김정은·시진핑, 주한미군 철수 협력 합의'", YTN, 2018년 7월 5일 자.

35 "'중국은 주한미군 있는 통일 반대 … 북한의 베트남식 개방도 반대' 美전문가들 밝혀", ≪New Daily≫, 2018년 5월 4일 자.

화와 평화협정을 추진하자는 쌍궤병행을 주장하는 이유도 주한미군은 물론 미 중원전력이 한반도에서 수시로 전개훈련을 하는 것을 직간접적인 위협으로 판단하고 있기 때문이다. 주한미군 철수 시 중국은 한국을 포함한 한반도 전체를 중국 질서에 편입시키는 것이 용이하며, 지역 내 세력 균형이 중국에 유리한 방향으로 급속도로 재편될 수 있다고 본다. 주한미군 철수는 한미동맹의 종언을 예고하며 이는 아태 지역의 미국의 쌍무동맹체제(hub-spoke 체제)가 와해되는 단초가 될 것으로 보고 중국은 이를 환영할 것이다.

중국은 미국 주도의 통일 시 한미동맹의 지속으로 주한미군이 접경 지역까지 배치될 경우를 자국 안보에 최대 위협으로 우려하고 있다.[36] 통일한국이 중국동포(조선족)와 연대해 고구려의 고토와 간도 등 중국 동북 지역의 영유권 주장을 제기할 가능성에 대해서도 우려하고 있다. 또한 한반도 통일 이후 대중 투자 감소를 우려하고 있으며, 통일 이후 한반도 북쪽 지역에 대한 배타적 자원 개발의 기회를 상실하는 것과 저렴한 노동력 독점 기회가 감소하는 것을 우려할 수 있다. 통일한국과 중국 간의 관계가 협력보다는 경쟁과 갈등이 증폭될 가능성에 대한 우려도 만만치 않다.

이처럼 주한미군의 주둔을 한결같이 반대해 온 중국이 주한미군의 역할과 성격을 달리하면서 평화협정 체결 이후 계속 주둔하는 미국에 대해 환영할 리 만무하다.

한편, 중국은 주한미군 철수 시 일본의 군사대국화로 지역 패권 경쟁에 휘말릴 것이다. 지역 안정은 더 이상 기대하기 어려울 것이다. 지역안정자로서 주한미군 주둔이 필요하다는 것을 이해시켜야 한다.

한국의 대중 통일외교는 무엇보다 통일 한반도가 중국의 지속적 경제 발전에 얼마나 큰 실익을 줄 것인가를 실증적으로 제시할 수 있어야 한다. 통일된

---

36 박종철·고봉준·김성진·박영준·신상진·이승주·황기식, 『통일한국에 대한 국제적 우려 해소와 편익: 지역 및 주변국 차원』(서울: 통일연구원, 2012), 127~254쪽.

한반도가 상대적으로 낙후된 동북 3성의 경제 발전을 촉진시키는 계기가 되어야 한다. 한미동맹, 한·미·일 군사협력은 북한 이외의 중국을 적으로 상정하지 않을 것이며, 미국의 대중 포위전략에 통일한국이 나서지 않을 것임을 분명히 해야 한다.

통일 한반도에서 주한미군이 철수할 경우 힘의 공백이 발생하여, 한반도 패권을 장악하기 위한 주변국 간의 지역분쟁이 예상되며, 이를 예방하고 지역 안정의 균형자로서의 역할을 고려할 때 한미동맹의 존속과 주한미군의 지속 주둔이 필요하다는 것을 설득할 수 있을 것이다. 주한미군이 평택기지로 재배치됨에 따라 더 이상 이북 지역으로 진출을 허용하지 않을 것이며 평화협정 체결 이후 주한미군은 안정자로서의 역할을 수행할 것임을 강조해야 한다.

일본 측 입장 예측과 대응 방안

평화협정이 체결된 이후에도 주한미군이 지속 주둔할 경우, 일본은 반길 것이다. 통일 한반도가 중국 세력에 편입되는 것을 꺼려 하는 일본의 입장에서, 주한미군과 한미동맹이 존속되는 한 한국이 중국 질서에 편입될 가능성은 희박하기 때문이다.

반대로, 주한미군의 철수는 일본 안보의 방파제가 사라지는 것이어서 일본의 급속한 군비 증강 기폭제로 작용할 것이다. 일본은 주한미군 철수로 인해 중국 대륙으로부터의 위협과 맞닥뜨리게 되어, 일본열도 방어에 치명적 위협으로 인식한다. 2018년 5월 3일 아베 신조(安倍晋三) 총리는 22만 5000명의 자위대 병력의 적법성을 위한 평화헌법 개정을 추진하겠다고 발표했다.[37]

일본은 주한미군 감군이 가시화되면 일본의 방위력 증강을 위한 대대적인

---

37 "Trump's Talk of U.S. Troop Cuts Unnerves South Korea and Japan," *The New York Times*, May 3, 2018.

방위비 증액을 하겠다고 예고하고 있다. 이는 중일 관계가 치열한 패권 경쟁으로 치닫게 되는 계기가 될 것이다.

한편, 일본은 주한미군이 지속 주둔함으로써 중국으로부터 직접적인 위협을 받지 않을 것이다. 한반도에 미군이 지속 주둔함으로써 일본에 적대적인 위협 세력이 결코 나타나지 않을 것임을 강조할 수 있을 것이다. 자유민주주의와 시장경제에 의해 한반도가 통일될 경우, 미국 질서 속에서 한일은 중국의 위협에 공동 대처할 수 있을 것이다.

징경 분리의 원칙을 지켜나가고, 상호 이익의 영역인 경제·안보 협력은 정치의 피해자가 되지 않아야 할 것이다. 북한을 둘러싼 안보협력은 역사 문제와 별개로 추진하는 것이다. 이러한 차원에서 북핵미사일 위협에 공동 대처하기 위해 체결한 한일 간 군사정보보호협정을 연장한 것은 바람직하다.

또한 한일의 장기적인 협력 비전을 만들어 신뢰를 회복해야 궁극적 해결이 가능할 것이다. 21세기의 한일 협력의 비전·원칙·행동강령을 만들고 양국 국민에게 제시하여 한일 협력의 필요성과 중요성을 재인식시킬 필요가 있다.

한국은 장기적으로 북한 문제와 통일을 염두에 둔 한일 관계를 발전시키는 노력이 요구된다.[38] 중국의 급부상과 미국의 패권적 지위의 상대적인 하락을 고려할 때 동아시아에서 일본이 지닌 위상과 역할은 과소평가할 수 없다. 역사적으로, 지정학·지경학적으로 한반도는 일본에 핵심적인 관심 지역이었으며 메이지유신 이후 한반도는 일본의 안전보장에 사활적 요소로 인식되어 우리의 통일 과정에서 일본 변수의 관리는 매우 중요한 과제가 아닐 수 없다. 장차 50억~100억 달러로 추산되는 일본의 대북 청구권 자금은 북한 지역의 피폐한 경제 재건과 인프라 구축 과정에 긴요하게 활용될 것이며, 통일 비용 절감에 결정적인 역할을 할 것이다. 일본의 대북 경제협력은 한국과의 긴밀한 대화와 공조체

---

38 이원덕, 「반일과 혐한을 어떻게 넘어설 것인가?」(한백통일재단 및 일본 동아시아총합연구소 공동 주최 심포지엄, 2016.6.10, 도쿄 학사회관).

제 구축하에 진행하는 것이 바람직하다.

자유민주주의, 시장경제, 인권, 법치주의 등 보편적 가치를 지향하는 한국과 일본은 주한·주일 미군과 함께 한반도 안정과 평화와 동북아 세력 균형을 유지하고, 동북아 지역의 재해재난 시 주일미군은 물론 주한미군과 함께 양국이 인도적 지원 및 재난구조작전에 참여할 수 있으며, 주한미군과 함께 힘과 강압에 의한 국제 질서와 규범에 도전하는 세력에 공동 대처할 수 있고, 해양 안보 및 사이버 안보, 우주 안보 협력을 위해서도 주한미군의 지속 주둔이 필요하다는 것을 강조할 수 있을 것이다.[39]

러시아 측 입장 예측과 대응 방안

러시아는 평화협정 체결 시 주한미군은 당연히 철수해야 한다는 입장이다. 우크라이나 사태나 미사일 방어 등으로 곳곳에서 미국과 충돌하고 있는 입장에서, 극동 러시아 지근거리에서 미군이 주둔하여 지속적으로 영향력을 행사하는 것을 결코 환영하지 않을 것이기 때문이다.

러시아는 극동 지역의 평화로운 주변 환경 조성을 위해 한반도 평화와 안정 유지를 원하며, 북한 핵 개발을 저지하고 한반도 비핵화가 실현되기를 바란다. 또한 남북한 등거리 외교를 통한 실리 추구와 아태 진출의 교두보 확보를 위해 한반도에 대한 영향력 행사를 희망한다.

1990년 9월 30일 수교 이후 지난 30년간 한국과 러시아 양국은 수많은 정상급 회의 개최와 교역과 투자 확대, 인적 교류 확대 등을 지속적으로 추진했다. 또한 북한을 태동시킨 후견국이자 인프라 구축 국가였으며, 북한의 산업시설 건설에 기여한 나라가 구소련과 이를 승계한 러시아이다. 북한의 대러 채무

---

39 정경영, 「전략환경 변화와 한일안보협력」(한백통일재단 및 일본 동아시아총합연구소 공동 주최 심포지엄, 2016.6.10, 도쿄 학사회관).

110억 달러 중 90%를 탕감해 주었고, 천안함 사태를 독자적으로 조사하고 유엔 안보리 결의안 채택 시 북한 입장을 옹호했다. 또한 사드 배치에 반대하고, 핵실험과 미사일 시험 발사를 중단한 북한에 대해 제재를 완화해야 한다고 나서는 등 적극적으로 한반도 문제에 관여했는데, 이는 역내 미국의 영향력을 견제하고 북한의 대중국 편향 정책을 수정해 궁극적으로 자국의 대북 영향력을 증대시키겠다는 의도가 있는 것으로 판단된다.

러시아는 자국의 참여가 배제된 한반도 통일이 될 경우 미국의 일방주의적 동북아 질서가 형성될 가능성에 대해 우려한다. 통일한국이 대량살상무기를 보유한 상태에서 반러동맹에 가담할 경우에 대해 민감하다. 또한 통일 과정에서 주변국에 통일 부담의 전가와 급속한 통일 과정으로 인한 역내 안보·경제적 불안정 요인이 증대될 것을 우려하고 있다.

한편, 일본의 재무장을 견제하기 위해 중국과는 전략적으로 협력 관계라고 하나 본질에서 경쟁 관계인 중국의 세력을 견제하기 위해서도 주한미군의 주둔이 러시아의 이익에도 기여함을 이해시킬 수 있을 것이다.

통일에 있어서 러시아의 역할은 과소평가할 수 없다. 한반도 및 동아시아뿐만 아니라 아태 지역에서 핵심적인 지정학적 행위자인 러시아는 북핵 문제의 평화적 해결을 위한 건설적 중재자로서, 대북 영향력 행사의 중요한 통로로서, 한반도에서의 군사적 충돌을 예방하는 안전판으로서, 한반도 평화 구도 정착의 한 축으로서 외교안보적 차원에서도 한국에 유용가치가 높은 국가이다.[40]

통일한국이 핵무장을 하고 반(反)러시아동맹에 참여할 것에 대한 우려에 대해서는 한미동맹이 북한의 침략에서 기인했다는 역사적 사실에 대한 양해와 비핵평화정책은 통일한국에도 지속됨을 강조할 필요가 있다. 동북아의 갈등과 지역안보 문제를 해결하기 위해 러시아가 적극적으로 추진해 온 다자협의체

---

40 박종수, 『21세기의 북한과 러시아: 신화(神話), 비화(秘話) 그리고 진화(進化)』(서울: 오름, 2012); 홍완석, 「부활하는 유라시아 강대국: 러시아와 '창조적 관계맺기'」, ≪Russia & Russian Federation≫, 4권 1호(2013), 22쪽.

구성으로 통일한국도 러시아와 동반자 관계로서 역할을 다할 것임을 이해시킬 수 있을 것이다.

러시아는 통일 과정에서 발생하는 비용이 전이될 것을 우려하나, 통일은 시베리아횡단철도(TSR)-한반도종단철도(TKR)의 연결 및 가스관 건설과 같은 대규모 사업이 성사될 수 있는 유리한 여건을 조성하며, 새로운 시장으로서 통일 한반도가 러시아의 국익에도 크게 기여할 것임을 상기시킬 필요가 있다.

난민 발생 문제는 상당 부분 통제가 가능하고 보다 제도화된 틀 내에서 극동 러시아 개발에 통일한국의 노동력을 활용할 수 있을 것이다. 연해주 일대의 농장 지대를 러시아가 제공하고 한국은 자본과 기술을, 북한은 노동력을 제공하면 북한의 식량문제 해결에 기여할 것이다. 남·북·러를 잇는 가스관 프로젝트가 완성될 때 북한 가정에 가스관이 연결된다면 민둥산의 황폐화를 방지하고 북한 주민을 열악한 환경에서 해방시킬 것이며, 한국 역시 중동 지역에서 들어오는 원유 가스의 물류비용을 절약할 수 있을 것이다.

궁극적으로 평화협정 체결 이후 북한이 평화협정을 파기하여 무력으로 침공하지 못하도록 주한미군이 억제력을 행사하면서 평화체제가 정착될 수 있도록 동북아 안정자로서 지속 주둔하는 것이 역내 모든 국가이익에도 기여할 것이다.

정책 제안과 한미동맹 비전·평화창출 로드맵

대한민국은 세계 어느 나라에서도 그 유례를 찾아볼 수 없는 시련과 역경을 딛고 일어선 나라이다. 제국주의의 식민 통치, 강대국에 의한 한반도 분단, 민족상잔의 피비린내 나는 전쟁, 가난과 독재로부터 우뚝 일어선 대한민국이다. 한미동맹에 힘입어 전쟁을 억제한 가운데 경제성장과 정치민주화를 이루고, 디지털 선도국이자 한국 문화를 떨치고 있는 세계가 주목하는 나라이다.

모든 분야에서 북한과 대비하여 압도적인 우위에 있는 대한민국이 유독 군사 분야만큼은 끌려다니는 참담한 상황이다. 급기야 북한이 사실상의 핵보유국이 됨으로써 우리가 누려온 번영된 자유 대한민국이 일순간 사라져버릴 수도 있는 상황이다. 한미의 비상한 전략과 연합군의 결기가 절실한 이유이다. 남·북·미·중 정상들이 만나 북한의 비핵화를 이루어내거나, 협상을 통한 북한 핵 폐기에 실패할 경우, 군사 옵션에 의해 핵무기를 제거하거나, 핵전쟁을 각오해야 할 것이다. 하나같이 강력한 동맹이 요구된다.

남북한 체제 경쟁에서, 모든 분야에서 압도적인 우위를 이룩한 대한민국이 안보 분야에서도 막강한 국력을 바탕으로 비상한 전략과 비장한 의지를 갖고 스스로 일어서서 조국을 지킨다는 자립안보 의식과 호혜적이고 성숙된 동맹

관계로 나아가면 북한에 끌려가지 않고 힘의 균형을 이루어 결국 북한을 압도하지 못할 이유가 없다.

한미동맹의 평가와 비전

동맹의 공헌: 1953년 10월 1일 한미상호방위조약이 체결된 후 지난 70여 년 동안 한미동맹은 한반도에서 전쟁을 억제하고 평화를 유지한 가운데 경제 강국을 건설하는 데 결정적으로 기여했다. 6·25전쟁 당시 미군은 연인원 485만여 명이 참전했고, 전사자 5만 4246명, 부상자 46만 8659명이 희생을 치르면서 공산주의 확산을 차단하고 한국에서 민주주의의 가치를 지켜냈다.

6·25전쟁으로 잿더미가 된 한국은 1999년까지 원조액 1조 3976만 달러 중 5542만 달러를 공여 등 전후복구 재정 지원으로 미국으로부터 받았고 수많은 엘리트 요원이 미국에 유학해 선진학문과 과학기술을 학습하고 귀국해 국가 발전에 기여했다. 뿐만 아니라 그동안 미군이 주둔함으로써 국방비 절약 효과를 누림은 물론 최빈국이던 한국이 경제 발전을 거듭해 제2차 세계대전 이후 도움을 받은 나라에서 도움을 주는 유일한 나라로 성장할 수 있었다. 한미동맹의 경제적 가치는 오늘날에도 주한미군 장비 가치로 17조~31조 원, 주한미군의 대체비용 측면에서 한국 국방비의 2배로 추정된다.

미국이 한국의 군사정권을 비호하면서 민주화를 저해했던 것으로 평가하는 경우도 있으나, 미국은 직간접적인 개입 정책을 통해 독재정권을 견제하고, 언론의 자유와 인권, 법치주의가 한국 사회에 뿌리내리게 하는 데 기여했다.

군사적인 측면에서 한미동맹은 한국군의 성장과 발전에 결정적으로 기여했다. 그중에 빼놓을 수 없는 것이 한국군 간부가 미국의 수많은 군사교육기관 및 민간 대학 석·박사 위탁교육을 통해서 선진국의 전략, 작전술, 전술을 학습하고 우리 군을 강군으로 만드는 데 기여한 것이다. 한미동맹은 한국군의 전쟁

기획 및 전쟁수행 능력을 제고시키는 데도 크게 기여했으며 주한미군, 연합사, 한미협의체를 통해서 전쟁 억제 기능을 수행해 왔다. 지속적인 한미연합훈련 및 연습을 통해 연합작전 수행 능력을 제고시켜 싸워 이길 수 있는 군대로 성장했다.

동맹의 역기능: 한미동맹은 대한민국과 한국군의 발전과 성장에 직간접적으로 기여해 왔다. 그러나 한편, 미군 주도의 한미연합방위체제에서 동맹에 과도하게 의존하는 안보 의식, 한국군의 정체성 혼란, 군사력 운용의 자율성 제한, 전력 증강의 미국 무기 편중 심화 등 부정적인 영향도 미쳐왔다. 이를 좀 더 구체적으로 살펴보면 첫째로 동맹에 과도하게 의존하는 안보 의식은 정리되어야 할 유산이다. 일부 국민들은 미국의 도움이 없으면 이 나라를 지킬 수 없으며 유사시 함께 싸우지 않으면 승리할 수 없을 것이라는 의식을 갖고 있다. 그리고 이러한 의식은 심지어 일부 군인들에게까지 스며들어 갔다.

둘째로 한국군의 정체성 문제이다. 전쟁을 미국 주도의 연합작전과 첨단무기와 물량전에 의해 승리할 수 있는 것으로 인식했고, 군사전략과 군사사상, 의지로 무장된 싸워 이기는 군대를 우리가 주도적으로 육성하기 위한 노력을 소홀히 했다.

셋째로 북한이 끊임없이 무력 도발과 테러를 자행해 왔는데도 왜 우리 군은 이렇다 할 응징보복을 못 하는 무기력한 군이었나 하는 문제이다. 이는 우리 군이 군사력 운용의 자율성을 제한받아 온 데 기인한다. 전·평시 지휘체제의 이원화와 정전 시 유엔사 교전규칙의 비례성의 원칙 등으로 인해 한국군의 군사력 운용이 제한받을 수밖에 없는 구조이다. 이는 정상으로 바로잡아야 한다.

넷째로 전력 증강 사업의 미국 편중 현상이다. 미국산 무기 획득은 한미연합작전의 상호운용성 측면에서 이해할 수는 있다. 한국은 2006년부터 2015년까지 10년간 미국산 무기 구매 1위 국가로 무기 도입에 무려 36조 360억 원을 투자했지만 비대칭 전력에서 북한군보다 우위에 있지 못하다. 사실상 북한이 한반도 남단은 물론 괌, 미국 본토까지 위협을 주는 장거리탄도미사일을 보유했거나 개발하고 있음에도 미사일기술통제체제 등에 의해 미국은 한국의 미사일 체계 개발을 통제해 왔다. 미국 무기체계에 의존하는 한 자주국방은 요원하다. 한반도 작전 지역과 한국군 교리에 부합하는 무기체계를 개발해 싸워 이길 수 있는 군대로 무장시켜야 한다.

다섯째로 2018년 6월 29일 주한미군사령부가 평택 캠프 험프리스로 이전함으로써 73년의 용산 시대를 마감하고 평택 시대를 맞이하게 되었다. 이러한 변화는 만에 하나 주한미군 전력이 인도·태평양 지역의 우발사태에 재전개되어 안보가 취약한 상황에서 전면전이 발발했을 때 우리 군이 과연 북한군과 싸워 승리할 수 있는 군인가에 대한 보다 근원적인 질문을 갖게 한다.

동맹의 현 실태: 가치와 신뢰의 한미동맹이 도전받고 있다. 한미연합훈련 중단 및 축소, 거래동맹, 주한미군 철수론 부상, 남북 관계 발전에 걸림돌이라는 동맹 회의론 등으로 동맹이 흔들리고 있다. 또한 일면 9·19군사합의와 비핵화 협상을 하면서 동시에 핵미사일 능력을 급격히 증대하고 있는 북한의 화전양면 전략에 동맹이 효과적으로 대응하고 있는지 의문이다.

한미동맹은 전쟁 억제를 통해 한반도 평화는 물론 지역의 안정에도 기여해 왔다. 전쟁 억제는 한미연합훈련 등 대비 태세에 의해 이루어지며, 연합훈련의 현저한 축소·조정으로 한반도에서 평화 유지를 제대로 수행할 수 있을지 의문시된다. 동맹이 살아 움직일 때 동맹의 가치가 구현된다. 한미연합기동훈련의 지속은 이런 차원에서 중대한 의미가 있다. 연합훈련이 사라지게 되면 주한미군의 존재 가치가 상실되고 결국 동맹은 형해화될 것이고 주한미군은 철수할 수밖에 없을 것이다. 또한 트럼프 행정부는 제11차 방위비 협상에서 최초 황당한 50억 달러에서 최근 13억 달러를 요구한 것으로 알려져 있으나, 여전히 2019년도 방위비 분담액의 53%가 증액된 것으로 역시 무리한 요구이다. 돈이 없으면 동맹을 지속할 수 없다는 동맹의 금전화(Monetization of Alliance)는 가치

동맹을 추구하는 한미 간에 갈등과 균열을 초래하게 될 것이다. 북한에게 주한 미군은 적화통일 전략을 추진하는 데 최대의 걸림돌이다. 6·25전쟁을 감행하여 낙동강까지 진출했던 북한에게 있어 미군의 개입은 '민족의 해방'을 달성할 수 없게 한 것으로, 북한에게 주한미군 철수는 곧 적화통일의 제한 요소가 사라짐을 의미하며, 노동당 규약에 명시된 '온 사회의 김일성·김정일주의화'를 완성하게 할 것이다. 일부 식자들은 우리 정부의 남북 관계 개선을 위한 노력이 많은 벽에 부딪치는 것은 미국이 있기 때문이라고 인식하여, 마치 한미동맹이 남북 관계 발전이나 통일에 장애물이라는 생각까지 한다. 그러나 이는 북핵에 대한 유엔의 대북 결의에 따른 경제제재에 해당되는 것으로 판단된다. 동맹이 온전치 못하면 사실상의 핵보유국이 된 북한을 상대할 수 있을지를 생각해야 할 것이다.

이대로의 동맹이 되어서는 안 된다. 동맹이 주저앉을 수도 있다는 위기의식을 느낀다. 이런 상황일수록 긴 호흡을 하면서 국가의 비전과 철학을 밝히고, 미중 관계와 남북 관계의 전망을 통해 동맹의 비전을 정립하면서 도전에 창조적으로 응전해야 한다. 지난 70여 년에 걸쳐서 전쟁 억제를 통해 평화를 유지함으로써 분단 관리를 해온 동맹은 분단 관리에 멈춰서는 안 된다. 또한 우리의 염원인 한반도 평화체제를 구축하는 노력도 늦춰서는 안 된다. 평화체제 구축에 동맹의 역할은 절대적이다.

한미동맹의 비전: 한미동맹은 한반도 차원에서 분단을 극복하고 평화통일에 기여할 수 있도록 작동되어야 한다. 기존의 한미동맹이 미국이 주도하는 연합방위체제를 통해 한반도에서 전쟁을 억제하는 데 기여해 왔다면, 앞으로의 한미동맹은 전작권 전환을 통해서 한국이 주도하는 연합방위체제로 전쟁 억제를 이루고 평화 유지 기능을 수행하면서, 억제 실패 시에는 군사작전에서 승리하여 자유민주통일정부를 수립할 수 있도록 준비해야 한다. 동시에 평화창출을 통해 한반도 평화체제를 구축하는 데 기여해야 한다.

사이버전에 대비하기 위해 한미는 증대되는 사이버 안보 위협을 고려해 동맹의 사이버 역량을 강화하는 데 협력해야 한다. 양국 사이버사령부의 조직 개편에 대해 서로 정보를 공유해야 한다. 또한 한미는 한국군의 우주 역량 강화를 위해 동맹협력을 증진시켜 나가야 한다. 공동의 우주작전 능력을 향상하기 위해 양자 및 다자 연습 참여 기회를 지속적으로 모색하고 임무 수행 보장을 위한 전문인력 양성 등 능력을 구축해 나가야 한다.

한반도를 넘어서 지역 차원에서 한미동맹은 전염성 질병, 태풍, 지진, 화산 폭발, 폭설 등 자연재해와 여객선 침몰 등 우발사태 발생에 대비하기 위해 군·경찰·의료진으로 구성된 지역 신속대응태스크포스를 창설하여 인도적 지원 및 재난구조작전에 참여해야 한다. 또한 호르무즈해협, 인도양, 남중국해, 동중국해에 이르는 해로를 보호하기 위한 해양 안보협력을 강화해야 한다.

인도·태평양전략과 관련하여 한국은 동북아 지역은 다자안보협력 메커니즘으로, 인도·동남아 지역은 신남방정책으로 참가할 필요가 있다. 미국이 한미동맹을 한반도 안정과 평화는 물론 동북아 안정과 평화에 중심 역할을 하는 린치핀으로 인식하고 있는 것처럼 한미동맹은 동북아의 안보협력을 제도화하는 데 리더십을 발휘할 수 있다. 이를 위해서 유럽안보협력기구처럼 동북아판 안보협력기구를 출범시켜야 한다. 개방성·포용성·투명성이라는 역내 협력 원칙에 따라 한국의 신남방정책과 미국의 인도·태평양정책 간에 조화로운 협력을 추진해야 한다.

글로벌 차원에서 한미동맹은 해적, 국제 테러리즘 확산, 대량살상무기 확산, 불량·실패한 국가의 전횡 등 광범위한 범세계적 안보 도전에 대처하기 위한 협력을 지속적으로 증진해 나가야 한다. 평화 유지·빈곤 퇴치·인권 개선을 위해 협력을 강화해 나가야 한다.

한반도 평화체제 구축 5대 추진전략

한반도 평화체제를 구축하기 위해서는 비핵화, 전작권 전환, 군비통제, 동북아 안보협력, 평화협정 체결이 병행 추진되어야 한다. 하나같이 한미동맹이 제대로의 역할을 해야 한다. 한반도 평화는 북한의 핵 폐기 없이는 이룩될 수 없다는 것, 전작권 전환을 통해 한국군이 중심을 잡고 평화를 관리하고, 유사시 승리하지 않으면 안 된다는 것, 유럽의 평화가 군비통제를 통해서 이루어졌던 것처럼 한반도 군비통제는 무력충돌을 예방하고 전쟁이 없는 한반도를 만들 수 있는 길이라는 점, 한반도 안보 환경이 갈등과 대립의 냉전 질서에서 평화와 공존의 협력 질서로 재편되었을 때 한반도 평화체제 구축을 촉진시킬 수 있다는 점, 정전체제를 해체하고 평화체제로 전환하기 위해 남·북·미·중이 참여하는 한반도 평화협정을 체결해야 하며, 동시에 유엔사와 주한미군의 문제는 한반도 평화를 정착시키는 기능을 수행하기 위해 존속되어야 한다는 것이다.

북핵 폐기: 북핵 문제는 ① 협상을 통한 핵 폐기, ② 사실상의 핵보유국 상황, ③ 핵 협상 결렬에 따른 핵미사일 대량생산·전력화 시나리오로 상정해서 한미 간에 대응해야 할 것이다. 이를 구체적으로 살펴보면, 북핵 시나리오 1은 협상을 통해 북한이 핵을 완전 폐기하면 상응하는 조치로서 제재를 전면 해제하고 평화협정을 체결하는 시나리오로, 가능성은 낮지만 비핵화와 함께 한반도 평화체제를 추진할 수 있는 것이다. 한편, 김정은 스스로 한미 지도자는 물론 중러 지도자, 북한주민들에게까지도 한반도의 온전한 비핵화를 약속한 상태에서 핵 폐기 시 얻는 이익이 핵을 보유하는 데서 오는 이익보다 크다는 확신을 갖게 된다면 핵을 포기할 수 있을 것이다. 경제적 혜택, 미북 국교 정상화, 평화협정 체결 등이 이루어진다면 그 가능성은 열려 있다.

시나리오 2는 북한이 더 이상 핵실험과 탄도미사일 발사를 하지 않으며, 핵을 동결하고 핵기술과 핵무기를 제3국에 이전하지 않는다는 약속하에 미국이 제재를 해제하고 미북 간 수교를 하는 것으로, 가능성이 높은 시나리오이다. 특히 3대에 걸쳐서 핵 개발을 하는 데 국가의 역량을 집중해 온 북한이 핵을 내려놓는다는 생각 자체가 희망적 사고(Wishful Thinking)에 그칠 수 있어 가능성이 높은 시나리오이다. 북한이 체제를 유지하기 위해 핵무기를 보유한다고 했을 때, 미국과 한국, 또는 둘 중 한 국가가 북한을 핵보유국으로 수용할 것이라고 보는지에 대한 문제이다. 어느 국가도 북한을 핵보유국으로 공식화하지 않을 것이나, 미국에게 직접적인 위협을 가하는 ICBM 개발을 포기하고, 핵무기를 국제 테러리스트에게 이전하지 않는다는 보장이 있다면 미국은 묵시적으로 용인하게 될 것이며, 이는 북한을 사실상의 핵보유국으로 인정하는 결과가 될 것이다. 북한을 사실상의 핵보유국으로 인정하는 순간, 북한에 의해 한국은 끌려가는 상황이 될 것이다.

시나리오 3은 북한이 비핵화 협상에 대해 완전 결렬을 선언하고 핵미사일을 대량생산하고 전력화하는 시나리오로서, 가능성은 낮다. 예측 불허의 호전적인 김정은이 통치하는 북한이 대량 핵무기와 탄도미사일로 무장되는 상황을 상정할 수 있을 것이다. 최악의 경우, 이른바 '온 사회의 김일성·김정일주의화'를 위해 중장거리탄도미사일로 미국의 증원전력 발진기지를 공격하면서 한국의 특정 도시에 전술핵무기를 투하하고, 단거리 다중미사일로 고가치 표적을 동시다발적으로 타격한 후 항복하지 않으면 수도권을 전략핵무기로 쓸어버릴 것이라고 협박했을 때 과연 어떻게 될까. 한미동맹은 각 시나리오에 대해 ① 평화협정 체결과 북미 수교, ② 플랜 B 시행, 핵무기 WMD 전략적 타격체계 조기 구축, 전술핵 재배치 및 나토형 핵 공유, ③ 핵전쟁 대비 및 한국의 핵무장으로 대응해야 할 것이다. 각 시나리오별 구체적인 대응전략은 동맹 비전과 평화체제 로드맵에서 논의하고자 한다.

전작권 전환: 전작권 전환은 자주국방의 상징으로 독립된 국가라면 마땅히 이루어야 할 목표로서 이 땅의 주인인 대한민국이 동맹에 과도하게 의존하지

않고 스스로의 의지와 능력, 전략으로 민족혼과 얼, 조국 강토와 민주주의를 수호하겠다는 결기를 나타낸다. 국군에 대한 전작권 행사는 국방의 정체성을 회복하고 군사력 운용의 자율권을 복원한다는 의미가 있다. 전작권 전환은 우리 군의 기를 세워주고 국민의 자존감을 드높이는 계기가 될 것이며, 전작권 전환이 이루어질 때 제대로 된 평화창출 기능을 수행할 수 있다. 한반도 유사시 미군이 주도하는 군사작전을 수행하는 한 중국이 개입하여 지역분쟁으로 비화될 가능성을 배제할 수 없다. 한국이 군사작전을 주도할 때 중국의 개입 명분을 차단시켜 통일의 성업을 달성할 수 있다.

또한 전작권 전환은 탈냉전 이후 한미동맹이 추구해 왔던 한국 방위의 한국화가 이루어진다는 역사적 의미가 있다. 전작권 전환은 우리 군으로 전·평시 지휘체제가 일원화되는 것으로, 북한은 응징보복할 수 있는 권한을 행사하는 한국군을 의식할 수밖에 없을 것이고 도발 시 즉각적으로 한국군이 대응해 올 것이 분명할 것이기 때문에 감히 도전하지 못할 것이다. 우리 군은 북한이 무력 도발을 한다 하더라도 즉각적이고 과감하게 도발원점은 물론 지휘 및 지원 세력까지 응징보복으로 맞설 것이다. 또한 대한민국 정부로의 전시작전통제권의 전환은 한미동맹에 힘입어 경제성장과 정치발전에 이어 자립안보까지 이루어냄으로써 동맹의 모델로 평가·칭송받게 될 것이다. 또한 외교의 자율성을 행사함으로써 국제무대에서의 지평을 확장시킬 수 있는 계기가 될 것이다. 마지막으로 전작권 전환은 한반도의 작전 지역과 군사전략에 부합하는 교리를 발전시키고 무기를 개발하여 싸워 이기는 군대를 육성함은 물론, 방위산업을 진흥시켜 수많은 일자리를 만들고 방산 수출에 활력을 불어넣어 국익 증진에 기여하게 될 것이다.

이러한 전작권 전환의 의의가 구현될 수 있도록 전작권 전환을 추진하기 위해 합참의장과 주한미군사령관으로 구성된 특별상설군사위원회를 통해 전작권 전환 추진 평가를 수행하면서 기본운영능력 평가, 완전운용능력 평가, 완전임무수행능력 평가를 통해서 전작권을 전환하고, 유엔사는 정전관리 기능을 수행하면서 평화체제로 전환하는 데 촉진자 역할과 유사시 전력제공자의 역할을 수행하는 등 유엔사와 연합사의 기능과 역할을 전략지시에 반영해야 한다.

군비통제: 남북의 군사적 신뢰 구축과 군비통제 추진은 무력충돌과 전쟁이 없는 한반도 건설을 위해 실시하는 것으로, 비핵화의 실질적인 진전 시 군비통제를 추진하고, 군사적 신뢰가 구축된 상태에서 구조적 군비통제는 통일 이후 주변국 위협을 고려한 남북한 군사통합 차원에서 추진한다. 주한미군의 역할 변경과 규모 축소, 구성과 배치 조정을 병행한다.

남북군사합의서의 이행 실천은 우리 군이나 국민들에게 새로운 길에 대한 혼란과 우려, 불안도 갖게 할 수 있으나, 북한의 어떠한 적대행위도 용납하지 않겠다는 전제하에 통일한국이라는 국가전략 목표를 구현하기 위해 평화를 창출함으로써 우리 군이 수행해야 할 임무이다. 사실상 남북 간 교류협력이 심화·발전되고 자유롭게 왕래가 이루어져 하나의 공동체를 형성한다 하더라도 북한의 적대행위나 남북한 군사적 무력충돌은 일순간 남북 관계를 경색국면으로 치닫게 해 모든 것이 단절될 수 있다. 남북한의 군사적 신뢰 구축 조치들이 한반도에서의 군사적 안정성을 제고함으로써 평화 정착의 여건을 조성하여 통일 한반도를 이루어내는 데 결정적으로 기여할 것이다. 9·19남북군사합의와 이행은 한반도 비핵화를 견인하고 추동한다는 점에서 중요한 의미를 갖는다. 만일 비핵화 협상 과정에서 남북 간에 적대행위나 우발적 무력충돌이 발생할 경우 비핵화 협상은 진전될 수 없을 것이기 때문이다. 또한 정전협정 체결 이후 65년 만에 최초로 DMZ를 명실상부하게 완전 비무장화하여 정전협정의 취지를 구현할 수 있는 실제적인 군사 조치를 마련했으며, 한반도의 화약고였던 서해 지역에 서해완충구역을 설정하여 적대행위와 우발적 충돌이 없는 평화수역으로 전환시켰다는 점에서도 그 의미를 찾을 수 있다. 2020년 6월 현재 북한의 급격한 긴장고조 행위에 대해서 강력한 한미 전비 태세를 유지하면서 섬세한 상황 관리가 요구된다.

남북군사합의의 이행과 향후 군비통제를 추진하기 위해서는 분명한 원칙과 전략이 있어야 한다. ① 남북군사공동위원회 구성을 통해 비핵화 진전에 따라 초보적 단계의 군사적 신뢰 구축으로부터 운용적 군비통제, 구조적 군비통제 방안을 협의하여 추진한다. ② 유엔사 및 주한미군사와 긴밀한 사전 협의하에 남북 군비통제를 추진한다. ③ 차기 단계로 가기 전에 남북군사합의서에 대한 이행 평가 후 점진적으로 추진한다. ④ 남·북·유엔사·중립국감독위원회가 남북 군비통제 합의사항에 대한 이행을 감시·검증한다. ⑤ 모든 합의사항은 투명하고 공개적으로 이행한다. ⑥ 상호위협감소원칙에 따라 군비통제를 추진한다. ⑦ 국민적 공감대를 바탕으로 추진한다는 원칙하에 군비통제를 할 필요가 있다.

동북아 안보레짐: 안정되고 평화로운 동북아 전략 환경 조성은 한반도 평화체제 구축에 결정적으로 기여한다. 동북아의 냉전 질서를 협력안보 질서로 전환하기 위해 한미가 리더십을 발휘해야 하는 이유이다. 동북아 안보공동체를 형성하기 위해 동북아 안보협력기구의 제도화를 선도해야 한다. 자연재해와 전염성 질병 등 초국가적·비군사적 위협에 역내 국가들이 공동으로 대처하는 메커니즘을 구축할 필요가 있다. 동북아 지역의 특수한 안보 환경과 북핵미사일 위협, 역내 군비경쟁, 영토 분쟁 등 이슈를 집중적으로 협의하고 해결할 수 있는 동북아 안보협의체의 제도화는 절실하다. 동북아 안보협력체를 구축하기 위한 추진 기조로, 평화협력 레짐은 기존의 쌍무동맹을 대체하는 것이 아닌 보완적 기능을 수행하며, 한미동맹과 미일동맹은 물론 북중동맹도 새롭게 구축될 평화협력 레짐과 함께 존속하도록 할 수 있다.

그러나 특정 국가나 블록을 공동의 위협으로 상정하지 않는다. 또한 레짐은 다자간 협력에 주안을 두기 때문에 쌍무 간 갈등 및 분쟁 이슈를 포함시키지 않는다. 따라서 다자간 연습훈련도 전통적인 군사위협에 대비하는 연습을 배제하고 테러, 전염성 질병, 해적, 재해재난, 해상 공동 수색구조(Search & Rescue),

비전투요원 후송(Non-combatant Evacuation) 등 비군사 시나리오에 입각해서 실시되어야 한다. *

　우리의 생동하는 시민정신과 성숙한 국민의식, 해외지향적인 도전정신, 널리 인간을 이롭게 하라는 홍익인간의 정신은 서로 화합하면서 평화로운 가운데 약동하고 살맛나는 동북아 인식공동체 사회를 가꿔나가는 데 귀한 역할을 할 수 있을 것이다. 인식공동체는 공동운명체로서 싸우지 않고 서로 화합하면서 문명 생활을 영위하는 공동체를 지칭한다.

　한반도 평화협정 체결: 평화협정은 한미 간 평화협정 조건, 방식, 내용 등에 대해 협의·합의하고, 비핵화 진전에 따라 남·북·미·중 4자 간 평화협상을 개시하여 한반도 평화협정을 체결하는 과정을 밟아야 한다. 또한 한미는 평화협상 이전에 유엔사 및 주한미군의 미래 문제를 협의·합의해야 한다.

　평화협정 체결 이후 유엔사의 미래와 관련하여 해체론자와 존속론자 간에 충돌하고 있다. 유엔사 해체 시 평화협정 이행 감시기구로서 남북군사공동위원회의 실효성 문제, 유엔 참전 16개국의 한반도 전쟁 재발 시 재참전 결의가 소멸된다는 점, 한반도 유사시 중러의 거부권 행사로 유엔 참전 결의안이 채택될 가능성이 희박하다는 점, 유엔사와 일본 정부 간에 체결한 SOFA 소멸로 유엔사 후방기지 사용 권한이 상실된다는 것 등의 문제로 유엔사 해체는 신중해야 한다. 저자는 유엔사를 재편하여 평화협정 감시 기능을 수행하도록 유엔 안보리 재결의를 받는 안을 제시했다. DMZ를 평화지대화하여 재편된 유엔사가 평화협정 이행을 감시하고 평화가 완전히 정착되어 통일을 이룩할 때 유엔사는 해체하면 될 것이다.

　평화협정 체결 이후 주한미군의 미래와 관련해서도 철수론자와 존속론자가 충돌하고 있다. 북한과의 적대 관계가 정리되었기 때문에 더 이상 주한미군이 주둔할 명분이 사라졌다고 주장할 수 있으나 주한미군은 정전협정이 아닌 한미상호방위조약에 근거하고 있으며, 태평양 지역에서의 무력공격 등 공동의 위협에 대처하기 위해 조약을 체결하여 주둔하기 때문에 평화협정을 체결했다고 해서 법리적으로 영향을 받지 않는다. 유사한 사례로 주일미군의 경우에 샌프란시스코 강화조약 체결 이후에도 미일안보조약 체결로 지속 주둔하고 있으며, 주독미군도 독일 내 외국군 주둔에 관한 협정에 따라 전승국 독일 점령 체제 종식 후에도 그리고 독일 통일 이후에도 지속 주둔하고 있다.

또한 평화협정 체결 이후 미군 주둔 여부를 판단할 때 국내 정치, 경제적 가치와 철수 시 경제적 파장, 중국의 세계전략 대응 및 한반도 유사시 제해·제공권 장악, 파리평화협정의 교훈, 통일한국의 안보전략 및 지역 안정 차원에서 지속 주둔이 필요하다.

주한미군의 역할을 한반도 평화체제 구축까지는 북한 도발을 방지하는 예방자(Preventer)로서, 평화체제 정착 단계에서는 한반도 내부 상황을 관리하는 조정자(Coordinator)로서, 통일 이후에는 지역안보체제의 균형자(Balancer) 역할로 조정해야 할 것이다.

이러한 주한미군의 발전 방향에 대해 한국의 역대 정부는 한미동맹이 한국 안보의 기본 틀이며, 주한미군은 통일 이후에도 주둔해야 한다는 입장이나, 일부 반대파는 북한과 적대 관계를 청산하는 평화협정을 체결했는데 주한미군이 당연히 철수해야 한다고 주장할 수 있을 것이다. 미국이 신고립주의로 나아가거나 한국 국회에서 주한미군 철수 결의가 통과된다면 주한미군을 철수할 수 있을 것이다. 그러나 그러한 가정은 2030년 이전에 현실화될 가능성이 낮으며, 미국이 글로벌 패권 전략을 추진하기 위해 수정주의 세력을 견제할 수 있는 한반도의 전략적 가치의 중요성이 더욱 증가되었다.

북한은 6·25전쟁 시 미군 개입이 없었으면 적화통일을 이룰 수 있었다고 생각할 것이며, 미군을 통일의 최대 걸림돌로 인식하여 철수를 주장할 것이다. 중국은 세계적 사회주의 강대국 건설에 가장 위협적인 세력이 주일미군보다 주한미군이라고 판단하여 북한의 위협이 사라진 상황하에서 더욱 미군 철수를 주장할 것이다.

이에 대한 대응 방안으로 한국의 주한미군 철수론자에 대해서는 한반도의 지정학적 위치와 냉엄한 국제정치의 현실을 직시하여 주변국의 위협에 대비하여 주한미군의 지속 주둔이 필요함을 강조해야 한다. 미국에 대해서는 자유민주주의, 시장경제, 인권 등 보편적 가치가 한반도 전체로 확대되는 것이며, 중국과 러시아의 심장부를 겨눌 수 있는 전략적 요충지로서 한반도에서의 주한미군의 가치를 강조해야 한다.

북한에 대해서는 평화협정을 체결한 상황에서 주한미군은 더 이상 위협 세력이 아니며, 한반도의 안정과 평화 유지를 위해 그리고 외세 개입 차단을 위해 미군이 주둔할 필요가 있음을 이해시켜야 한다.

중국의 경우 주한미군 철수 시 지역 안정은 더 이상 기대하기 어려울 것이며, 일본이 군사대국화로 치닫게 되어 지역 패권 경쟁에 휘말릴 것이다. 따라서 주한미군 철수 시 중국의 지속적 경제성장에 부정적 영향을 미칠 것임을 강조해야 한다. 지역안정자로서 주한미군의 주둔이 필요한 이유이다.

일본에 대해서는 주한미군이 철수할 경우 한미동맹은 소멸될 것이고, 그 결과 한반도를 포함한 대륙으로부터 일본도 직접적인 안보 위협을 받게 될 것임을 주장해야 한다. 주한미군이 주둔해야 대륙으로부터 직접적인 위협을 받지 않을 것이고, 한일 간 충돌을 예방할 수 있을 것이다.

한미동맹 비전과 평화창출 로드맵

동맹의 비전 구현과 한반도 평화체제 구축은 3단계로 구분하여 상호연계하에 추진할 수 있을 것이다. 1단계 출발 분기점은 2018년으로, 이해에 북한 비핵화 협상을 개시했고, 전작권 전환에 따른 연합사 상부 지휘구조에 합의했으며, 남북 간 9·19군사합의를 했다. 또한 자연재해 등 초국가적 위협에 동북아 국가들이 공동 대처할 필요성을 인식했으며, 평화협정에 대한 논의와 함께 유엔사와 주한미군의 미래 문제가 2018년에 논의되었다. 1단계는 2018년부터 미국의 대선이 있는 2020년까지로 기반 구축 단계이며, 2단계는 미국의 새로운 정부 출범과 문재인 정부의 임기가 끝나는 시기까지인 2021~2022년으로 약진 단계, 3단계는 그 이후 완성 단계이다. 이를 각각 단기, 중기, 장기로 구분하여 제시하면 다음과 같다.

먼저 한미동맹 비전의 1단계로 전쟁 억제와 평화 유지를 기본 임무로 수행하면서 억제 실패 시 군사작전에서 승리하기 위한 준비를 한다. 동시에 평화창출 기능 수행과 사이버·우주·해양 안보 및 대테러 협력 방향을 협의·합의하여 추진한다. 2단계로 전작권 전환에 따라 한국이 주도하는 신연합방위체제를 출범시키고, 동북아 안보레짐을 협의하며, 동맹을 통한 경제산업화, 정치민주화에 이어 안보의 자립화를 달성한다. 그리고 3단계로 한반도 평화협정 체결에 따른 평화체제를 구축함으로써 한미동맹과 주한미군은 한반도 안정자로서 동북아의 균형자로서의 역할을 수행하며, 동맹 모델의 글로벌화를 추구한다.

이제 한반도 평화체제 구축을 위한 비핵화, 전작권 전환, 군비통제, 동북아 안보레짐, 평화협정, 평화협정 이후의 유엔사와 주한미군의 미래에 대해 로드맵을 제시하고자 한다.

먼저 북핵 폐기이다. 북핵 문제는 국가의 사활이 걸린 문제이기 때문에 남·북·미·중 정상이 함께 풀어가야 한다. 여기서 중국의 참여는 긴요하다. 비핵화와 평화협정의 여정에 중국이 처음부터 참여해야 한다. 1단계는 비핵화 일괄타결과 상응 조치의 교환 단계이다. 핵탄두, 투발 수단인 미사일, 핵물질을 폐기하는 비핵화의 정의와 최종 단계에 대한 포괄적 합의를 한다. 상응 조치로 남·북·미는 평양과 워싱턴, 서울에 연락사무소를 상호 개설하고 금강산 관광을 재개한다. 2단계 2021년에는 위협의 핵심에 있는 영변 핵시설, 동창리 미사일 시험장 및 발사대와 장거리 투발 수단인 ICBM과 핵무기 일부를 폐기하고, 모든 핵시설의 리스트를 접수한다. 이에 한미는 개성공단 협력사업 재개 등 민생 관련 제재를 해제하며, 미국은 테러지원국 및 적성국 교역법을 해제한다.

중국은 개성공단에 다국적 기업으로 참여하고, 북한의 석탄 등 자원을 수입한다. 북 노동자들의 해외 파견을 재개한다. 본격적으로 남·북·미·중 간 4자 평화협상을 개시한다. 마지막 완전 폐기 단계에서는 모든 핵무기와 미사일 등 한반도의 안보 및 주변국에 위협이 되는 대량살상무기와 투발 수단을 비핵화의 대상으로 하여 완전히 폐기하며, 핵물질 제거와 핵시설 철거를 완료하고 핵 종사자의 민간 업종으로의 전환을 추진하는 것은 물론 관련 데이터를 반출할 때 제재를 완전히 해제하며, 주변국 및 국제금융기구와 컨소시엄을 형성하여 북한 경제개발에 적극 참여한다. 또한 평화협정을 체결하고 북미·북일 국교 수립을 한다.

한편, 북한이 사실상 핵보유국이 되었을 때는, 한미동맹은 2단계 시 핵WMD 전략타격체계 조기 구축과 군사 옵션을 포함한 플랜 B를 시행하고 3단계 전술핵무기와 나토형 핵 공유를 추진한다. 핵 협상이 무산되어 북한이 핵미사일을 대량생산·전력화를 감행하면 한미는 2단계 핵전쟁에 대비하고 3단계 한국의 핵무장을 추진한다.

전작권 전환과 관련하여 한미 국방부 장관은 2018년 제50차 안보협의회의에서 사령관을 한국군 4성 장군, 부사령관을 미군 4성 장군으로 하는 연합사의 새로운 지휘구조에 합의했고 전작권 전환 후에도 유엔사와 주한미군의 지속 유지에 합의한 바 있다. 2019년 1단계 기초운영능력(IOC) 평가, 2020년 2단계 완전운영능력(FOC) 평가를 한다. 동시에 북핵미사일 위협 대응 방위역량 확보와 안보 환경 개선 등 전작권 전환 조건을 충족시켜 나간다. 3단계에서는 2021년 최종임무수행능력(FMC) 평가를 통해 새로운 지휘구조와 작전계획을 검증 완료하고, 전작권 조건 충족 결과를 한미 안보협의회의에 보고하고 양국 국방부 장관은 한미 대통령에게 전작권 전환을 건의한다. 한미 대통령은 2022년 1월 1일을 잠정 목표로 전작권 전환을 추진한다. 전작권 전환 시 유엔사는 평시 정전관리 기능을, 유사시 전력 제공(Force Provider) 임무를 수행하며, 한반도 전쟁 시 유엔사의 일원으로 참전하는 전투부대의 전술통제권을 연합사로 전환한다.

군비통제와 관련하여, 1단계에서는 남·북·유엔사 3자 협의기구를 운용하여 남북군사합의 이행을 감시·평가하며, 6·25전쟁 시 화살머리고지 전투에 참가했던 남북은 물론 미국, 프랑스, 중국도 공동유해발굴에 참여한다. 비핵화의 실질적인 진전이 있을 때 주한미군과 연계한 군비통제 방안을 미 측과 협의한다. 2단계에서는 북한 장사정포병의 후방으로의 재배치나 갱도포병 폐쇄 등의 운용적 군비통제가 이루어지면 동두천 캠프 케이시에 있는 미210화력여단을 모체 부대가 주둔하고 있는 평택의 캠프 험프리스에 재배치한다. 3단계 구조적 군비통제에서는 남북한이 군사통합 차원에서 군비통제를 실시한다. 주한미군은 규모를 축소하여 위협 관리에서 평화안정자 역할로 전환한다.

동북아 안보레짐은, 1단계로 한미는 동북아 안보협의체 창설을 동북아 역내 국가들에게 제의·협의한다. 2단계로 동북아 역내 정상회의를 정례화하고 전염성 질병과 재해재난에 공동 대처할 수 있는 기구로서 동북아신속대응태스크포스를 창설한다. 마지막 3단계로 한중일협력사무국을 모체로 동북아 안보협력기구를 발족시킨다.

평화협정 추진과 관련하여 1단계에는 남·북·미·중 간 종전 선언을 추진하고, 필요시 평화 선언을 한다. 한미 간 평화협정 추진전략과 내용을 협의한다. 2단계에는 비핵화 진전에 따라 남·북·미·중 4자 평화협상을 개시하고, 평화협정 감시기구에 대해 협의한다. 3단계에는 남·북·미·중이 한반도 평화협정을 체결하고, 유엔 안보리에 기탁하여 추인을 받는다. 평화협정 당사국은 자국의 의회 또는 최고인민회의를 통해 비준한다.

유엔사 관련 1단계로 한미 간 평화협정 체결 시 유엔사의 미래를 협의하며, 전작권 전환 시 연합사와 유엔사 지휘 관계를 협의·합의한다. 스위스, 스웨덴, 폴란드, 체코로 구성된 중립국감독위원회를 복원하여 평화협정 감시 기능을 수행할 준비를 한다. 2단계로 평화협정 체결에 대비하여 유엔 안보리 상임이사국인 미·중·러·영·프 5개국, 남북한, 안보리 참전 16개국 중 안보리 상임이사국 미·영·프를 제외한 13개국 등 20개국으로 재편된 유엔사와 중감위의 기능

[표 에필로그-1] 한미동맹 비전과 평화창출 로드맵

구분	단기: 2018~2020년 (기반 구축 단계)	중기: 2020~2022년 (약진 단계)	장기: 2023년 이후 (완성 단계)
한미동맹의 비전	· 전쟁 억제와 평화 유지 · 사이버·우주·해양 안보 및 대테러 협력 방향 합의 · 평화창출 기능 수행	· 전작권 전환에 따른 한국 주도 신연합방위체제 출범 · 동북아 안보레짐 협의 · 동맹을 통한 경제산업화, 정치민주화에 이어 안보의 자립화 달성	· 한반도 평화체제 구축에 따른 동맹의 한반도 안정자·동북아 균형자 역할로 전환 · 동맹 모델의 글로벌화
북핵 폐기	· 협상을 통한 핵 폐기 초기 일괄타결과 상응 조치의 교환 단계 · 제재 일부 완화 · 연락대표부 교환	· 핵심 위협 우선 제거 단계 · 평화협상 · 북미 수교 협의	· 완전 폐기 단계 · 제재 완전 해제 · 평화협정 체결 · 북미·북일 수교
	· 사실상 핵보유국 지위 인정	· 핵WMD전략타격체계 조기 구축 · 플랜 B 시행	· 나토형 핵 공유 · 전술핵무기 재배치
	· 협상 결렬에 따른 핵무기 대량생산·전력화	· 핵전쟁 대비	· 한국 핵무장
전작권 전환	· 연합사 상부 지휘구조 합의 · 전작권 전환 후에도 유엔사·주한미군 지속 유지 합의	· 연합지휘소훈련 시 검증 · 한국 주도 신연합방위체제 방위 역량 확보 및 안보 환경 개선	· 전작권 전환 시 유엔사 평시 정전 관리, 유사시 병력 제공
군비통제	· 남·북·유엔사 남북군사합의 이행 감시·평가 · 주한미군과 연계한 군비통제 방안 미 측과 협의	· 비핵화 실질적 진전 시 운용적 군비통제 · 미210화력여단을 캠프 험프리스로 재배치	· 구조적 군비통제 · 남북 군사통합 추진 · 주한미군 역할 변경·감축
동북아 안보레짐	· 한중일 3자 협력사무국 설립 (서울, 2011년) · 동북아 안보협력체 협의	· 동북아 역내 국가 정상회의 정례화 · 동북아신속대응태스크포스 창설	· 동북아 협력사무국 승격, 동북아 안보협력기구로 제도화
한반도 평화협정 체결	· 종전 선언 또는 평화 선언 · 한미 간 평화협정 추진 전략 및 내용 협의	· 비핵화 진전에 따라 남·북·미·중 평화협상 개시, 평화협정 감시기구 협의	· 평화협정 체결 · 유엔 안보리 추인
유엔사	· 한미 간 평화협정 체결 시 유엔사의 미래 협의 · 전작권 전환 시 연합사와 유엔사 지휘 관계 협의 · 남·북·유엔사 남북군사합의 이행 감시	· 스위스, 스웨덴, 폴란드, 체코로 구성된 중감위 복원 · 유엔 안보리 상임이사국·남북한·참전국으로 재편된 유엔사, 유엔 안보리와 협의	· 평화협정 체결과 함께 재편된 유엔사 및 중감위가 평화협정 감시 기능 수행
주한미군	· 한미 간 평화협정 체결 시 한미동맹 비전 및 주한미군의 미래 협의	· 완전한 비핵화 이전까지 주한미군 현 수준 유지 · 주한미군 역할 변경 합의	· 평화협정 체결 시 주한미군 평화 관리 임무 수행 · 주한미군 지상군 포함 총 2만 명 수준 유지

을 정전협정 감시 기능에서 평화협정 감시 기능으로 조정할 수 있도록 유엔 안보리와 협의한다. 3단계로 평화협정 체결 시 유엔 안보리의 재결의에 의거하여 평화협정 감시 기능으로 유엔사를 거듭나게 하여 DMZ를 평화지대화하여 평화협정 감시 기능을 수행한다.

주한미군과 관련해서는 한미 간 평화협정 체결 시 한미동맹 비전 및 주한미군의 미래에 대해 연구하여 2020년 SCM에서 합의한다. 2단계 완전한 비핵화 이전까지 주한미군은 현 수준을 유지하며, 평화협정 체결 시 주한미군의 역할 변경과 규모에 합의한다. 3단계 평화협정 체결 시 주한미군을 평화 관리 임무와 지역안정자로서의 기능으로 조정한다. 주한미군의 구성 및 규모는 지상군의 상징성이 크기 때문에 사단사령부와 1개 기동여단, 화력·정보 및 전투근무지원부대 1만여 명과 1개 전투비행단과 정찰감시 공군 전력과 제한된 특수전 병력과 해병, 증강된 해군 전력 1만여 명 등 총 2만여 명 수준을 유지한다. 또한 수도권 이북 지역으로 주한미군의 전진 배치를 지양하고, 서울 이남 지역에 주한미군을 배치한다. 앞서 논의한 내용을 로드맵으로 제시하면 **표 에필로그-1**과 같다.

협업안보체제 구축

동맹의 비전을 구현하고 평화체제를 구축하기 위해서 협업안보체제 구축이 요구된다. 첫째, 국가 목표와 국익을 반영한 국가전략을 수립하고, 국가의 생존을 보장하는 국방, 외교, 경제, 통일, 정보 분야를 포괄하는 안보전략이 필요하다. 21세기 안보 환경의 변화를 고려하고, 전통적 군사안보와 전염성 질병, 재난, 인간 안보 등 비군사적 안보를 포괄하는 국가안보전략서를 발간하여 이를 수행할 수 있는 국가안보 차원의 시스템을 구축할 필요가 있다. 또한 국가안보전략 수행체제를 정비한다. 전쟁지도체제 확립, 동북아 협력안보체제 구축 등이 이에 해당된다. 청와대 국가안보실에 외교·국방·통일부 파견 요원과 미국, 중국을 포함한 주변국 지역 전문가와 북한 전문가를 균형 있게 중용하여 운용한다.

둘째, 안보 유관 정책부서 요원들과 외교안보 전문학자, 국회의원, 다국적 기업인, 언론인 간에 인식공동체를 구축하여 국가안보를 유기적으로 결속시켜 나간다. 이들을 동북아 역내 국가들의 카운터파트와 중층적으로 연결시켜 동북아 다자안보협력 틀을 이끌어나가 한반도의 안정되고 유리한 안보 환경을 조성하는 데 기여한다. 또한 통일을 위한 동맹국 및 우방국의 지지와 협력을 확대하기 위한 정례적이고 지속적인 의원외교, 공공외교를 통해 국제적 지지를 확보하는 노력도 계속한다.

셋째, 국민 의견 통합 메커니즘을 구축한다. 외교안보정책 수립에 보수·진보 학자를 공히 참여시킨다. 주요 정책 과제에 대해 진보·보수 진영의 학자로 구성된 태스크포스를 만들어 추진하고, 보수·진보 싱크탱크가 공동 주최하는 세미나를 추진한다. 여기에 관련 부서 정책 요원의 참석을 의무화한다. 또한 외교·안보·대북 이슈는 서로 분리할 수 없기 때문에 해당 국책연구소인 국립외교원의 외교안보연구소, 한국국방연구원, 한국통일연구원 간 협업체제를 구축하여 외교·안보·대북 정책의 산파 역할을 수행하게 한다. 진영 논리가 지배적이고 부처 이기주의가 존재하는 상황에서 실현되기 어려울 수 있기 때문에 법제화를 통해 추진한다.

넷째, 한미 안보협력 네트워크를 업그레이드한다. 미국이 대(對)한국 정책을 수립·시행할 때, 주한미국대사와 주한미군사령관의 인식과 평가가 중시되고 있음을 고려하여, 외교부·국방부 장관과 주한미국대사·주한미군사령관 간에 미니 2+2회의를 정례화하는 것이 바람직하다. 또한 외교부·국방부·재무부 장관 협의체인 3+3회의를 발족시켜 한미 전략협의체로 제도화할 필요가 있다. 또한 한미 국회의원과 전문학자, 언론인 등 여론 주도 계층 간의 네트워크를 통합·확대하는 것이 바람직하다. 한미는 서울과 워싱턴에 양국의 외교·국방·통상·대북정책 전문가들로 구성된 전략팀을 상주 운용하여, 한미동맹 비전의 큰 틀에서 한미 현안에 공동 대처하고, 의견을 조율하며, 정책 자문을 하는 방안을 검토할 수 있을 것이다. 또한 미국 정부의 초청으로 추진되고 있는 대학생 인턴제도(WEST: Work, English Study and Travel)를 한국 정부도 발전시켜, 한국에서 석·박사 학위를 공부하고 있는 미국의 유학생들을 친한화하는 프로그램을 만들어 참여시킴으로써 양국을 이끌어나갈 젊은 리더들을 육성할 필요가 있다.

마지막으로, 제210화력여단이 주둔하고 있는, 미2사단의 주력부대 주둔지였던 동두천의 캠프 케이시의 기존 지휘통제시설, 훈련장, 숙영시설 등을 활용하여 동북아 전염성 질병 예방, 재난구조, 대테러 및 PKO 훈련 융합센터 설립을 추진한다. 이곳을 역내 국가의 관련 요원이 모여 팬데믹 퇴치 시스템 구축과 인도적 지원 및 재난구조 시뮬레이션 훈련, 군·경찰 대테러훈련, PKO 훈련을 할 수 있는 사령부로 운용한다면, 동북아 평화의 산실이자 각종 재난에 대비하는 구조작전 수행 센터로서 한국의 위상 제고에 기여할 수 있을 것이다.

한미동맹의 비전은 한반도에 전쟁을 예방하고 억제 실패 시 전쟁에서 승리하여 자유민주통일정부를 수립하는 것이다. 동시에 평화창출을 통한 한반도 평화체제 구축에 기여하는 것이다. 한반도 평화체제 구축이라는 동맹의 비전을 구현하기 위해 한미 양국이 북핵 폐기, 전작권 전환, 군비통제, 동북아 안보 레짐, 한반도 평화협정 체결 등 5대 전략을 의기투합하여 추진한다면, 한미동맹 세대는 한반도 통일을 여는 주인공이 될 것이다.

프롤로그_ 한미동맹의 비전: 한반도 중심축 국가 건설

단행본

정경영 외. 2020. 『린치핀 코리아: 한반도 중심축 국가 건설을 위한 로드맵』. 서울: 동북아공동체
문화재단.

Central Intelligence Agency. 2019. *The CIA World Factbook 2019~2020*. Washington, D.C.:
Skyhorse Publishing.

제1장 한미동맹의 변천 재조명

단행본

국방부 군사편찬연구소. 2002. 『한미 군사관계사 1871~2002』. 서울: 국방부 군사편찬연구소.
_____. 2013. 『한미동맹 60년사』. 서울: 국방부 군사편찬연구소.
_____. 2014. 『통계로 본 6·25전쟁』. 서울: 국방부 군사편찬연구소.
국방부 주한미군기지이전사업단. 2015. 『주한미군기지 역사』. 서울: 주한미군기지사업단.
김일영·조성렬. 2003. 『주한미군: 역사, 쟁점, 전망』. 서울: 한울.
대한민국 국방부. 2018. 『2018 국방백서』. 서울: 대한민국 국방부.
신상범(편저). 2019. 『한반도 정전에서 평화로』. 서울: 한누리미디어.
외교통상부. 2009. 『미국 개황』. 서울: 외교통상부.
월간조선편집부. 2017. 『조약 협정: 한국의 대외 관계 주요 문서들: 강화도 조약에서 한미 FTA까
지』. 서울: 조선뉴스프레스.
의정부시. 2005. 『市政 40년사』. 의정부: 의정부시청.
이수훈(편). 2009. 『조정기의 한미동맹: 2003~2008』. 서울: 경남대학교 극동문제연구소.
정경영·오홍국·장삼열·정지웅·최용호. 2018. 『자립안보와 평화체제 추진전략: 한미동맹과 베트
남통일 교훈을 중심으로』. 서울: 도서출판KCP7·27.
Choi, Yong-ho. 2017. *A History of the United Kingdom's Participation in the Korean War*.

Chung Kyung-young, trans. Sejong: Ministry of Patriots and Veterans Affairs.

Finley, James P. 1983. *The US Military Experience in Korea, 1871~1982.* Seoul: Command Historian's Office, Secretary Joint Staff, HQ USFK/EUSA.

Hermes, Walter G. 1966. *Truce Tent and Fighting Front.* Washington. D.C.: Office of the Military History, U.S. Army.

IISS[International Institute for Strategic Studies]. 1996~2006. *1997~2007 Military Balance.* London: Routledge Taylor & Francis Group.

Overdorfer, Don. 2001. *Two Koreas: A Contemporary History*, revised edition. Indianapolis: Basic Books.

Ridgway, Matthew B. 1967. *The Korean War.* New York: Doubleday & Company, INC.

논문 및 정책보고서

정경영. 2004. 「한미동맹의 비전」. 국가안보회의사무처 정책연구보고서.

_____. 2013. 「한미동맹 60년사: 동맹정신」. 국방부 군사편찬연구소 정책연구보고서.

황인락. 2011. 「주한미군 병력변화 요인 연구」. 북한대학원 대학교 박사학위논문.

Chung, Kyung-young. 1989. "An Analysis of ROK-U.S. Military Command Relationship from the Korean War to the Present." Thesis, Master of Military Art & Science, U.S. Army Command and General Staff College.

_____. 2019. "A Peace Regime on the Korean Peninsula and ROK-U.S. Alliance." in Kim Dong-shin, Chung Kyung-young, Ronald W. Wilson, and Park Sang-jung. "Lessons Learned: the Inter-Korean Dialogue and Path Forward." Lecture, University of Maryland (October 18, 2019).

_____. 2019. "The Trend of Strengthened UNC and its Role After the Transition of Wartime." Global NK Commentary, East Asia Institute.

신문·인터넷·인터뷰

≪동아일보≫. 2020.1.13. "美 2전투여단 '순환배치' 위해 한국으로".

The Korea Herald. January 14, 2014. "U.S. military reinforcements target North Korea, China."

통일부 남북회담본부. "군사정전위원회 기구표". https://dialogue.unikorea.go.kr/views/cms/ukd/dba.jsp#tab-cont1.

_____. "중립국 감독위원회 기구표". https://dialogue.unikorea.go.kr/views/cms/ukd/dba.jsp#tab-cont2.

Eighth Army. "USFK." https://8tharmy.korea.army.mil/site/about/organization.asp.

Global Security. "US Camp in South Korea." https://www.globalsecurity.org/jhtml/jframe.html#https://www.globalsecurity.org/military/facility/images/korea2.jpg|||.

U.S. Embassy & Consulate in the Republic of Korea. "Joint U.S. Military Affairs Group-Korea." https://kr.usembassy.gov/ko/embassy-consulate-ko/seoul-ko/sections-offices-ko/.

U.S. 2nd Inf Division. "Our Organization." https://www.2id.korea.army.mil/about/organizatio
n.asp.

USFK Area Weatehr Watches and Tropical Cyclone Procedure for the Republic of Korea.
United States Forces Korean Regulation 115-1 (2014). https://8tharmy.korea.army.mil/g1
/assets/regulations/usfk/USFK-Reg-115-1-USFK-Area-Weather-Watches-and-Tropical-Cycl
one-Procedures-for-the-Republic-of-Korea.PDF.

Wikipedia. "7th Air Force." https://upload.wikimedia.org/wikipedia/commons/e/e3/7th_Air_F
orce%2C_Current.png.

김국헌 전 국방부 군비통제관과의 인터뷰. "한국군의 DMZ관리권". 2018.6.10.

제2장 북한 비핵화 시나리오와 한미 대응전략

단행본

대한민국 국방부. 2018. 『2018 국방백서』. 서울: 국방부.

정경영. 2017. 『통일한국을 향한 안보의 도전과 결기』. 서울: 지성과감성.

퍼터, 앤드루(Andrew Futter). 2016. 『핵무기의 정치』. 고봉준 옮김. 서울: 명인문화사.

Braestrup, Peter. 1983. *Vietnam as History: Ten Years after Paris Peace Accord.* Washington,
D.C.: The University Press of America.

Department of Defense. 2018. *2018 Nuclear Posture Review.* Washington, D.C.: U.S. DOD.

UN. 1977. *United Nations Treaties Series 1974*, Vol.935, No.13295.

논문 및 정책보고서

김덕주. 2018. 「한반도 평화협정의 특수성과 주요 쟁점」. ≪IFANS 주요국제문제분석≫, 제2018-
19호.

류제승. 2019. 「불확실한 한반도 안보상황과 한미군사관계」. 한국군사문제연구원 주관 정책포럼
(2019.3.6).

정경영. 2019. 「제2차 북미정상회담 평가와 한국의 역할」. 동북아공동체연구재단 제8회 동북아
미래기획포럼(2019.3.13).

정경영·하정열·이표구·한관수. 2018. 「한반도 평화체제 추진전략」. 국회 국방위 정책연구보고서.

한명섭. 2019. 「한반도 평화협정 체결에 대한 법적 검토」. ≪통일과 법률≫, 제37호.

Chung, Kyung-young. 2019. "A Peace Regime on the Korean Peninsula and ROK-U.S. Alliance."
in Kim Dong-shin, Chung Kyung-young, Ronald W. Wilson, and Park Sang-jung.
"Lessons Learned: the Inter-Korean Dialogue and Path Forward." Lecture, University of
Maryland (October 18, 2019).

Scales, William. 2019. "South Korea Nuclear Armament Issue." Panel Discussion hosted by Former
ROK Defense Minister Dong-shin Kim at University Club (October 16, 2019, Washington,
D.C.).

Tilelli, John H. Jr. 2019. "U.S.-North Korea Relations: The Post-Hanoi Summit." Panel Discussion hosted by The Institute of World Politics (October 16, 2019, Washington, D.C.).

신문·인터넷·인터뷰
≪매일경제≫. 2019.6.24. "'北 핵포기 안 할 것' 77%".
≪연합뉴스≫. 2017.11.29. "軍, 北도발 6분 뒤 '현무-2·해성-2·스파이스'로 대응훈련".
≪조선일보≫. 2019.11.19. "軍 핵연료 금지 조항에 발목잡힌 잠수함".
_____. 2019.11.20. "일본은 핵연료 재처리, 한국은 금지".
_____. 2019.11.21. "우린 인공위성 로켓도 '고체연료' 못쓰는데 … 日은 무제한".
국가법령정보센터. "핵무기의 비확산에 관한 조약(NPT: Treaty on the Non-Proliferation of Nuclear Weapons)". http://www.law.go.kr/%EC%A1%B0%EC%95%BD/(533,19750423).
United Nations Treaty Collection. "Article 102, UN Charter." https://treaties.un.org/.
Wikipedia. "Paris Peace Accords." https://en.wikipedia.org/wiki/Paris_Peace_Accords.
_____. "Watergate Scandal." https://en.wikipedia.org/wiki/Watergate_scandal.
미국 한반도 안보전문가들과의 인터뷰. "한미동맹과 한반도 평화체제". 2019.10.14~19. 워싱턴 D.C.
정성장 세종연구소 연구본부장과의 인터뷰. "한반도 비핵화". 2019.10.4.
조성렬 국가안보전략연구원 자문위원과의 인터뷰. "한반도 비핵화". 2019.10.4.

제3장 새로운 시대로 진입하는 전작권 전환과 그 이후의 모습

단행본
대한민국 국방부. 2018. 『2018 국방백서』. 서울: 국방부.
심융택. 1972. 『자립에의 의지: 박정희 대통령 어록』. 서울: 한림출판사.
정경영. 2017. 『통일한국을 향한 안보의 도전과 결기』. 서울: 지성과감성.
정경영·신성호·김창수·조동준. 2009. 『오바마 행정부와 한미전략동맹』. 파주: 한울.
정경영·오홍국·장삼열·정지웅·최용호. 2018. 『자립안보와 평화체제 추진전략: 한미동맹과 베트남통일 교훈을 중심으로』. 서울: 도서출판KCP7·27.
정춘일 외. 2017. 『새 정부의 국방정책 방향』. 서울: 한국전략문제연구소.
Clausewitz, Carl von. 1984. On War. Michael Howard and Peter Paret, eds. and trans. New Jersey: Princeton University Press.
Cushman, John H. 1998. Korea, 1976-1978: A Memoir (unpublished).
Gates, Robert M. 2014. Duty: Memoirs of a Secretary at War. New York: Alfred A. Knopp.
Kwak, Tae-hwan and Seung-ho Joo, eds. 2014. North Korea and Security Cooperation in Northeast Asia. London: Ashgate.
Ridgeway, Matthew B. 1967. The Korean War. New York: Doubleday & Company, INC.

논문 및 정책보고서

정경영. 2007. 「유엔사의 미래역할과 한국군과의 관계정립 방안」. 2007년도 국회 국방위 정책연구보고서.

_____. 2017. 「북한 핵·미사일 위협에 대한 무력화 전략」. ≪한국군사≫, 제1권 제1호(창간호).

_____. 2017. 「전작권 전환을 현 정부 임기 내 안정적으로 완료하는 방안」. 국방부 국방정책실 국방정책포럼.

_____. 2017. 「전작권 조기전환: 핵심쟁점과 해결방향」. 김진표·김종대 의원실 공동주최 전작권 전환 세미나(2017.9.5).

_____. 2018. 「전작권 전환 이후 모습과 유엔사와의 관계」. 김병기 의원실 주최 전작권 전환 세미나(2018.5.2).

_____. 2019. 「평화체제와 동맹의 미래」. 한국국제정치학회 하계 학술회의(2019.7.4).

정경영 외. 2017. 「새 정부의 국가 안보 컨트롤타워 설계 제안」. 민주연구원 정책연구보고서.

하정열. 2010. 「대통령의 전쟁지도 개념 검토」. 한국전략문제연구소 정책연구보고서.

하정열·정경영·권영근·박창희·이성희. 2018. 「전작권 조기 전환, 어떻게 추진할 것인가」. 민주연구원 정책연구보고서.

Chung, Kyung-young. 1989. "An Analysis of ROK-U.S. Military Command Relations from the Korean War to the Seoul Olympic Games." Master of Military Art and Science Thesis, U.S. Army Command & General Staff College.

_____. 2005. "Building a Military Security Cooperation Regime in Northeast Asia: Feasibility and Design." PhD Dissertation, The University of Maryland.

_____. 2019. "South Korea's Operational Control during the Korean War and After: Strategy for the Transition of Wartime Operational Control." *The Journal of Social Sciences and Humanities*, Vol.2, No.2.

신문·인터넷·인터뷰

김국헌. 2011.7. "'국방개혁 307계획'·'軍 지휘구조 개편', 이것이 핵심이다", ≪월간 조선≫.

≪뉴스1≫. 2013.3.23. "한미 공동 국지도발 대비계획에 최종 서명".

정경영. 1976.10.15. "주한미군 지휘관 탐방을 통해 본 리더십". ≪육사신보≫.

청와대. "군건한 한미동맹 기반 위에 전작권 조기 전환"(국정과제). http://www1.president.go.kr/government-projects.

_____. "예비역 군 주요인사 초청 간담회". https://www1.president.go.kr/c/briefings?page=5.

합동참모본부. "'전시작전통제권'이란?" http://www.jcs.mil.kr/mbshome/mbs/jcs2/subview.jsp?id=jcs2_020401010000.

김병관 전 연합사 부사령관과의 인터뷰. "UFG연습 시 연합사령관 역할 대행 소회". 2007.10.7.

박종진 중서부전선 군단장/전 제1야전군사령관과의 인터뷰. "8·20완전작전". 2015.9.6.

이성호 전 합참 군사지원본부장과의 인터뷰. "아덴만 여명작전". 2018.6.26.

전 연합사령관과 주한미국대사, 한반도 전문가들과의 인터뷰. "한미동맹과 한반도 평화체제". 방

미 기간: 2016.12.12~14/2017.6.13~17/2018.12.2~6/2019.10.14~19.

제4장 인도·태평양전략 참가 여부 판단

단행본

성균관대학교 성균중국연구소(편역). 2018. 『제19차 중국공산당 전국대표대회보고』. 서울: 지식
    공작소.
월간조선편집부. 2017. 『조약 협정: 한국의 대외 관계 주요 문서들: 강화도 조약에서 한미 FTA까
    지』. 서울: 조선뉴스프레스.
정경영. 2016. 『한국의 구심력 외교안보정책』. 서울: 지식과감성.
Department of Defense. 2018. *National Defense Strategy.* Washington, D.C.: DOD.
_____. 2018. *National Posture Review.* Washington, D.C.: DOD.
_____. 2019. *Indo-Pacific Strategy Report: Preparedness, Partnerships, and
    Promoting a Networked Region.* Washington, D.C.: DOD.
Ellison, Graham. 2017. *Destined for War: Can America and China Escape Thucydides's Trap?*
    Washington, D.C.: Houghton Mifflin Harcourt.
IISS [International Institute for Strategic Studies]. 2018. *2019 Military Balance.* London: Routledge
    Taylor & Francis Group.
Mahan, Alfred Thayer. 1918. *The Influence of Sea Power Upon History, 1660~1783.* Washington,
    D.C.: Pelican Publishing.
Mearsheimer, John J. 2001. *The Tragedy of Great Power Politic.* New York: W.W.Nordton &
    Company.
Nye, Joseph S. Jr. 2008. *The Powers to Lead.* New York: Oxford University Press.
The White House. 2017. *2017 National Security Strategy.* Washington, D.C.: The White House.

논문 및 정책보고서

김기주. 2018. 「안보환경 변화와 한미동맹의 미래」. 국방대 국가안전보장 문제연구소 및 한국국
    방정책학회 공동 주최 "21세기 국제안보 환경 변화와 한국의 국방정책" 세미나(2018.11.29).
박창희. 2018. 「중국 군사개혁」. 한국전략문제연구소 정책토론회 결과보고서 242호.
이재현. 2018. 「신남방정책이 아세안에서 성공하려면?」. ≪이슈브리프≫(아산정책연구원), 2018.
    1.24.
정경영. 2018. 「신 국제질서 재편과 한국의 구심력 안보전략」. ≪군사논단≫, 통권 제93권(봄).
_____. 2019. 「한국의 인도-태평양 전략 참가 여부에 관한 연구」. ≪군사발전연구≫, 제13권 제1호
    (통권 제19호).
_____. 2019. 「한반도 중심축 통일국가 건설을 위한 동맹과 다자안보 병행 추진전략」. ≪군사논
    단≫, 통권 제97호(봄).
황병무. 2019. "미중 패권경쟁과 한미동맹 미래 분과" 사회 발언. 하계 한국국제정치학회 2019년

도 하계학술대회(2019.7.3).

신문·인터넷·인터뷰

≪국방일보≫. 2019.6.4. "다국적 Pacific Vanguard 해군훈련 실시".

≪연합뉴스≫. 2018.2.13. "아태 최대 규모 코브라골드 연합훈련 개막".

_____. 2019.5.21. "미국, 일본, 호주, 프랑스, 인도양서 첫 훈련: '중 견제 목적'".

이철민. 2018.2.19. "호주가 중국 대신 미국을 선택한 이유". ≪조선일보≫.

〈자유아시아방송〉. 2019.11.21. "한미, 괌 해상서 태평양 연합훈련 실시 … 지난 5월에 이어 두 번째".

≪조선일보≫. 2019.8.21. "미, 중거리미사일 시험 발사: 한국 배치 압박".

청와대. "한·미국 공동기자회견 모두발언". https://www1.president.go.kr/articles/6723.

한국무역협회. "2019년 해외무역통계". http://stat.kita.net/stat/world/major/KoreaStats06.screen#.

The South China Morning Post. February 8, 2018. "China Plans Sea-Based Anti-Missile Shields 'for Asia-Pacific and Indian Ocean'."

Global Fire Power. "2020 Military Strength Ranking." https://www.globalfirepower.com/countries-listing.asp.

"U.S. Indo-Pacific Command." https://www.pacom.mil/.

_____. "USINDOPACOM Area of Responsibility." https://www.pacom.mil/About-USINDOPACOM/USPACOM-Area-of-Responsibility.

Wikipedia. "United States." https://en.wikipedia.org/wiki/United_States.

김흥규 아주대 교수와의 전화 인터뷰. "중국의 대미인식 학파". 2020.2.3.

제5장 한미동맹의 비전

단행본

국방군사연구소. 1996. 『한국전쟁 피해통계집』. 서울: 국방군사연구소.

국방부 군사편찬연구소. 2013. 『한미동맹 60년사』. 서울: 국방부 군사편찬연구소.

김열수. 2010. 『국가안보: 위협과 취약성의 딜레마』. 서울: 법문사.

김재우·백헌영·박성수·박정운·홍준석 외. 2016. 『2016 세계 방산시장 연감』. 진주: 국방기술품질원.

정경영·신성호·김창수·조동준. 2009. 『오바마 행정부와 한미전략동맹』. 파주: 한울.

함택영·남궁곤(편). 2010. 『한국 외교정책: 역사와 쟁점』. 서울: 사회평론.

Brzezinski, Zbigniew. 2004. *The Choice: Global Dominance or Global Leadership.* New York: A Member of the Perseus Books Group.

Pollack, Jonathan D. and Young Koo Cha. 1995. *A New Alliance for the Next Century: The Future of U.S.-Korean Security Cooperation.* Santa Monica: RAND.

Sens, Allen and Peter Stoett. 2002. *Global Politics: Origins, Currents, Directions.* Canada: Nelson

Thomson Learning.

Walt, Stephena M. 1987. *The Origins of Alliances*. Ithaca: Cornell University Press.

논문 및 정책보고서

김선규. 2004. 「미국의 對 한반도 안보정책」. 한국군사문제연구원 주최 남성대 포럼(2004.9.15).

김충환. 2011. 「부산총회 결과와 국회의 역할」. ≪국제개발협력≫, 제4호.

정경영. 2003. 「한미동맹 비전과 구현전략」. 국가안보회의 사무처 정책보고서(2003.7).

_____. 2010. 「북한의 급변사태와 한국의 대응」. ≪Strategy 21≫, 통권 제25호.

_____. 2010. 「한미동맹 공동비전의 안보분야 이행방향」. ≪외교안보연구≫, 제6권 제1호.

_____. 2011. 「북한 도발 시나리오와 한국의 안보국방태세」. 충남대학교 평화안보대학원 및 국 빙연구소 공동 주최 연평도 포격사건 이후 한반도 안보전망과 괴제(2011.1.27).

_____. 2011. 「한중안보협력의 방향과 추진전략」. ≪군사논단≫, 통권 제65호(봄).

_____. 2013. 「한미동맹 60년사: 동맹정신(Alliance Spirit)」. 국방부 군사편찬연구소 연구보고서 (2013.2).

_____. 2018. 「평화협정 체결과 주한미군의 미래」. ≪EAI 이슈 브리핑≫, 2018.7.24.

Chung, Kyung-young. 2009. "ROK-U.S. Security Cooperation Post-transition of Wartime Operational Control." "ROK-U.S. Strategic Dialogue" hosted by Pacific Forum CSIS(July 27~28, 2009, Hawaii).

Morrow, James D. 1991. "Alliances and Asymmetry: An Alternative to the Capability Aggregation Model of Alliances." *American Journal of Political Sciences*, Vol.35, No.4.

Putnam, Robert D. 1988. "Diplomacy and Domestic Politics: the Logic of Two-Level Games." *International Organization*, Vol.42, No.3(Summer).

신문·인터넷·유튜브

≪국방일보≫. 2009.12.3. "청해부대, 연합해군 임무완수에 큰 기여".

_____. 2010.1.18. "한국 해군, 아덴만 다국적 연합해군 지휘".

≪뉴시스≫. 2019.11.19. "에스퍼, 中 국방에 '오해 줄이고 공동이익 위해 협력해야'".

≪연합뉴스≫. 2010.12.28. "反 인도위, '김정일 부자 국제형사재판소 고발'".

정경영. 2009.5.5. "글로벌 코리아와 아프간전". ≪조선일보≫.

_____. 2011.3.19. "동북아 다국적 신속대응군 만들자". ≪중앙일보≫.

_____. 2011.5.13. "전작권 전환과 국방개혁의 절박성". ≪국방일보≫.

≪조선일보≫. 2020.2.11. "北 내부문건 '청년들 그냥 두면 큰일 터진다'".

≪중앙일보≫. 2006.8.10. "해적 '악명' 말라카 해협 전쟁위험지역 지정 해제".

_____. 2007.12.15. "동의·다산부대 아프간 완전 철수".

≪한겨레≫. 2005.4.14. "유엔, '핵 테러 활동억제 국제협약' 채택".

_____. 2006.7.31. "말라카해협 안전, 우리가 지킨다".

_____. 2018.12.17. "자이툰·다이만부대 19일 귀국 … 철수 완료".

위키백과. "소말리아의 해적". http://ko.wikipedia.org/wiki/소말리아의_해적.

U.S. Embassy and Consulate in the Republic of Korea. "대한민국 국방부와 미합중국 국방부 간 결의: 전시작전통제권 전환 이후 연합방위지침". https://kr.usembassy.gov/wp-content/uploads/sites/75/ALLIANCE-GUIDING-PRINCIPLES-1.pdf.

The White House. "Joint Vision for the Alliance of the Republic of Korea and the Unites States of America." http://seoul.usembassy.gov/pv_061609b.html.

UN[United Nations]. "UN Security Resolution 1373." www.un.org/Docs/journal/asp/ws.asp?m=S/RES/1373.

Wikipedia. "Responsibility to Protect People." https://en.wikipedia.org/wiki/Responsibility_to_protect.

정경영. 2019. "방위비 분담금 협상, 어떻게 할 것인가". 〈알릴레오〉, 제40회. https://www.youtube.com/watch?v=y9CRghWTnBs (2019.12.4).

제6장 평화체제 고찰과 평화협정 사례

단행본

국가안보실. 2018. 『문재인 정부의 국가안보전략』. 서울: 국가안보실.

국가안전보장회의. 2004. 『평화번영과 국가안보: 참여정부의 안보정책 구상』. 서울: 국가안전보장회의 사무처.

정경영. 2017. 『통일한국을 향한 안보의 도전과 결기』. 서울: 지식과감성.

청와대. 2009. 『성숙한 세계국가: 이명박 정부 외교안보의 비전과 전략』. 서울: 청와대.

UN. 1977. *United Nations Treaties Series 1974*, Vol.935, No.13295.

논문 및 정책보고서

Jouin, Eric. 2012. "How Did France Overcome Nationalism against Germany?" The 4th East Asia Situation Assessment Workshop hosted by International Institute of East Asia Strategy, November 3, 2012.

"Text of ROK 14 point draft proposal for establishment of United Independent Democratic Korea." 1954. *FRUS*, Vol.1.

신문·인터넷

≪경향신문≫. 2018.9.19. "9·19 9월 평양공동선언문".

≪미디어오늘≫. 2018.4.27. "남북정상회담 판문점선언 전문".

≪연합뉴스≫. 2014.3.28. "朴대통령 드레스덴 한반도평화통일구상 연설 전문".

_____. 2018.4.19. "평화체제? 평화정착? 평화협정? … 통일부, 주요개념 정리".

_____. 2018.9.19. "[평양공동선언] 군사분야 합의서 전문".

≪중앙일보≫. 2017.7.6. "문 대통령의 '신(新) 베를린 선언'".

나무위키. "10·4남북공동선언". https://namu.wiki/w/10.4%20남북공동선언.

외교부. "한반도 평화체제". http://www.mofa.go.kr/www/wpge/m_3982/contents.do.

_____. "2.13합의". http://www.mofa.go.kr/www/brd/m_3973/view.do?seq=293923&srchFr=&amp%3BsrchTo=&amp%3BsrchWord=&amp%3BsrchTp=&amp%3Bmulti_itm_seq=0&amp%3Bitm_seq_1=0&amp%3Bitm_seq_2=0&amp%3Bcompany_cd=&amp%3Bcompany_nm=.

_____. "9.19공동성명". http://www.mofa.go.kr/www/brd/m_3973/view.do?seq=293917&srchFr=&srchTo=&srchWord=&srchTp=&multi_itm_seq=0&itm_seq_1=0&itm_seq_2=0&company_cd=&company_nm=&page=5.

제18대 대통령직 인수위원회. "제18대 대통령직 인수위원회 보고서". http://18insu.pa.go.kr/.

Wikipedia. "Élysée Treaty." https://en.wikipedia.org/wiki/Élysée_Trea.

_____. "Paris Peace Accords." https://en.wikipedia.org/wiki/Paris_Peace_Accords.

_____. "Watergate Scandal." https://en.wikipedia.org/wiki/Watergate_scandal.

제7장 9·19남북군사합의 이행 진단과 군비통제 추진전략

단행본

김경수. 2004. 『비확산과 국제정치: 국제군비통제: 이론과 실제』. 서울: 법문사.

김열수. 2010. 『국가안보』. 서울: 법문사.

대한민국 국방부. 1992. 『군비통제란?』. 서울: 국방부.

_____. 2016. 『2016 국방백서』. 서울: 국방부.

이명박. 2015. 『대통령의 시간: 2008~2013』. 서울: 알에이치코리아.

정경영. 2017. 『통일한국을 향한 안보의 도전과 결기』. 서울: 지식과감성.

한용섭. 2004. 『한반도 평화와 군비통제』. 서울: 박영사.

_____. 2014. 『국방정책론』. 서울: 박영사.

Tulliu, Steve and Thomas Schmalberger. 2004. 『군비통제, 군축 및 신뢰구축 편람』. 신동익·이충면 옮김. 서울: 외교통상부.

CIA[Central Intelligent Agency]. 2016. *Worldfact Book 2017*. New York: Skyhorse publishing.

Schelling, Thomas C. and Morton H. Halperin. 1961. *Strategy and Arms Control*. New York: Pergamon-Brassey's Classic.

논문 및 정책보고서

공평원. 2018. 「남북군사합의 진단과 대책」. 미래실용안보포럼 주관 "북한 비핵화와 남북군사합의서 진단" 세미나(2018.11.20).

국방부. 2018. 「9.19 남북군사합의 관련 설명 자료」(2018.12.13).

박주현·김상범·손미애. 1993. 「남북한 군비통제 협상모형 연구」. ≪통일문제연구≫, 제5권 제1호.

안광수. 2018. 「9·19 군사 합의의 군사적 의미」. 한국국방연구원 주최 "9·19남북군사합의의 의미와 과제"(2018.11.23).

이표구. 2018. 「한반도 군비통제 구현방안」. "한반도 평화체제 추진전략" 연구 미발표 논문.

정경두 국방부 장관 오찬 연설. 한미동맹재단 주최 한미동맹포럼(2018.11.27).

정경영. 2018. 「판문점선언 이행을 위한 군사분야 합의서의 오해와 진실」. ≪정세와 정책≫, 제12호.

한관수. 2002. 「통일한국의 군사통합에 관한 연구」. 단국대학교 정치외교학과 박사학위 논문.

Davis, Paul K. 1988. "Toward a Conceptual Framework for Operational Arms Control in Europe Region." The RAND Corporation R-3704-USDP(November).

RAND Strategy Assessment Center. 1986. "A Conceptual Framework for Operational Arms Control in Central Europe." RAND Research Brief RB-7802(June).

신문·인터넷·인터뷰

≪경향신문≫. 2018.11.11. "에이브럼스 사령관 JSA 방문 '9·19남북군사합의 지지'".

≪뉴스1≫. 2018.11.1. "정의용, 남북 지해공 적대행위 중지에 '실질 전쟁위험 제거'".

≪매일경제≫. 2018.11.1. "北 포격도발 8년 … 연평도 포구·함정 포신에 덮개가".

≪상해한인신문≫. 2018.10.4. "지뢰제거 → 도로조성 → 유해발굴 … 남북, DMZ 평화 만들기".

≪아시아 투데이≫. 2018.11.20. "연평도 찾은 이해찬 '남북관계 평화공존시대로 전환 길목'".

≪연합뉴스≫. 2018.11.8. "DMZ 시범철수 GP 중 1개씩 원형상태 보존 … 남북 합의".

_____. 2018.11.17. "北김정은, 제재 해제 예상해 병력 1/4 건설사업 전환배치 방침".

_____. 2018.11.22. "DMZ 남북 전술도로 연결 … 국방부 '남북 연결통로 전쟁상흔 치유'".

_____. 2018.12.12. "남북, 시범철수 GP 상호검증 완료해 … GP 완전 철수도 추진".

≪이데일리≫. 2018.11.6. "남·북·유엔사, 비무장화 JSA '공동 근무수칙' 마련 합의".

≪조선일보≫. 2018.11.21. "철원 화살머리 고지에 3번째 남북 도로 연결".

≪중앙일보≫. 2018.11.22. "전 국방장관 등 예비역 장성 415명 '군 무장해제 안 돼'".

≪한겨레≫. 2020.12.18. "'주한미군 현수준' 미 국방수권법, 상원도 통과".

국방부. 2019.11.28. "2019년 화살머리고지 유해발굴작업 최종 완료"(국방소식).

김도군 국방부 대북정책관과의 인터뷰. "9·19남북군사합의와 유엔사와 협력". 2018.10.2.

송영무 전 국방부 장관과의 전화 인터뷰. "9·19남북군사합의와 미 측과 협력". 2018.10.4.

제8장 동북아 다자안보협력 제도화 전략

단행본

대한민국 국방부. 2018. 『2018 국방백서』. 서울: 국방부.

대한민국 외교부. 2018. 『2018 외교백서』. 서울: 외교부.

박관용 외. 2007. 『북한 급변사태와 우리의 대응』. 파주: 한울.

이상현·엄상윤·이대우·박인휘·이왕휘. 2016. 『한국의 국가전략 2030: 안보』. 성남: 세종연구소.

정경영. 2014. 『한국의 구심력 외교안보정책』. 서울: 지식과감성.

_____. 2015. 『한반도의 도전과 통일의 비전: 통일 한반도, 동북아 중심에 서다!』. 서울: 지식과

감성.

한국전략문제연구소(편). 2014. 『2014 미래 'How to Fight'에 기초한 전투 발전』. 서울: 한국전략
　　문제연구소.

Cottey, Andrew. 2005. *Reshaping Defence Diplomacy*. London and Washington, D.C.: Routeledge.

Kwak, Tae-Hwan and Seung-Ho Joo, eds. 2014. *North Korea and Security Cooperation in Northeast Asia*. London: Ashgate.

MacArthur, Douglas. 1964. *Reminiscences*. Seoul: Moonhak Publishing Co.

Palme, Olaf, ed. 1982. *Common Security: A BluePrint for Survival*. New York: Simmon and Schuster.

The White House. 2017. *National Security Strategy of the United States of America*. Washington, D.C.: The White House.

Wolfers, Arnold. 1962. *Discord and Collaboration: Essays on International Politics*. Baltimore and London: The John Hopkins University Press.

논문 및 정책보고서

국방부 인적자원개발과. 2014. 「2008~2014 한국군 국외군사교육 현황」(2014.11.7).

미 합참. 1983.1.19. "유엔사의 법적 군사적 체제유지를 위한 유엔군사령관을 위한 관련 약정".

유엔사. 1998.2.27. "일반명령 제1호".

전제국. 2015. 「국방부와 외교부 협업체제 구축 방안」. 한국군사문제연구원 주관 정책포럼(2015. 6.24).

정경영. 2010. 「북한의 급변사태와 한국의 대응」. ≪Strategy 21≫, 통권 제25호.

_____. 2011. 「한중안보협력의 방향과 추진전략」. ≪군사논단≫, 통권 제65호(봄).

_____. 2015. 「한국의 국방외교 활성화 전략」. ≪군사논단≫, 통권 제82호.

_____. 2017. 「북핵미사일 위협의 無力化 전략」. ≪한국군사≫, 제1권 제1호(창간호).

_____. 2018. 「신 국제질서 재편과 한국의 구심력 안보전략」. ≪군사논단≫, 통권 제93호(봄).

정경영·박동순·박현식. 2017. 「직·간접 전투경험 공유확대 방안」. 육군본부 정책연구보고서.

최종철. 1999. 「군사외교력 분석방법: 중급국가의 안보전략을 중심으로」. 국방대학교 안보문제
　　연구소 정책연구보고서.

최종철·박창희·한용섭. 2009. 「안보환경 변화에 따른 국방외교의 글로벌화」. 국방부 정책연구
　　보고서.

Chung, Kyung-young. 2005. "Building a Military Security Regime in Northeast Asia: Feasibility and Design." PhD Dissertation, University of Maryland, College Park.

신문·인터넷·인터뷰

≪연합뉴스≫. 2018.2.13. "아태 최대규모 코브라골드 연합훈련 개막".

≪조선일보≫. 2018.2.19. "[이철민의 퍼시픽 프리즘] 호주가 중국 대신 미국을 선택한 이유".

New York Times. July 13, 2016. "Maybe North Korea's Nuclear Goals Are More Serious Than

Once Thought."

대한민국 국방부. "한국군 해외파병부대와 파병인원". http://www.mnd.go.kr/mbshome/mbs/mnd/.

문화체육관광부 해외문화홍보원. 2019.9.5. "'2019 서울안보대화' 개막". http://www.kocis.go.kr/koreanet/view.do?seq=1013456&RN=4.

United Nations Peacekeeping. "Monthly Summary of Military and Police Contributions to United Nations Operation." https://peacekeeping.un.org/sites/default/files/january_2020_front_page.pdf.

_____. "PKO, Troop and Police Contributors." https://peacekeeping.un.org/en/troop-and-police-contributors.

US Joint Chiefs of Staff. "National Military Strategy 1997." https://www.hsdl.org/?view&did=440395.

국방대 대외협력실 요원과의 전화 인터뷰. "2018학년도 국방대 외국인 학생장교 수탁교육 현황". 2018.9.3.

이성호 전 합참 군사지원본부장과의 인터뷰. "아덴만 여명작전을 원격지휘한 합참". 2017.6.26.

이해구 소령과의 전화 인터뷰. "국방부에서 외교부에 파견된 인원". 2018.10.12.

제9장 평화협정 체결 이후 유엔사의 미래

단행본

김명기. 1994. 『한반도 평화조약의 체결: 휴전협정의 평화조약으로의 대체를 위하여』. 서울: 국제법출판사.

Chung, Kyung-young. 2020. *South Korea: The Korean War, Armistice Structure, and A Peace Regime*. Frankfurt: LAMBERT Academic Publishing.

Goodrich, Leland M. 1956. *Korea: A Study of U.S. Policy in the United Nations*. New York: Council on Foreign Relations.

Ridgway, Matthew B. 1967. *The Korean War*. New York: Doubleday & Company, INC.

논문 및 정책보고서

김동명. 2011. 「평화협정 체결과 유엔사의 미래」. ≪통일과 평화≫, 제3집.

박인국. 2016. 「국제연합과 통일외교」. 통일외교아카데미(2016.4.25).

Chung, Kyung-young. 2018. "A Peace Regime Building and the Future of ROK-U.S. Alliance." workshop hosted by Stimpson Center, December 2~3, 2018, Washington, D.C.

신문·인터넷·인터뷰

≪중앙일보≫. 1994.12.16. "군정위 중국대표단 완전 철수".

〈Voice of America〉. 2018.9.19. "북한, 유엔총회서 유엔사 해체 주장".

한국과 유엔. "남북 대결외교와 유엔". http://theme.archives.go.kr/next/unKorea/diplomacyUn.do.
미 외교안보정책부서 및 한반도 안보전문가와의 인터뷰. "한미동맹과 한반도 평화체제". 2018.12.
    2~8/2019.10.14~19. 워싱턴 D.C.

제10장 평화협정 체결 이후 주한미군의 미래

단행본

김대중. 2010. 『김대중 자서전 2』. 서울: 삼인.
김동명. 2010. 『독일 통일, 그리고 한반도의 선택: 스무 살 독일, 얼마만큼 컸나?』. 파주: 한울.
박종수. 2012. 『21세기의 북한과 러시아: 신화(神話), 비화(秘話) 그리고 진화(進化)』. 서울: 오름.
박종철·고봉준·김성진·박영준·신상진·이승주·횡기식. 2012. 『통일한국에 대한 국제적 우려 해
    소와 편익: 지역 및 주변국 차원』. 서울: 통일연구원.
월간조선편집부. 2017. 『조약 협정: 한국의 대외 관계 주요 문서들: 강화도 조약에서 한미 FTA까
    지』. 서울: 조선뉴스프레스.
허문영·조민·홍관희·김수암. 2002. 『남북한 실질적 통합과정에서 주한미군의 위상과 역할 연구』.
    서울: 통일연구원.
Albright, Madeleine. 2003. *Madam Secretary: A Memoir Madeleine Albright*. New York: Miramax
    Books.
Dujarric, Robert. 2000. *Korean Unification and After: U.S. Policy toward a Unified Korea*.
    Indianapolis, IN: Hudson Institute.
The White House. 2017. *2017 National Security Strategy*. Washington, D.C.: National Security
    Council.

논문 및 정책보고서

권현철. 2011. 「주한미군의 가치 추정: 경제에 미치는 영향과 대체비용 추정」. ≪국방연구≫, 통
    권 제54권 제2호.
이원덕. 2016. 「반일과 혐한을 어떻게 넘어설 것인가?」 한백통일재단 및 일본 동아시아총합연구
    소 공동 주최 심포지엄(2016.6.10, 도쿄 학사회관).
장삼열. 2013. 「조정기의 한미동맹과 미래한미동맹 정책구상(FOTA) 연구」. ≪군사발전연구≫,
    제7권 제2호(통권 제8호).
정경영. 2016. 「전략환경 변화와 한일안보협력」. 한백통일재단 및 일본 동아시아총합연구소 공
    동 주최 심포지엄(2016.6.10, 도쿄 학사회관).
조동근. 2003. 「주한미군의 경제적 가치 추정: 국방비 증액의 경제성장에의 영향분석」. 바른사회
    를 위한 시민회의 주관 "주한미군의 경제적 가치평가 정책토론회"(2003.11.12).
한국국방연구원. 2007. 「유엔사 후방기지의 의미와 활용 방안」. 한국국방연구원 정책연구서.
홍완석. 2013. 「부활하는 유라시아 강대국: 러시아와 '창조적 관계맺기'」. ≪Russia & Russian Fed-
    eration≫, 제4권 제1호.

Chung, Kyung-young. 2018. "A Peace Regime Building and the Future of ROK-U.S. Alliance." presented at Workshop entitled "A Demilitarized North Korea" co-hosted by U.S. Stimson Center and Institute of International Studies affiliated with Seoul National University (December 3~4, 2018, Washington, D.C.).

_____. 2018. "The Signing of a Peace Treaty and The Future of U.S. Forces in Korea." *EAI Issue Brief*, August 14, 2018.

Department of Defense. 2015. "2015 US DOD US Oversea Forces Annual Report."

신문·인터넷·인터뷰

≪경향신문≫. 2017.7.1. "[전문] 문재인 대통령과 트럼프 대통령의 '한미 공동성명'".

김광수. 2019.3.21. "역대 정부의 통일방안에 대한 비판적 접근: 대한민국의 통일방안이 갖는 그 함의". ≪통일뉴스≫.

≪동아일보≫. 2015.7.29. "北도발 예방 한미동맹, 통일 후엔 지역 안보 지휘자 돼야".

≪매일경제≫. 2018.5.3. "[단독] 김정은, 도보다리서 '베트남 모델' 말했다".

≪연합뉴스≫. 2009.6.17. "한미 동맹을 위한 공동비전 전문".

_____. 2013.5.8. "한미동맹 60주년 기념선언 전문".

≪월간 조선≫. 2020.2. "통일 후에도 駐韓미군 주둔 필요".

≪한겨레≫. 2018.5.2. "북, 비핵화 대가 5개 안 미국에 제시했다".

≪NewDaily≫. 2018.5.4. "'중국은 주한미군 있는 통일 반대 … 북한의 베트남식 개방도 반대' 美 전문가들 밝혀".

YTN. 2018.7.5. "아사히 '김정은·시진핑, 주한미군 철수 협력 합의'".

Moon, Jung-in. April 30, 2018. "A Real Path to Peace on the Korean Peninsula: The Progress and Promise of the Moon-Kim Summit." *Foreign Affairs*.

The New York Times. May 3, 2018. "Trump's Talk of U.S. Troop Cuts Unnerves South Korea and Japan."

통일부 통일교육원. "4자회담". https://www.uniedu.go.kr/uniedu/home/brd/bbsatcl/nsrel/view.do?id=16172&mid=SM00000535&limit=10&eqViewYn=true&page=2&odr=news&eqDiv=.

Millitary.com. "Troop Withdrawal on Table If Korea Peace Deal Is Solid: Mattis." https://www.military.com/daily-news/2018/04/28/troop-withdrawal-table-if-korea-peace-deal-solid-mattis.html-0.

Ministry of Defense. "Defense of Japan 2015." http://www.mod.go.jp/e/publ/w_paper/2015.html.

Wikipedia. "United States Military Deployments." https://en.wikipedia.org/wiki/United_States_military_deployments.

미 외교안보정책부서 및 한반도 안보전문가와의 인터뷰. "한미동맹과 한반도 평화체제". 2018.12.2~8. 워싱턴 D.C.

| 찾아보기 |

지은이 정경영(鄭京泳)

현재 한양대 국제대학원 겸임교수로서 International Relations in Northeast Asia, International Political Economy, Korea in World Politics를 강의하고 있다. 전주고, 육군사관학교, 미 육군지휘참모대, University of Southern California 대학원을 졸업했으며, University of Maryland 대학원에서 "Building a Military Security Cooperation Regime in Northeast Asia: Feasibility and Design" 논문으로 국제정치학 박사학위를 취득했다.

서부·중부·동부전선의 야전지휘관과 참모로서 나라를 지키고, 싸워 이기는 군대를 육성했다. 미8군, 주한미군사지원단, 한미야전사, 한미연합사에서 연합작전계획과 군사전략을 수립했으며, 합동참모본부와 육군본부에서 국방정책과 한미동맹 발전을 위해 헌신했다.

국방대, 가톨릭대에서 국가안보, 국제정치, 북한연구, 전쟁과 평화를 강의했으며, 국가안보회의와 국방부 정책자문위원, 대통령직인수위 안보자문위원과 (사)동북아공동체문화재단 부설 동아시아국제전략연구소 소장을 역임했다.

주요 저서로는 『민족분단의 현장에 서서』(1990), 『변화시대의 한국군』(2000), 『동북아 재편과 한국의 출구전략』(2009), 『한국의 구심력 외교안보정책』(2014), 『통일한국을 향한 안보의 도전과 결기』(2017), *South Korea: The Korean War, Armistice Structure, and A Peace Regime* (2020) 등과 『동아시아 영토분쟁과 국제협력』(2014, 편저), 『런치핀 코리아』(2020, 공저)가 있다. 주요 연구 분야는 전작권 전환을 통한 한미동맹 발전, 북한 군사전략, 다자안보, 동북아 국제관계 등이며 외교안보정책 자문을 하고 있다.

chungky@hanyang.ac.kr

한울아카데미 2232

피스 크리에이션
한미동맹과 평화창출

ⓒ 정경영, 2020

지은이 정경영
펴낸이 김종수 ┊ **펴낸곳** 한울엠플러스(주) ┊ **편집책임** 이진경
초판 1쇄 인쇄 2020년 7월 3일 ┊ **초판 1쇄 발행** 2020년 7월 10일
주소 10881 경기도 파주시 광인사길 153 한울시소빌딩 3층
전화 031-955-0655 ┊ **팩스** 031-955-0656 ┊ **홈페이지** www.hanulmplus.kr
등록번호 제406-2015-000143호

Printed in Korea.
ISBN 978-89-460-7232-9 93340

* 책값은 겉표지에 표시되어 있습니다.